잊혀진 소망

지은이	자끄 엘륄
옮긴이	이상민
초판발행	2009년 7월 25일
초판2쇄	2013년 11월 26일
펴낸이	배용하
책임편집	박민서
등록	제364-2008-000013호
펴낸곳	도서출판 대장간
	www.daejanggan.org
	대전광역시 동구 우암로 75-21
	전화 (042) 673-7424 전송 (042) 623-1424
인쇄	재원프린팅
제본	정문바인텍
ISBN	978-89-7071-161-9 03230

 값 14,000원

잊혀진 소망

L'espérance oubliée

자끄 엘륄 지음
이상민 옮김

"내 신앙의 첫 번째 증언자였던
장 보스끄를 추모하며…"

잊혀진 소망

잇혀진 소망

세상과 복음 사이에서 사유^{思惟}하기

어느 날, 우리는 자신을 찾아와 깨닫게 되는 그리스도의 죽음과 부활, 또 그 안에서 완성된 예언의 복음으로 말미암아 하나님의 은혜와 사랑을 체험한다. 동시에 우리는 성령의 기름 부음을 경험하면서, 전면적으로 내면의 질서를 개조한다. 성령을 통한 이러한 개인의 변화는 곧바로 그리스도의 몸인 교회를 발견하는 것으로 이어지며, 또 진리와 사랑의 실천을 통하여 하나님의 나라 공동체를 이 세상의 제국 속으로 침투하게 하는 일에 헌신으로까지 나아간다. 이렇게 세상 속에 스며든 하나님의 나라는 점점 성장하여, 세상 나라들을 진정한 자유와 평화의 나라로 회복시킨다. 이처럼 '계시'^{révélation}로 시작된 하나님 나라의 복음은, 자끄 엘륄이 말한 것처럼, 인간이 자신의 '신심'^{croyance}을 의지하여 절대자에게 나아가는 '종교'^{religion}가 아니다. 그것은 '계시'와 참된 '믿음'^{foi}을 통한 생명의 흐름이며, 내적 운동력이며, 자연스런 충만함이다. 이 참된 생명운동은 우리로 하여금 무의미한 각종 '희망'^{espoir}을 추구하면서 사는 삶을 중단하고, 분명한 그리스도의 재림이란 참된 '소망'^{espérance}을 갈망하면서 그 '소망'이 주는 긴장과 평안 속에서 삶을 살도록 하는 것이다.

그러나 우리의 현실 속에서는 너무 쉽게 하나님 나라의 계시가 인간제도상의 한 종교로 전락하여 그 본질이 근본적으로 전도되는 것을 보게 된다. 본질의 뒤바뀜은 현대사회 속에서 매우 합리적으로, 또 총체적으로 진행되어, 정말로 참된 분별력을 끝까지 견지하는 사람이 아니면 그 과정을 포착할 수조차도 없다. 그리고는 마침내 하나님 나라의 계시의 본질이 심하게 뒤틀리고 나서야, 하나님의 계시가 왜곡된 실상과 흔적들을 포착할 수 있다. 그런데 이 변질을 주도하고 있는 배후에는 세속화된 교회체제와 과학적 기술 문명으로 버티는 현대 사회구조가 자리를 잡고 있다. 우리는 이런 체제 속에서 아무런 저항이나 불편함을 느끼지 않고, 세상의 시대정신과 문화에 아주 영리하게 타협하고 말았다. 그 결과 현대 기독교는 매우 정교화된 "대중의 기독교"가 되었으며 점점 맛을 잃은 소금이 되어 가고 있다. 더구나 신 존재와 속성, 인간영혼의 영속성, 도덕적 자유와 같은 전통적인 종교철학적 토대가 상실되고, 성과 속, 선과 악이라는 이원론적 범주가 사라져 버린 오늘날, 이제 수많은 설교와 기독교의 출판물은 일반 사람들이 이해할 수 있는 범위를 벗어나 버렸으며, 교회에서 사용하는 모든 용어는 폐쇄적인 소수 종파의 은어가 되어버리고 말았다. 맛을 잃은 소금이 되어버린 교회 속에서, 하나님의 이름을 부르는 사람들이 많아지고, 간절히 기도하는 사람들이 더 많아질수록, 하나님의 계시와 참 모습에 대한 갈망이 더 심해지고, 또 성령의 사건과 사역에 관한 이야기가 많아질수록, 교회는 점점 사회와 일반 대중과 괴리되어 가고 있다. 비록 오늘날의 교회가 현대사회에서 매우 잘 안착이 되었지만, 결국은 보양만 남고 복음이 지닌 혁명성과 인간 공동체를 변혁시키는 능력을 잃어버리고, 빛과 소금의 역할을 포기하고야 만 것이 아닌가? 이제는 단순히 예수가 제자들에게 바라는 실천적인 삶과 하나님의 나라 건설에서 벗어난 상태를 넘어서서, 그 뒤틀린 정도가 심하여 세상이 교회에 그 정체성을 질문해 오고 있고, 예수복음에 대한 실망감이 반항과 저항으로 드러나고 있다. 이런 세상의 저항 속에 오늘날의 기독교는 아무리 항변하지만, 그 항변은 무기력하기만 하다.

도대체 어디에서부터 왜곡된 것이며 어느 지점에서 이탈되었는가? 오늘날, 가난한 자를 위한 복음의 선포와 예수의 삶이란 삶의 푯대를 받아들인 사람들은 무엇을 자각해야 하며, 무엇을 진실한 눈으로 바라봐야 하는가? 시대정신, 인본주의 사상과 기독교 윤리의 충돌로 말미암은 긴장과, 세상제국과 하나님의 나라 사이에 끼어 있는 수많은 딜레마를 어떻게 극복해 나가야 할 것인가? 현대세상에서 우리에게 기도란 무엇이며, 성서의 의미는 무엇이며, 십자가의 진리를 어떻게 해석해야 할 것인가? 우리를 감싸는 현대 세상과 변질된 교회 속에서 우리의 무기력증은 쉴 새 없는 질문들을 쏟아내고 있다.

　자끄 엘륄은 이 질문들에 대한 하나의 해답방식이며, 답을 위한 하나의 가능성이다. 그러나 하나의 해답이라고 보기에는 그의 사유가 너무나 방대하며 그가 다룬 논쟁과 논쟁지점이 너무도 첨예하다. 그리고 그가 보인 답들이 무척 다채롭고 깊이가 심오하여 그의 글을 읽는 독자들에게 적지 않은 사색과 기존의 설익은 자신의 지식과 충돌을 일으킨다. 그는 수많은 그의 저서에서, 세상과 충돌하면서도 세상과 분리될 수 없는 그리스도인의 상황으로 말미암아 생긴 끊임없는 긴장과 갈등, 또 그 안에서 시도해야 할 혁명들, 세상문명의 핵심이 어떤 논리로 구성되는지, 특히 기술의 노예가 될 수밖에 없는 기술문명에 대한 거대한 비판, 현대사회를 구성하는 프로파간다, 자본주의와 사회주의의 본질과 그 비판, 예술에 대한 기독교적 사유, 현대 정치체제의 본질, 돈의 정체, 기독교회사 추적을 통한 교회의 왜곡의 실체, 종말론적 신앙관의 상실과 그 상실로 말미암은 신앙의 변질, 진정한 하나님의 나라, 진정한 복음, 진정한 기도, 교인들이 잘 읽지 않은 일단의 성서를 위한 강해 등등, 수많은 주제를 다루었다. 그런데 이 주제들은 크게 두 가지로, 즉 일련의 사회구조 분석을 위한 사회학적 주제라는 한 축과 신학과 신앙과 관련된 한 축으로 집약할 수 있다. 그는 자신의 저서들 속에서 언제나 이 두 축을 변증법적으로 통합하고 있다. 방대한 담론을 토해낸 그는, 영적 배후가 존재하는 현대사회의 구조를 분석함을 통해 철저히 절망하고, 변질된 교회와 신앙행태를 치밀하고 철저하게 진단하면서, 오직 그리스도의 재림에 모든 소망을 거는 현대 사회의 예언가이다. 비록 그의 예언이 수십 년 전 프랑스를 중심으로 한 서구사회를 모델로 삼아 한 것이지만, 그의 저작들은, 오늘날 우리가 그의 진단을 곱씹어 보아도 고개를 끄떡일 수밖에 없는 예언의 항존성을 보이고 있다. 그러므로 그의 거대 담론들은 고여 있는 물속에 있는 것과 같은 오늘날을 사는 우리의 속사람을 휘젓기에 충분하다. 나아가 세상과 복음 사이에서 행한 그의 치열한 사유는 우리에게 세상을 이해하고 그 속에서 복음에 합당하게 사는 데에 크게 일조할 것이다. 비록 그의 논증 방식과 신학적 노선에는 크고 작은 논쟁의 소지가 남아 있음에도 말이다.

어느날 도서출판 대장간의 배용하 대표께서 자끄 엘륄 전집을 출간하겠다고 만나자는 연락을 받았다. 생산성과 이윤을 추구할 수밖에 없는 현실에서 또 한 명의 이상주의자를 만나는가 싶었다. 그러나 대장간의 진지한 출간의지와 엘륄 사상에 대한 특별한 시선은 본인뿐만 아니라 여러 번역자의 마음을 사로잡기에 충분했다. 그리고 이러한 정황 중에서 소통하기 시작한 「세계자끄엘륄협회」와의 만남은 앞으로 번역작업 이상의 사업을 생각해 볼 여지를 제공하였다. 놀이켜 보면 이 모든 일정과 상황들은 전혀 우리의 의지와 무관한 것이었다. 아마도 이상민 선생님의 엘륄과의 만남도, 『잊혀진 소망』의 번역도 마찬가지였을 것이다. 때때로 우리의 의지와 전혀 상관없는 그 무엇이 우리네들 삶 속에서는 늘 흐르고 있는 것처럼 말이다.

이 책이 번역되어 나온다는 사실은 독자의 한 사람으로 매우 기쁜 일이다. 왜냐하면 『잊혀진 소망』은 자끄 엘륄의 신관과 신앙관을 이해하는데 아주 중요한 책이며, 또 다른 그의 저서들을 읽는데, 중요한 개념을 제공하기 때문이다. 그러나 매우 응축된 저자의 생각을 해독하고 거침없이 써 내려간 글을 번역해 내놓기란, 적지 않은 장애물을 통과해야 하는 몹시 어려운 작업이다. 그럼에도, 이상민 선생님은 특유의 꼼꼼함과 치밀함으로 자끄 엘륄의 원문을 충실하게 번역하는 힘든 일을 끝내셨다. 아마도 이 번역물은 프랑스어를 공부하는 이들에게 많은 도움이 될 것이다. 아무쪼록 이 책을 읽는 독자들이 "이해를 추구하는 신앙"을 향해 과감한 발걸음을 내딛길 소망하고, 또한 그동안 잊고 있었던 종말론적 사유방식과 그것이 주는 힘을 삶 속에 녹여 내리길 바라면서 추천의 글을 접는다.

박동열

한국자끄엘륄협회 회장

서울대학교 불어교육과 교수

『잊혀진 소망』-엘륄이 온 마음을 쏟은 책*

"자끄 엘륄의 많은 저술 가운데 저자가 특히 좋아한 책이 있었는가?"라는 어떤 저자이든 딱 잘라 말하기 어려운 이 관례적 질문에 엘륄은 "내 온 마음을 쏟는 것이 그 책이다."라며 『잊혀진 소망』 *L'espérance oubliée* 이야말로 자기가 특히 좋아하는 책이라고 대답했다. 그의 저서 중에서 신학적인 책을 읽는 독자뿐 아니라 신학적인 호기심이 없어서 혹은 존재론적인 이유로 그의 사회-정치적인 책만 탐독하려는 독자일지라도 『잊혀진 소망』은 읽는다는 사실에 대해, 엘륄의 그 솔직한 이야기를 통해서만이 이해할 수 있다.

물론 그의 저서 중 신학적인 목록과 사회-정치적인 목록 중 어느 하나를 의도적으로 무시하고 심지어 그것으로 이익을 얻을 수도 있지만, 그렇게 하면 본질을 비켜 갈 수밖에 없으며 엘륄이 자신을 설명하는 메시지의 핵심을 파악할 수 없다. 엘륄은 학문적인 경계에 아랑곳하지 않고 그것을 무시한다. 그는 사회 과학 전문가가 갑자기 신학자가 되게끔 하고, 신학자가 역사학자, 법학자, 사회학자, 철학자, 정치학자가 되게끔 한다. 4권으로 된 『자유의 윤리』 *Ethique de la Liberté* 나 전도서에 대한 그의 묵상을 어떻게 무시할 수 있으며, 기술에 대한 3부작과 혁명에 대한 3부작 혹은 선전에 대한 그의 걸작을 어떻게 그냥 지나칠 수 있을까?

자끄 엘륄은 자신의 저서의 두 측면이 엄밀히 분리된 동시에 서로 상응한다고

---

* 제목은 이 서문의 내용을 토대로 붙여진 것이며, 필자의 동의하에 서문 전체에서 약간의 내용과 각주를 생략하고 번역함.

결국 인정했다. 게다가 그것은 두 목록 중 각각의 내부에서 작용할 뿐 아니라 한 목록에서 다른 목록으로 작용하는 변증법이다. 이 변증법적인 사고는 『잊혀진 소망』에서 충분히 다시 발견된다. 이 책에서 저자는 키르케고르^{Kierkegaard}와 ("나는 떨면서 그것을 쓰고 있고, 두려워함으로써 만 여기서 앞으로 나아갈 수 있다") 바르트^{Barth}에 (지옥은 "가능한 불가능성"으로 남아 있다) 대해 자신이 진 빚을 숨기지 않는다.

엘륄의 저서에서 주된 확신 곧 1960년대 중반에 그를 보편적인 구원의 원리로 이끌게 되는 확신이 있다면, 그것은 하나님이 무엇보다 사랑이라는 것이다. 물론 하나님이 의義이기도 하지만, 하나님이 사랑이라면 성자聖子 예수의 십자가에서 희생이 아무 쓸모가 없음을 인정하지 않고서는 자신의 피조물 중 단 하나라도 단죄할 수 없다. 바울이 "모든 사람은 그리스도 안에서 구원 받는다."라고 언급하듯이 말이다. 심판은 단죄를 의미하지 않는다. 경우에 따라 하나님은 우리의 삶으로부터 금이나 혹은 대리석이나 혹은 나무나 혹은 짚만을 남겨둘 것이다. 지옥은 성서에서 비유로 사용된 것이고, 인간은 지상에서 이미 지옥을 체험하고 있으며, 지옥은 언제나 가능한 채로 남아 있다. 왜 그러한가? 왜냐하면, 하나님은 하나님이기에 하나님에게는 아무것도 불가능하지 않기 때문이다. 그래서 엘륄은 바르트와 비슷해진다. 즉 "보편적인 구원을 가르치려면 미친 사람이 되어야 하지만, 보편적인 구원을 믿지 않으려면 무無신앙자가 되어야 한다."는 것이다.

엘륄은 희망^{espoir}과 소망^{espérance}을 근본적으로 구분한다. 일상적인 프랑스어에서 그 두 단어는 동의어로 흔히 사용된다. 하지만, 프랑스어에는 환상과 미혹의 의미로 '기만하는 소망'^{espérance trompeuse}이란 표현도 있는 반면, 엘륄에게 있어서 기만하는 것은 희망이다. 그는 "희망은 인간에 대한 저주다."라고 주장한다. 유대인에 대한 학살을 가능하게 했던 것이 결국 희망이 아닌가? "삶이 있는 한 희망이 있다."라는 옛 민간 격언도 있다. 따라서 희망은 최악의 것을 여전히 피할 수 있음을 의미하는 한편, 엘륄의 용어에서는 그와 반대로 최악의 것이 확실할 때 소망은 개입한다. 소망은 '불가능한 것에 대한 집착'인 한편, 희망은 '가능한 것들에 대한 집착'이다.

오늘날 우리는 어떠한 상황에 있는가? 한편으로, 우리는 20세기가 야만의 시대, 인간에 대한 경멸의 시대, 온갖 위대한 이상이 좌절된 시대, 환멸의 시대, 일반화된 의심의 시대가 될 것임을 확인할 수 있다. 기술 사회, 다시 말해 모든 분야에서 효율성의 추구를 다른 면을 고려하지 않은 채 유일하게 적법한 궁극 목적으로 설정하는 사회는 소망에 어떠한 여지도 남겨두지 않는다. 그런데 우리는 삶을 위해 소망을 절박하게 필요로 한다. 다른 한편으로, 우리는 '하나님과의 단절' déréliction 시대에 들어왔는데, 그 시대는 하나님이 침묵하는 시대이므로 역설적으로 소망에는 유리한 시대이다. 현대인은 기술 덕택에 자신의 모든 필요를 홀로 떠맡을 수 있다고 확신하기 때문에, 그래서 하나님은 현대인을 그의 운명에 직면하게 내버려둔다. 하나님은 우리 가운데 어떤 사람들의 즉 개인의 삶에는 존재하지만, 우리 사회의 역사에는 부재한다. 게다가 이 상황에는 아무런 예외가 없다. 엘륄은 다음 같은 점을 잊지 말아야 한다고 상기시킨다. 즉, 성서적으로 "하나님은 수백 년간 지속한 기간에 비해 드물게 개입하는 것과 마찬가지로 하나님의 말도 드물게 선포된다. 성서의 기록은 700~800쪽에 해당하지만, 그것은 1,400년이란 기간에 비해 하나님의 많은 말을 담고 있지는 않다."라는 것이다. 그러한 침묵은 하나님이 우리를 내버리는 것을 의미하는 것이 아니라, 우리가 하나님을 내버리는 것을 의미한다. 소음과 분노로 가득한 이 세상에서 하나님은 자신의 말을 인간들의 소란한 수다와 대립시키기를 바라지 않는다.

키르케고르에 뒤이어 엘륄이 한탄하듯이, 오래전부터 교회가 더는 교회가 아녀서, 금이 납으로 변했기 때문에, 그리스도의 말이 그 반대되는 것으로 변질하였기 때문에, '하나님과의 단절'은 교회와도 관계된다. 그리스도인은 지상의 소금이어야 하는데도, 교회는 세상을 추종한다. 엘륄이 바라는 세상에서의 존재함은 사회적인 추종과 근본적으로 다르다. 바울은 로마서 12장 2절에서 "현시대를 추종하지 마라."라고 요구한다. 교회의 배반과 기독교의 전복顚覆에도, 엘륄은 체념하지 않는다. 엘륄은 소망을 기독교적인 삶의 핵심으로 삼는 데 있어 몰트만Moltmann과 비슷해지지만, 몰트만과 달리 그는 약속이 확실히 실현된다고 생각하지는 않는다. 어떠한 행위도 개입되지 않고 순수한 은총에 의해 인간이 구원받는다는 '자유 은총'은 개신교도에게 있어 절대적인 절망이나 혹은 그와 반대로 전적인 정적주의靜寂主義, quiétisme의 빌미를 줄 수도 있었을 것이다. 막스 웨버Max Weber에 뒤이어 엘륄은 인간이 아무것도 아님을 드러냈다. 왜냐하면, 사도 바울이 말한 "모든 것이 허용된다."라는 것은 "아무것이나 행하는" 것을 정당화하지 않기 때문이다. 그와 반대로, "마치 -인 듯이"를 행해야 한다. 즉 "마치 하나님이 존재하지 않는 듯이" 또한 "마치 모든 것이 우리에게 달린 듯이" 말이다.

그럼에도, 구원이 미덕의 결과가 아니라 미덕의 근원임을 혼동하지 말아야 한다. 구원받으려고 미덕의 삶을 사는 것은 성서에 근거가 없다. 하지만 "여러분은 신앙으로써 구원받는다."라는 완전히 모순된 권고를 거기에서 발견한다. 그래서 바울은 "자신의 의향에 따라 여러분 속에 원함과 행함을 만드는 것이 하나님이기 때문에, 두렵고 떨리는 마음으로 여러분의 구원에 힘쓰시오."라고 덧붙인다. 엘륄에 따르면, 바로 예수 그리스도의 삶 한가운데서 그러한 모순을 축소하려고 애쓰는 것은 부질없다. 우리가 은총으로 구원받는다면, 왜 우리의 구원에 힘써야 하는가? 또한, 그 반대로인가? 예수 자신은 "마치" 그가 하나님의 아들이 아닌 "듯이" 고통받고 죽는 것을 받아들인다. "아무도 나의 생명을 취하지 못하고, 생명을 주는 것은 나다."라는 것이다.

기독교 윤리 전체는 은총에 의한 구원과 삶의 행위라는 두 상반되는 것을 결합시키는 변증법적인 관계를 통해 구상된다. 사랑과 소망과 자유와 책임은 분리될 수 없다. 자유 안에서 사랑 외에는 다른 절대적 필요성이란 없다. 그리스도인이 세상에 존재하는 것만이, 도덕으로 이끄는 태도를 반복함으로 과거에 고착되는 것을 막을 수 있고, 실현해야 할 이념을 투영함으로 미래에 고착되는 것을 막을 수 있다. 그리스도인은 소망하기 때문에 자유롭다. 즉 "소망은 하나님의 침묵에 대한 인간의 대답이다." 인간은 소망하기로 결단하고 하나님에게 자신의 소망을 강요할 때 진정으로 자유로워진다. 그것은 하나님에 대항하여 하나님에게 하는 호소이다. 하나님으로 하여금 침묵을 깨고 약속을 지키라고 강요하기 위한 인간의 투쟁이다. 그래서 소망은 하나님의 말의 이름으로 하나님을 고발하는 것으로서 울려 퍼진다.

회개에 대한 은총의 우선이라는 난해한 문제에 대해 루터는 "언제나 동시에 죄인이자 의인이자 회개하는 자"라는 그의 유명한 말로 대답했다. 성서는 두려움을 사랑과 용서와의 변증법적인 관계에 둔다. 마찬가지로 사람들은 이미 우리 가운데 있는 하나님 나라와 말세에 도래할 하나님 나라, 다시 말해 "이미 일어난 것"déjà과 "아직 일어나지 않은 것"pas encore 에 대한 약속과 성취의 지속적인 쇄신을 성서에서 발견한다. 예수 그리스도는 이미 세상의 주ŧ이지만, 재림 때 그가 결국 주ŧ가 될 것이기 때문에, 아직은 주ŧ가 아니다.

엘륄은 소망이 사람들에 의해 언급되고 이야기되는 것이 아니라, 단지 사람들에 의해 체험될 수 있다고 고백한다. 현대 세상 한가운데서 그리스도인의 역설적인 상황을 어떻게 정의할 것인가? 비극적 낙관주의를 주장하는 프랑스 가톨릭교도 무니에Mounier,1905-1950와 적극적 비관주의를 주장하는 루즈몽Rougemont,1906-1985

이라는 두 인격주의 사상가를 대립시켰던 논쟁 앞에서 엘륄은 양 진영에 무승부를 내리기로 결정했다. 낙관주의와 비관주의는 인간의 감정이기 때문에, 그가 보기에 받아들일 만한 유일한 표현방식은 "소망의 비관주의"이다. 그것은 바르트가 '하나님의 자유로운 결정 안에서 인간의 자유로운 결단'이라고 이름 붙인 것을 변증법적으로 사유하게 하는 것이다.

　일반 사람은 엘륄의 글에서 아주 당연히 비관주의적인 색조를 늘 발견할 것이다. 하지만, 그리스도인은 "기만하지 않는 것을 소망할 준비가 되려면, 우선 기만하는 모든 것에 절망할 필요가 있다."라는 작가 베르나노스^{Bernanos}의 말을 기억해야 할 것이다.

빠트릭 트루드 샤스뜨네

Patrick Troude-Chastenet
보르도Bordeaux 4대학 교수. 세계 자끄 엘륄 협회 회장. 자끄 엘륄 평론집 편집장

Préface

Jacques Ellul avait-il une préférence parmi ses très nombreux livres? A cette question rituelle, -mais ô combien difficile à trancher pour un auteur- Ellul avait répondu que, finalement, *L'espérance oubliée* était son livre préféré: << C'est celui dans lequel je mets tout mon cœur.[1]>> Cette confidence à elle seule justifierait la lecture de ce livre non seulement pour les lecteurs du registre théologique de son œuvre mais également pour ceux qui souhaitent, par manque de curiosité ou pour des raisons épistémologiques, se cantonner exclusivement au seul volet socio-politique.

On peut bien-sûr choisir délibérément d'ignorer l'un ou l'autre des deux registres -et même en tirer grand profit[2]- mais on se condamne alors à passer à côté de l'essentiel: à ne pas saisir le cœur de son message pour paraphraser Ellul lui-même. On le sait, Ellul se moquait comme d'une guigne des frontières académiques[3]. Il oblige le spécialiste de sciences sociales à s'improviser théologien et le théologien à se faire historien, juriste, sociologue, philosophe et politiste. Comment ignorer les quatre volumes de son *Ethique de la Liberté* ou sa méditation sur l'Ecclésiaste mais comment vouloir passer sous silence sa trilogie sur La technique, celle sur la révolution ou encore son maitre ouvrage sur la propagande?

Jacques Ellul avait fini par admettre que les deux volets de son œuvre étaient à la fois rigoureusement séparés mais qu'ils se répondaient l'un l'autre. La dialectique jouant du reste à l'intérieur de chacun des deux registres mais aussi d'un registre à l'autre. Cette pensée dialectique on la retrouve pleinement dans *L'espérance oubliée* où l'auteur ne cache pas sa dette à l'égard de Søren Kierkegaard (<< je l'écris avec tremblement et ne puis m'avancer ici qu'avec crainte.[4] >>) et de Karl Barth (l'enfer reste une << possible impossibilité >>).

S'il est une conviction centrale dans l'œuvre d'Ellul, qui le conduira du reste au milieu des années 1960 au principe du Salut universel, c'est que Dieu est avant tout Amour. Certes Dieu est aussi Justice mais si Dieu est Amour il ne peut condamner une seule de ses créatures sans reconnaître par la même que le sacrifice de son fils Jésus sur la croix aura été inutile. Comme le ditPaul: tout homme est sauvé en Christ. Le Jugement ne signifie pas la condamnation. Selon le cas, Dieu ne retiendra de nos vies que de l'or ou du marbre ou du bois ou de la paille. L'enfer n'existe pas. Plus exactement il est employé comme métaphore dans la Bible, l'homme le vit déjà sur terre et il reste toujours possible. Pourquoi? Parce que rien n'est impossible à Dieu car il est Dieu, mais en même temps l'existence de l'enfer est impossible car Dieu est Amour. Ellul rejoint Barth: << Il faut être fou pour enseigner le Salut universel mais il faut être impie pour ne pas le croire.[5] >>

Ellul distingue radicalement l'espoir de l'espérance. Dans la langue française usuelle ces deux mots sont souvent employés comme synonymes[6]. **Espoir** .1 Le fait d'espérer, d'attendre quelque chose avec confiance → espérance, espérer 2. Sentiment qui porte à espérer → espérance. *Etre plein d'espoir.*

Espérance 1.Sentiment qui fait entrevoir comme probable la réalisation de ce que l'on désire → assurance, certitude, confiance, conviction, croyance, espoir. 2. Ce sentiment appliqué à un objet déterminé → aspiration, désir, espoir.

Mais alors que la langue française comporte également l'expression espérances trompeuses au sens d'illusion, de leurre, pour Ellul c'est l'espoir qui trompe. << L'espoir est la malédiction de l'homme.[7] >> affirme-t-il. Rien de moins! N'est-ce pas l'espoir qui en définitive a permis le génocide des juifs? << Tant qu'il y a de la vie, il y a de l'espoir >> dit le vieil adage populaire. L'espoir signifie donc que l'on peut encore éviter le pire alors que, dans la terminologie ellulienne, l'espérance intervient au contraire lorsque le pire est certain. L'espoir est la passion des possibles alors que l'espérance est celle de l'impossible.

Dans quelle situation sommes-nous aujourd'hui? D'une part, nous pouvons constater que le XXème siècle aura été celui de la barbarie, du mépris de l'homme, de la trahison de tous les grands idéaux, des désillusions et du soupçon généralisé. La société technicienne, c'est-à-dire une société qui place la recherche de l'efficacité dans tous les domaines comme seule finalité légitime indépendamment de toute autre considération, ne laisse aucune place à l'espérance. Or nous avons un cruel besoin d'espérance pour vivre. D'autre part, nous sommes entrés dans le temps de la déréliction: une période où Dieu se tait et donc, paradoxalement, une période propice à l'espérance. Comme l'homme moderne est persuadé qu'il peut assumer seul tous ses besoins grâce à la technique, alors Dieu le laisse face à son destin. Même s'il est présent dans la vie de certains d'entre nous il est absent de l'histoire de nos sociétés. Cette situation n'a d'ailleurs rien d'exceptionnelle. Il ne faut pas oublier, rappelle Ellul dans un entretien, que bibliquement << Dieu intervient rarement sur des périodes qui durent des centaines d'années. De même que Dieu parle rarement. Si vous pensez que cela commence en quatorze cent avant Jésus-Christ et qu'il y a quoi? Ce que contient l'Ancien Testament: sept ou huit cents pages. Cela ne fait pas beaucoup -sur quatorze cent ans- de paroles de Dieu.[8] >> Ce silence ne signifie pas que Dieu nous rejette mais que nous le rejetons. Dans ce monde plein de bruit et de fureur Dieu ne souhaite pas opposer sa Parole aux jacasseries des hommes.

La déréliction concerne aussi l'Eglise puisque depuis longtemps déjà l'Eglise n'est plus l'Eglise, l'or s'est mué en plomb, la parole du Christ s'est transformée en son contraire, comme le déplore Ellul après

Kierkegaard[9]. L'Eglise se conforme au monde alors que le chrétien doit être le sel de la terre. La présence au monde moderne souhaitée par Ellul diffère radicalement du conformisme sociologique. << Ne vous conformez pas au Siècle présent [10] >> demande Paul dans l'Epître aux Romains (12,2). Malgré la trahison de l'Eglise et la subversion du christianisme, Ellul ne se résigne pas. Il rejoint le théologien Jürgen Moltmann pour faire de l'espérance le cœur de la vie chrétienne mais à la différence de ce dernier il ne croit pas que la promesse se réalise avec certitude[11]. La libre grâce - l'homme sauvé par pure grâce, sans aucune participation des œuvres - aurait pu donner lieu, chez les protestants, à un désespoir absolu ou inversement à un quiétisme total. A la suite de Max Weber, Ellul a montré qu'il n'en fût rien[12]. Car le << tout est permis >> de l'apôtre Paul ne justifie pas le << n'importe quoi >>. Au contraire, il faut faire << comme si >>. Comme si Dieu n'existait pas, et comme si tout dépendait de nous.

Néanmoins, il ne faut pas confondre : le salut est non pas le résultat de la vertu mais son origine. Mener une vie vertueuse pour être sauvé n'a pas de fondement dans l'Ecriture. Pourtant on y trouve des injonctions parfaitement contradictoires : << vous êtes sauvés par le moyen de la foi >> (...) Et Paul d'ajouter : << par conséquent travaillez à votre salut avec crainte et tremblement, car c'est Dieu qui produit en vous le vouloir et le faire selon son bon plaisir[13] >>. Selon Ellul, il est inutile de chercher à réduire cette contradiction, au cœur même de la vie de Jésus. Si nous sommes sauvés par grâce, pourquoi travailler à notre salut, et réciproquement ? Jésus lui-même a accepté de souffrir et de mourir, << comme si >> il n'était pas le fils de Dieu. << Personne ne prend ma vie, c'est moi qui la donne.>>

Toute l'éthique chrétienne se pense au travers de la relation dialectique unissant ces deux contraires : le salut par grâce et les œuvres de la vie.

Amour, espérance, liberté et responsabilité sont inséparables. Il n'y a pas d'autre impératif que l'amour dans la liberté. La présence du chrétien au monde interdit seulement de se figer dans le passé - par la répétition d'une attitude moralisante - et dans l'avenir, par la projection d'une idéologie à réaliser. Le chrétien est libre parce qu'il espère. << L'espérance est la réponse de l'homme au silence de Dieu.>> L'homme devient vraiment libre lorsqu'il décide d'espérer et d'imposer à Dieu son espérance. C'est un appel à Dieu contre Dieu. Une lutte de l'homme pour contraindre Dieu à briser son silence et à tenir ses promesses. L'espérance sonne alors comme une mise en accusation de Dieu au nom de la Parole de Dieu.

A la question insoluble de l'antériorité de la grâce à la repentance, Luther répondit par son célèbre : << toujours et en même temps pécheur et juste et pénitent >>. La Bible met la crainte en relation dialectique avec l'amour et le pardon. De la même façon, on y trouve un renouvellement constant de la promesse et de l'accomplissement, du royaume déjà au milieu de nous et du royaume à venir à la fin des temps, autrement dit : du << déjà >> et du << pas encore >>. Jésus-Christ est déjà le seigneur du monde, mais pas encore, puisqu'il le sera définitivement lors de sa parousie.

Au cours de son essai Ellul avoue que l'on ne peut pas parler de l'espérance mais seulement la vivre. Comment définir la situation para-doxale du chrétien au sein du monde moderne? Face au débat qui opposa deux penseurs personnalistes: le catholique Français Emmanuel Mounier (1905-1950) partisan de l'optimisme tragique au protestant Suisse Denis de Rougemont (1906-1985) partisan du pessimisme actif, Ellul décide de renvoyer les deux camps dos à dos. Optimisme et pessimisme étant des sentiments humains, la seule formule acceptable à ses yeux est celle du << pessimisme de l'espérance >>. Celle qui permet de penser dialectiquement

잊혀진 소망

ce que Karl Barth nomme la libre détermination de l'homme dans la libre décision de Dieu. L'homme naturel trouvera toujours et à raison une forte une tonalité pessimiste dans les écrits de Jacques Ellul mais le chrétien devra se souvenir des paroles de l'écrivain Georges Bernanos: << Pour être prêt à espérer en ce qui ne trompe pas, il faut d'abord désespérer de tout ce qui trompe >>.

Patrick Troude-Chastenet

Professeur à l'Université Montesquieu Bordeaux 4.

Président de l'Association Internationale Jacques Ellul.

Directeur des Cahiers Jacques-Ellul.

---

1) Patrick Chastenet,*Entretiens avec Jacques Ellu*, Paris, La Table Ronde, p. 181.; *Jacques Ellul and Patrick Troude-Chastenet,Jacques Ellul on Politics, Technology and Christianity*, Eugene, Oregon, 2005, p. 116.

2) Cf. sur des registres différents: Didier Nordon,*L'homme à lui-mêm*, Paris, Editions du Félin, 1992, et Jean-Luc Porquet,*L'homme qui avait* (presque) tout prév, Paris, Le cherche-midi, 2003.

3) Patrick Troude-Chastenet, (Dir.)*Jacques Ellul, penseur sans frontière*, Le Bouscat, L'Esprit du Temps, 200.

4) Jacques Ellul,*L'espérance oublié*, Paris, Gallimard, 1972, Paris, La Table Ronde, 2004, p. 77.

5) Patrick Chastenet, 1994, Opus cité, p. 173.; Jacques Ellul and Patrick Troude-Chastenet, Op. cit.2005, p.112

6) *Petit Robert de la langue français*, nouvelle édition millésime 2007, pp.928-929.

7) Jacques Ellul, Op. cit. , p.189.

8) Patrick Chastenet, 1994, Opus cité, p. 165.; Jacques Ellul and Patrick Troude-Chastenet, Op. cit.2005, p.114.

9) Cf. Jacques Ellul,*La subversion du christianism*, Paris, Seuil, 1984, La Table Ronde, 2001.

10) Jacques Ellul,*Ethique de la libert*, Genève, tome II, 1975, pp 85-111.

11)Frédéric Rognon,*Jacques Ellul, une pensée en dialogu*, Labor et Fides, Genève, 2007, p. 103.

12)Jacques Ellul << Les sources chrétiennes de la démocratie. Protestantisme et Démocratie >>, inJean-Louis Seurin,*La démocratie pluralist*,Paris, Economica, 198, p 86

13) Ephésiens et Philippiens1, d'après la traduction egon, 1977, Société biblique de Genève, Trinitarian Bible Society, Londres.

'하나님과의 단절' 시대에서 소망

한국 기독교의 현실과 신앙의 실천 사이에서 괴리 때문에 고민하던 나에게 자끄 엘륄의 저서는 과히 폭발적인 힘으로 다가왔고, 나를 사로잡고 있던 것과 같은 고민을 치열하게 했던 사람을 만나게 된 반가움이 밀려왔다. 더구나 가톨릭이 지배적인 프랑스에서 개신교도로서, 마르크스 사상에 심취했던 사상가로서, 레지스탕스 활동과 환경 운동과 비행 청소년 사역에 매진했던 행동가이자 실천가로서 그의 삶은 살아 있는 기독교 신앙의 모범으로 비추어졌다. 특히 그의 연구 영역이 역사학과 사회학과 신학을 넘나드는 것이어서 나의 호기심을 더욱 자극했다. 그의 많은 저서 중 나의 관심을 가장 끌었던 것이 바로 『잊혀진 소망』 *L'espérance oubliée*으로, 나에게 기독교 신앙의 새로운 지평과 안목을 열어주는 계기가 되었다.

본래의 모습에서 벗어난 기독교는 기계 문명과 세계화로 말미암아 피폐한 사회와 세상을 고칠 엄두를 내지 못하고 있다. 오히려 기독교는 세상에 적극적으로 동조하며 순응할 뿐 아니라, 그리스도인에게도 그러한 맹목적인 추종을 강조하면서 모순을 재생산해 내고 있다. 엘륄은 그러한 기독교에 대해 "기독교적인 사회와 교회의 발달을 통해, 성서에서 우리가 읽는 것과 전혀 반대되는 사회와 문명과 문화가 어떻게 생겨날 수 있는가?"라는 질문을 던지면서, 기독교가 본래의 모습에서 벗어나고 왜곡된 근본적인 원인이 하나님의 돌아섬과 침묵에 있을 수도 있음을 시사한다. 따라서 『잊혀진 소망』에서 가장 충격적으로 다가온 내용은 그가 제시한 '하나님과의 단절' déréliction이었다.

엘륄은 구약의 '사사기 시대' 나 예수 그리스도가 오기 직전의 '중간 시대' 처럼 현시대와 현 세상이 '하나님과의 단절' 상태에 있다고 규정한다. 즉 하나님이 우리로부터 돌아서서 침묵하는 '하나님과의 단절' 시대에 우리가 들어왔다는 것이다. 하지만, 하나님이 모두로부터 돌아선 것이 아니라 개인의 삶 속에는 존재해 있다. 하나님의 침묵과 부재는 집단적으로 체험되는 것으로서, 우리의 역사와 사회와 문화와 과학과 정치로부터는 존재하지 않는다. 즉 '하나님과의 단절' 상황에 있는 것은 기독교가 지배하는 국가이고 교회라는 것이다. 그런 전제 앞에서 많은 반발과 반대 견해가 제시되겠지만, 온갖 이유에도 하나님이 실제로 돌아섰고 하나님의 말이 그 자체로서 더는 선포되지 않는다고 엘륄은 주장한다.

우리는 이 세상의 온갖 재난과 기아와 전쟁과 환경파괴를 바라보면서, "하나님이 존재한다면 세상을 그와 같이 내버려둘 수 있는가?"라는 의문에 사로잡힌다. 다시 말해 온갖 형태의 불행이 그 어느 때보다 더 지구 전체에 밀려든 현실을 바라볼 때, 이 세상과 인간의 비참한 상황에 대한 하나님의 무관심과 마주치면서 "하나님은 왜 그렇게 침묵하고 수수방관하는가?"라는 질문을 던질 수밖에 없다. 엘륄은 그러한 세상과 사회에 나타나는 닫힌 세상, 비합리의 폭발, 뒤바뀜, 가치들의 변질, 말의 죽음, 마법적인 것으로 회귀, 경멸, 의심, 조롱 등과 같은 현상과 징조의 근원이 되는 상황으로서 '하나님과의 단절'을 제시한다.

엘륄은 그 모든 문제의 해결이나 그 상황을 끝낼 수 있는 것은 인간의 힘으로는 가능하지 않고 예수 그리스도의 재림을 통해서만 가능하다고 여긴다. 하지만, 우리를 줄곧 따라다니는 의문은 "세상의 엄청난 난제 앞에서 우리가 하는 이 보잘 것 없는 일이 난제의 해결에 무슨 도움이 되며 어떤 영향을 줄 수 있는가?"라는 것이고, "어차피 하나님이 그 난제의 해결책과 결말을 준비하는 터에, 우리가 하는 일이 무슨 소용이 있으며 어떤 의미가 있는가?"라는 것이다. 또한, 그 의문은 "오늘날 하나님이 실제로 돌아섰고 하나님의 말이 더는 선포되지 않는 상황이라면 교회에서 우리가 할 수 있는 일이 과연 무엇인가?"라는 것이고, "하나님은 침묵하고 있는데 하나님을 향한 예배와 기도와 찬양은 무슨 소용이 있는가?"라는 것이다. 그럼에도 "나는 하나님이 인간 역사 전체에서 인간과 동행한다는 확신을 하고 출구 없는 세상을 묘사한다."라고 말하는 엘륄은 기독교 지식인들이 진지한 문제 제기에 착수해야 한다고 역설한다.

'하나님과 단절' 시대에서 소망은 하나님의 거부와 침묵과 돌아섬 앞에서 인간의 요구이자 하나님에게 전해지는 도발임을 강조하는 엘륄은 소망이 근거하는 태도로서 기다림과 기도를 제시한다. 기다림은 예수 그리스도의 재림과 하나님 나라의 도래에 대한 기다림이고, 지금 여기서 하나님의 말과 성령에 대한 기다림이다. 그 기다림은 길을 잃은 이 시대에 위험이 임박할 때 구조신호를 보내듯 중단 없이 악착같이 매일 하루에도 수백 번 '마라나타'를 외치는 인간에게 더욱더 요구된다. 기도는 하나님의 개입 가능성에 대한 확신으로서, 우리가 기도를 시작하는 그때 소망이 생겨난다. 그러므로 진정한 기도란 돌아서서 침묵하는 하나님이 우리에게 돌아와 다시 말하도록 요청하는 끈질기고 투쟁적인 기도가 되어야 한다는 것이다.

우리가 그러한 기다림과 기도에 몰입할 수 있는 것은, 전 세계적 재난과 온갖 형태의 불행을 자신과 가족과 이웃에 직접 관련된 것으로 생각하는가와 그 문제에 대해 진정으로 고민하고 가슴아파하는가에 달렸다. 그 재난과 불행이 나와 직접 관련된 문제로 여겨진다면 우리는 그것을 남의 일처럼 생각할 수 없고, 당장 가능한 해결책이나 확실한 방법이 떠오르지 않더라도 그 문제에 대해 늘 고민하고 기도할 것이다.

엘륄은 이 사회와 현대 세상에 존재하는 수많은 난제를 진정으로 해결할 수 있는 인간의 수단과 방법은 존재하지 않는다고 여긴다. 그런 수단과 방법에만 의지하는 것은 오히려 난제를 더 악화시키고 해결을 어렵게 할 수도 있기에, 예수 그리스도의 재림을 통한 하나님 나라의 도래만이 난제를 해결할 수 있다는 것이다. 끈질긴 기다림과 투쟁적인 기도를 통해 예수 그리스도의 재림을 앞당김으로써 다시 말해 하나님이 우리에게 어서 돌아오게 함으로써 난제를 근본적으로 해결하는 것에 우리의 중심축이 두어져야 한다. 하지만 "생각은 전 세계적으로, 행동은 지역적으로"penser globalement, agir localement라는 엘륄의 말에서도 나타나듯이, 난제의 해결을 위한 이 지상에서 구체적인 활동에도 힘을 모아 전력을 기울여야 할 것이다.

이미 사회의 기득권 세력이 되어버린 한국 교회 안에는 적지 않은 문제가 노출되고 있다. 교회의 구조, 성서 해석, 신앙생활 방식 등 기독교 평신도들은 우리의 신앙이 어디서부터 문제가 발생한 것인지 그 근원을 비출 거울을 찾으려고 한다. 이러한 거울의 역할을 엘륄의 저작들이 할 수도 있을 것이다. 따라서 이러한 갈증의 해소와 문제 제기에 대한 답을 엘륄에게서 찾아보고자 한다.

이 책이 나오기까지 내용 검토를 위해 조언과 수고를 아끼지 않으신 총신대학교 교수 박건택 선생님, 서울대학교 교수 박동열 선생님, 대장간 출판사 대표 배용하 선생님, 세계 자끄 엘륄 협회 홈페이지 책임자 조엘 드까르젱Joël Decarsin 씨, 바쁜 가운데서도 서문을 써 주신 프랑스 보르도Bordeaux 대학교 교수이자 세계 자끄 엘륄 협회 회장인 빠트릭 트루드 샤스뜨네Patrick Troude-Chastenet 씨께 진심으로 감사드린다.

2009년 6월 이상민

서 · 문

　나는 소망[1]에 대해 이야기할 것이다. 그러나 그것은 지적인 문제가 아니다. 나에게 있어 소망은 가혹한 시련 가운데 예기치 않은 경로를 통해 왔다. 그런데 그 시련에 의해 모든 것이 다시 문제가 되었다. 가장 개인적인 감정에서 혹은 내가 시도하려고 했던 방향에서 모든 것이 문제시되었다. 그뿐 아니라 나의 인격의 중심을 이루었던 것, 아니면 내 생각으로는 적어도 나의 인격의 중심을 이루는 것인 신앙에서도 모든 것이 문제시되었다. 너무도 확실한 것이면서도 내가 보기에 심히 허약한 그 신앙에서 모든 것이 문제시되었다. 나는 다시 하나님의 예측할 수 없는 계획 앞에 섰다. 그것은 내가 다른 식으로 입증해 보려고 할 수도 있었던 것에 다른 차원을 부여한다. 그러나 실제로 내가 그렇게는 하지 않았을 것이다.

　아주 오래전부터 나는 소망에 대한 글을 썼다. 이를테면 빌르메트리[2]지에 올린 1954년의 평론 같은 것이다. 그 평론에서 나는 오늘날에도 다시 활용되는 몇몇 요소들, 예를 들어 **약속**의 결정적인 중요성과 다가오는 종말인 **재림**의 임박에 대해 강조했다. 또한, 약속의 실현과 종말론적인 관점으로부터 모든 것이 이해되어야 한다는 사실을 거기서 강조했다. 그것에 대해 큰 반향은 없었고 그것은 당

---

1) [역주] espérance. '소망' 혹은 '희망'으로 옮길 수 있지만, 그 표현이 여기서 주로 예수 그리스도의 재림에 대한 '소망'을 나타낸다는 점에서 '소망'으로 옮기기로 한다. 'espoir' 역시 우리말로 '소망' 혹은 '희망'으로 옮길 수 있지만, 'espérance'와 구별을 위해 '희망'으로 옮기기로 한다.

2) [역주] Villemétrie. 파리(Paris) 북쪽에 위치한 작은 도시 이름. 1954년 이 도시에서 만들어진 개신교 소 모임 '상트르 드 빌르메트리'(Centre de Villemétrie)의 목표는 "현대 세상의 삶의 상황과 구조에 직면한 신앙의 요구"에 대해 고찰하고 연구하는 모임을 만드는 것이었다. 엘륄은 그 모임에 참여하면서 그 소 모임의 잡지인 '빌르메트리 지(誌)'에 글을 썼다.

연했다. 그 모든 것이 바르트3)에게도 이미 있었기 때문에, 그것은 "괜찮은" 신학, 즉 바르트 신학의 단순한 관심사였다. 그러나 나는 내가 말하는 것이 무엇인지도 모르고 있었다.

아무리 의미가 가장 풍부한 말을 전달하더라도, 그 말에서 의미를 없애는 지적 형식주의가 있다. 오늘날 사람들은 정통성을 말하고 싶어 한다.

전혀 다른 방향에서 몇 년 전부터 나는 '하나님과의 단절'4) **시대**에 대한 책을 쓸 의도가 있었다. 사회적 진보 측면에서 우리 사회와 심리적 방향에서 우리 사회의 인간은 다음 같은 특징을 드러내는 것처럼 보였다. 즉 그것은 하나님이 돌아서서 침묵하고 있을 때 일어나는 특징으로서, 성서가 우리에게 보여주는 바이다. 불안정하고 거창하며 유치한 움직임들 속에서, 교회는 바로 그런 것과 관련되었던 시험으로서 나에게 나타났다.

사건5)이 내 삶 속에서 직접 일어났을 때, 갑자기 하나님으로부터의 단절에 대해 글을 쓸 수 없다는 확신이 들었다. 또한, 나를 사로잡고 있었던 힘인 동시에 그 때 나에게 주어졌던 말이 소망의 힘과 말이라는 확신이 불가피해 주어졌다. 그래도 지구는 돈다. 하지만, 지적인 분석 측면에서 내가 지적으로 확증하고 해석했던 바가 정확하지 않았던 것은 아니다. 합리적인 측면에서는 설명할 수 없는 방

---

3) [역주] Karl Barth(1886-1968). 스위스 출신의 개신교 신학자. 자끄 엘륄이 큰 영향을 받은 인물 중 하나이다. 그는 19세기 자유주의 신학의 인간중심주의에 대해 하나님의 '전적인 타자성(他者性)'을 강조함으로써 개신교 사상의 근본적인 변화를 주도했다.

4) [역주] déréiction. 이 표현의 사전적인 의미는 '신의 어떠한 도움도 박탈된 분리되고 버려진 것을 느끼는 인간의 상태' 혹은 '완전한 정신적인 고독과 버림받음의 상태'이다.

5) [역주] 여기서 **사건**(Evénement)이란 하나님의 활동으로서 개인에게 나타나는 하나님의 계시 같은 결정적 사건으로, 1930년 엘륄이 18세 되던 해에 체험한 하나님의 계시에 대한 개인적 경험이나 혹은 회심(回心)과 같은 것이다. 엘륄에 의하면 개인은 '잡다한 사실'과 반대되는 '사건'을 통해 개인적 결단에 이르는데, 구체적으로 그 '사건'이란 하나님이 역사의 흐름 속으로 개입한 것 다시 말해 살아 있는 사람 곧 예수 그리스도 안에 살아 있는 하나님이 성육신(成肉身)한 것이다.

식이면서 살아 있는 측면에서는 필연적인 방식으로, 이 시대에 내가 체험했던 바와 생각했던 바를 그렇게 연결한 것이다. 그와 같이 **"하나님과의 단절 시대에서 소망"**[6]이 나에게 불가피하게 주어졌다.

따라서 나는 소망에 대해 이야기하겠지만, 그것은 신학적인 방식이나 철학적인 방식이 아닐 것이다. 나는 아주 다른 길을 통해 소망에 도달했다. 순수하게 사회학적이면서 역사학적인 나의 지적인 사고방식을 통해 나는 막다른 골목에 이르렀다. 하나님으로부터의 단절 속에서 '스토아주의적인 권면' 외에는 내가 속한 사회의 인간에게 계속해서 할 말은 아무것도 없다. 나는 벽과 한계에 부딪혔고, 해결할 수 없고 피할 수 없는 상황에 부딪혔다. 이후에는 아무것도 없었다. 그 후 모든 것이 나에게 주어졌지만, 그것은 다른 길을 통해서였다.

구체적인 상황에 대한 확증으로 나를 이끌었던 지적 태도가 아니면 어떠한 지적 태도도 그러한 확신을 주지 못했다. 그 구체적인 상황을 내가 규정하지는 않았지만, 그 상황은 내가 그것이 무엇이라 말할 수 없음에도 근본적으로 소망이 없었다. 그것은 내가 확신했던 중심 문제였고, 다른 모든 문제가 귀결될 수 있었던 중심 문제였다. 그것은 소망이 없고 의미가 없으며, 창구가 없고 역사가 없다는 것이다. 이 시대의 인간은 그렇게 살았다. 그러나 나에게 있어 모든 것은 그러한 확증에서 완결되었다.

하나의 질문을 아주 분명하게 포함하는 상황이 있었다. 이 시대의 모든 사람이 제기하는 무언의 질문이자 무의식적인 질문이 있었던 것이다. 하지만, 무엇이라고 대답해야 할까? 게다가 나는 사람들이 제기하거나 혹은 제기되는 질문에 대

---

6) [역주] " " 속에 들어 있는 표현은 이 책의 원문에서 ≪ ≫ 속에 있는 부분으로서, 저자가 다른 곳에서 인용한 내용이거나 혹은 저자가 강조하고 싶은 내용인 것으로 보인다. 엘륄은 자신의 연구 방식에 대해 언급하면서 인용된 내용의 출처를 각주에 일일이 표시하는 기존의 연구 방식을 따르지 않는다고 밝히고 있다.

한 답을 성서에 따른 계시에서 찾는 것이 아주 부적절하다는 점을 관례로 잘 알고 있었다. 또한, 나는 하나님이 자신의 계시 속에서 우리에게 질문하고 우리로부터 답을 기다리는 것이지, 그 반대되는 것은 아니라는 점을 관례로 잘 알고 있었다.

성서 속에서 찾을 수 있는 위로와 해결의 표현방식은 없었고, 사정은 그러했다.[7] 그것을 운명이라고 여기고 감수해야 했다. 바로 그 답이 불가피하게 주어졌을 때 말이다. 그러나 지금까지 나의 작업 속의 모든 것에는 소망이 없었음에도, - 소망에 대해 정확히 글을 쓰는 일이 나에게 닥쳤다 하더라도 - 그 답은 성서 본문에 대한 해석의 논리적 결과로서 혹은 미리 제시된 전제와 원리의 논리적 결과로서 불가피하게 줬던 것이 아니다. 그 답은 내가 도달했던 그 지점을 따라서 그리고 내가 속한 사회의 인간에게서 확인했던 동시에 내가 도달했던 그 한계를 따라 불가피하게 주어졌다.

가장 객관적이고 구체적이며 세속적인 한계를 초월하는 힘이 있다면, 유일하게도 그것은 **전적 타자**他者이자 예수 그리스도의 **전적 타자**로 남아 있는 하나님이 개입하는 힘이라는 것을 나는 그때 느끼고 있었다. 소망은 더는 신학적인 표

---

7) 고통 받는 자들에 대한 위로, 영적인 도움, 불안의 종식, 소망, 신앙으로서의 기독교를 인정하지 않는 그와 같은 그리스도인들이 주거, 음식, 문맹 퇴치와 같은 사람들의 물질적인 필요들에 부응하기 위해 서로 앞을 다투어 참여하는 것이 확인될 때 그것은 정말 놀라운 일이다. 그러나 사실상 정치적인 길을 통해 그들은 하나님이 '임시변통의 것'이 됨을 거부한다. 그리고 그들은 분명히 고해 신부보다 정신분석학자를 더 좋아한다. 그러나 그들은 세상의 어떠한 해결 수단이라도(정당이나 노동조합 등등) 임시변통의 것이 되게끔 준비되어 있다. 그들은 기독교가 인간의 근본적인 필요들에 부응하는 것을 거부하고, 물질적인 필요들에 부응하기 위해 할 수 있는 일을 한다. 그들은 늘 있어 왔던 것인 조잡하고 원초적이며 단순한 물질주의를 (물질주의에서 중요한 것은 인간을 먹고 살게 하는 것과 그런 수준에서 인간을 만족시키는 것이고, 배고픈 인간에게 진리의 말을 선포하는 것은 불가능하다는 것이다) 순진한 정신주의에(정신주의는 다음과 같이 확신하도록 기독교가 어떠한 필요에도 부응하지 말아야 한다는 것이다. 즉 하나님을 섬기는 것은 어떠한 보상도 없는 것이고, 신앙에는 이해관계가 있는 동기들이 없어야 하며, 신앙은 결국 "순수한" 것이라는 점을 확신하는 것이다) 그와 같이 결합시킨다. 그 두 자세는 상호보완적이며 둘 다 똑 같이 유치하다.

현방식이 아니라, 나에게는 가깝고 생생하며 전적인 것이 되었다. 소망은 답이 되었지만 나는 그것을 해결책이라고 말하지 않는다. 또한 소망은 무상無償의 기지사항이면서도 결단이 되었지만 나는 그것을 메시지와 조직이라는 보편적인 길이라고 말하지 않는다.

분명히 우리 시대에 제기된 문제에 대한 어떠한 해결책도 없었고, 어떠한 조직도 현대인이 그 속에 빠져 이미 길을 잃은 혼돈상태를 해결한다고 자부할 수 없었다. 그러나 인간이 들을 수 있는 말이면서도 어떠한 성서해석학을 통해서도 우리에게 제시될 수 없는 말이 있었다. 그 말은 결정적이고 효과적이며 결정을 짓는 유일한 행위이자 유일하게 근본적 것인데, 그것은 은총에 의해 순수해 질 수 있다.

소망이 없는 인간에게는 소망의 말이 있었는데, 그것은 물질적인 관점에서 아무것도 변화시키지 않는다. "내가 가진 유일한 것을 당신에게 주니…"라고 베드로가 거지에게 말했다.[8] 그러나 정확히 말해 오늘날 그리스도인들은 거지를 속이고 실망시켜 거지의 증오를 불러일으킬까 두려워서 그것을 더는 주지 않는다. 그와 같이 그리스도인들은 거지의 요구를 받아들이지만 그 요구에 응할 수 없어서, 그들은 "교회가 가져다주는 어떤 것도 더는 원하지 않는 세상이 정말 옳다." 라고 선언하면서 절망하며 잘못을 뉘우친다.

분명히 교회가 주어야 할 것을 가져다주지 않는다면, 교회는 아무것도 가져다주지 않는 것이다. 그러나 그것은 식별의 문제다. 이 시대의 인간에 의해 제기된 질문이 무엇인지 이해할 줄 알아야 한다. 그 질문은 공공장소에서 제기된 것도 아니고, 연설이나 열지어 가는 군중 가운데서 제기된 것도 아니다. 그 질문은 청

---

8) [역주] 사도행전 3장 6절 참조.

중을 향해 돌아선 배우에 의해서 제기된 것이 아니라, 무대 뒤와 마음속 은밀한 곳에서 제기된 것으로서, 그 질문을 통해 다른 질문들이 엄청나게 쌓인다. 사람을 괴롭히고 죽을 지경으로 만드는 보이지 않는 그 질문은, 사람들이 받아서 전달하는 은사恩賜에 관한 문제다.

기적은 우리에게 베풀어진 은사가 식별된 질문에 아주 적절하고 정확하게 결정적으로 들어맞는다는 것을 알아차리는 것이다. 그리스도인은 기적의 존재를 기꺼이 믿어야 한다. 그렇지 않다면 분명히 그리스도인은 침묵할 수밖에 없고, 더는 존재하지 않는 빛을 향한 길을 당황하며 찾을 수밖에 없다. 자칫 우리의 시간이 될 뻔한 '틀 잡히지 않은 시간'temps invertébré에 대해 오랫동안 고찰하고, 카스텔리9)는 "사람들은 거의 언제나 절망스런 방식으로 소망에 대해 많은 글을 썼다."라고 우리에게 말한다. 나는 우리에게 주어진 그런 은사가 진정으로 있었다는 것을 알면서도, 막다른 골목에서 빠져나오려고 순진하게 그 일을 하려고 한다.

---

9) [역주] Enrico Castelli. 이탈리아의 철학자로서 『틀 잡히지 않은 시간』이 대표작이다.

잊혀진 소망

제1장, 현시대에서 소망의 상실

　내가 여기서 제시하게 될 사실들은 나의 다른 저서에서 자주 묘사하고 분석했던 것이다. 그러나 그 사실들을 지금 살펴보는 각도에서 묘사하고 분석했던 것은 아니다. 그것은 우리가 존재하는 세상의 창구와 미래가 없음을 우리에게 드러내는 징조에 관한 것이다. 또한, 그것은 여기서 또한 지금 인간이 가질 수 있는 감정에 관한 것인데, 그 감정은 같은 실재實在를 표현한다. 하지만, 징조와 감정은 대중들에게는 명확하지 않고 분명히 드러나지 않는다. 그것들은 사건과 순진한 말과 행동 속에서 나타난다.

　하지만, 어떤 것을 의식하는 데는 단계가 있다. 그 요소 중 어떤 것들은 사실상 완벽할 정도로 명확하고 식별되며 인식될 수 있다. 그러나 그 요소 중 다른 것들은 실험적인 부류에 속할 수도 있으며 설명되지 않을 수도 있다. 또한, 그 다른 것들은 결국 인격 전체에 심한 충격을 일으킴으로써, 인간이 알지도 못한 채 인간의 가장 깊은 곳에 타격을 준다. 하지만, 나머지 것은 무의식 속에 그대로 남아 있다. 무의식에는 인간이 불평하는 것이 있으며, 인간이 진정으로 고통받는 것이 있다. 거기에는 인간의 명백한 항의와 근본적인 절망이 있다. 인간의 뻔한 조잡함과 현실적인 비일관성이 있다. 거기에는 인간의 상황이 있으며, 인간이 의식적으로 그 상황을 겪는 방식 및 무의식적으로 그 상황을 체험하는 방식이 있다.

Ⅰ. 방　황

1. 닫힌 세상

우리는 닫힌 세상을 경험하고 있다. 극도의 신비함 속에서의 과학이라는 창구, 기술의 찬란한 분출, 생각과 문명의 세계화, "우주"를 향한 문의 열림 등과 같이 그토록 많은 창구가 있었던 적은 없었다. 그리고 인간이 자신의 울타리와 유폐와 무기력을 그토록 느낀 적은 없었다. 대리자에 의해 인간은 대단한 인간적인 모험에 참여한다. 인간은 텔레비전을 통해 **"인간 존재 자체"**가 달에 첫발을 내딛는 것을 목격한다. 그러나 인간은 인간 존재 자체가 아니라, 사무직 종사자이다. 회색 양복을 걸친 그 인간의 생활은 손으로 돌리는 낡은 오르간의 구멍 뚫린 띠처럼 기계적으로 펼쳐진다. 오르간의 띠의 각 주름은 12월 31일에 와서 지난해 위에 겹쳐져 그것을 지워버리는 또 다른 한 해이다. 오르간의 음을 내는 주름은 예견된 행동이 합쳐진 것으로서, 반드시 기계는 돌아가야 한다. 50억의 사람들이 짜인 행동을 기대된 대로 정확하게 행하기 때문에, 부질없는 항의에도 실제로 기계는 아주 잘 돌아간다.

인간의 한계와 부조리[10]

잘 조직된 하루와 정확하게 나누어진 일 년 동안, 사람들은 겉모습이 자유로운 그러그러한 휴가를 즐길 것이라는 것을 안다. 또한, 사람들은 그러그러한 봉급

10) [역주] 이 책의 목차에 없는 소제목들은 독자들의 편의를 위해 역자가 붙인 것임을 밝혀 둔다.

인상이 있을 것이라는 것을 안다. 사람들은 전적으로 독립되어 그들의 사소한 계획을 실행할 수 있지만, 그것은 짜여진 일반적인 프로그램 내에서 하는 것이다. 그러나 그 사소한 계획은 다른 사람들의 계획과 일치하기도 한다. 각 사람은 완벽하게 개인화되어 있기 때문에, 같은 때 같은 도로에서 개인 교통수단인 자동차를 타고 길을 나선 4천만의 프랑스인들이 목격된다. 물론 각 사람이 그것을 원하고 선택했다. 물론 자유로운 한 인간이 태어나 선택할 수 있는 직업이 엄청나게 펼쳐져 있다. 그 어느 때보다 더 우리는 조상이 할 수 없었던 것을 하고, 외국 문화와 놀라운 이점을 누릴 가능성이 있다. 하지만, 그러한 인간은 자신이 함정에 빠졌다는 것을 느낀다.

인간은 **인간 존재 자체**가 천상의 덮개를 부수었던 그 순간, 그 덮개가 자기 위로 다시 떨어지는 것을 느꼈다. 각자가 모두를 위해 살고 있다는 기쁨을 어렴풋이 예감하는 그 순간, 인간은 치울 수 없는 덫처럼 자신이 다시 유폐되는 것을 느꼈다. 논쟁을 하는 것은 전적으로 무의미하고, 낙관주의자와 비관주의자 사이의 갈등은 이미 지나갔다. 현대 사회의 인간은 그들의 조상이 그들만큼의 수단과 자유와 행복과 복지와 열린 가능성과 장수長壽와 문화와 오락과 여가와 의사소통과 교역을 결코 누린 적이 없었다고 입증할 수 있으나, 현대 사회의 인간이 작은 낙원에 살고 있다고 설득할 수는 없을 것이다.

현대인은 그것이 끔찍한 부르주아의(게다가 현대인은 자신이 부르주아가 되었다.) 잘못도 아니요, 자본주의의 착취 체계의(자본주의적 착취 체계는 현대인에게 그 모든 것을 제공하는 데 유일하게 성공한 것이다.) 잘못도 아니라는 것을 알기 시작한다. 공산주의 이념은 퇴색하고 있다. 모택동 사상과 좌파의 불꽃들은 꺼져가는 불이 던지는 마지막 섬광이다. 그것은 사그라지는 잉걸불 가운데에서 마지막 타다 남은 불씨가 화롯불을 마무리하며 폭발하는 가스의 분출로 갑자기 빛나는 것이었음을 사람들은 안다.

그러한 경험을 한 증인들이 있었다. 시인들은 부조리 속에서 그러한 무제한적인 증가에 대해 설명했다. 그러나 그것은 우주의 부조리 및 인간과 소통이 되지 않는 자연의 부조리와 관계된 것이 더는 아니었다. 그와 반대로 인간은 자연은 이해되어지지 않으면 자연에 개입하여 측정하고 통제했다. 그후로 이러한 행위는 사회 속에서 인간에 의해 만들어진 부조리와 인간 자신의 수단에 의해 만들어진 부조리와 관계된 것이었다.

키르케고르Kierkegaard는 그 부조리를 느꼈고, 카프카Kafka는 부조리에 대한 고뇌를 표현했다. 초현실주의는 헛되이 출구를 찾느라 문에 부딪쳤다. 까뮈Camus는 부조리를 하나의 개념으로 한정시켰지만, '반항인'을 위해 증언했다. 까뮈가 길을 제시해 주었던 철학자들이 등장한 것은, 그 사실이 언급되고 또 언급되었을 때였고, 세상의 민감한 증인들이 이미 느낀 것과 조수처럼 밀려들 것을 예언했을 때였다. 그런데 그 세상은 닫혀 있는 동시에 열려 있고, 인간이 열림의 수단과 지배수단을 늘릴수록 더 닫히는 것이다. 까뮈에 대해 내려지는 평가에도 불구하고, 삶의 일반화된 부조리라는 결론을 이 시대를 제어할 수 없다는 것으로부터 이끌어내는 것은 사실상 포기이다.

부조리는 도피이자 안전함이다. 그러한 경험과 상황에는 지적으로 충족시키는 꼬리표가 붙여진다. 그 꼬리표 때문에 꼬리표가 지칭하는 실재는 더 이상 참작되지 않는다. 그 꼬리표는 그 자체로서 간주되고 그 의미가 해독된다. 그래서 사람들은 부조리 속에 실제로 살지만, 우회적으로 가치가 부여되는 아주 멀고 장엄한 무한한 공간들의 불가해한 면을 자세히 살핀다. 까뮈는 탐구했고, 까뮈 이후 그것은 잘못된 연구들에 대한 위안이 되었다.

구조주의의 모순과 체계의 엄밀성

사르트르주의는 그 자체의 비일관성 속에서 그런 진보의 비일관성을 표명했다. 이는 구조가 이 세상을 이미 지배했기 때문에, 구조주의가 구조를 제시한 것과 꼭 마찬가지이다. 구조주의는 전혀 지적인 진보도 더 나은 이해도 아니라, 닫혀 있고 조직화된 이 사회에서 현재의 인간 상황을 반영한 것이다. 그것이 전문가들이 인류학적이고 사회학적인 분석 방법과 일종의 철학이나 형이상학 사이에 차이를 두려고 애쓰는 것이 오류인 듯이 보이는 이유이다. 그 철학과 형이상학은 어떤 사람들이 인류학적이고 사회학적인 분석 방법으로부터 도출하고자 했을 법한 것이다.

사실상 레비스트로스[11]가 구조적인 분석을 제대로 했다면, 그것은 그가 1950년대 서양의 사회적 환경으로부터 나온 철학을 미리 가지고 있었기 때문이다. 그의 형이상학은 맹목에 의해 그 자체가 박탈된 인간의 상황을 반영한 것이었지만, 그것은 구조들을 의도적으로 조직한 것이었다. 그는 그 방법을 서양 사회에 대한 연구가 아니라 원시 사회에 대한 연구에 적용했다. 그러나 시기적절함과 편의성이라는 문제가 대두된다. 왜냐하면 어느 사회라도 구조들과 함께 살아가는 것이 분명 사실이기 때문이다. 그렇지만 그 명백함이 제약적이고 절대적이며 근본적이 되거나, 또한 언뜻 보아 모든 것을 설명하는 것이 되었다면, 그것은 원시 사회를 살피고 연구하며 분석하는 것이 아니라 의식적이든 무의식적이든지 간에 서양 사회의 영향을 받는 것이었다.

구조주의가 태어난 것은 바로 서구 사회의 가차 없는 구조화에 따른 것이다. 구조주의가 쓸모 있는 것은 서구 사회를 설명하기 위해서였으나, 그런 설명을 하기에 구조주의는 너무 어렵고 복잡하다. 구조주의는 첫 단계에서부터 방법론으로 멈춘다. 구조주의는 형이상학으로서만 또한 그 존재 자체 속에서만 우리 시대를 설명한다. 그래서 이것은 비의도적이 된다.

우리 사회의 구조는 점점 더 엄밀하고 명확해져서, 그 구조들이 더 확고할수록 더욱 더 인간은 자신에게 미래가 없음을 안다. 미래를 파괴하는 것은 전 세계적인 파괴의 위협인 "핵폭탄"이 아니라, 체계와 조직의 엄밀성이다. 인간은 착각하

---

11) [역주] Lévi-Strauss(1908-). 벨기에 출신의 프랑스의 인류학자이자 철학자로서 구조주의 사상의 창시자들 중 하나이다. 대표작에는 『슬픈 열대』가 있다.

고 있다고 말할 수도 있다. 일례로 기술체계가 인간이 생각하는 만큼 그렇게 엄밀하지 않다고 할 수도 있다. 그러나 중요한 것은 인간이 그런 식으로 기술 체계를 체험하고 있다는 것이다. 인간은 세상 속에 일종의 새로운 숙명이 자리 잡은 것을 근본적으로 확신한다. 그 새로운 숙명은 힘의 필연적 작용으로서 그 힘 위에서 인간은 아무것도 할 수가 없다.

이 시대의 인간은 언뜻 보아 모순 된 두 가지 경험에 부합하는 감정에 사로잡혀 있다. 한편으로는 체계가 펼쳐지고 구조가 조직되고 움직인다. 인간이 그것을 아는지 모르는지는 상관이 없다. 인간은 거기서 아무것도 할 수 없고 아무것도 변하지 않으며 결정의 중심부에 인간이 조금도 접근할 수 없다는 것을 체험한다. 인간은 몸을 숙여 감수하고, 그 누군지 모르는 "**그들**"을 비난하며 희망espoir없이 반항하지만, 결국 마찬가지이다. 인간은 그 경험의 이면일 따름인 자신의 참여 요구를 공표하지만, 그것조차 아무것도 변화시키지 못함을 알고 있다. 인간의 미래는 천체天體에서보다 더 엄밀히 구조들 속에 맞추어 넣어지고, 인간은 불가피한 것 앞에 놓인다.

모순 된 상황에서 인간의 고뇌

그러나 맞은 편 반대쪽에서 정보를 통해 부조리하고 예측할 수 없는 수많은 사건이 인긴 앞에 던져진다. 아마 모든 것이 전속력으로 변하므로 그것들을 고정시켜 명확하게 구분하고 이해하도록 멈추는 것은 불가능하다. 내가 보려고 애썼던 구경거리는 더 이상 존재하지 않으며, 모든 것이 이유 없이 이어진다. 그러한 연속은 비일관성에 의해 좌우되는 듯이 보인다. 그 연속으로부터 내가 받은 인상은 사람을 얼빠지게 하는 불안정한 세상의 인상이다. 그 세상은 고분고분하지 않고 이해할 수도 없으며 성가시게 구는 세상이자 유령선처럼 불안한 세상이다. 결함과 비합리적인 것으로 가득 찬 깨진 세상, 그곳에서 사람들은 아무 것도 할 수 없고 자신의 모습을 알아 볼 수도 없다. 그 때부터 미래도 예측할 수 없다. 동일한 인간에 의해 동일한 순간에 이루어진 이중적인 경험을 인간은 함께 겪지만, 그 경험을 제어할 수 없다. 그 두 경험을 통해 인간은 미래가 없음으로 해서 똑 같은 포기에 이르고 새로운 모순 속으로 들어간다.

왜냐하면 인간이 객관적으로 체험해야 할 바의 정확히 반대되는 것을 체험하는 가장 이상한 상황 속에 우리는 놓였기 때문이다. 인간은 전에 없었던 가장 평화롭고 안전한 사회에서, 불확실성과 커져가는 두려움 속에서 산다. 인간은 가장 과학적인 사회에서, 비합리적 방식에 의거하여 산다. 인간은 가장 자유로운 사회에서, "억압"과 심지어 초超억압을 체험한다. 인간은 의사소통이 가장 발달한 사회에서, 일종의 환각을 체험한다. 인간은 관계를 설정하려고 모든 것이 행해지는 사회에서, 고독 속에서 산다. 각 분야의 발전으로 인해 정확히 상반되는 것이 인간의 체험 속에서 커지는 듯 하다. 결코 인간은 자신의 역사를 만드는 수단을 그만큼 가져본 적도 없었으나, 그토록 완전히 한정되고 축소된 것을 결코 느껴본 적도 없었다. 드디어 인간은 작용과 반작용이라는 놀라운 체계 속에 사로잡혀 있다. 왜냐하면 인간은 자신을 속박하는 끈이라고 간주하는 것을 풀려고 투쟁할수록 더욱 더 그 끈을 조이게 되기 때문이다.

기술은 인간에게 힘과 사물들로 이루어진 신기한 세계를 만들어 주었다. 인간은 그 힘을 확인해 보지도 않고 받아들인다. 그리고 물건을 두려워하기 시작한다. 왜냐하면 인간의 삶에는 의미가 없기 때문이고, 인간이 두려워하는 것이 사물들에 의해 자신이 제거됨을 보는 것이기 때문이다. 그러나 인간 활동 전체의 유일한 의미는 바로 더 많은 물건을 자신에게 제공하는 것이기 때문에, 또한 그러한 것이 인간이 행한 노동의 대가로 체계로부터 받는 유일한 가치이기 때문에, 인간은 끊임없이 구매하고 물건에 의해 침해당하면서 자신의 고뇌를 늘린다. **닫힌 세상, 체계, 부조리, 고뇌** 등은 20세기 서구의 인간이 겪는 것이다.

---

12) [역주] Samuel Beckett(1906-1989). 영어와 프랑스어로 글을 쓴 아일랜드 출신의 작가. 인간 상황의 부조리를 표현한 희곡인 『고도를 기다리며』가 대표작이다.

그뿐 아니라 인간은 그것이 자신에게 보여 지고 입증되며 표현되기를 요구한다. 인간은 베께뜨[12]와 엘비[13]의 희곡에 뛰어 든다. 그 희곡들은 폭발적이지도 않고 기성 질서에 항거하는 것도 아니다. 하지만 그 희곡들은 이 세상 속에서 살아가는 것을 그 무엇이든 단순히 투영한 것으로서, 고뇌와 부조리의 결합이다. 인간은 체험된 무의식으로부터 언어로 표현된 의식으로 지나가게 단순히 도와주는 그러한 구경거리에 의해 자신이 확고해져 있음을 느낄 것이다. 그러나 그것은 일관성이 없고 소통되지 않으며 내용이 없는 최소한의 언어 표현 행위를 사용함으로써 이다. 그 언어 표현 행위는 각자의 부재不在, 역사의 운명, 역사의 궁극적인 무의미, 역사의 불가능성을 단순히 입증한다.

2. 비합리의 폭발

비합리가 오늘날 도처에서 터져 나오고 있다. 그런데 많은 사람들이 그것을 이 닫힌 세상에서 다행스러운 창구로 간주한다. 학생들은 저항한다. 그런데 그것은 학생들이 마땅히 관심을 가져야 했던 더 정당하고 더 잘 조직되고 더 안정된 세상을 위한 노동자의 저항과는 달랐다. 그것은 조직되고 안정된 세상에 대항하는 것이었다. 또한 그것은 사물들의 확산, 안락함의 확산, 능력의 확산, 기계의 확산에 대항하는 것이었다. 미국 흑인들이 저항하는 것은 순식간에 거리를 파괴하는 성난 용암의 흐름과 같다. 히피는 꽃이 가진 힘에 대한 열광, 최면적인 꿈, 음악적 최면 상태 속에서 저항한다.

계획의 부재와 미래의 배제

아무런 프로그램과 계획이 없다. 젊은이들은 계획과 프로그램이 없다고 자주

---

13) [역주] Edward Albee(1928-). 존재들 사이의 의사소통 불능을 주제로 다룬 희곡들을 쓴 미국의 극작가. 『동물원 이야기』와 『누가 버지니아 울프를 두려워하는가?』 등이 대표작이다.

야단을 맞았다. 학생들이 대학에다 "아니오."라고 말할 때, 학생들에게는 새로운 아무 것도 없으며 명백하게 표현해야 할 정확한 아무 것도 없다. 또한 학생들에게는 대학이 어떻게 되어야 할 것인지에 대한 아무런 대안도 없다. "당신들은 무엇을 바라는가?"라고 물으면, 학생들은 "모든 것이 폭발해야 한다."라고 대답할 뿐이다. 그러나 그것은 대답이 아니다. "그렇다면 미래는…?" 여기서 모든 것은 침묵한다. 왜냐하면 미래가 없기 때문이다. 마찬가지로 미국 흑인들에게 있어서도 계획과 대안과 프로그램이 없다. 즉 그들의 조직은 전혀 일관성이 없고 놀랍게도 모순 된 선언을 공표한다.

히피들에게 있어서는 아무런 계획을 갖지 않는 것이 바로 그들의 본질이다. 그들은 오늘을 산다. 그들은 순간을 포착하여 가능한 한 그 순간을 아름답고 유혹적이며 매혹적으로 만들려고 애를 쓴다. 그 "결과들"은 거부된다. 그들은 새로운 표현 방법과 체험 방식 속으로 들어간다. 그들은 확신과 예측을 거부하고, "결과를 유발하는" 생각을 거부한다. 그 모든 것은 근본적이다. 히피들은 악의 뿌리에 타격을 주려고 애를 쓴다. 그들은 모든 것이 결국 회복될 것이라고 확신하면서, **무**無를 앞세울 뿐이다. 또한 그들은 적어도 우리 사회의 총괄적인 형태에 의해 흡수되지 않을 것이라고 확신하면서, **무**를 앞세울 뿐이다. 그렇게 파도처럼 밀려드는 흐름 속에서 베트남 전쟁에 대한 항의, 미국 흑인들의 빈곤에 대한 항의, 인종주의와 억압에 대한 항의는 구실이자 작은 동기부여일 따름이다. 그 운동의 본질은 무이다. 그것은 순간보다 더 멀리 보지 않으려는 열망이며, 제시된 모든 것에 대한 **절대 거부**이다. 존재하는 것은 억압과 소외이기 때문에, 존재하는 모든 것을 무로 귀결시켜야 한다는 것이다.

그러한 무는 무엇으로 귀착할까? 여기에 아직 가장 큰 불확실성이 있다. 어떤 이들에게 있어서 절대적 자발성에 대한 충동이 어쨌든 존재한다. 인간이 자신을 분쇄하는 기계와 속박에서 벗어나고 일종의 폐허의 사막에 있게 되는 그 때 정말 제정신으로 돌아와서, 조직과 체계에 의해 왜곡되고 변형된 자신의 깊은 존재에 가장 잘 일치하는 것을 늘 그렇게 했듯이 만들어 낼 수 있을 것이다. 그것이 개인의 근본적인 자유의 자발성이다. 그러나 자발성에 역시 의거하는 다른 어떤 이들은 마침내 소외가 타파되었을 때, 소외되고 사물화事物化된 인간의 자발성이나 무산계급의 자발성만을 경험하기 원한다. 그것은 더 이상 자연적인 자발성이 아니라, 조건적인 자발성이다. 그것은 더 이상 창조적인 개인의 자발성이 아니라, 어떤 공동체나 어떤 계층이나 피해를 면한 채 살아남은 어떤 계급의 자발성이다.

일종의 생명력이 있는 운동에 의해 근원으로 거슬러 올라가게 하는 원천이 생겨나는 것은 바로 창조적인 개인의 자발성으로부터이다. 하지만 어떤 이들은 심지어 이후의 것에 대한 가능성을 살피기를 여전히 거부한다. 미래의 어떠한 창조적인 자발성도 더는 그들과 관계가 없다. 그들은 순간 속에 존재하며, 다른 어떤 곳에도 있기를 원하지 않는다. 그들은 주어진 순간을 가장 풍성하게 체험하려고 한다. 모든 가능한 미래에 대한 배제는 궁극적 비합리에 전념하는 것을 의미한다. 가치나 행동 기준이나 지적인 숙고가 더는 없다는 것이다.

비합리의 증가와 순간에 대한 집착

사람들이 집거나 내 버리는 꽃과 사랑이 있다. 이 순간에는 배고픔이 있고, 그 후에는 배부름이 있다. 마침내 해방된 갈망이 있고, 사람들이 정말 열망하는 세상의 소유물이 있다. 조용한 흥분, 음악적 열광에 참여, 의미들의 융합, 마약, 대중음악이 있다. 그것은 오르페우스주의[14]의 용출로서 자기 자신에 대한 본질적인

---

14) [역주] 비교(秘敎)의 일종인 오르페우스주의(orphisme)는 그리스 신화에 나오는 인물 오르페우스(Orphée)에서 유래된 신학적이고 철학적인 교리로서 육체의 더러움을 정화하려는 의지와 삶에 대한 초탈을 찬양한다.

15) [역주] 여기서 사건(Evénement)이란 하나님의 활동으로서 개인에게 나타나는 하나님의 계시 같은 결정적 사건으로, 1930년 엘륄이 18세 되던 해에 체험한 하나님의 계시에 대한 개인적 경험이나 혹은 회심(回心)과 같은 것이다. 엘륄에 의하면 개인은 '잡다한 사실'과 반대되는 '사건'을 통해 개인적 결단에 이르는데, 구체적으로 그 '사건'이란 하나님이 역사의 흐름 속으로 개입한 것 다시 말해 살아 있는 사람 곧 예수 그리스도 안에 살아 있는 하나님이 성육신(成育身)한 것이다.

박탈이다. 또한 그것은 도덕과 제약으로부터 해방인 **'신비적 합일'**Communion에 들어가려고, **사건**Événement, 15)에 의거해 행동하기를 포기하는 것이다. 그것은 사람들이 거기에 참여는 하지만 그것에 대해 말할 수 없는 신비이고, 말로 표현되지 않는 신비이다. 왜냐하면 사람들이 말했듯이 사실상 아무 것도 존재하지 않기 때문이다. 하지만 중요한 것은 일치와 해방과 엑스타시ec-stase이므로, 그런 무無를 통해 그러한 행동의 어리석음이 입증되지는 않는다.

그러한 비합리의 증가는 그 형태가 어떠하든지 간에 기술 사회에 대한 진정한 항의인 듯 하다. 그것은 인간의 **구원**이 아니라면 인간에 대한 존중이다. 하지만 이상한 돌변에 의해 다음 같은 것들이 나타난다. 그것은 절망적인 노력, 너무도 이상하고 정상에서 벗어난 듯 한 행동, 반지와 목걸이, 힌두교 표식과 긴 머리, 화염병, 결탁과 거부, 모욕과 증오와 헛소리, 사랑이 없는 자유로운 사랑, 아케이드 모양의 음악 장식을 단 군중의 기이한 모습이다. 젊은이들이 우리의 면전에서 집어 던지는 그 새로운 모든 것은 이미 알려진 상황에 대한 단순한 반영일 따름이다.

그것들을 특징짓는 것은 바로 그것들에는 역시 미래가 없다는 점이다. 분명히 미래는 있을 것이다. 시간은 흘러가고 이 순간에 이어져 다른 순간이 온다. 그러나 미래나 건설이라든가, 장소나 논리라든가, 조화나 삶의 앞으로의 발전이라든가, 미리 존재함이나 원하는 바라든가 하는 것은 없다. 또한 가능한 연속성이나 항구성이나 신실함도 없다. 어떠한 경험도 이후의 것에 대해서는 가치가 없고, 다른 곳에서 일어나는 그 어떤 것도 경험으로 여겨지지 않는다.

내일은 아무 것도 아니기 때문에, 내일의 행동과 책략과 체험을 더 낫게 만들기 위해 끌어 낼 교훈은 없다. 지속적인 예측도 존재하지 않는다. '조금 전'은 지금 내가 겪는 순간처럼 단순한 순간이 될 것이다. 나는 아무 것도 원하지 않는다. 왜냐하면 원한다는 것은 미래에 기대를 거는 것이고, 목표에 순응하는 것이며, 현

16) [역주] 마태복음 6장 34절.

재 존재하지도 않고 앞으로 결코 존재하지 않을 것에 의존하는 것이기 때문이다. 그것은 "내일 일은 내일 염려할 것이요, 한 날 괴로움은 그 날에 족하다."[16]라는 복음서의 교훈이다. 하지만 그것은 내일이 없는 현재만을 체험하려고 미래를 차단하기로 그 같이 결정하는 개인과 각자에만 관계된 것은 더 이상 아니다. 그것은 총괄적이고 일반적이 되려는 방식과 관계된 것이고, 제도와 조직과 전체, 일례로 흑인 거주지나 대학교에도 강요되려는 방식과 관계된 것이다.

프로그램도, 시험도, 계속되는 연구도, 극복해야 할 상황도, 항목 별로 잘 짜여진 강의도 더 이상 없다. 모든 것이 순간 속으로 빠져든다. 그것은 자유로운 대화요, 격식을 차리지 않는 의견 교환이다. 거기서 가장 예리하고 강렬하게 개성이 형성되고, 어수선하고 산만한 관계에 의해 지식들이 지속적으로 주입된다. 이 사회의 모든 사람처럼 젊은이들과 흑인들은 아무 것에도 귀결되지 않는 행동 속으로 돌진한다. 그들은 미래 병 환자이다.

그러나 그런 상황 속에서 성인成人은 그 상황을 보기를 거부하고, 그 상황에 대한 깊은 불안만을 자기 자신 속에서 감지한다. 그리고 성인은 그 불안을 무의식 속으로 밀어 넣고 그 불안으로 심각한 혼란에 빠진다. 하지만 성인은 자신의 미래를 제어할 수 없음을 인정하려 들지 않고, 예견, 본보기, 조직화, 규약, 미래 예측, 결과를 도출하는 엄밀함, 계획화, 프로그램화를 늘린다. 반면에 젊은이들은 있는 그대로의 상황이 급격히 드러나게 했다. 젊은이들은 모든 결과 속에서 그 상황을 받아들이고 언급하며 떠맡을 용기가 있었다. 말하자면 그것은 미래 없이 사는 것이고, 계획 없이 행동하는 것이며, 결국 유일한 순간을 체계화하는 것이다.?

비합리적인 행위와 태도

아무런 소망이 없다. 그렇다면 우리의 입장을 정해 보자. 모든 것이 부조리하기 때문에, 오늘날 나의 노력을 부조리하게 만드는 것인 미래로부터 단절되어 내가이 오늘을 충분하게 체험할 수 있게끔 만들어 보자. 나는 더는 나와 상관이 없는 미래를 부조리 속으로 또한 괴물들이 우글거리는 어둠 속으로 실제로 내 던진다. 나는 더 이상 **제국**의 설립자도 세상의 건설자도 되기를 원하지 않는다. 나를 부추기는 열정은 확신이나 진리에서 나온 것이 아니다.

미래가 없기 때문에 진리가 없다면, 그것이 무엇이든 간에 내가 순간 속에서 행하는 바를 열정적으로 체험하는 것 외에는 아무 것도 가치가 없다. 나는 정신분석학과 사회학을 통해 그 측량할 수 없는 깊음을 알게 되었던 원인에도 관심을 쏟을 필요가 없다. 또한 **역사학**을 통해 그것에 대한 지속적인 환멸을 터득했던 결과에도 관심을 쏟을 필요가 없다. 그것은 "환멸의 **제국**과 환상의 **왕국** 사이에 끼인", 내가 알고 싶지 않은, 현재만을 철저하게 사는 것이다.

미래가 없는 어른들과 계획이 없는 젊은이들 사이의 유일한 차이는, 어른들은 체험하는 것을 감추려 한다는 것이고, 젊은이들은 체험한 것을 뻔뻔하게 내 보이며 삶의 규칙으로 삼는다는 것이다. 젊은이들이 이 사회에서 모든 사람이 처한 상황 자체의 비합리를 폭로하게 되는 것은 오로지 다음 같을 때이다. 즉 그들이 힘차게 비합리를 주장하고 체험할 때이고, '마법적 혹은 종교적 도취'communiel의 수준에 위치할 때이다. 또한 그들이 도덕은 근거가 없고 죽어 있으며 위선의 원천이기 때문에 도덕을 인정하지 않을 때이고, 이성은 뻣뻣하고 차가우며 무력無力하고 무모하기 때문에 이성을 인정하지 않을 때이다. 또한 그들이 활력의 원천에 뛰어 들며 신기한 새로운 세상의 비법을 공개하려 할 때이다. 그것은 바로 내가 앞에서 강조하려고 애썼던 비합리이다. 즉 객관적으로 존재하는 것과 그것에 대해 인간이 체험하고 경험하며 느끼는 것 사이에 있는 모순이다. 배가 더 부를수록 부족함을 더 불평하고, 더 안전할수록 더 두려워하는 것이 인간이다.

근본적으로 비합리적 행위들이 나타난다. 인간은 자신의 위태로움에 대비하려고, 머리를 숙인 채 온갖 종교와 신심信心에 뛰어 들며 온갖 신화를 받아들인다. 그러나 인간은 그렇게 불려지기를 원하지 않는다. 인간은 20세기 진화된 인간의 존엄을 간직하기를 원한다. 인간이 카드 점을 치러 가거나 점성술에 열성적으로 파고든다면, 그것은 은밀하게 이루어질 것이다. 젊은이들은 그러한 비합리를 폭로하기를 바라지 않았으나, 그들의 비합리적인 태도는 그 자체로서 모순의 폭로이다. 실제로 그들은 우리와 같은 어른들의 자식이다. 그들은 어른들의 근본적인 상황을 드러냈다. 젊기 때문에 미래의 전달자인 그들은 자신들의 아버지가 미래가 없음을 체험했기 때문에, 자신들에게도 미래가 없다고 선언한다. 그들은 그 점을 자랑으로 여겼고, 지속적인 것을 없애면서 현재 속으로 뛰어 들었다.

3. 슬픈 젊은이들

그러나 "이마에 꽃을 두른" 젊은이들을 자세히 바라보라. 또한 미덕으로부터 결국 폐허가 생겨나도록 세상을 파헤치려 하고, 상대방의 방어를 뚫고 나가는 학생들을 자세히 바라보라. 그들은 불행하다. 젊음의 위기에 대해 말하지 말자. 그렇게 말하는 것은 너무 성급하다. 위기는 어른들에게 해당되고, 자식들은 자기 아버지를 닮지 않는다. 그럼에도 젊은이와 학생들이 우리 어른의 모습을 가시적으로 정확히 반영한다는 점을 우리는 기정사실화 했다. 그러나 그들은 우리 어른이 자신의 모습이라고 시인하기를 거부하는 모습을 보여준다. 그런데 우리는 젊음의 위기에 대해 빌한다. 위기기 있는 것이 아니라 불행과 젊음이 존재하는 것이다. 불행! 그러나 어쨌든 그들은 그토록 행복했던 적은 없었다. 멋진 학창 생활, 장학금, 여행, 쉬운 공부, 낮추어진 시험 수준 등 더 이상 무엇을 원하는가? 지금 우리 어른은 그들에게 취직자리를 보장하고, 학업으로부터 취업으로 쉽게 옮겨가는 것을 보장해 주는데 전념한다. 그들이 공부하는 동안 장학금은 없고 급여가 있는 것이다.

젊은이들의 위기

그러나 바로 그들은 정확히 우리 어른의 모습이다. 즉 그들은 물질적인 여건을 통해 체험하게끔 된 바에 반대되는 것을 체험하고, 미래가 없음을 느낀다. 아니 더 정확히 말하면 음울한 내일은 그들에게 오늘 주어진 것을 썩게 한다는 것이다. 그들은 그것을 체험하기도 하고 체험하지 않기도 한다. 그들은 두려움으로 자신들에게 주어진 세상을 바라본다. 그들은 세상에 감히 들어가지 못하고, 자신들이 강하거나 충분히 준비되어 있다고 느끼지 않는다. 그들은 자신들이 느끼고 체험하는 숨겨지고 제어하기 힘든 연약함에 맞추어 오만함과 무례함을 드러낸다.

우리는 젊은이들의 진정한 위기를 그들의 커져가는 부적응, 허위, 마약 복용, 도피, 과도한 "참여"에서 발견하는데, 그 부적응은 '부적응 자들' 이라는 막연한 용어로 규정된다. 어떤 가치를 찬양하고 더 나은 사회를 건설하거나 더 나은 인간을 만드는 데 헌신하는 정당에 의식적이고 의도적인 참여를 하는 시대에 우리는 더 이상 있지 않다. 젊은이들은 이제 어떤 것도 無로 귀결되지 않는다는 것과 그들의 참여가 다른 일보다 더 많은 의미가 있지 않다는 것을 안다. 그리고 의미가 없는 행동을 통해서는 그것이 무엇이든 간에 거기에 어떠한 의미도 부여될 수 없다는 것을 안다. 그들은 그것이 마찬가지라는 것을 알며 또한 안다고 믿는다.

그들보다 연장자처럼 그들은 덧없는 환상의 그물에 걸려 있다. 더는 속셈 없이 웃을 줄도 모르고, 더는 오르페우스주의의 열광 속에서 천진난만하게 행복으로 빠져들 줄도 모르는 것이 바로 그 젊은이들이다. 그들은 모든 것을 지치게 했고 스스로도 지쳐 있다. 그들은 그들의 아버지가 과도하게 체험했던 것에 무감각하고, 더는 역사가 아닌 세상 속에서 역사의 부재에 사로 잡혀 있으며, 조숙하게 늙어 버린 세대이다. 그것은 극단적인 경험과 공연히 격화되는 팽팽하고 쓰라린 각성覺醒으로 움푹 파인 그들의 특징이다. 새로운 청년기에는 그들의 나이에 걸맞은 비극과 젊음의 늘 새로워지는 오만이 겹쳐 있다. 그 비극과 오만은 그들이 두려워하는 어떤 세상에 속한 것인데, 그들은 그들이 있는 곳에서 소문에 의해서만 또한 그 세상의 과도한 요구에 의해서만 그 세상을 알고 있다. 그래서 그들은 도피한다.

젊은이들의 도피와 소망의 부재

그들은 꿈, 가식, 그들 자신의 범위 내에서 유폐, 마약, 혁명, 길을 떠남, 낭비 속으로 도피한다. 그것은 랭보Rimbaud, 몽프라이17), 니장18)과 같은 인물들의 순수하게 개인주의적인 힘들고 의도적인 경험은 결코 아니다. 그것은 방임인데, 덩어리와 플라스마19)가 흘러가도록 내버려 두는 것이다. 젊은이들은 자신들의 행동으로 세상의 모순을 드러낸다. 그들은 세상 속에 결국 편입되지 못하면서 그 세상을 거부한다. 그들은 도피하지만 그러면서도 편입만을 추구한다. 그들은 어른들을 모욕하지만 어른들 쪽의 진정성만을 기대한다. 그들은 고집스럽게 외따로 떨어지기도 하고 전적으로 집단적으로 같이 있기도 한다. 그들은 기어코 삶을 지속하기 원하지만 자살 행동을 취한다. 그들은 지나치게 귀여움을 받으면서 비난하고 포기하는 방식으로 자신들의 모든 경험을 체험한다. 그런데 모순들은 단 하나의 표현방식으로 정확히 해결된다. 즉 그들은 소망이 없다는 것이다. 바로 모든 것이 그것에 귀결된다.

소망의 부재는 일반적으로는 현대인의 감정과 행동을 유일한 관점에 입각하여 다시 포착할 수 있게 하는 열쇠이다. 또한 소망의 부재는 열광을 잘 할 뿐더러 폭발적이고 환상을 품는 상태에 잘 이르는 인간인 청년들의 감정과 행동을 유일한 관점에 입각하여 다시 포착할 수 있게 하는 열쇠이다. 그리고 우리는 자살이

---

17) [역주] Henry de Monfreid(1879-1974). 프랑스의 작가로서 그의 여행 이야기들과 소설들은 이디오피아와 페르시아 만에서의 모험적인 인생 경험에서 나온 것이다. 대표작으로는 『홍해의 비밀들』과 『해적의 유언』 등이 있다.

18) [역주] Paul Nizan(1905-1940). 프랑스의 작가로서 사르트르의 친구였다. 에세이와 소설들을 썼으며 대표작으로는 『음모(陰謀)』가 있다.

19) [역주] 플라스마(plasma)는 가스성의 분자들과 이온과 전자로 구성된 유체로서 우주의 물질 99%가 플라스마의 형태로 되어 있다고 추정된다.

늘어나는 데서 그것의 극단적인 표현을 발견한다. 그 자살들은 너무 많은 숫자의 젊은이들의 열정에 의해 일어나는 것이다. "그들의 죽으려는 결심은 고칠 수 없을 정도로 병든 사회에서의 절대 악에 대항하는 의지로부터 또한 조화와 사랑을 향한 다른 길을 더 이상 보지 못하면서 허무를 선택하는 삶의 절대적 순진함에 대항하는 의지로부터 생겨난다. 그것은 정신의 가치를 조롱하는 문명에 대항하는 양심의 항의이다. 그래서 그것은 이상적인 신앙의 행위이면서 인간의 역사적 실패에 대한 동의이기도 하다."라고 생송[20]은 쓰고 있다. 아마 그의 견해는 옳을 것이다.

그러나 그것은 무엇보다 너무 무거운 짐을 지고 있는 사람의 행위인데, 그 사람의 고백은 모든 사람에 의해 버림받았다는 감정인 동시에 두려움의 표현이다. 젊은이들이 자신들의 감수성을 가지고서 또한 각각의 절대적 경험으로 옮겨감으로써, 비극적인 정보들의 짓누르는 무게에 어떻게 저항할 수 있을까? 그 비극적인 정보들 가운데서 어른들이 살아남을 수 있는 것은, 오직 두터운 무관심에 의해서, 미래를 소유하는 것으로 끝나고 말았던 과거의 경험에 의해서, 그러한 미래와 역사 사이의 혼동에 의해서, 몰입케 하는 일로 관심을 다른 데로 돌림으로 의해서 이다. 허무의 무기들을 청년은 소유하지 않는다. 청년은 세상에서 소망의 결핍에 노출된 채, 그것으로 인해 죽는다

4. 뒤바뀜

인간의 낡은 지혜는 인간의 노력이 헛되다는 경험과 대치되었다. 우리가 20세기의 대단한 역사적 모험들을 살펴본다면, 행동할 희망과 이유가 과연 남아 있을까? 『인도차이나에 대한 비올레트 보고서』*Le rapport Violette sur l'Indochine*와 지드*Gide*의 『콩

---

20) [역주] Pierre Henri Simson(1903-1972). 프랑스의 작가이면서 대학교수. 「르 몽드」지 문학평론가을 역임하기도 함. 대표작으로는 『인간은 죽기를 원치 않는다』와 『행복의 역사』가 있다.

고 기행문『Le Voyage au Congo』으로 생긴 프랑스에서 첫 전율이 우리를 엄습하고 나서, 식민지화의 영광은(식민지화는 현재의 유사 마르크스주의적인 유치하고 조잡한 설명에 의해 유지될 따름인 계급의 경제적 이해관계와 자본주의 시장의 필요성 외에 다른 많은 동기가 있었다.) 우리가 아는 혐오스러움으로 끝났다. 그 이후부터 모든 것은 마다가스카르에서의 학살 및 알제리에서의 고문에 이르기까지 가차없이 전개되었다.

의도와 반대되는 것으로의 변질

권리와 **문명**을 위한 전쟁은 공화주의적인 '마레 당'[21]과 과격화된 민족주의로 귀결되었다. 1917년 러시아 혁명을 통해 가장 유혈이 낭자한 독재가 등장했고, 가장 냉혹한 괴물이 마침내 가시적으로 나타났으며, 온갖 혁명의 거짓이 드러났다. **영예, 씩씩함, 평등, 민족**을 기치로 내 걸은 '1933년의 혁명'[22]은 강제 수용소 속에 묻혀 버렸다. 자유를 위한 전쟁을 통해 독재가 확대되었으며, 민주주의적 체제가 권위주의적이고 중앙집권적인 체제로 변화되었다. 해방을 통해 출세주의자들에게는 길이 열렸으나, 틀에 박힌 가장 저질의 사고방식들만이 나타나고 말았다. 식민지 해방을 통한 종족 간의 증오, 아프리카인들에 의한 아프리카인들에 대한 착취, 신식민주의, 군부 독재, 증오심에 찬 민족주의를 향한 문이 열렸다. 우리의 실패들에 대해 과연 누가 설명할 것인가? 또한, 실망스러울 뿐 아니라 조롱당하는 우리의 희망들espoirs에 대해 누가 설명할 것인가? 그리고 우리가 기대했던 바에 반대되는 것을 정확히 매번 만들어내는 우리의 관대한 생각들에 대해 누

---

21) [역주] '마레 당'(marais)은 프랑스 대혁명 기간 동안에 '지롱드 당'(Girondins)과 '산악 당'(Montagnards) 사이에서 국민의회(Convention)의 의석을 차지했던 '제 3의 당'(Tiers Parti) 혹은 '평원파'(Plaine)를 지칭하는 표현이다.
22) [역주] 독일의 히틀러가 행한 혁명을 가리키는 것으로 보인다.
23) [역주] 여기서 엘륄은 나치 점령하의 프랑스를 해방시키려고 연합군이 노르망디 해안에 상륙한 사건을 언급하고 있다

가 설명할 것인가?

20년이 지나 노르망디 지방에서 그토록 많은 희생의 결과를 보면서23), 라누24)의 "까나이엥"25)처럼 "다시 해야 한다면 물론 나는 시작할 것이다."라고 말할 용기가 우리 시대에 누구에게 있을까? 나는 그런 사람들을 조금밖에 알지 못한다. 모든 것이 우리에게 허울과 거짓이 되었다. 매번 참여하고 경험할 때마다 우리는 죽음의 찌푸린 얼굴과 조롱을 보게 된다. 어떤 사람들이 오늘날 중국에 희망을 걸고 있다면, 그것은 그곳에서 실제로 일어나는 일들이 무엇인지 모르기 때문이다. 1933년의 히틀러주의와 1950년의 스탈린주의에 대해 사람들이 처했던 같은 상황 속에 중국이 있다. 그러나 환상을 품기를 원하는 사람들만이 진실의 책임을 거기에 덧붙일 수 있다.

온갖 전쟁과 혁명과 역사적인 대 시도를 통해 본래 의도와는 다른 괴상한 것들이 생겨났다. 전쟁과 혁명과 역사적인 대 시도가 전체적이었던 동시에 고귀했을수록 그것들은 더욱 절대적이 되었다. 우리는 이상한 현상을 목격하는데, 그 현상은 가식적인 태도라고 불릴 수도 있다. 그것은 원래의 의도가 반대되는 것으로 변질하는 것과 관련된다. 그것은 꿈과 현실 사이의 거리라든지, 목표와 결과 사이의 차이라든지, 계획된 행동과 그 행동의 실재 사이의 서로 어긋남과 같은 고전적인 입증은 아니다. 그 모든 것은 조상 전래의 우리 경험의 일부이다. 하지만, 오늘날 그것은 거리, 서로 어긋남, 차이와 더는 관계되는 것이 아니라, 반대되는 것과 관계된다. 어떤 행동이 자유를 위해 개입되면 그 행동을 통해 더욱 큰 예속이 생겨난다. 또한, 어떤 행동이 정의를 위해 개입되면, 그 행동을 통해 수없이 많

---

24) [역주] Armand Lanoux(1913-1983). 프랑스의 작가로서 여러 장르의 글을 썼다. 대표작으로 『살해당한 캐나다여자』가 있다.

25) [역주] 캐나다 지역이 프랑스의 식민지였을 때 프랑스어를 쓰던 식민지 이주민들과 그 후손들의 호칭이 '까나디엥'(canadien)이었다. 그런데 그 지역이 영국의 식민지가 되자 영어를 쓰는 식민지 이주민들이 들어오면서 그 호칭을 독점하여 자기들을 지칭하는 것으로 쓰게 되었고 영어식으로 '캐나디언'(canadian)이 된다. 따라서 그 호칭과 구별하기 위해 프랑스어를 쓰던 이주민들은 자기들에 대한 호칭으로 '까나이엥'(Canayen)을 쓰게 된다.

고 끝없는 불의가 쌓인다. 그것이 조금이라도 성취되면, 그것이 원래 만들려고 의도했던 바를 가진 것은 하나도 없다.

그것은 일반성을 가지고 대답할 수 있는 것이 아니다. 그것은 인간의 "악함"도 아니고, 자본주의의 징조나 혹은 제국주의 징조도 아니다. 우리는 특이한 시대에 존재하는데, 그 시대의 근본적인 가식적인 태도가 그 징조 중 하나이다. 그러나 저편에는 어떠한 행동과 의미가 가능한 채로 남아 있을까? "단 한 가지 것으로부터 나오고, 방 안에서 휴식 상태로 있을 줄 모르는" 불행에 대한 자신의 이야기에서 정말 혐오스러울 정도로 파스칼의 이름을 드높이는 시오랑26)이 자신의『자아 분석 개요』*Précis de décomposition*에서 결정적으로 옳은 것은 아닐까?

근본적인 변질과 뒤바뀜

여기서는 그 현상을 자세히 묘사하거나 설명을 시도할 형편은 아니다. 나는 이 사회 속에서 인간이 체험하고 느끼는 것을 오직 말하려고 할 따름이다. 그런데 근본적인 변질과 뒤바뀜과 가식적인 태도를 그렇게 경험하는 것은 반세기 전부터 공통적이 된다. 오늘날 젊은이들이 그 무엇보다도 좌익으로의 회귀를 불신할 때, 그들은 1918년27)의 재향군인에 합류한다. 그 재향군인들은 자신들의 희생과 승리를 "사람들이" 변질시킨 것에 대한 분노를 격렬히 표현했다. 우리 젊은이 중 기장 격렬한 저항자들은 1934년의 **불 십자가단**28)이다. 그들은 어떠한 좌익으로의 회귀이든 간에 그것을 거부한 점에서는 옳다. 하지만, 발걸음을 뗄 때마다 그들은 반박을 불러일으킨다.

---

26) [역주] Emil Cioran(1911-1995). 루마니아 출신의 프랑스 수필가이자 도덕학자로서 격언의 형태를 취하여 비관주의 철학을 발전시켰다. 대표작으로는 『자아분석개요』와 『고백과 파문』 등이 있다.

27) [역주] 1918년은 제1차 세계대전이 끝난 해이다.

28) [역주] 불 십자가단(Croix de Feu)은 1927년에 작가 모리스 아노(Maurice Hanot)에 의해 창단되어 1932년부터 라 로크(La Roque) 중령이 이끈 프랑스 재향 군인 단체이다. 민족주의적이고 반공산주의적인 그 단체는 1936년 인민 전선(Front populaire)에 통합되었다.

상스러운 볼린스키[29]는 소비 사회의 하인이 되었다. 젊은이들의 반항은 출판업자와 영화 관계자와 광고업자의 "최고의" 상업적인 일거리이다. 히피운동은 상당한 상업성을 끌어내고, 대중음악 집회는 영화사나 혹은 라디오 방송사에 의해 개최된다. 전향에 대해 항의하면서, 젊은이들은 그것을 잘 알고 있고, 그것을 가끔 비극적인 것으로 여긴다. 젊은이들이 발견한 것과 젊은이들의 방향 설정과 충동은 즉시 이용되고 통합된다. 경제적, 철학적, 정치적, 사회적 측면이 관련되더라도, 그 사실은 결국 마찬가지이다. 그런데 그것이 바로 뒤바뀜이다. 즉 광고 속에 다시 사용된 광고에 대한 항의이다. 그것은 정치를 위해 다시 사용된 비정치 속으로의 도피이다. 또한, 그것은 더 정체되고 중앙 집중식이며 공리적이고 기술화된 대학을 만들어내는 "나폴레옹식의" 대학에 대한 문제 제기이다.

전향되지 않으려고 전향에 대해 항의하는 것은 충분하지 않다. 왜냐하면, 그것은 전향하거나 또한 전향하기 원하는 어떤 사람 혹은 어떤 사람들의 마키아벨리적인 의도를 전제하기 때문이다. 반면에 그 사실은 구조들에 의해 생겨나는 것처럼 보인다. 그 구조들은 개인들 혹은 심지어 의식적인 무리의 가소로운 참여가 없이도 충분히 자동으로 작동한다. 또한, 그 구조들은 고전적이거나 혹은 마르크스주의적인 사회학의 낡은 분석에 더는 일치하지 않으며, 마르크스주의로부터 파생된 혁명적인 고정관념에도 더는 일치하지 않는다.

사실은 그와 다르다. 우리 사회는 알려진 범주들을 회피한다. 그러나 어떠한 인간이라도 그 인간이 범주들에 대해 가질 수 있는 경험은 좌절에 대한 경험과 무의미에 대한 경험이다. 각자는 다소 의식적으로 자신의 마음속에 "무슨 소용이 있나?"라는 생각을 품고 산다. 그래서 인간은 행동 혹은 행동의 부재 속으로 뛰어든다. 그 행동에 대해 사람들은 최소한 그 행동이 그 자체에 부합한다는 것을 안다. 그 행동의 예는 자동차를 운전하는 것, 새로운 물건을 사는 것, 자신의 일

---

29) [역주] Georges Wolinski(1934-) 자기와 동 시대 사람들의 풍속들에 대해 힐난한 프랑스의 풍자 만화가. 대표작으로는 『1968년의 앨범, 나는 바보로 죽기를 원하지 않는다』가 있다.

속에 파묻히는 것, 방어벽을 만들고 화염병을 던지는 것, 자신의 기술적 특수성 안에 갇히는 것 등이다. 사람들이 잠깐 보고 나서는 그 확실한 것들에게서 나오 자마자, 우리는 아무것에도 귀결되지 않는 분석의 정교함에 의해 실망하고, 총괄 적인 자각 노력을 결국 우스꽝스럽게 만드는 무한히 이어지는 장광설長廣舌에 의 해 실망한다.[30]

5. 가치들의 변질

그것은 계획에 견주어 실현된 것의 뒤바뀜일 뿐 아니라, 그와 동시에 가치라 고 불리는 것의 일반화된 변질이다. 나는 가치가 존재하는지 존재하지 않는지를 밝히는 토론에 참여하지는 않겠다. 또한, 가치가 진리와 하나의 형이상학적 즉자 即自,[31]를 가졌는지 혹은 사회적인 실재만을 가졌는지를 밝히는 토론에도 참여하 지 않겠다. 나는 모든 사람이 그 가치에 따르고 그 가치에 대해 이야기함을 입증 할 따름이다.

뒤바뀐 가치에 의한 상황 규정

각자는 진리와 자유와 정의에 따른다. 그런데 사람들은 그것이 무엇과 관련된 것인지 정확히 모른다. 또한, 사람들은 진리와 자유와 정의에 대해 정확한 정의

---

30) '통합사회당'(P.S.U.)의 논쟁들 혹은 좌파들 사이의 토론들 혹은 '프랑스 전국학생연 맹'(U.N.E.F.)의 토론들보다 정말 더 우스꽝스러운 것이 무엇일지…. 아마도 천사들의 성(性) 에 대해 토론했던 비잔틴 신학자들을 사람들은 거리낌 없는 양심을 가지고 계속 놀리다니 말 이다. 그 무리들의 정치적, 신학적, 전략적 "분석가들"은 가장 형편없는 신학자들이 쓸 수 있 었던 그 모든 것보다 몹시도 현실과 더 동떨어져 있고 시대착오적이며 시간을 초월해 있고 무의미하다는 것이다! 분별력 있는 사람들이 진정한 열정들 가운데 그 거짓 문제들을 쌓 으면서 그런 식으로 토론할 수 있었던 지에 대해 몇 십 년 후 우리는 당황해 할 것이다.

31) [역주] 즉자(即自 en soi)는 철학적인 용어로서, 대자(對自 pour soi)와 대조되는 개념이다. 즉자 (即自)는 정신의 내용과는 독립적으로 존재하는 것 혹은 칸트(Kant)에게 있어서는 외관이나 인간의 의식과는 독립적으로 존재하는 것을 말한다. 그리고 실존주의에서는 의식되지 않는 것의 존재 양식을 나타낸다.

를 내릴 능력도 없고, 그것이 의미하는 바를 말할 능력도 없다. 하지만, 그것들을 이용하지 않을 수는 없다. 그런데 소망이 없는 이 세상의 징조 중 하나이자 '하나님과의 단절' 시대의 징조 중 하나가 바로 모든 분야에서 어떤 상황이 뒤바뀐 가치에 의해 규정된다는 것이다.

가장 단순한 측면에서 그러하다. 즉 관능적인 영화나 혹은 공연에 대해 그것이 "순수하다."라고 이야기하는 것이 완전히 일상화되었다. 한 세기 전 사람들이 말했을 수 있는 것과 반대되는 것을 선포하려는 의지나 혹은 해방되었다고 스스로 자부하는 의지가 거기서 관련된 것만은 분명히 아니다. 그 표현방식이 너무 평범하고 진부하게 되었기에 사람들은 그것을 사실로 믿어야 한다는 것이다. 영화에서 자위행위나 혹은 인간의 짝짓기 성교를 보여주는 것은 매춘이나 근친상간과 마찬가지로 아주 순수하다는 것이다. 그림32)의 동화를 유사 프로이트식 마법으로 외설적인 공연으로 변형시키는 것도 아주 순수하다는 것이다. 나체와 육체적 사랑과 카마수트라33)의 애무보다 더 순수한 것은 없고, 우리는 순수함 한가운데서 헤엄치고 있다는 것이다. 그것은 반反도덕주의인가? 반죄악인가? 반그리스도교인가? 자기정당화인가? 자신의 신선한 자유의 선포인가? 건방진 음부노출증인가?

그러한 두 측면에서 해석할 수도 있다는 사실을 통해 다음과 같은 점을 되짚어보고 싶다. 그것이 진정으로 반反도덕주의나 혹은 죄악에 대한 거부에 관계되는 것이라면, 사람들은 그러한 순수함을 인정할 필요가 전혀 없을 것이고, 단순히 그런 범주로부터 나올 수도 있을 것이다. 하지만, 사람들은 가치의 의미를 뒤바꾸면서 지금 하는 것을 정당화하려고 이전의 가치를 사용한다. 그런데 그것은 도

---

32) [역주] Jacob Grimm(1785-1863). 독일의 문헌학자, 동화 작가. 대표작으로는 『자녀와 가정 동화』로 그 안에 들어 있는 「백설 공주와 일곱 난장이」와 「헨젤과 그레텔」이 널리 알려졌다.

33) [역주] 카마수트라(Kama-Soutra)는 4세기 말 인도의 바차야나가 쓴 것으로 알려진 현존하는 인도의 가장 오래된 성애(性愛)에 관한 문헌이다.

덕적 평가라는 같은 잣대에 끊임없이 순응한 채, 독자적 상태라고 여겨지는 것을 따라가기 위함이다.

혁명과 정의에서 가치의 뒤바뀜

그런 현상은 일반적이고, 혁명도 마찬가지이다. 운동은 어떤 것이든 혁명을 하는 것으로 내세워지고, 가장 반혁명적인 정치는 혁명으로 규정된다. 혁명을 대표하는 것은 지배적인 우세한 정당이 아니면 국가 자체가 된다. 나는 그 현상에 대해 다른 책에서 연구했으므로, 그 점에 관해서는 재론하지 않겠다.[34] 하지만, 국가가 혁명을 수행하는 순간부터 또한 국가에 반대하는 자들이 "반혁명 세력"으로 선언되는 순간부터, 어떤 인간이든 "말문이 막히고" 누구도 지금 어디에 도달해 있는지 더는 확실히 알지 못한다는 사실이 강조되어야 한다.

우리는 각각의 가치를 받아들일 수도 있고, 같은 확증을 할 수도 있다. 자유는 가장 독재적인 정부에 의해서 뿐만 아니라 가장 엄격한 규제에 의해서도 보장된다. "법을 준수함으로써 인간은 자유롭다."라는 루소의 주장을 사람들은 그것이 조롱이 될 정도로까지 강조했다. 루소가 그런 격언을 말한 것은 당연했다. 왜냐하면, 그것이 객관적이고 일반적이며 미리 정해진 규율에 따르는 인간의 상황을 **전제군주**의 변덕에 복종하는 신하의 상황과 대조시키려고 한 것이기 때문이다.

그러나 오늘날 자동치 운전지는 규제가 더 엄밀하고 강제적이며 상세해 질 때에만 자유롭다는 것이 명백한 진리로 받아들여진다. 그것은 한 예일 뿐이다. 즉 삶의 모든 분야는 규제에 그런 식으로 종속된다. 그러한 규제는 바로 **전제군주**에게 예전에 있었던 변덕이다. 그것은 일반적인 의지의 표현인 법과 더는 아무런 관계가 없다. 그러나 오늘날 **전제군주**는 모호하고, 그에게는 수많은 머리가 달렸

---

34) [역주] 혁명에 관한 엘륄의 저서로는 『혁명에 대한 분석 *Autopsie de la Révolution*』, 『혁명으로부터 반란들까지 *De la Révolution aux révoltes*』, 『혁명을 갈아 치우기 *Changer de révolution*』 등이 있다.

다. 또한, 그에게는 변화하고 일관성이 없으면서도 논리적인 의지들이 있다.

　오늘날 정치체제는 저마다 명백함에 따르듯이 자유에도 의거하고 있다. 자유에 대한 "제약들"이 나타날 때, 어떤 지식인 조직이든 분개한다. 그와 동시에 자신이 정치적이든지 혹은 행정적이든지 간에, 독재자는 저마다 모든 것이 자유를 위해 이루어진다고 안심시킨다. 사람들은 그것이 현시대의 일반적인 특징이라는 것을 마치 모르는 듯이, 정적政敵을 투옥하고 폭력으로 억압하는 정치 체제를 엄숙하게 비난한다. 그것은 더러운 손을 지닌 지식인의 위선이다.

　또한, 정의에 대해서도 마찬가지로 그것을 사실로 확인할 수도 있다. 정의는 불의를 그대로 옮기는 것이 되었다. 오늘날 정의는 분배적 정의[35]나 혹은 보답적 정의[36]와 아무런 관계가 없다. 그리고 "공평과 선행의 기법"과도 "각자에게 자기 것을 주기"suum cuique와도 아무런 관계가 없다. 정의는 권력을 가진 사람의 권력을 그것이 없는 사람에게 옮기는 것이다. 그리하여 새로 권력을 가진 사람이 같은 폭력과 불의와 거만함과 잔인성으로 옛 주인에 대해 권력을 행사하게끔 하는 것이다. 정의는 부자에게서 가진 것을 빼앗아 그것을 같은 오만함과 향락 정신과 더불어 부자가 될 다른 사람들에게 주는 것이다[37] 이 시대의 정의는 그러하다. 불의의 희생자는(지난날의 희생자와 더는 같지는 않으나 그것은 여전히 확실하지 않다. 쿠바와 중국 등에서 오늘날의 가난한 자는 지난날의 가난한 자와 마찬가지이다. 게다가 예전의 부자들에게 있어서도 그러하다.) 정의에서 얻어졌던 것을 정치적 선언이 아니고서는 드러내지 못한다. 이것은 정말 매우 중요하다.

---

35) [역주] '분배적 정의'(justice distributive)는 기여한 공로에 따라 재물과 벌을 나누어 주는 정의를 말한다.

36) [역주] '보답적 정의'(justice rétributive)는 상황을 고려하지 않은 채 행위의 가치에 따라서 보상하고 벌하는 정의를 말한다.

37) 이 책을 읽는 독자가 사회적 혁명에 있어서는 모든 인민에게 나눠 주기 위해 부자들에게서 빼앗는 것이라고 밝히면서 이러한 점을 부인할 것이라는 것을 나는 안다. 그러나 그런 견해는 완전히 이상적이고 정확하지 않다. 즉 이론적으로는 인민은 착취 계급에게서 몰수된 재산들을 받았다. 그러나 돈을 모으며 사치 속에 사는 지배계급이 생겼다. 이 점은 소련에서도 정확한 것일 뿐 아니라 쿠바와 알제리에서도 정확한 것이다.

정치와 이념에서 가치의 뒤바뀜

그러한 가치들의 변질에서 히틀러와 스탈린은 큰 역할을 했다. 그들이 그 변질의 기원에 있는 것은 아니지만, 그들은 그 변질에 크게 공헌했고 이른바 그 동향을 구체화했다. 우리는 그 두 사람이 자신들의 정치체제가 결국은 자유주의의 거짓되고 혐오스러운 가짜 자유에 대항하는 진정한 자유와, 유산 계급의 우스꽝스럽고 비열한 정의에 대항하는 진정한 정의와, 고전적인 어리석은 민주주의에 대항하는 진정한 평등을 보장할 것이라고 주장하는 소리를 수없이 들었다. 최소한 사람들은 흔히 사용되는 낡은 방법으로부터 빠져나오고 있었다. 하지만, 그러한 선언이 사실상 무엇에 일치했는지를 이제 사람들은 안다. 그런데 거기에는 단순하고 초보적인 거짓말이나 조악한 사기 협잡은 없었다. 그것은 우스꽝스러운 위선도 아니었다. 사실 히틀러나 스탈린 시대의 사람들은 그러한 자유와 정의와 평등을 믿고 있었다. 사람들은 물론 그것이 같은 의미가 아니라고 설명했다. 또한, 그것이 이전 시대의 형식적 자유에 대립하는 나치주의 혹은 공산주의의 실질적 자유였음을 입증하려고 지적인 곡예를 하고 있었다. 그런 정치체제가 진정으로 평등과 평화의 정치체제였다는 것이다.

오늘날처럼 그 신봉자들에게 있어서 중국 혹은 쿠바도 마찬가지이다. 또한, 민주주의에서도 마찬가지이다. 1946년에 "인민 민주주의"라고 불렸던 그런 공산주의 독재가 민들이졌을 때, 사람들은 단어들의 명백한 남용에 직면했다. 그러나 그렇게 이름이 붙여졌기 때문에, 그것이 과연 어떤 점에서 민주주의인지 알아보려고 즉시 사람들은 깊이 파고드는 연구에 돌입했다. 그리하여 민주주의에 대한 다른 내용이 받아들여졌다. 그리하여 오늘날 독일 민주주의 공화국에 대해 말하면서, 얼버무리는 사람은 더는 없다. 하지만, 사실상 그것이 그 용어의 다른 내용이 아니라 가치의 전적인 뒤바뀜이었음을 고려하지 않고 있었다. 엄격히 말해 독재였던 것, 심지어 무산 계급의 독재도 아닌 것을 민주주의라고 불렀던 것이다. 그런 식으로 각각의 가치는 그 자체와 반대되는 것이 되었다. 나는 사람들이 습관적으로 들었던 바의 반대되는 것이라고 말하지는 않겠다. 그것은 단순히 형식적인 습관의 문제는 아니다.

가치의 뒤바뀜의 영향과 결과

비록 관습적이기는 할지라도 언어가 단순히 펴고 늘릴 수 있는 것이라고 하는 것은 정확하지 않다. 내가 '빵'에 대해 이야기하면서 그것을 '고양이'라고 하는 것은 정확하지 않다는 것이다. 정의, 자유, 진리, 민주주의와 같은 단어에는 감정적인 요소가 실려 있으며 또한 힘이 있다. 나는 그 단어에 그 자체로 영원한 내용 즉 영원히 고정된 내용이 있다고는 말하지 않겠다. 하지만, 상당한 "변동 폭" 안에서 변화하는 내용이 있는 것은 분명하다. 어떤 사람을 고문하는 것이 그 사람의 인격을 존중하는 것이라고 나는 말할 수는 없다. 하지만, 그것이 바로 오늘날 사람들이 말하는 바다.

그런데 매우 주목할 만한 새로운 사실은 다음과 같다. 즉 한 집단이나 사회가 중심적인 가치를 바꾸는 일은 역사의 흐름에서 당연하다는 것이다. 어떤 시대에서 중심적인 가치는 질서였다. 그다음에는 사람들이 자유를 선호했다. 그다음으로 모든 활동을 집중시키는 것은 행복이 된다. 가치의 내용이 변하는 것 역시 당연하다. 한나라 시대의 중국에서 정의에 대해 이야기할 때 그것이 이스라엘 예언자들의 정의와 정확히 같지 않은 것과 마찬가지로, 이스라엘 예언자들의 정의 또한 그리스어에서의 정의Dikê와 정확히 같지 않음은 당연하다. 아리스토텔레스와 성 아우구스티누스에 있어서 정의는 같지 않다. 하지만, 거기에는 비교되는 점과 심지어는 유사한 점이 있고, 그런 모든 개념에는 공통분모가 있다.

이전의 가치를 지칭하는 단어를 그것과 정확히 대립하는 것에 설정하려고 그 단어를 사용하는 것은 전적인 '뒤바뀜'이다. 그것은 이 시대에 아마 역사상 처음으로 나타난 새로운 것이다. 또한, 새로운 것은 사람들이 "국가의 수반이 정의에 대해 이야기하지만, 그것은 그가 가장 전적인 불의를 실행하는 중이라는 것을 뜻한다."라고 틀리지 않고서 침착하게 선언할 수도 있다는 것이다. 그것은 정치체제의 문제가 아니다. 그것은 미국, 스페인, 그리스, 중국, 체코슬로바키아, 알제리, 쿠바 등에서도 정확히 마찬가지의 것이다. 이러한 점은 새로운 것이기는 하나, 불행히도 정확한 것이다. 그런데 각자가 다소 분명하게 알아차리기 시작하는 그러한 가치들의 뒤바뀜은 동시대 인간에게 깊고 심각한 영향을 미친다. 사실상 단순한 소리가 된 그러한 단어들을 인간은 더는 믿지 않는다. 여전히 그 단어들이 단순히 소리가 된 그런 정도일 뿐이라면 아주 심각한 문제는 아닐 것이다. 하지만, 그 단어들은 인간의 소망을 표현했고, 그 소망의 동기가 되었던 것이다.

그 단어들은 중립적인 소리가 아니다. 그 자체와 반대의 것이 된 단어들은 영혼과 존재 전체의 맹독猛毒이 된다. 그 단어들은 인간을 파괴한다. 왜냐하면, 인간은 원하든 원하지 않든지 간에 여전히 자신 속에 정의와 진리와 평등에 대한 갈증이 있기 때문이고, 갈증을 없애기 위한 불의와 거짓과 착취라는 신맛이 인간에게 주어지기 때문이다. 그와 같이 이 시대의 인간에게는 자신의 행동과 삶의 방향을 설정하고 자신이 하는 일과 자신 주위에서 행해지는 것을 판단하기 위한 고정 되고 튼튼하며 안정된 어떠한 지표도 없다. 또한, 인간에게는 선과 악을 분리하기 위한 명확하고 확실한 판단기준이 없다. 인간에게 주어지는 것이라고는 고장 난 나침반과 안갯속에서의 흐릿한 빛이다.

가치의 뒤바뀜으로부터 나오는 진정한 결과는 그러하고, 이것은 모든 사람에게 해당한다. 모든 사람은 예외 없이 그런 뒤바뀜의 희생자이다. 즉 거짓이란 덩어리의 희생자이며, 접근할 때마다 사라지는 연이은 신기루란 덩어리의 희생자이다. 가치를 더는 믿을 수 없고 자신이 자리 잡는 데 필요한 어떠한 고정된 지표도 없는 인간은 더욱더 소망을 마음속에 품을 수가 없다. 즉 모든 것은 끊임없이 거짓이었다는 것이다. 사람들은 거짓을 향한 속임과 환상을 향한 비참을 앞당겼다. 그래서 인간은 위대함과 명철함이 없는 회의주의 속으로 빠진다. 인간은 죽은 눈의 메마름과 공허함 속에서 영적인 비참함으로 인해 죽는다.

6. 말의 죽음[38]

게다가 그러한 가치의 뒤바뀜은 다른 한 현상에 일치한다. 어떤 관점에서 보면 그 뒤바뀜은 그 현상의 한 표현일 따름이다. 그것은 엄밀히 말해 언어의 위기라고 불릴 수 있다. 15년 정도 전부터 사람들은 언어에 대해서 몹시 흥분하고 있다. 학술적 연구를 통해 언어에 대한 분석들이 끊임없이 다듬어지고 있고, 언어는 **인간**과 **과학**과 **사회**의 중심에서 모든 성찰의 주요 부분이 된다. 그와 동시에 아주 치밀한 그 연구들은 거의 전적인 형식주의로 반드시 귀결된다. 본질적인 언어는 결국 단순한 형태인데, 그 언어의 내용에 의미가 없다는 것은 매우 주목할 만하다. 실제로 그러한 분석들이 주어진 시대 곧 언어 붕괴의 시대에 위치한다는 것이다. 그 분석들은 언어 붕괴의 증거인 동시에 언어 붕괴의 동인動因이다. 단어들이 더는 아무것도 의미하지 않음은 사실이다. 아니 더 정확히 말해서 사람들이 다른 아무것이나 말하려고 그 단어들을 사용한다는 것이다.

언어 붕괴를 나타내는 현상들

붕괴가 있다는 것은 수많은 사실을 통해 입증된다. 그 사실들은 당치 않은 내용을 담은 정치인의 연설과 초현실주의적인 시와 다다이즘dadaïsme과 베께뜨의 연극이다. 완전히 일관성 없는 언어라도 두서없는 몇 시간의 연설을 들으러 군중이 몰려오게 할 수도 있다. 그것은 물론 인간의 상황의 반영이다. 청중이 열광했다는 바로 그 때문에, 끄노[39] 방식의 연습문제와 자지[40]의 어휘 변형은 훌륭한 증

---

38) 이 책을 끝마쳤을 때여서 너무 늦게 알았지만, 내가 자주 마주치는 네헤르(A. Neher)의 깊은 명상인 『말의 유배 *L'Exil de la Parole*』(1970)에 대한 나의 감탄을 지금부터 표현하고 싶다.

39) [역주] Raymond Queneau(1903-1976). 프랑스의 철학자이자 소설가로서 초기에는 초현실주의적인 경향을 띠었으나 초현실주의와 결별한 후에도 다양한 문필 활동을 한다. 그는 프랑스 수학 협회에 들어가 자신의 저서들을 토대로 구성한 산술 규칙들을 만드는데 몰두하는데, 그 것은 아무 글이나 아무 사전을 택해서 그 글과 사전에 나오는 모든 실사들(substantifs)을 자기가 세운 규칙에 따라 서로 바꾸는 식이다.

40) [역주] 자지(Zazie)는 1959년에 출간된 끄노의 소설 『지하철 속의 자지』에 나오는 인물을 가리키는 듯 하다. "Doukipudonktan!"이란 표현으로 시작되는 그 소설의 성공을 통해 끄노는 대중적 작가가 되고 그 소설은 나중에 연극과 영화로도 만들어진다.

거가 되는 것이다.

단어들의 감옥으로부터 나와야 한다. 그러나 선전을 통해 이미 이전부터 그 작업은 꽤 앞당겨졌다. 즉 응답체應答體가 없는 단어들이 10여 년 동안 우리에게 잔뜩 주어졌거나 그렇지 않으면 어쨌든 그 활동 외에 다른 응답체가 없는 단어들이 잔뜩 주어졌던 것이다. 그런데 그 활동 속에서 우리는 그 단어들에 의해 깊이 관련되고 만다. 게다가 그 사실은 마무리된 것이 아니다. 전혀 존재하지 않는 것을 명백한 것으로서 젊은이들로 하여금 체험하게 하면서, 전적으로 의미가 없는 좌파의 선전이 얼마나 젊은이들을 유혹하는지를 보는 것으로 충분하다. 같은 맥락에서 우리는 단어들의 과장에 대해 자주 강조했다. 사물이 덜 존재할수록 말의 과장을 통해 공허를 더욱 숨겨야 한다.

1968년 5, 6월의 감정은 **혁명**으로 규정되고, 체 게바라Che Guevara는 새로운 예수 그리스도가 된다. 젊은 작가는 저마다 천재가 되고, 달에 착륙한 것은 인류의 역사상 결정적인 단계가 된다. 자신의 임무를 수행하는 경찰은 나치 친위대원이 되고, 학생들의 '시험이 끝나고 나서 행진'monôme은 국제적인 전복顚覆 시도가 된다. 우리는 그런 것들에 대해 몇 페이지나 쓸 수 있을 것이다. 우리는 고양된 단어들로 된 우주 속에, 또한 열광케 하는 표현방식들로 된 사막 속에 살고 있다. 그것은 언어의 위기의 단순한 증상이다.

그러나 우리는 여기서 한 질문을 피힐 수 없다. "언어의 그런 붕괴가 어떤 인간에 의해 느껴지는가?"라는 질문이다. 여러 번 우리는 그런 인간의 경험을 강조했고, 인간이 그러그러한 방법으로 그러그러한 실재를 "체험했다."라는 사실을 강조했다. 그리고 우리는 체험된 것을 결정적인 요소로 삼았다. 이것은 절망으로부터 길을 식별하는 것이 필요할 때 당연하다. 그런데 언어에 대해 인간은 위기를 느끼는 것 같지 않다. 물론 인간은 회의주의에 익숙해 있다. 즉 정치인의 연설은 가치가 없고 정치인의 약속은 중요하지 않다고 모든 사람은 말한다. 그래서 "이제는 말이 아니라 행위를"이라는 표현방식을 모두가 찬성하며 받아들인다.

언어의 위기와 이미지의 우위

어떤 것을 보장하기 위해 서약한다는 생각이나, 혹은 다른 사람의 서약을 신뢰한다는 생각이 더는 아무에게도 떠오르지 않는다. 서약은 완전히 가치를 잃었고 더는 영향력이 없다. 아마도 이것은 "일반적인 비신성화"에 연결되어 있다. 하지만, 그 의미가 중요하다. 그것은 바로 말이 인격으로부터 완전히 분리되어 있다는 사실이다. 말은 자체의 말 속에서 전체적으로 취해진 활동 중인 인격이 더는 아니라, 그와 반대로 인격을 은폐하는 수단이요 자신을 숨기는 수단이다. 말은 자아soi의 표방이나 자아의 드러냄이 더는 아니다. 말은 자기 자신에 따르지 않은 순수한 소리가 된다. 그 말은 내가 시작하지도 않아도 낼 수 있고, 그럼으로써 그 말은 내가 청중을 속이는 데에 언제나 도움이 되는 것이다. 오늘날 서약의 가치가 일반적으로 하락하는 것이 의미하는 바가 바로 그것이다.

결국, 어떠한 인간도 실제로 말의 위기에 대해 의식하지 못하지만, 말의 위기를 아주 잘 체험하고 있다. 인간은 그것을 간접적으로 표현한다. 인간은 말이 단어들일 뿐이고 언어가 비동일화désidentification일 따름인 세상에 자리 잡고 있다. 물론 인간은 늘 그런 언어를 사용하지만, 그것은 실용적인 측면에서이다. 내가 정육점 주인에게 고기를 달라고 할 수 있고 내가 원하는 바를 그가 이해하는 한, 물론 위기는 없다. 평범하고 일상적인 의사소통을 위해서는 체계가 작동한다. 그리고 그것은 언어가 지속한다는 인상을 정확히 준다. 그러나 사람들은 그러한 진부함 너머로 갈 수 없다.

더 나아가 사람들은 언어가 점점 더 부적당하고 시대에 뒤져 있음을 알아차린다. 그와 동시에 선전으로 말미암은 의미의 평가절하나 혹은 기괴한 조롱이 언어가 죽음에 이른 징조임을 알아차린다. 그것은 일상과 제한으로부터 완전히 벗어난 동시에, 감정과 비합리와 피와 눈물과 기쁨의 중압감을 지닌 인간 곧 보편적 타자他者로부터 완전히 벗어난 보편적이고 추상적인 언어에 도달하는 것이다. 그 언어는 기호와 참조와 구조와 변이와 차이의 순수한 놀이이다. 그것은 노[41]의 규칙에 따라 단어의 유희를 만드는 것이다. 그렇지 않다면 그것은 대수적代數的인 계산에 따라 문장을 나열하는 것이다.

그 모든 것은 언어의 이미 실현된 비의미작용désignification에 의해 만들어진 환경 속에서만 생겨날 수 있다. 르페브르Lefebvre는 메타언어42)에 의뢰해 보지만, 그것은 아무런 소용이 없다. 언어가 해부 될 수 있고 오늘날 우리가 보는 것처럼 분석될 수 있다면, 그것은 언어를 시체처럼 취급하는 것이다. 이미 언어는 시체가 된 것이다. 우리는 지금 언어를 되돌아볼 필요성 앞에 있다. 왜냐하면, 사람들은 원하는 대로 질서정연하게 메타언어와 일관성 있는 의미 작용을 만들지 않기 때문이다.

현재 수행되는 언어에 대한 연구는 지식인들에게 있어서 다음 같은 깊은 확신에 기초한다. 즉 사람들이 의사를 전달할 수 없다거나 아니면 전달할 것이 아무 것도 없다는 확신이다. 언어는 그 자체로 궁극적인 대상이며, 오늘날의 실재를 자신들의 방식에 따라 입증하는 것은 바로 그 지식인들이다. 그러나 언어는 일반인이 알지 못하는 것 및 의식적으로 체험하지 못하는 것에 대한 결과와 불편함을 느끼고 경험한다. 여기서 여전히 그것은 정해진 지점의 상실이며 확고한 지표의 상실이다.

단어들은 더는 단어들이 아니다. 홍수처럼 밀려드는 기록된 것이나 혹은 말로 표현된 것의 공격을 받고서, 언어는 기나치게 넘쳐나는 자료의 가치가 하락하는 것을 분명히 느낀다. 점점 더 언어는 이미지image에 전적으로 맡기기를 선호한다. 그런데 이미지는 오직 외부 세상을 표현하는 것임을 잊지 말아야 한다. 이미지는 돌발하는 현실이나 혹은 인간을 둘러싼 현실을 설명한다. 이미지에 열광하는 인간은 더는 자기 자신을 표현하지 않고, 다른 사람들이 그들 자신을 표현하는 것

---

41) [역주] 노(Nô)는 일본 연극의 전통적 형태들 중 하나로서 간결하고 체계화된 서정적인 비극에 속하는데, 배우들의 몸짓이 노래로 불려지는 가사들만큼이나 정형화되어 있으며 가부키(kabuki)와 같은 다른 극 형태들의 기초가 된다.

42) [역주] 메타언어(métalangage)는 어떤 언어를 기술하기 위해 사용되는 언어를 가리킨다.

잊혀진 소망

도 이제는 기다리지 않는다. 가능한 것이라고는 단지 외부 영역에 전적으로 맡기는 것 뿐이다. 게다가 그 외부 영역은 효용성, 타산打算, 사용이란 기준과 필요성에 따라 좌우된다.

오늘날 듣는 것을 이긴 보는 것의 승리가 주목을 받는다. 또한, 이미지에 의해 만들어진 드러난 피상속에서만 의사소통이 이루어진다. 그렇다고 해서 인간이 분석할 줄 모르는 바를 자기 자신 안에서 심각히 느끼지 않는다는 것은 아니다. 그 점을 착각하지 말아야 한다. 이미지에 대한 선호 즉 약도, 도표, 도면, 그래프, 삽화에 우위를 두는 것은 전달 불능에 대비하는 어색한 시도일 따름이다. 왜냐하면, 언어의 위기는 고독을 의미할 뿐만 아니라, 그 이상으로 지속의 부재를 의미하기 때문이다. 의미를 나타내는 담화[43]는 지속에 해당한다. 이미지는 분해되지 않을 수도 있는 개념에 대한 총괄적 시각을 즉시 포착할 수 있게 하는 순간적 장면이다.

완전한 언어와 법의 위기

완전한 언어는 영속성 속에서의 일종의 신앙행위이다. 그 완전한 언어 위에서 일치가 이루어지고, 그 완전한 언어를 가지고 인간은 자신을 표현하며 타자에 도달한다. 그 규칙은 일정해야 하고, 타자는 나와 같은 방식으로 규칙을 받아들여야 한다. 단어는 그동안에 변형되지 말아야 하고, 내가 말한 대로 타자에 의해 받아들여져야 한다. 또한, 단어에는 의미의 지속이 있어야 한다. 기의記意, signifié, 44)가 정착이 되어야 하고, '나 자신' 속에서 기의의 지속성(내일에도 그 기의는 동질성을 가지고 기의로서 여전히 존재하는 것이다) 및 단일성이 나에게 보장될 수 있

---

43) [역주] 우리말로 이야기, 담화, 담론(談論), 진술(陳述), 연설 등으로 옮겨질 수 있는 discours는 '일정한 사실을 자세히 말하는 것'을 나타내는데, 여기서는 주로 '담화'로 옮기기로 한다.

44) [역주] signifié 는 언어기호가 내포하는 개념을 나타내는 언어학자 소쉬르(Saussure)의 용어로 서 우리말로는 기의(記意)로 옮길 수 있다. signifié는 언어 기호가 나타내는 청각 영상을 가리 키는 signifiant과 대립되는데, signifiant은 우리말로 기표(記表)로 옮길 수 있다.

어야 한다. 메타언어는 침해되지 말아야 한다. 그렇지 않고서는 어떠한 의사소통도 가능하지 않다.

언어는 **시간**에 대한 인간의 지배이다. 언어의 위기는 인간이 결코 기대를 걸 수 없는 유동적인 형태들의 세계 속에 인간을 투영하는 것이다. 그것은 순간이 지나면 아무것에도 기대를 걸 수 없다는 깊은 감정이다. 그러나 결정적인 요인으로 작용하는 것이 무엇인지 아는 것은 거의 불가능하다. 인간에게서 미래에 대한 제어를 상실하게 하는 것이 바로 그 언어의 위기인가? 그와 반대로 언어가 실체를 잃어버리는 것이 현대 세상의 피상皮相이 급속한 변화 속에 있기 때문인가? 어쨌든 간에 인간은 미래를 보장받으려고 받아들였고 이룩했던 수단 중 하나인 언어를 박탈당한 채로 있다.

그런데 우리는 병존하는 한 가지 사실을 여기서 한 마디로 강조해야 한다. 즉 법의 위기이다. 의미 중 하나이고 법의 가치 중 하나이며 존재의 근본 이유 중 하나가 미래를 확신하는 것이었다. 모든 것을 변화시키는 시간 속에서 상황을 안정시키는 것이 법의 효능이다. 인간은 합의와 규칙과 행동이 어느 정도 지속함을 기대할 수 있어야 한다. 그렇지 않으면 아마도 공동생활이 불가능할 것이다. 법은 그런 필수불가결한 고정 요소이다. 언어의 위기에 연결된 법의 위기를 통해 이 시대의 깊은 불안정성이 드러난다. 물론 여기서 여전히 개인은 상황의 심각성을 고려하지 않고, 법에다가 더는 중요성을 부여하지 않는다, 개인이 그것으로 말미암아 죽을 지경이 된 것은 아니라는 것이다. 하지만, 법규가 끊임없이 변하고 법조계가 "난맥상"亂脈相을 이룰 때, 수많은 항변이 터져 나온다. 그러한 항의 아래에서 더 깊은 불만이 깃든다. 그것은 바로 지속을 기대할 수 없다는 불만이다. 그래서 인간은 근본적인 불안에 빠진 사회적인 세상 속에 있게 되는 것이다.

더는 아무것도 확실히 정해져 있지 않기 때문에, 더는 아무것도 예견되지 않는다. 인간은 매 순간 공허와 암흑 앞에 있고, 그 속에서 인간은 걸음을 내디뎌야 하고 손을 앞으로 내밀어야 한다. 그래도 기적은 지속하고, 여전히 형태와 보장은 존재한다. 그러나 그 형태와 보장은 언제나 과거에서 체험된 것이지, 결코 그것들의 연속성이나 과정이나 절차에서 확보된 것은 아니다. 거기에서부터 감정이 나오는데 그 감정 속에서 현대인은 다음 같은 것들을 겪으며 살고 있다. 그것들은 현대인이 속한 사회의 극도의 연약함과 일반화된 잠재적 위기이며, 어둠 속에 숨어 있으며 인간의 각 몸짓이 일으킬 수 있는 재난들이다. 그것은 일종의 행렬을 지어 나타나는 듯한, 언어의 위기와 법의 위기에 따라 발전하는 마법적이고 미신적인 정신 상태이다. 미지의 미래와 함께 분명히 헤쳐나가야 한다. 사람들이 가지고 있었던 유일한 수단들이 부족하기 때문에, 막연하지만 유용한 힘을 우리에게 부여할 의식儀式들을 치르자.

7. 환상

그것은 모든 것이 구경거리가 된 시대에서 이미지image의 승리이다. 나는 그렇게 규정하는 것에 대해 다시 재론하지 않겠다. 그러나 그렇게 규정하는 것은 환상을 일으키는 세계에 인간이 살고 있다는 사실과 일치한다. 그 세계가 환상을 일으키는 것은 멀티미디어 카드에 의해 전송되는 이미지로 구성되기 때문이다. 인간 세상은 인간의 일상적 경험이나 인간이 체험하는 평범함으로 된 세상이 더는 아니다. 또한, 인간 세상은 인간이 인식하는 개성이나 인간이 새롭게 된 관계들로 된 세상도 더는 아니다. 인간 세상은 인간의 삶에서 거의 전적으로 쓸모없는 수많은 정보로 세워진 거대한 배경이 되었다. 하지만, 그 정보들은 근본적인 무의미 속에 있으면서도 번쩍거리고 열정적이고 충격을 주며 자극적이고 교화적이다. 나머지 모든 것이 보잘것없고 너무도 명백히 중요성이 없는데도, 그 정보들은 인간에게 수고할 가치가 있는 어떤 것을 체험한다는 인상을 결국 준다. 그것은 이 시대의 인간과 아무런 관계가 없는 것 즉 신문에서 읽거나 텔레비전에서 보는 것에 인간으로 하여금 중요성과 의미를 부여하게 하는 특이한 변질이다.

그 변질은 인간으로 하여금 일상의 24시간 동안 실제로 인간이 체험하는 것에 대한 중요성과 의미를 인정치 않게 한다. 그리고 그러한 바뀜은 별문제 없이 이해된다.

환상 속에서 인간의 삶

한편으로 가장 자극적이거나 위협적인 메시지와 더불어, 가장 찬란한 기술적인 수단들의 축적된 온갖 광채와 위세가 있다. 다른 한편으로 조금은 망가진 평범한 사랑, 흥미 없는 일, "삭감된 봉급", 낯선 동료, 가사 일을 하는 주부와 같은 음울한 단조로움이 있다. 그래서 그런 마법적인 환상을 일으키는 것 속에서 사는 편이 더 낫다. 또한, 일상의 겸허한 가치와 인간성을 찾지 않고서 일상을 거부할수록 더욱더 두드러지는 평범함과 권태를, 그 마법적인 환상을 일으키는 것에 따라 판단하는 편이 더 낫다. 그러나 그것은 환상을 일으키는 것 곧 정말 환상인 것에 빠지는 것인데, 그것을 사람들은 현실로 여긴다.

그렇다고 나는 텔레비전의 구경거리가 공장 노동보다 더 현실적이라고 인간이 믿는다고는 전혀 말하고 싶지 않다. 전달이 이루어지는 것은 그러한 방식으로가 아니다. 그러나 예를 들어 그것은 정치에서는 구체적인 것으로부터 순수한 상상을 구별할 수 없고, 경제에서는 공상을 위해 실제로 '가능한 것'에 대한 고려를 기부하는 것이다. **혁명**이 창백하고 아주 빛나는 모습을 띠는 것은 그런 식이다. 그와 같이 또다시 이상향이 재생된다.

그러나 현대 세상의 눈부신 환경에 의해 주어진 목가적 환상 속에서 사는 것은, 이루어야 할 역사를 없애는 것이다. 요청은 언제나 **전체**의 요청이다. 그리고 절대적인 여가에 대한 공상을 통해 '오늘'에 부여해야 할 의미를 위한 투쟁이 사라지듯이, **혁명**에 대한 공상을 통해 일상적인 쟁취가 줄어든다. 환상을 일으키는 것은 반드시 형이상학적이다. 인간은 멀티미디어 카드에 의해 가상적인 세계 속에 있기 때문에, 어느 인간이라도 형이상학적인 세상에 살고 있다는 것이다. 그것은 왜 인간이 그렇게 쉽게 감동하는 동시에 그렇게 무정한가라는 이유이다. 인간은 어디로도 나아가지 않는다. 그 자체로서의 진보가 관련된 것이기 때문에 진보를 믿는 인간은 점점 더 개인적인 요구를 할 수도 없고, 자신의 정체를 파악할 수도 없게 된다.

인간은 절대라는 환경에서, **전체**나 혹은 **무**無라는 환경에서, **영원**이라는 환경에서만 편안함을 느낀다. 그러나 그것은 소망을 배제한다. 인간은 모든 것이 해결된 이상적이고 궁극적인 사회 속으로 단도직입적으로 들어가려고, 현실 위로 뛰어오르고, 시간의 매개물 위로 뛰어오른다. 인간은 공상에 잠기지만 더는 소망하지espérer 않는다. 불행히도 그 공상이 깨질 때, 환상은 사라지고 이상은 도달할 수 없는 것으로 나타난다. 그래서 죽음만이 남아 있다.

II. 징후들

나는 "…로서 체험된 것"의 몇몇 양상을 제시하려고 시도했다. 그것은 20세기의 그러한 사회에서 인간의 깊은 감정이 어떠한지에 대한 것이었다. 또한, 그것은 왜 매번 다른 길을 통해 사람들은 소망할^{espérer} 수 없다는 무력감에 결국 도달하는지에 대한 것이었다. 그러나 그것은 징조들에서도 마찬가지이다.

1. 불모상태 : 마법사의 시대

따라서 인간에게 미래는 확실성이 없고 해결의 실마리가 없는 신비이다. 인간은 마법사와 정치적 예언자와 기적을 행하는 마술사와 우리의 미래를 드러내는 자와 우리에게 보장을 해주는 자를 향해 달려든다. 인간은 의사나 혹은 학자를 요술쟁이로 변화시킨다. 인간은 프로메테우스적 개입45)이나 혹은 메피스토펠레스적 개입46)으로부터 마지막 창구를 기대하고, 확실한 미래의 안전성을 기대한다. 다음과 같은 것이 수망이 없음을 드러내는 확실한 징조들이다. 그것은 점성학이 인기를 끄는 것이고, 같은 종류의 출판물이 성공하는 것이다. 또한, 그것

---

45) [역주] 그리스 신화에 나오는 티탄(Titan)족의 인물인 프로메테우스(Prométhée)는 성스러운 불을 훔쳐 와서 인간들에게 전달한 인류 첫 문명의 전수자이다. 제우스신은 그를 벌하려고 코카서스 산맥에 묶어 두고 독수리가 그의 간을 쪼도록 하는데 그 간은 끊임없이 돋아난다.

46) [역주] 메피스토펠레스(Méphistophélès)는 파우스트 전설에 나오는 인물로서 악마의 화신이다. 영국 극작가 크리스토퍼 말로(Christopher Marlowe)가 쓴 『파우스투스 박사』에서는 악마로서의 자부심과 어두운 절망 사이에서 괴로워하는 타락한 천사로 등장한다. 괴테가 쓴 희곡 『파우스트』에서는 차갑고 냉소적이며 재치 있고 매우 예민하지만 하찮은 존재로 나오는데, 끝 부분에서 그가 파우스트의 영혼을 구하러 오는 천사들한테 지나치게 간섭을 하는 동안 파우스트의 영혼은 탈출하게 된다.

은 점성술과 점쟁이와 종파가 득세하는 것이며, 정치적인 비합리와 지적인 비일관성이 증가하는 것이다.

마법적인 것으로의 회귀

세상의 미래와 나의 미래를 살피려는 노력은 "그렇게 될 수밖에 없는 것이었다"라는 표현 속에서 완전히 진이 빠져 있다. 그것은 신비한 힘을 붙잡아 알맞게 조정하려는 노력이고, 그 힘을 끌어들여 이용하려는 노력이다. 그것은 마법사들이 득세하는 봄날로서 메마름과 불모상태라는 여름의 전조前兆가 된다. 마법적인 것으로 회귀보다 더 인간을 불모상태로 만들고 헛되게 하는 것은 아무것도 없다.

그런데 거기에 부수적인 행동만이 관계된다고 말하지 말아야 한다. 또한, 피상적이거나 혹은 주변적인 감정만이 혹은 교양이 없는 "대중적인" 계층 속에 격리된 감정만이 관계된다고 말하면 안된다. 그와 정 반대로, 중심에 있는 것은 마기교47)이며, 합리적인 행동과 직업적인 제약은 주변적인 것과 피상적인 것이 된다. 현대인이 완전하게 존재하는 것은 신성한 것을 재창조하려는 노력 속에서이고 기적의 기다림 속에서이다. 그런데 이러한 것은 가장 세련된 지식인들에게 있어서도 마찬가지로 잘 드러난다. 예를 들어 잡지 「뗄 깰」48) 편집진 전체는 자신의 마기교에 의해 특징지어진다. 그리고 주술, 팝 예술, 뷔또르49)나 혹은 로브그리예50), 언더그라운드 예술51)은 마법과 불가해不可解를 향한 탐구나 혹은 진전을 실제로 나타낸다.

---

47) [역주] 마기교(magisme)는 이원론과 성신(星辰) 숭배에 기초한 고대 페르시아의 종교이다.

48) [역주] '뗄 깰'(Tel Quel)은 1960년 파리에서 창간된 전위(avant-garde) 문학잡지로서 문학사의 고전들에 대해 전위에 의한 재평가를 하는 것을 그 목적으로 삼았다.

49) [역주] Michel Butor(1926-). 프랑스의 소설가이자 에세이 작가로서 거의 전체적으로 2인칭으로 쓰여 진 소설 『변모』가 대표작이다. 누보로망(Nouveau Roman) 그룹에 속하면서 실험적인 새로운 형태의 소설을 시도했다.

50) [역주] Alain Robbe-Grillet(1922-). 프랑스의 소설가이자 영화인으로서 누보로망의 이론가였다. 대표작으로는 『지우개』와 소설에 관한 이론서인 『누보로망을 위하여』가 있다. 그는 전통적인 심리학을 거부하는 이야기들과 인간을 침투할 수 없는 현실에 대립시키는 이야기들을 썼다.

그런데 마술이 "기원에 있어서" 활동 요소이고 세상을 제어하는 요소인 동시에 오늘날 집단에 대항하는 개인의 선언적인 요소일 수 있었다면, 그것은 일종의 역행이다. 왜냐하면, 그것이 "새로운 마술"이 아니라 이전의 마술이기 때문이다. 가공可恐할 기술 체계와 무자비한 구조 앞에서 인간은 마술, 신비로움, 어둠, 공상 같은 선조의 행동 속으로 도피한다. 인간은 자기가 행했던 것을 두려워하고, 근원으로의 그러한 회귀에서 처방을 발견한다고 생각한다. 그러나 10만 년 전에 근원이었던 것이 지금은 갈수록 더 많은 불모 상태 속을 이리저리 흘러가는 물의 신기루이다. 거리 연극, 언더그라운드 영화, 대중음악, 스칸디나비아의 관능주의보다 더 반동적인 것은 오늘날 아무것도 없다.

미래 예측을 위한 인간의 노력

그 반동들은 물론 당연하지만, 인간이 수행해야 했을 법한 가장 힘든 투쟁의 순간에는 쇠약해지고 날조하는 것이 된다. 그러나 마법사는 무엇보다 미래를 밝힐 수 있고 경우에 따라서는 그 미래를 변경할 수 있는 자이다. 지금 우리에게는 로마의 점쟁이[52]가 더는 없다. 또한, 점을 치는데 타로tarot 카드와 커피 찌꺼기를 여전히 이용하는 우리 시대는 사람들이 큰 소리로 미신이라고 규정하는 것에 대해 전반적으로 더는 만족하지 않을 수도 있다. 마침내 우리 시대는 허풍에 의해 과학적이고 합리적이 되었으나, 은밀함 속에서 부끄러워하면서도 점쟁이 짓을 한다.

오늘날 우리의 점쟁이들 역시 합리적인 모습을 띠었다. 사람들이 그토록 미래를 살펴본 적은 없었지만, 지금은 과학적인 방식으로 미래를 살펴본다. 예측, 투영, 미래학연구, 미래 예측…, 그러한 기업들이 넘쳐 난다. 물론 그 기업들은 합리

---

51) [역주] '언더그라운드 예술'(Underground)은 전통적인 상업적 흐름들 밖에 있는 예술 작품이나 예술 운동을 말한다.
52) [역주] '로마의 점쟁이'(haruspicine)는 고대 로마에서 제물들의 내장을 살펴 그것을 통해 전조(前兆)들을 이끌어 내던 점쟁이를 말한다.

적이고 엄밀한 어떤 모습을 띤다. 통계 수치와 설문 조사가 늘어난다. 완벽하게 일관성 있는 방법도 존재하지만, 그와 동시에 기업에서 가상의 부분이 끊임없이 증대되는 것을 확인할 필요가 있다. 사실상 그 방법은 점점 더 합리적이 되지만, 그 방법이 의거하는 대상은 그렇지 않다. 즉 그것이 어떤 선별된 사실의 선택과 어떤 가정의 선택을 전제할 수도 있기 때문에, 사람들은 실제로 예측하는 것이 불가능함을 재빨리 알아차렸다.

그래서 사람들은 두 방향을 향해 갔다. 한 방향은 모형과 추상적인 구조의 제작이었다. 그것들은 구체적인 실재와 별로 관계가 없지만, 실재를 추상적으로 형상화한다. 또한, 그 모형과 구조는 사람들이 그 변화를 예측하도록 작동시킬 수 있다. 그러나 우리는 여기서 현실에 대한 추상화抽象化 앞에 있게 되는데, 그 현실은 마법사들이 마음에 품을 수 있었던 세계의 표상과 비교되는 것이다.

두 번째 작업은 모의실험과 각본의 작업이다. 그러나 첫 번째 경우에서 결정적인 것이 추상화였다면, 두 번째 경우에는 상상력이다. 연속적인 상황을 만들어 내는 것이 필요한데, "만일 그와 같은 사실이 생겨나면 논리적으로 무엇이 일어날 것인가?"이다. 따라서 출발점에서 물론 완전히는 아니지만 가상의 요소들이 부여되고 그 요소들은 과학적으로 다루어진다. 결국, 그러그러한 요소를 매번 추가하고 그러그러한 다른 요소를 변화시키면서 상상할 수 있는 구체적인 모든 상황을 흉내 내기에 이른다면, 사람들은 현실 전체를 명확히 구분했을 수도 있다. 그러한 작업 속에서 공상과학소설의 한계는 명확히 구분되지 않는다. 일반적으로 그 공상과학소설이 너무 엄청나지 않고, 접근할 수 없는 정말 놀라운 발명에 따르지 않으며, 너무 멀리 떨어진 시대와 관계없다면 말이다.

미래에 대한 포착에서 인간의 좌절

그러나 사람들이 그러한 경로에 있을 때, 미래 예견과 더불어 그 한계 역시 묘사하기가 어렵다. 우리는 지적인 작업을 향해 내던져져 있다. 왜냐하면 신관神官

역시 대단한 지적인 교양과 풍부한 관찰력을 가지고 있었기 때문이다. 지적인 작업이란 버려진 아이와 같이 불안하고 겁에 질려서 그것이 무엇이든지 간에 제어할 수 없다는 불확실함을 가지고 미래를 식별하는 작업이다.

우리가 기술에 의해 사실을 통제하지만, 미래를 건설하는데 무장이 해제되어 있다는 느낌이 있는 만큼, 더더구나 그것을 받아들이기가 어려운 듯이 보인다. 그것은 비합리와 부조리한 행동과 가상을 향해 내던져지는 것이다. 또한, 그것은 소망이 없는 인간의 행위이다. 인간은 그 끝을 자신이 잡고 있을 수도 있는 합리적인 실 하나를 풀려고 애쓴다. 또한, 인간은 중단 없이 미래의 어둠을 뚫고 나갈 수도 있다. 게다가 그 인간은 불안정하고 복잡한 미래이기는 하지만 그 미래를 확고하고 확실하게 만들려고 미래를 붙잡으려 애쓴다. 그러나 바로 그 순간 인간은 자신의 방식대로 미래를 건설할 수 없음을 알아차리고서, 그 어느 때보다 더 박탈된 채로 있다. 다른 한편으로 인간은 미래에 영향을 미치는 외부의 힘이나 혹은 사람, 신神들이나 혹은 하나님이 존재한다는 것을 더는 믿지 않는다. 그런데 과거에는 사람들이 그것들을 매개로 미래를 변경하려고 혹은 미래를 건설하려고 그것들에게 접근할 수 있었다는 것이다.

인간은 자신의 역사를 만들 수 없다. 인간은 눈먼 메커니즘과 어두운 힘과 설명된 적 없는 변증법을 제외하고서 자기 외에 다른 누구도 역사를 만들 수 없음을 이제 알고 있다. 즉 그것은 식별되지 않는 불가사의한 미래이다. 거기서 인간은 영웅의 시대에서처럼 어둠 속에서 한걸음 씩 앞으로 나아가지만, 이제 인간은 무수하게 무리를 지어 일제히 나아간다. 또한, 그러한 부재를 자세히 살펴보는 여유를 더는 인간에게 주지 않는 급속한 과정에 따라 인간은 나아간다. 그러한 상황 속에서 소망이 없다면, 어떻게 인간이 마법사에게 호소하지 않을 수 있을까?

2. 불모상태 : 경멸의 시대

우리 시대는 말로[53] 이후에 경멸의 시대로 흔히 규정되었다. 인간이 의식적이든 무의식적이든 그토록 경멸을 했던 적이 없었던 것은 아마 사실이다. 우리는 2세기 전부터 인간이 대우받았던 방식에서 타인에 대한 경멸이 터져 나오는 것을 보았다. 민주적인 상황에서 경멸의 그러한 증가는 사실 이상한 일이다. 지위를 잃지 않고 재산을 박탈당하지 않은 명실상부한 귀족은 아래 사람들을 경멸하지 않는 사람이다. 노예제 사회에서도 귀족에게는 노예들에 대한 경멸이 없다. 나는 오늘날 어려운 빈민과 사회복지사 사이에서 그러한 태도가 "부자주의적"父子主義的[54]이라는 가장 나쁜 말로 규정되고 있음을 안다. 그들은 경멸을 선호하고, 또한 만족할 수도 있다. 위 사람을 파괴하는 것은 바로 아래 사람의 표현법이다. 물질적인 우위를 파괴하는 것으로는 충분하지 않고, 기질과 미덕에 대한 영적이고 지적인 우위를 없애야 한다는 것이다. 그 일을 하는 데는 경멸만이 있을 뿐이고, 또한 우리가 나중에 언급하게 될 조롱만이 있을 따름이다.

경멸의 시대적 변화

그러나 역사적으로는 경멸부터 시작되었다. 물론 위 사람인 귀족은 자기 자신이 무시되면서 부르주아 정신에 의해 지배당할 때, 그 역시 경멸을 할 수 있었으며, 자신의 허영과 자기중심주의로써 비천한 사람들을 파괴해 버릴 수도 있었다. 귀족이 잔인하고 전체주의적이며 극단적이 될 위험성은 더욱 자주 있었다. 귀족이 17-18세기에 흩어지면서 경멸로써 반발한 것은 자신의 전능함이 위협받았을

---

53) [역주] André Malraux(1901-1976). 프랑스의 작가이자 정치가로서 자신의 작품을 통해 시대의 타락과 죽음의 본능에 대항하는 투쟁의 수단들을 정치적 참여와 예술에서 찾는다. 대표작으로는 『왕도』, 『인간 조건』, 『희망』 등이 있다.

54) [역주] 부자주의적(父子主義的 paternaliste)의 명사형인 부자주의(父子主義 paternalisme)는 다른 사람에게 권위를 행사하는 어떤 사람의 행동이 아버지가 자기 자식을 대하듯 할 때 그 사람의 태도를 가리키는 표현으로서 '온정적(溫情的) 간섭주의'로도 옮길 수 있다. 다시 말해 권위적이고 건방진 호의를 가지고 지도하거나 지시하는 자세를 가리킬 때 쓰는 표현이다.

때이다. 하지만, 그것은 19세기에 마지막 지배 귀족에게 있어서 특히 명백했다. 이미 그 시대에 그들은 자기 자신이 경멸의 대상이 되어 버렸던 것이다.

여기서 근본적으로 관계되는 것은 다음 같은 태도이다. 그 태도에 따르면 사람들이 정복하거나 혹은 지배하는데 만족하지 않는다. 즉 타인을 내면적으로 파괴하여 사물로 취급하고 영적으로 파괴하며 부정하는 것이 필요해졌다. 죽이는 것은 아무것도 아니다. 그 죽음이 마음에 차도록 깎아내려야 한다는 것이다. 전투에서 귀족 계급은 언제나 적을 돋보이게 했고 존중했으며 존경했다. 죽거나 혹은 정복당한 적을 존중했던 옛 전통에서 또한 적이 완강하게 저항했을수록 더 잘 대접해주었던 옛 전통에서 경멸이란 없었다.

경멸이 없었다 할지라도 엄청난 가혹함은 존재할 수 있었다. 스페인 사람들은 자신들의 적을 쉽사리 불태워 죽였으나, 그 적을 경멸하지는 않았다. 아메리카 대륙의 정복자로서 그들은 엄청나게 죽였고 노략질했으며 불태웠다. 하지만, 그와 동시에 그들은 토착민과 합쳐지고 토착민과 완전히 연합하는 것을 주저하지 않았다. 그들 이후의 식민지화는 경멸 위에 세워졌다. 그것은 토착민들이 인간 존재임을 부정하는 것이었고, 토착민들의 문화와 종교와 풍습을 부정하는 것이었다. 거기에 조롱과 자기파괴가 더해졌다. "좋은 바나니야 있어요."[55]와 꽁가이[56]와 같은 표현들이 그 예이다. 그것은 이상한 상황으로서, 물질적인 면에서 품성이 온화해 질수록, 경멸은 더 늘어난 듯이 보였다. 흑인들이 더는 채찍질 당하지 않았지만, 흑인들은 더욱 경멸을 받았다. 적이 더는 불태워지지 않았지만, 적은 내적으로 짓눌림을 당했다.

---

55) [역주] 바나니야(Banania)는 20세기 초 남아메리카 대륙으로부터 도입된 제조법으로 만들어진 분말 초콜릿의 프랑스 상표의 하나이다. 그 상표의 역사적인 구호는 한 아프리카인에 의해 발음된 "좋은 바나니야 있어요"(Y a bon Banania)라는 표현이었다. 어떤 비판가들은 그 구호가 그 시대의 흑인에 대한 우스꽝스러운 묘사를 풍부하게 한 인종주의적인 판에 박힌 말들을 담고 있는 것으로 또한 식민주의의 잠재적 상징으로 간주했다.

56) [역주] 꽁가이(congaïs)는 베트남 여자나 베트남 아가씨를 가리키는 표현이다.

경멸의 전파와 증가

미묘한 시대인 우리 시대에는 폭력이 영적인 측면으로 옮겨졌고 인간들에 대한 경멸이 늘어나면서도 인도주의적 행동이 취해진다. 그러나 사람들은 경멸이 전염된다는 것과 경멸이 폭력과 같은 과정에 따라 발전한다는 것을 아직 모르고 있었다. 서로 주고받으며 강도가 더해지는 식으로 생겨나는 폭력에는 폭력만이 부응할 수밖에 없다. 그리고 경멸에는 증오만이 부응한다. 그런데 희생당하던 자가 더는 약자가 아니고 이전의 압제자에 대항할 수 있게 되자마자, 증오는 경멸로 변한다.

마키아벨리의 충고가 옳았다 치고 그에 말에 따르자면, 사람들은 자신들이 공격했던 자들을 결코 살려 두지 말아야 했다. 식민지 지배자의 경멸에는 식민지 피지배자의 잠재되고 숨겨진 무의식적인 증오가 부응했는데, 그 피지배자는 해방되면 명백한 방식으로 급격한 경멸로써 대응했다. 그러나 품성이 너그러워지는 것은 한 시대에만 존재했다. 경멸로써 심지어 보상받는 민주적이고 자유주의적인 너그러움은 창의력, 노력, 긴장, 의지를 대가로 치르고서 만이 존속했다. 물질적인 잔혹함이 다시 나타나서 우리 사회에 또다시 엄습했지만, 경멸에 대한 교훈은 사라지지 않았고 그 둘은 서로 합쳐졌다.

실제로 지배하는 것이 인간들에 대한 경멸일 때, 그것은 인권 **선언**이 끊임없이 선포되는 시대에 대한 절대적인 조롱이다. 히틀러주의와 강제노동 수용소를 떠올리는 것은 무의미하다. 새롭게 존재했던 것은 수용소라는 현상 자체도 아니고, 예를 들어 보어 전쟁에서 있었던 우세한 종족의 인종 차별이라는 현상도 아니다. 또한, 그것은 경멸이란 현상도 아니며, 다른 사람을 내적으로 파괴하는 의지라는 현상도 아니다. 새로운 것은 바로 선언이었다. 식민지 피지배자에 대한 경멸이 있었지만, 그것은 공공연하게 언급되었던 것은 아니다. 사람들은 그 반대되는 것을 표명했다. 다른 사람들이 이미 행했던 바를 만족감을 느끼고 엄중히 말하는 것이 나치의 뻔뻔함이었다.

특히 그런 문제들에서 일반적으로 사람들이 말하는 것과 반대되는 것 처럼 다음같이 이해할 필요가 있다. 즉 어떤 일에 대해 언급하지 않고 어떤 일을 하는 것이나 혹은 자신의 행동과 반대되는 말을 표명하는 것은, 분명히 위선자가 되며 또한 자기 자신을 인정하지 않는 것임을 이해할 필요가 있다. 다른 한편으로 그것이 자기 정당화의 시도와 떳떳한 양심의 시도로서 나타날 수 있다면, 내뱉은 말은 반드시 시도된 행위를 제한하는 것임을 이해할 필요가 있다. 그와 반대로 사람들이 마침내 말을 행위에 맞추기에 이를 때, 그것은 온갖 헛소리와 광란을 향해 열린 문이 된다. 교조적으로 혹은 예언자처럼 말하는 것, 혹은 유효하다고 주장하는 것, 혹은 사람들이 행하는 바를 연설 속에서 과시하는 것은, 행위가 확산하는 것을 보장하고 이전의 상황을 더 소중히 여기며 두려움의 한계에 도달하는 것이다.

체험된 신앙에 일치하는 선포된 신앙에 의해 신앙은 훨씬 더 커진다. 그러나 그 반대되는 것도 경멸에서 정확히 들어맞는다. 인간을 존경한다고 선언하면서 경멸을 품고 인간을 다루는 것은 터무니없고 위선적이지만, 그것은 경멸의 구체적인 가능성의 한계이다. 그것이 왜 내가 인권 **선언들**이 미미하고 우스꽝스럽다고 하면서도, 경멸의 보편화에 대한 취약한 장벽인 인권 **선언들**을 버릴 준비가 되지 않은가 하는 이유이다.

나는 말의 결정적이고 심지어는 궁극적인 중요성을 믿는다. 따라서 거만하게 과장된 말투로 만족감을 느끼고서 인간에 대한 경멸을 직종과 계급과 인종별로 선포한 것이 나치주의의 명백한 참신함이었다. 그러나 그 범위가 한정될지라도 인류 전체가 경멸에 빠질 때는, 인간 전체나 인간 각자가 포함된다. 그래서 그것은 광란이었다. 사람들은 인간을 정신적으로 영적으로 파괴하려는 악마적인 술책과 인간의 명예, 존엄성, 조심성, 인격을 결정적으로 깨뜨리려는 악마적인 술책을 알고 있다. 그 후 우리는 그것들로부터 결코 빠져나오지 못했다.

그것은 스탈린의 수용소에 있던 마찬가지로 심각한 경멸이었다. 또한, 그것은

1945년 이후 실존주의적 마르크스주의의 발전 속에 있던 부르주아 계급의 경멸이었다. 그리고 그것은 흑인의 경멸에 상응하는 백인의 경멸이었다. 한편으로는 고문이 해지고 다른 한편으로는 수치스러운 사지 절단이 자행된 알제리 전쟁에서의 서로 간의 참혹한 경멸을 어떻게 떠올리지 않을 수 있을까?[57] 스탈린처럼 인간이 "가장 소중한 자본"일지라도 인간을 "물질"로 취급하는 것이나, 혹은 사디즘 지식인들에게 있어서 유행하는 것처럼 인간을 우리의 만족과 욕망의 대상으로 취급하는 것은, 마찬가지로 그러한 경멸의 표현일 따름이다.[58] 좌파 지식인들은 바따유[59] 이후부터 히틀러에 대한 무의식적이고 열렬한 추종자가 된다. 우리가 그것을 결코 그만두었던 것은 아니다. 우리는 경멸에 의해 공격당하고, 본의 아니게 그러한 풍조에 대해 우리의 생각을 표현한다. 그것은 교회에서도 마찬가지다.

경멸의 특징과 결과

그런데 우리가 이해하려고 애써야 하는 것은 그러한 비인간적인 헛소리이다. 경멸하는 것은 타인을 전적이고 결정적인 불모 상태로 몰아가는 것이다. 그것은 그 사람으로부터 더는 아무것도 기대하지 않는 것이고, 그 사람이 더는 아무것도

---

57) 그러한 경멸의 세계에서 「알제 전투 *La Bataille d'Alger*」라는 영화에 대한 뜨렝끼에(Trinquier) 대령의 선언을 통해 존경의 표현으로서 희망의 서광이 다시 발견되었다. 그리고 아주 드물긴 하지만 프라슈카(G. Fraschka)의 책 『존경은 국경이 없다 *L'Honneur n'a pas de frontiéres*』의 서문에서 르미(Remy)에 의해 제시된 증언도 그와 마찬가지이다. 그 책에서 저자는 1940년부터 1945년까지 독일의 위대한 전사들에 대한 존경을 나타내려고 한다. 르미는 자신의 적이었던 사람들에게 경의를 표한 것이다.

58) 사드(Sade)는 악으로 예술을 만들었고 덕을 가지고 악을 만들었으며 고통으로 기쁨을 만들었기에 사람들로부터 칭송을 받았다. 그런데 다음과 같은 단 한 가지가 잊혀져 있었다. 즉 기쁨이었던 것은 바로 다른 사람의 고통이었다는 것이다.

59) [역주] Georges Bataille(1897-1962). 프랑스의 작가로서 그의 작품들은 관능주의와 죽음에 대한 강박관념에 집중되어 있다. 즉 그의 작품들은 관능주의와 신비주의 및 불합리에 대한 그의 정신적 탐구를 표현한다. 대표작으로는 「눈의 이야기」, 「나의 어머니」, 「내적인 경험」, 「에로스의 눈물」등이 있다. 또한 그는 1930년대 초 프랑스 '민주 공산주의 서클 '의 일원으로서 반파시스트적인 활동을 했는데, 그 서클은 스탈린의 죄악을 고발하고 스탈린에 의해 박해받은 사회주의자들을 보호하는 운동을 전개했다.

줄 수 없는 상황 속에다 그 사람을 두는 것이다. 그것은 그 사람의 가능성과 잠재성에서 또한 그 사람의 경험의 확장에서, 그 사람을 부인하는 것이다. 경멸하는 것은 손톱이 다시 자라지 않도록 그 뿌리를 뽑아내는 것이다.

팔다리가 잘린 인간이나 깊은 슬픔 혹은 굶주림에 짓눌린 인간은 자신의 명예와 존엄성이 남아 있는 한, 회복될 수 있고 인간으로서 갱생할 수도 있다. 인간의 명예와 존엄성을 파괴하는 것은, 근본적이고 결정적으로 인간으로 하여금 인간이 되는 것을 방해하는 것이다. 그것은 인간의 미래를 없애는 것이고 인간에게 영원히 불모 상태를 강요하는 것이다. 다른 말로 하면 경멸이란 타인의 소망을 없애는 것이며, 타인을 위한 소망을 없애는 것이다. 타인으로부터 아무것도 기대하지 않는 것이지만, 타인이 자기 자신을 위해 기대하는 것을 역시 막는 것이다. 그것이 바로 경멸의 당연한 결과로서, 타인의 소망을 소멸시키고 나면 사람들은 불가피하게 자기 자신도 소망을 잃어버릴 수밖에 없다. 경멸하는 자는 자신을 위한 소망이 없는 자이며 자기에게도 소망을 금지하는 자이다. 그래서 영적인 허무주의만이 열려 있다. 그것은 바로 우리가 체험했던 바다.

그러나 여기서 오해를 피해야 한다. 나는 경멸에 대해 어떤 윤리적 평가도 내리지 않는다. 나는 경멸이 나쁘다고 말하려고 애쓰지도 않는다. 경멸에도 역시 자체의 비극적인 위대함이 있다. 나는 인간이 다른 사람들이 가하는 경멸을 받을 만한지 아닌지 알려고 애쓰지 않는다. 나는 인본주의의 이름으로 경멸의 태도를 비난하지도 않으며, 수호해야 할 인간의 어떠한 가치가 있다고 주장하지 않는다. 물론 나는 그런 점들에 대해 나 자신의 생각을 하고 있다. 그러나 그것은 여기서 나의 대상이 아니다. 나는 단지 우리가 경멸의 시대에 있다는 것을 말하고 싶다. 그리고 경멸이 불가피하게 모든 소망의 소멸을 전제로 삼고 요구하며 모든 소망의 소멸을 결과로서 일으키는지를, 경멸이 고찰되는 어떤 측면에서 또한 경멸이 분석되는 어떤 방식으로 단지 말하고자 한다.

3. 불모상태 : 의심의 시대

이 시대의 또 다른 덕목은 의심이라는 덕목이다. 그 덕목은 경멸과 다르지만, 마찬가지로 사람들을 짓누르는 것이다. 그것 자체로는 더는 아무것도 아니다. 우리는 배후에서 또한 그 너머에서 익명, 불가해한 것, 깊은 들끓음, 숨겨진 힘, 비법을 찾는 것을 배웠다. 그것은 우리에게 강요된 최고의 통찰력이다. 어떤 사람들의 생각에서 출발하여 의심이 모든 지식인 사이에 퍼졌고 그로부터 의심이 모든 사람을 사로잡는 결과가 생겼던 것은 바로 이상한 변화를 통해서이다. 서로 관련이 없는 고찰 영역에서 독립된 방법의 결과로서, 의심은 세 가지 다양한 방향을 따라 세 가지 다른 측면에서 생겨났다. 따라서 원래의 장본인들은 서로 대립할 수도 있었고, 그들은 양립될 수 없는 것으로 흔히 간주할 수도 있었다. 그들은 마르크스와 니체와 프로이트인데, 그들의 유일한 공통점은 바로 의심이라고 결국 말할 수도 있을 것이다.

마르크스, 니체, 프로이트

마르크스에게 있어서는 선언, 주의主義, 정치적 혹은 경제적 행동 배후에 있는 사회적 행위를 은밀한 동기와 숨겨진 이해관계와 객관적인 결정으로부터 식별하는 것이 중요했다. 마르크스는 허위의식 이론과 자기정당화 이론과 이념의 이론을 주장했다. 그 이론은 인간이 언제나 나쁜 신앙에 물들어 있다는 것이고, 또한 인간은 세상과 사회와 자신의 행위에 대한 해석을 필연적으로 나타내 보여준다는 것이다. 그런데 그 행위는 어떤 면에서도 실재와 일치하지 않고 또한 일치할 수도 없다는 것이다. 그리고 다른 면에서 마르크스는 각자가 경제적인 힘의 관계 작용에 순응하고, 집단적 이해관계에 순응함을 보여 주었다.

마르크스는 마침내 개인을 집단 즉 계급 속으로 통합했다. 그 계급은 개인이 필연적으로 나타내 보여주는 것이고, 개인이 그것으로부터 분리될 수도 없다. 또한, 그 계급은 개인이 자신의 표상과 모습과 선택과 행위 속에서 의존하는 것이다. 인간은 개인으로서는 미덕과 장점으로 가득하나, 그렇다고 해서 계급에 의해 규정되는 자신의 실재는 조금도 변하지 않는다. 그 계급은 개인이 속해 있는 것으로서, 원하든 원하지 않든지 간에 개인이 자신의 모든 투쟁 속에서 나타내 보여주는 것이다. 그렇게 겉으로 보이는 태도 뒤에는, 그 태도에 일치하지 않는 심지어는 전혀 일치할 수 없는 실재가 있다. 왜냐하면, 아무도 스스로 자신의 계급을 완전하게 구현할 수 없기 때문이다. 말하고 행동하는 구체적인 사람을 알려면, 그 사람의 인격personne을 알 필요는 전혀 없지만, 그 사람이 속해 있고 그 사람의 숨겨진 실재인 계급을 알아야 한다는 것이다.

니체는 전혀 다른 방향에서 인격과 인격이 감추는 실재 사이의 분리 작업을 계속했다. 그는 가장假裝, 도덕적이고 이념적인 정립, 오해 위에 세워진 사회적 관계, 인간의 경제적 실현에서 생기는 인간의 축소, 노동관계, 새로운 도덕, 사회적 덕목을 가차없이 몰아냈다. 들끓음과 인간의 깊고 추악한 진실을 알아보려고, 인간이 나타내는 것의 배후를 바라보는 것이 여전히 필요했다는 것이다.

그리고 프로이트가 우리로 하여금 따라가게 했던 여정을 각자 알고 있다. 그런데 그는 의식을 가진 구성되고 정해진 존재의 깊은 내면을 우리에게 알려 주려고 환자로부터 출발한다. 그것은 무의식적인 충동이고, 모든 인격이 그 위에 세워진 받침돌의 구조이다. 또한, 그것은 우리가 그 속에 빠져 있는 비합리와 비의도의 망망대해이다. 그 인격은 우리에게 깃들어 있는 힘이 너무 축소되고 거짓된 채로 노출된 것이어서, 우리는 더는 신뢰하지 않는 법을 터득했다는 것이다.

사실상 모든 것은 의심의 가르침으로 귀결되고, 우리는 다음같이 터득했다. 즉 아무것도 아무도 더는 신뢰하지 않고, 어떠한 말도 감정도 더는 믿지 않는 것을 터득했다. 관계의 지속을 더는 받아들이지 않고, 존재의 진정성과 동일성이 존재할 수도 있음을 더는 인정하지 않는 것을 터득했다. 모든 좋은 감정은 단지 자기만족이나 혹은 위선만을 나타내고, 모든 미덕은 거짓말이며, 모든 도덕은 거짓되다는 것을 터득했다. 모든 헌신은 헛되거나 혹은 희극적이고, 모든 말은 진실을 감춘다는 것을 터득했다. 거짓말만이 정확하고, 부친 살해는 존재에 있어 조리 있는 것이며, 모친과의 근친상간은 우리의 가장 큰 욕망이라는 것을 터득했다. 우리는 사리사욕에 결코 무관할 수 없는 것을 터득했다. 또한, 돈을 가지고 있건 없건 간에 우리는 어쩔 수 없이 돈으로부터 소외된다는 것과, 우리가 속한 계급과 우리의 어린 시절로부터 소외된다는 것을 터득했다.

날조된 상황과 의심의 지배

그 모든 것은 윤리적인 영역으로부터 나왔다. 왜냐하면, 그때까지 기독교는 인간이 '나쁜 죄인'이라고 분명히 가르쳤기 때문이다. 그러나 기독교는 은총과 용서를 동시에 가르치고 있었다. 인간이 자기 안에 어떠한 깊음이 있는지를 알 수 있었던 것은 은총으로부터이다. 그리고 인간이 죄를 발견하게 되는 것은 용서받은 자로서이다. 즉 인간이 죄를 발견하게 되는 것은 아마도 중대한 실재로서이지만, 그것은 시대에 뒤처진 실재로서이다. 다른 면에서 그것은 윤리적 심판이었고, 결과적으로 논란의 여지가 있으나 피할 수 없지는 않은 심판이었다. 논란의 여지가 없었던 것은 신자에게 있어서 자기 안에 있는 악이 아니라 하나님의 심판이었다.

그런데 기독교에 의해 강조된 근친상간의 경향과 힘의 정신과 이웃에 대한 증오 같은 사실들은 과학적인 방식으로 규정되고, 명확하게 구분되며, 객관적으로 한정되고, 부인할 수 없는 방법으로 설명된다. 중대한 변화란 토대 자체의 변모이다. 그러한 사실들은 그 자체로 불가피한 것이 된다. 그것들은 더는 인간 안에 있는 악이 아니라, 인간 존재 자체이다. 게다가 악에 대해 여기서 더는 언급될 수 없다. 그것은 윤리의 문제가 아니라 단순히 실재이다. 비극은 그러한 어려운 생각과 깊은 분석과 과학적이고 엄밀한 확증이 공개된 영역으로 넘어갔다는 점에 있었다.

문인과 영화인은 무거운 책임을 지고 있다. 왜냐하면, 어떠한 인간에게든지 자기 자신과 타인들과 자신의 사회에 대한 끔찍하고 혼란스러운 시각이 있기 때문이다. 그 모든 것은 지나친 단순화와 함께, 또한 도덕과 과학 사이에 혼동과 함께, 그리고 그것이 전제하는 조급한 결과와 함께, 공개된 영역으로 넘어갔다. 온갖 미덕과 헛되이 시도된 선善을 사용함으로써 끊임없이 다시 생겨나는 흡혈귀와 유사 과학적인 환상에 인간은 내맡겨져서, 자신의 허무와 망령과 귀신 앞에 있다. 인간은 불가피한 비극 속에서 또한 자기 자신에 대한 부정 속에서, 불길한 운명에 의해 이끌려져 있었다.

삶의 어떤 끝 부분을 잡더라도 삶이 날조된 것일 때, 그런 상황 속에서 어떻게 살 수 있을까? 사회적 측면과 내적 측면에서, 또한 사회와 타인과 내가 사랑하는 여인과의 관계에서, 또한 나 자신과의 관계에서 나는 모든 것이 날조된 것이라고 터득했다.[60] 지금 나는 다음 같은 질문을 피할 수 없다. "뒤에 무엇이 숨어 있는가? 나는 나에게서 무엇을 숨기는가? 사람들은 나에게서 무엇을 숨기는가?" 그리고 그것을 통해 나는 말 그대로 바닥이 없는 심연을 주시하기에 이르렀다. 왜냐하면 '설명적인 실재'réalité explicative가 나에게 나타났던 즉시, "그러한 실재 뒤에 여전히 무엇이 숨어 있는가?"라는 똑같은 질문이 다시 제기되기 때문이다. 그것은 단테의 지옥보다 더 깊은 지옥으로 서서히 원을 그리며 내려가는 것이다. 왜냐하면, 그 지옥은 지옥으로 선언되지 않기 때문이며, 사람들이 감히 그 지옥을 지옥이라 고백하지 않기 때문이다. 그 지옥은 나 자신의 외부에 있는 것이 아니다. 나에게 상황을 설명해주고 그 모습을 알려 줄 인도자가 나에게 없다.

모든 것은 해독돼야 한다. 우리에게 휴식과 삶을 허락하는 자비롭고 인자한 어둠을 거부하면서, 모든 것을 밝은 대낮으로 가져와야 한다. 현대인에게는 더는

---

60) 우리는 무한히 단순한 그러한 반작용을 경험하지 않았는가? 즉 믿지 않는다는 것이다. 그것은 신문과 텔레비전을 향한 불신행위이다(물론 흔히 정당화되는 행위이다!). 그것은 나에게 걸어 왔던 어떠한 말이든지 그것을 향한 불신행위이다. 나는 의심하고 거부하며 수상히 여기는 것으로부터 시작한다. 그리고 나의 실제적인 인간관계에 있어서도 마찬가지이다. 그런데 그러한 자발적인 불신이 비판적 정신과는 아무런 관계가 없다는 것을 강조할 필요가 있다!

휴식은 존재하지 않는다. 현대인이 "건설적인 임무"에 헌신하면서 자신의 괴물을 마침내 다시 매장시킬 때, 현대인은 그 괴물이 아직 거기 있으며 자신을 계속 한정하는 데 집중하고 있음을 모를 리가 없다. 평온한 의식意識의 시대는 닫쳐 있고, 소망의 가능성이 있는 시대는 끝나 있다. 왜냐하면, 의심이 지배하는 그곳에는 소망이 없기 때문이다. 또한 '가능한 것'과 창구와 의미가 형성되자마자, 다음 같은 질문이 우리에게 달려들기 때문이다. 즉 "어떤 계급으로부터, 어떤 복합체로부터, 어떤 이념으로부터, 어떤 신화로부터, 어떤 이해관계로부터, 거부된 상황의 날조일 따름인 그러한 소망이 나오는가?"라는 질문이다.

최면과 마법의 상태

그 세 명의 천재와 인류의 불한당들이 우리에게 강요했던 상황은 그러하다. 그들은 자비심이나 아가페61)에 반대되는 것을 재현한다. 그러나 내 생각에는 그들이 그들의 학문에도 빛에 반대되는 것을 재현한다고 사람들이 주장할 수도 있다. 그들은 인간의 영혼과 지성을 마법에 걸리게 하는 마술사들이다. 그들은 근본적이기는 하지만 답이 없는 문제에 우리의 주의를 붙잡아 두고, 출구가 없는 활주로 위에서 탐구를 진행하며, 환상적이면서도 과학적인 마술에다 의식意識을 대립시킨다. 매번 발견될 때마다 더 큰 암흑 즉 우리가 그것 나름대로 밝혀야 할 의무가 있다고 생각하는 암흑에 의해 우리가 빨려들더라도, 그들은 거기로부터 사람들이 다시 올라갈 수 없는 깊은 곳으로 우리를 내려가게 한다. 그들의 작업에는 신비라는 거대한 부분이 있는데, 그것은 유혹의 신비이다.

사람들이 어떤 위대한 철학자나 경제학자나 사회학자에 대해 말하면서 "이후에"라고 언급할 수 있을 때, 얼마나 편리하게 검토하는 지를 과히 눈여겨볼 만하

---

61) [역주] 아가페(Agapê)는 신약성서에서 특별한 의미가 부여된 '사랑'이란 뜻의 그리스어 명사이다. 신약성서는 특히 예수 그리스도를 통해 나타난 하나님의 인류에 대한 사랑과 이에 대한 보답으로 이루어지는 하나님에 대한 인간의 사랑 그리고 이 사랑에서 반드시 귀결되는 인간 서로간의 사랑을 가리키는 데 이 낱말을 사용한다.

다. 사람들은 바르트 이후에 자리 잡고 있으나, 그와 다른 것을 할 수도 있다. 또한, 사람들은 뒤르껭Durkheim이나 혹은 베버Weber 이후에 있으나, 또 다른 사회학을 할 수도 있다. 마르크스-니체-프로이트의 3인 체제는 핀에 박힌 나비처럼 우리를 벽에 고정한다. "이후에"라고 말할 어떠한 가능성도 없다는 것이다. "이후에" 위치하는 사람은 즉시 날조자나 혹은 배반자로 나타난다. 마르크스에 대한 베른스타인Bernstein이 그렇고, 프로이트에 대한 융Jung이 그러하다. 그들은 정확히 말해 우리를 최면술로 잠들게 했다. 그들은 지적인 '가능한 것'의 장을 묘사했고, 유일하게 방향이 잘 설정된 듯이 우리에게 보이는 길을 열었다. 사실상 그것은 최면이다. 병아리 주위에 병아리가 뛰어넘을 수 없는 원을 분필로 그렸다. 우리는 다 함께 지적이면서도 영적이고 사회적인 함정에 빠져 있다. 그것은 출구가 없는 함정이다. 또한, 그것은 모든 소망을 우리에게 금지하는 함정이며, 곤란하면서도 번쩍이는 불모상태에 우리를 고정하는 함정이다.

우리가 소망을 되찾고자 한다면, 우리는 지적이고 영적이며 사회적인 측면에서 진정으로 마법에서 깨어나야 하고 마술 동굴 밖으로 탈출해야 한다. 우리는 햇빛과 미덕의 진정성을 되찾아야 한다. 키르케고르가 헤겔적인 신화에 대해 행했던 것과 같은 작업을 그것들에 대해서도 마침내 해야 할 것이다. 왜냐하면, 헤겔을 신비에서 깨어나게 했고 변증법을 회복시켰던 것이, 또한 헤겔을 초월할 수 있고 인간을 회복시킬 수 있었던 것이, 마르크스가 아니라 키르케고르임을 우리가 잊지 말아야 하기 때문이다. 마르크스는 헤겔적인 영역 안에 인간을 더욱 가둘 줄만 알았고, 경제적 운명을 **자유**라 불리는 **국가**의 운명에 덧붙였다.

키르케고르가 했던 것을 우리는 다시 할 수 있어야 할 것이다. 그러나 그는 예수 그리스도 안에 있는 계시에 엄밀히 맡김으로써만이, 즉 자신이 시도했던 지적인 작업의 실재를 자신보다 더 강한 자의 활동의 자유에 위탁함으로써 그것을 했다. 모든 것이 거기에 의존한다. 그러나 정확히 말해 우리의 마법에 걸린 상태는 "정직하고 진지해지기 위한" 다음 같은 의지이다. 즉 우리 자신의 힘에만 기대를 거는 의지이고, **전적 타자**他者의 근본적인 초월과 힘을 거부하는 의지이다. 그런 식으로 함정에 빠진 우리가 낚시의 미끼를 빼거나 그물의 매듭을 풀 위험성은 없다는 점은 안심된다. 그것은 더는 우리 자신의 힘이나 우리의 능력에 속한 것이 아니다. 그러나 그런 '더는'은 모든 소망의 끝을 나타내는 징조일 뿐이다.

4. 불모상태 : 조롱의 시대

경멸과 의심은 함께 생겨났고, 마주 보며 성장했으며, 조롱은 그것들의 당연한 결과였다. 조롱은 아마도 20년 전부터 우리의 심리학적인 연구 대상에 추가되었다. 사람들이 명예와 미덕과 선과 아름다움과 사랑에 대해 말했을 때, 의심을 통해 매번 우리에게 거짓, 위선, 거리낌 없는 양심, 정당화로 드러났던 것이 어떻게 조롱으로 바뀌지 않을 수 있을까. 그 모든 것은 순수한 허구이기 때문에, 실재를 드러내야 한다. 그러나 과학적이고 엄밀한 방법에 의한 그 폭로는 모든 사람의 힘이 미치는 곳이 아닌 소수에게만 해당하였다.

레닌, 스탈린, 사르트르

이미 레닌은 조잡하지만, 사변적인 논증을 통해 자기 적들의 "깊은 동기들"과 "실재"를 밝힘으로써, 폭로의 체계와 "계시"의 체계를 발견했다. 그 적 중 하나가 부르주아의 벗이자 자본주의의 하인인 카우츠키Kautsky이다. 사람들은 "표적이 되는 배반자"라는 개념을 생각해 냈다. 그것을 통해 급속히 단순화하는 것이 가능했고, 선전을 위한 불명예스럽고 강한 모욕을 가하는 것이 가능했다. 부카린Boukharine은 공산주의 승리에 대해 중상 모략하는 음흉하고 추한 자가 된다. 히틀러에 매수된 간첩인 투카체프스키Toukhatchevsky도 그 중 하나이다. 그들은 정치적이고 지적이며 이론적인 측면에서 공박 당했던 것만이 아니다. 그들은 모욕을 받았고 비열하게 만들어졌으며, 품위가 떨어뜨려 졌고 조롱거리로 변했다. 그 여정은 필연적으로 마르크스의 의심으로부터 레닌의 폭로와 스탈린의 조롱으로 이어진다. 왜냐하면, 그릇된 양심의 범주를 사람들이 받아들였던 즉시, 모두의 눈에는 그 양심의 그릇됨을 폭로시키는 유일한 방식이 조롱이기 때문이다.

사르트르가 『더러운 손』Les Mains sales과 『파리들』Les Mouches, 62)의 과정을 도입했던 즉시, 사람들은 그렇게 공격받은 모든 것을 조롱하기에 이른다. 적을 깎아내리려면, 또한 지지나 토론의 여지가 있는 것이자 적의 의미인 듯이 보였던 것을 적에게서 바로 제거하려면, 입증된 진실이나 체험된 미덕 앞에서 조롱만이 충분히 강하고도 인기 있는 손쉬운 무기이다. 조롱은 어떠한 대화도 어떠한 만남도 허용하지 않는다. 조롱은 자신이 다르다고 주장하는 사람이나 또한 대답을 하지 못해 부끄러움 속으로 사라지는 사람을 군중의 조롱하는 신의 이름으로 선정하는 것일 따름이다.

조롱의 메커니즘

조롱은 날조를 전제로 한다. 그런 식으로 공격받는 사람은 여론에 의해 매도된 비웃음과 치욕 전체를 짊어지는 자이다. 그는 본래 그러한 자**이고**, 그러한 자로 선정된 것이며, 그렇게 구현된 자이다. 즉 그 이후부터 그것이 무엇이든 간에 입증하는 것은 무의미하다. 사람들이 그 비난들 가운데서 정확한 것과 정확하지 않은 듯한 것을 구별해 내려고 애쓴다면, 조롱은 더는 존재하지 않을 것이다. 조사를 하고 증거를 만드는 것은 필요하지 않다. 갑자기 지목된 자는 엉뚱한 방향으로 또한 잘못된 방향으로 어리석음과 배반과 부패의 혼합물 전체를 자신이 책임지고 있음을 보게 된다. 그는 그렇게 된 것이 아닌가? 조롱의 메커니즘이 가동된 순간부터는 아무 상관이 없다. 그는 그렇게 된 자라는 것, 그 점이 전부이다.

우리 시대의 정점 중 하나는 "문화 혁명"이다. 그런데 문화혁명의 가장 큰 무기 중 하나가 바로 조롱이다. 그것은 그 유명한 대자보에 의하면 **"고발-조롱"**이다.

---

62) [역주] 『더러운 손』과 『파리들』은 사르트르의 작품이다.

또한, 그것은 반대자와 고발된 자와 노인과 교수들이 수치스러운 옷을 걸치고 당나귀 형태의 모자를 쓰고 침과 오물로 덮여 길에서 끌려 다녔을 때는 **"모욕-조롱"**이다. 그것은 조롱에 의해 죽이는 것이다. 우리는 경멸로부터 한발 더 나아갔다. 히틀러의 목가적이고 서정적이며 열광적인 언어 표현적인 폭발 아래에서 경멸이라는 작업이 전개되었듯이, 위대한 모택동의 현명하고 선한 부자주의父子主義, paternalisme 아래에서 조롱이라는 작업은 끝없이 전개된다. 인민의 중국은 동양에서 나치 독일에 정확히 상응한다. 그러나 조롱이 퍼져 나가는 것은 정부의 결정에 따라서 불가피하게 그런 것도 아니고, 정치적 질서 속에서 필연적으로 그런 것도 아니다. 즉 우리 사회 전체는 그러한 부패 속으로 조용히 침몰한다.

그리고 노인을 그 예로 다시 들 수 있다. 분명히 우리 사회는 노인들은 보살피기 시작한다. 존경할만하고 친절한 노인들의 주거가 만들어지기 시작하지만 그곳이 더는 피난처가 아니다. **노인들**의 은퇴가 이루어지고 노인학이라는 새로운 학문이 노인들을 연구한다. 그러나 그와 동시에 언론과 텔레비전은 오로지 젊은이들만 찬양하면서, 또한 사회적 흐름과 진보의 신화와 미래의 신화 등을 따르면서, 젊음의 이념을 퍼뜨린다. 젊은이들을 위한 특별한 상거래가 생겨난다. 어른이 그러한 상점 중 하나에 들어가는 것은 보기에 좋지 않으므로, 그 어른은 즉시 몹시 싸늘한 야유의 대상이 된다. 젊은이들은 인도를 점령하여 늙은이들에게 인도에서 내려가도록 강요한다.

내가 자주 그 점에 대해 글을 썼듯이 젊은이들에게는 불편함이 있다. 하지만, 그들은 자신들의 불편함을 어른에게 던지는 경멸로써 보상받는다. 노인들이 젊은이들을 아주 싫어하는 것이 당연한 듯이 말해졌지만, 젊은이들은 노인들이 하는 짓을 잘 되돌려주고 있다. 그런데 멀티미디어카드를 통해 그러한 상황은 반영되고 증폭된다. 그런데 마치 젊음의 자발적 오만이 그 자체로 충분하지 않은 듯이, 또한 나이로 말미암은 노인의 불행과 노쇠가 그 자체로 충분하지 않은 듯이, 그것은 늙은이들에 대한 젊은이들의 비웃음과 비하와 조롱으로 귀결된다. 그렇게 과장해서 말할 필요도 있다. 그리고 우리는 멀티미디어카드에 의해 부분적으로 만들어진 환경 속에서 살고 있다.

예술 작품에서 조롱

예술 역시 조롱을 떠들썩하게 퍼트렸다. 그러나 여기서 우리는 다음 같은 두 가지 예술을 구별해야 한다. 하나는 날조를 고발하는 예술 즉 날조를 퍼뜨리는 예술이고, 다른 하나는 전갈이 되어 자신에 대한 조롱을 통해 자기 자신을 죽이는 예술이다. 첫 번째 것의 예가 우리 시대에서 날조를 고발하는 특이한 영화로서 펠리니[63]의 「아름다운 인생」*La Dolce Vita*이다. 그 영화는 우리 사회의 "악들"을 고발하는 것이 아니라 가식적인 태도의 지배를 고발한다. 그것은 스타이너[64]에게 있어서 문화와 지성과 예술에 대한 날조를 지칭하는 것이다. 또한, 기적과 경건함에 대한 날조, 자식의 사랑과 부모의 사랑에 대한 날조, 마지막 '성대한 주연'[65]에서 자유에 대한 날조를 지칭하는 것이다. 그리고 녹음된 자연의 소리와 성대한 주연 후에 이른 아침에 나오기 같은 자연에 대한 날조처럼 고귀함에 대한 날조이다. 모든 것은 왜곡되고 가치가 떨어지며 우리의 현 세상 속에 나타난다. 결국, 쓸데없는 꽃과 괴물인 인간의 고독처럼 아무것도 더는 아무것도 의미하지 않음을 사람들은 발견한다. 아마도 그 영화는 조롱에 의해 부정否定 속으로 내려간 것을 가장 잘 포착한 것 중 하나이다.

그러나 사람들은 더욱 빈번히 조롱을 폭로하고 터뜨리는 대신에, 또한 치욕을 드러내는 대신에, 조롱으로 자신을 만족하게 하고 조롱을 무한히 즐긴다. 사람들

---

63) [역주] Federico Fellini(1920-1993). 이탈리아의 영화감독이자 시나리오 작가로서 「아름다운 인생」이라는 영화로 1960년 칸느 영화제에서 황금종려 상을 받는다.

64) [역주] George Steiner(1929-). 오스트리아 출신의 프랑스 작가이자 철학자. 그는 대중들이 문화에 접근하는 것에 대해 민주주의가 스스로 선포한 미덕들을 문제 삼으면서 자신을 플라톤적인 무정부주의자로 규정한다. 대표작으로는 「바벨 이후에」가 있다.

65) [역주] '성대한 주연(酒宴)'(orgie)은 그리스 신화에 나오는 주신(酒神) 디오니소스(Dionysos)의 축제를 가리키는 표현으로서, 우리말로는 '통음난무(痛飮亂舞)'로 옮길 수도 있다.

은 예술을 그러한 길로 끌어들이는 데 성공한다. 즉 그것은 부누엘[66]의 최신작처럼 조롱의 영화이다. 그것은 거의 모든 새로운 정치적 연극처럼 조롱의 연극으로서 그 연극의 유일한 무기는 열광과 적들에 대한 비웃음이다. 또한, 그것은 소르본Sorbonne 대학의 온갖 구호처럼 조롱의 언어인데, 거기서 이루어지는 조작操作이란 한 문장에 새로운 의미를 부여하려고 문장을 뒤바꾸는 것이다.

그리고 그것은 1970년 파리 제2회 비엔날레에서 전시된 작품처럼 조롱의 조각품이다. 심지어 그것은 조롱의 장난감인데, 사람들은 못생긴 장난감을 만들어냈던 것이다. 아이들이 저급하고 끔찍하고 역겹고 메스껍고 끈적거리고 휘청거리고 형태 없는 것을 즐기도록, 아이들에게 건네 줄 형태와 재료에서 상스러운 것이 만들어졌다. 못생기고 멍청한 장난감은 우리 사회의 마지막 단어인데, 우리 사회는 조롱의 일반화된 행동 속으로 뚫고 들어가게 하려는 비열하지만 끈질긴 노력을 드러낸다.

만약 우리가 인간 속에서 여전히 그 행동을 식별할 수 없다면, 우리는 예술에서 그 행동의 결과를 본다. 이렇게 조롱이 불모상태를 만든다는 것이다. 지식인이 어쩔 수 없이 더는 글을 쓰지도 못하고, 더는 말하지도 못하며, 더는 표현하지도 못하는 것은 다음과 같을 때이다. 즉 그것은 지식인이 반성적反省的이고 비판적인 어떤 의식 수준에 이를 때이고, 어떤 깊은 지적인 의심에 도달할 때이며, 가차없는 압착과 끝 모를 내적 성찰과 무한정한 분석인 작업을 수행할 때이다. 그 작업은 자신에 대한 또한 자신의 생각과 언어와 예술과 상황에 대한 항상 더 까다로운 미세한 검사이다. 지식인은 자기 자신에 대한 의심과 자신의 생각을 통해 조롱에 이르고, 또한 조롱을 통해 지식인은 침묵에 이른다. 조롱은 우리가 늘 마음이 쏠리는 호언장담에 대항하여 지식인이 싸우는데 가진 유일한 무기이다.

그러나 그것은 자신을 스스로 근본적이라고 생각하는 너무 지나친 정치 비평

---

66) [역주] Luis Bunuel(1900-1983). 스페인 출신의 영화감독으로서 초현실주의적인 경향의 영화들을 만들었다.

가에게 있어서도 마찬가지이다. 즉 모든 것이 필연적으로 허위의식의 이념임이 사실이라면, 또한 아무도 피할 수 없는 전적인 결정이 있음이 사실이라면, 그리고 사람들이 말하고 행하고 표현할 수 있는 모든 것이 필연적으로 지배계급의 이익으로 돌아감이 사실이라면, 더는 아무것도 말할 필요도 없고 아무것도 행할 필요도 없다. 깊이 파고드는 연구는 회의주의에 이르게 하고, 시오랑Cioran에 의해 기막히게 표현된 냉소주의에 이르게 한다. 그러나 그의 근본적인 냉소주의에도, 또한 그가 자기 자신과 모든 것에 적용하는 조롱에도, 어떻게 그가 여전히 글을 쓰고 자신을 표현하는 것이 가능한지를 사람들은 잘 이해하지 못한다. 그로서는 절대적인 침묵만이 일관성이 있다. 지적 분석의 극단을 통해 그런 활동에 대한 조롱에 이르고, 또한 그 극단을 통해 예술적 탐구의 극단에서처럼 더는 아무것도 만들어 낼 수 없게 된다.

'국제 무정부주의자들'67)은 이미 그들의 첫 간행물에서 그런 결론에 이르렀다. 즉 사회에 대한 비판은 전적이어야 하기 때문에, 국제·무정부주의적인 예술가가 만들 수 있는 유일한 예술 작품은 결국 예술 작품의 부재라는 것이다. 그러나 어느 정도 국제 무정부주의자들보다 하위에 있는 사람들은, 예술은 비열한 사기이고, 예술 작품은 추문이며, 연극 공연은 "틀에 박힌 것"의 표현이자 관객과 배우 사이 분리의 표현임을 깨달았다. 그리고 결국 그것으로부터 빠져나오려면, 예술 작품과 연극 공연(즉흥극68)과 리빙극69)의 길을 통해, 또한 연극에서의 침묵을 통해 혹은 '배우·관객 혼동'의 시도를 통해 이루어지게 되는 것)과 조각품을 (지하철 노선도가 도시계획 도면이라는 명칭으로 제시될 것이고, 혹은 담배꽁초

---

67) [역주] '국제 무정부주의자들'(situationnistes)은 기성 사회체제와 질서에 대항하는 '국제 무정부주의 학생 운동'(situationnisme)의 추종자들을 가리킨다. '국제 무정부주의 학생 운동'은 1960년대에 특히 대학 사회에서 발전된 문화적이고 정치적인 전위 운동으로서, 그 운동의 소비 사회에 대한 급진적인 항의 형태와 분석은 프랑스의 1968년 5월 혁명에 특별한 영향을 미쳤다.

68) [역주] 즉흥극(happening)은 관객의 적극적인 참여를 요구하는 연극을 가리킨다.

69) [역주] 리빙극(Living)은 1947년에 설립된 미국의 한 연극 회사에 공연된 연극들을 가리키는 표현으로서 그 연극 회사는 가장 오래된 실험적 연극 집단으로 알려져 있다.

더미에 놓인 조각품이 제시될 것이다) 조롱으로 바꾸어야 함을 깨달았다. 이 모든 것은 조롱과 근본적인 어리석음 사이에 존재하는 연결을 나타내는데, 그 어리석음은 반성적反省的 사고의 극단으로 여겨지는 것이다. 조롱을 통해 타인의 불모화가 이루어지고, 자기 자신에게 있어서 불모 상태가 만들어진다.

조롱에 의한 인간의 불모상태 화

우리는 조롱으로 모든 것을 짓누르는 데 자신의 영예를 거는 인간이 기술적 풍요와 대비되어 근본적으로 불모상태가 되는 정말 놀라운 사회 앞에 있다. 기술은 가소로운 것도 아니고, 조롱으로 바뀌지도 않는다. 기술은 불모상태에 있는 것이 아니라, 그와 반대로 놀라울 정도로 풍요롭다. 기술적인 대상이 그렇게 확산하고 자가 번식과 분열번식을 하지만, 인간은 바로 신이 되어 버린 것 앞에서 일종의 피학대 음란증에 의해 타락해 버린다. 인간은 힘과 정확함과 세밀함과 똑똑함으로는 기술에 대적할 수 없어서, 자기 비난 속에 빠진다. 조롱의 체계는 실제로 기술이 신이 된 사회의 본질적인 한 양상이다. 현대인은 도스토예프스키의 어떤 주인공들이 신과 맺는 관계와 비교될 수 있는 관계를 기술과 맺고 있다. 즉 영원한 자기 비난과 타락의 관계인 것이다. 인간은 자신의 기계들과 더는 경쟁할 수 없어서, 자기 자신의 가치를 떨어뜨리고 웃음거리밖에 안 되는 엎드림의 상태로 들어간다.

인간은 자신에게 속한 영역일 수도 있는 것에서 불모상태가 된다. 즉 인간은 사랑에서(관능주의는 사랑에 대한 조롱이기 때문에) , 예술적인 창조에서 (아름다움에 대한 거부 혹은 완성되고 완전하고 의미 있는 작품에 대한 거부), 기독교 신앙에서 (그리스도인들의 피학대 음란증은 끊임없이 조롱으로 변하는데, 그것은 일반적인 경향 중 특별한 경우이다.) 불모상태가 된다. 그리고 진정한 창조자와 번식자와 생산자는 기술이기 때문에, 인간은 불모 상태가 된다. 기술에 의해 힘을 과도하게 부여받고 기술에 의해 추월당한 인간은 자기 자신을 부정하고 도피한다. 그것은 인간이 너무도 완벽한 전체를 이룬 자신의 수단들과 위험을 무릅쓰고서 끔찍하고 굴욕적인 경쟁을 하지 않으려고, 조롱으로 자신의 약함을 강조하는 것이다.

우리는 인간을 불모상태로 이끄는 다양한 길을 차례로 살펴보았다. 인간의 그러한 불모화는 소망의 부재의 주된 징조이다. 나는 인간의 생산성에 대해서도 인간의 기술적인 창의성에 대해서도 말하는 것이 아니다. 인간은 웃음거리밖에 안 되는 세상 속으로, 또한 품격이 떨어지고 대상으로 전락한 마음이 메마른 타인들 가운데로 나아간다. 때로는 해체의 힘과 절대적 항의의 힘에 맡기면서, 때로는 극기심을 가지고 나아간다. 그 극기심은 인간의 그러한 재난 속에서 마치 그 모든 것 중 아무것도 일어나지 않았던 것처럼 행동하고 차분한 모습을 보여야 한다는 것을 단적으로 드러낸다. 그러나 그것은 두 경우에서 모두 마찬가지로 새로운 문명의 가능성에 대한 포기이다. 그것은 또한 인간이 여전히 인간일 수 있는 사회 혹은 인간이 그렇게 될 수 있는 사회의 가능성에 대한 포기이다.

5. 가식적인 태도

그런데 그런 상황을 특징짓는 것은 바로 현대인이 실제적인 창구를 거부한다는 점이다. 우리 시대의 인간은 진정으로 위로받기를 거부한다. 인간은 인위적인 낙원, 마약, 이념, 열정, 참여 속으로 무턱대고 뛰어든다. 하지만, 인간은 허구적인 자각을 선호하면서 실제적인 자각을 거부한다. 우리는 여기서 필연적으로 파생되는 '현대적 존재'의 이중적인 충동을 접한다. 그러한 "현대적 존재"의 한 측면은 "한 쌍의 힘"의 충동이다. 그것은 허구적인 자각에 대해 잘못된 설명을 하려는 열정이며, 또한 그 허구적인 자각을 빠르고 즉각적으로 택하려는 열정이다.

현대인은 자신의 통찰력을 자랑스러워하고, 자신이 해명할 능력이 있다는 것을 안다. 그러나 동시에 그는 자신의 실제적 상황을 보는 것을 참지 못한다. 그로부터 그는 해결의 실마리를 주는 것이 아닌데도 그 실마리를 주는 듯이 보이는 도식을 받아들인다.

현대인은 장황한 실존주의에 집착하지만, 실존을 인정하지 않는다. 그는 지나치게 단순한 물질주의, 계급투쟁, 생산관계의 갈등들을 당연히 인정한다. 그는 식민주의, 제국주의, 인종차별, 세상의 기아, 저개발 앞에서 잘못을 뉘우친다. 하지만, 그것은 바로 그 모든 것이 자신을 아무것에도 끌어들이지 않기 때문이다. 또한, 그것들이 '설명적 허구들' fictions explicatifs 이기 때문이며70), 자신의 실제적인 세계의 아무것도 관여되지 않기 때문이다. 그는 그 모든 비난이 자신이 실제로 책임이 있는 것 곁을 스쳐 지나가면, 그 비난을 받아들인다. 그는 "우리는 모두 암살자들이다."라는 보편성에는 기꺼이 속하려 하지만, 기술 체계의 논리에는 속하려 하지 않는다.

그는 자신을 실제로 문제 삼을 수도 있는 것을 회피하려고, 자신을 허구적으로 문제 삼는 설명을 정확히 택한다. 그래서 그는 책임을 벗어난다. 그는 자신이 부르주아의 끔찍한 세상에 속해있지 않음을 드러내 보이는 양심의 가책을 느끼고 있다. 그는 자신의 실제적인 책임을 세심하게 계속 감추면서, 또한 허구적인 양심의 가책을 느낌으로써 생겨나는 거리낌 없는 양심을 싼값으로 그와 같이 얻으면서, 같은 집단의 모든 구성원 서로에게 가해진 비난을 받아들이고 자신에게 책임이 있음을 인정한다.71)

'사르트르 효과'72)가 그다지 성과를 거두지 못했던 것은 단지 그것이 바로 현

---

70) 물론 해석의 오류를 피해야 한다. 즉 수억 명의 사람들이 굶주리고 착취가 자행되고 인종차별이 있다는 것은 논란의 여지가 없는 사실들이다. 그런데 그것은 내가 논의하는 바가 아니다! 그러나 비난 요소인 것은 그러한 사실들에 입각하여 혹은 그러한 사실들 위에서 이루어진 '설명적 이념'(idélogie explicatif)이다. 즉 바로 여기서 날조와 자기정당화가 지배한다.

71) 그리고 그러한 분석을 시행하면서 나 자신이 '의심'의 시대에 속해 있다.

72) [역주] '사르트르 효과'(opération Sartre). 여기서 엘륄은 1950년대와 1960년대에 사르트르가 대중매체에 많이 등장했기 때문에 아주 유명세를 탄 작가였음을 비판한다. 엘륄에게 있어 사르트르는 주변의 모든 사람이 아주 평범한 방식으로 이야기하는 바를 현학적인 용어로 단지 표현하면서도 매우 독창적인 방식으로 세상과 사회를 비판한다고 믿는 지식인의 전형적인 예이다.

대인이 깊이 바라는 유희의 표현이기 때문이다. 사르트르는 잘못된 비난의 전형적인 예이고, 거짓된 양심 가책의 전형적인 예이며, 허위의식에서 나온 이념의 전형적인 예이다. 그러나 그와 동시에 서구인은 자기 자신의 내면 깊은 곳에서는 비난받지 않은 채, 비난의 세상 속에 자신을 존재하게끔 하는 것을 그와 같이 택한다. 그것이 "현대적 존재"의 두 번째 충동이다. 이렇게 그러한 인간은 자신이 위험에 처해 있고, 역사상 어느 때보다 더 자신이 문제 됨을 이념적으로가 아닌 실제로 느낀다는 것이다. 그는 자신이 지칭하기를 거부하는 위험의 불안을 체험하고, 여기서는 해방의 말과 위로를 받아들이기 원하지 않는다. 그는 무의식적으로 자신의 고뇌 속에 남아 있기를 원하고, 격렬한 슬픔 속에서 살기를 원한다. 예술작품만이 혹은 폐쇄되고 무의미한 메시지만이 그를 만족하게 한다.

인간은 구원의 말과 진정한 위로를 원하지 않고 온갖 허구적인 위로와 도피와 희석과 기분전환을 받아들인다. 그것은 아마 진정한 위로를 통해 세상에서 자신의 존재와 진정한 책임에 대한 근본적인 질문 앞에 놓이게 될 수도 있기 때문이다. 그래서 그는 그것들을 끝없이 회피하려고 애쓴다. 그는 침울하고 숨겨진 절망 속으로 뛰어들고, 자신의 불안 속에 머문다. 그리고 그의 가장 소중한 비밀은 자기 자신에 대한 부인否認이라는 비밀이다.

6. 부인否認

왜냐하면, 오늘날 인간은 끊임없이 자기 자신을 부인하면서 만이 살기 때문이다. 우리가 지적했던 자살 행위와 조롱 그리고 이제는 잘 알려진 사물화事物化와 소외는 인간에 의한 인간의 부인 속에서 그 목적과 정점이 발견된다. 물론 나는 형이상학적인 문제를 거기에서 제기하지 않는다. 또한, 인간의 절대적인 유형이나 혹은 건드릴 수 없는 인간 본성이 존재한다고 말하고 싶지는 않다. 하지만, 역사의 일반적 흐름으로부터 인간에 관계되는 어떤 경향이 도출될 수 있는 듯이 보인다. 마치 수천 년 동안 추구되고 천천히 대충 윤곽이 잡혀서 실현되는 계획이 존재하는 것처럼 말이다. 인간에게는 집단과 공동체 가운데서 개인으로서 자신을 뚜렷이 나타내려는 경향이 있었다. 또한, 인간은 객체들의 세계에서는 주체로서 자신을 뚜렷이 나타냈다. 인간은 자신을 의식意識으로서 나타내었고, 아무에게도 자신의 지배적인 자리를 맡기려는 용의가 없는 듯했다.

인간의 자기 부정

이렇게 인간 발전의 모든 방향이 다양한 경로에 의해 다시 문제가 된 것이다. 인간은 자신의 역할로부터 자신을 점차 몰아내는 자기 자신의 대체물들을 스스로 만들었다. 그것은 컴퓨터에까지 이른 기술의 발전이다. 인간은 그것이 사물화를 받아들이고 정당화하려고 때마침 생겨나는 틀린 세계관이었다는 점을 간파하면서도, 주체-객체의 대립을 거부한다. 인간은 여러 전형적인 공동체 속에서 연합을 지향하고, 자신의 개인적인 특수성을 포기한다. 이것과 관계되는 것은 공산주의나 혹은 히피공동체나 혹은 마약에 의해 생겨난 모임인데…, 그 경향은 같다. 인간은 자신이 인간적 오만을 더는 지니지 않고, 저급한 자기 부정적 겸손을 취한다.

그런 전체를 쌓아가는 인간이 금방 잊히는 사고事故처럼 푸꼬[73]와 더불어 자신을 인정하게 될 때, 혹은 인간이 자신의 위대함을 형성했던 것에서 아무것도 없애지 않은 채 모든 것의 무가치를 시오랑Cioran과 더불어 확신하게 될 때, 인간은 어떠한 포기의 미덕이나 겸손의 미덕을 드러내지 않는다. 그 미덕들은 하나님 앞에서 인간의 허무에 대한 그리스도인들의 전통적인 경건한 설교나 혹은 환상에 대한 불교도들의 전통적인 경건한 설법에 많이 나타난다.

---

73) [역주] Michel Foucault(1926-1984). 프랑스의 철학자로서 사회 제도들에 대한 비판, 성적 본능의 역사에 대한 설명, 권력과 인식사이의 복합적인 관계들에 관한 이론들로 잘 알려져 있다. 대표작으로는 『광기의 역사』, 『성(性)의 역사』등이 있다.

'사실'74은 전혀 다르다. '사실'은 인간의 처지를 초월하는 어떠한 평온한 환상도 허용하지 않는다. 반대로 그것은 끔찍한 찡그림이고, 독기를 품은 신랄한 빈정거림이며, 인간의 종말을 예언하고 집행하는 유사 학문이다. 아마도 어떤 사람들의 생각은 별로 중요하지 않다. 그러나 그러한 생각은 우연히 나오지 않았다. 그 생각은 바로 공통된 움직임의 표현이다. 푸꼬의 책의 갑작스런 성공이 그 점을 입증한다.

인간은 조롱과 경멸 속에서, 또한 지금까지 자신의 역사와 미덕이었던 모든 것에 대한 부인 속에서, 자신에 대한 부정否定을 찾는다. 그런데 그러한 탐구는 자발적이고 무모한 것이 아니라, 정형화되고 의도적이며 방향 설정이 되어 있는 것이다. 마치 어떤 숙명을 통해 인간이 자신의 성과 앞에서 잊히고 그 성과 속으로 사라지게 되는 것처럼, 또다시 우리는 인간 기술력의 급격한 발전과 인간의 자기부정으로까지의 쇠퇴 사이에 놀라운 모순과 마주친다. 그래서 우리는 우리의 모든 업적을 입증할 수 있다. 그런데 칼비노75의 '존재하지 않는 기사'의 상황에 우리가 이른다면, 그것은 무엇을 의미하는 것일까?

기술적인 업적을 쌓고, 통계 수치를 늘리고, 수명을 연장하고, 소비를 증진하고, 참여 활동을 조직하고, 혁명을 일으키고, 무한히 의사소통을 촉진하고, 생활수준을 높인다고 하자. 만일 그것을 누리는 사람이 자기 자신을 부인한다면, 또한 그것을 성취하는 순간 그 모든 것이 만들어지는 이유이자 목적이며 의미인 것을 그 사람이 인정하지 않는다면, 그 많은 노력이 무슨 소용이 있을까.

대단한 계획을 실현하는 바로 그때 자기 자신에 대해 싫증이 난 주인공은 자제력을 잃고 거의 자살을 위해 만들어진 세계를 남겨 놓는다. 싫증이 나서 그는 단

---

74) [역주] 엘륄은 우리가 속한 세상에 대한 맹목성으로 인간을 이끌고 가는 일반적 동기로서 '사실' fait에 대한 존중을 든다. 기정사실이든 물질적 사실이든 '사실'은 궁극적 이유와 진리의 기준이 되고,' 사실'인 모든 것은 그 자체로써 정당화된다는 것이다.

75) [역주] Italo Calvino(1923-1985). 20세기의 이탈리아의 가장 위대한 작가 중 하나로서 『존재하지 않는 기사』라는 작품을 썼다.

지 자기로부터만 돌아서는 것이 아니라, 그와 동시에 약한 모든 것, 완강한 저항을 하지 않는 모든 것, 단순한 감정, "자연적인" 미덕, 기본적인 기쁨, 환경적인 균형을 파괴하려고 애쓴다. 그리고 그는 가족, 사랑, 귀여움을 받아서 기진맥진한 어린 시절, 지나치게 칭찬을 받아서 타락한 청소년기, 정숙함, 명예, 말, 의미, 하나님, **자연**을 파괴하려고 애쓴다. 죽기 시작한 모든 것을 죽이는데 자신의 힘을 바치는 냉소적이고 절망에 빠진 주인공이다. 그는 자기에게 있어 전락만이 있음을 보고서, 가치가 될 수 있었거나 혹은 가치를 지닐 수 있었던 모든 것을 자신의 전략 속으로 끌어들이기를 원한다. 힘의 세상을 세우려고 했기에 인간은 부식되었는데, 세상은 배후도 없고 가치도 없음이 드러났다. 이제 우리는 그러한 분해의 마지막 단계에 있다.

현대 문명의 위기

그러나 예를 들어 로마 제국이 위기를 겪었듯이 혹은 중국 제국이 최소한 세 번에 걸쳐 위기를 맞았듯이, 그것이 지나가는 단순한 역사적인 위기가 아닌지 물론 자문해 볼 수도 있다. 그 질문은 "역사는 재출발하지 않는가?"라는 것이고, "내가 그러한 위기를 과대평가하면서 주관주의를 따르지는 않는가?"라는 것이다. 또한, 그 질문은 "먼 것보다 가까운 것에 더 많은 중요성을 부여하고 과거에 속한 것보다 바로 현재인 것에 더 많은 중요성을 부여하는 잘 알려진 관점상의 오류를 내가 따르지 않는가?"라는 것이다.

그래서 나는 두 가지 측면에서 답해야 한다. 우선 나는 우리의 위기가 다른 모든 위기보다 더 심각하다고 생각한다. 왜냐하면, 다른 모든 위기에 있던 것처럼 문명의 위기가 대두한다면, 다른 모든 시대와 달리 우리 문명은 세계적이기 때문이다. 우리는 우리의 세상 끝에서 바라보며 "어디에서 나에게 도움이 올까?"라는 질문을 제기할 수도 있다. 그 도움은 로마 제국을 휩쓸었던 거대한 금발의 야만인들로부터도 올 수 없고, 중국 제국을 휩쓸면서 거기에 새로운 혈통, 삶에 대한 열정, 포함된 의미, 쇄신된 미덕, 명백한 언어, 인간의 삶에 대한 중요성과 가치를 가져 왔던 몽골인들과 만주인들로부터도 올 수 없다.

우리에게는 더는 야만인들이 없다. 제3세계 민족들은 바로 우리와 같은 길로 끌려 들어와 있다. 10년 혹은 50년 후 그들은 자기 자신들에 대한 부인과 큰 실망과 자신에 대한 포기에 이를 것이다. 공산주의자들은 자본주의가 시작했던 것을 완수하는 데 만족한다. 인간에게 있어 자신의 고갈된 미덕을 다시 새롭게 할 수 있는 결정적인 것이라고는 아무 것도 생겨나지 않는다. 결정적인 것은 아무것도 일어나지 않는다는 것이다. 사건, 결합, 제도, 구조, 혁명, 조직, 계획화가 한 번 더 생겨난다면, 인간은 자신으로 하여금 삶을 살게 할 수도 있는 그 어떤 것을 기대하는 것은, 혹시 일어날 수도 있는 어떤 것으로부터 이다..

인간은 자기 자신 안에 더는 원천이 없다. 그것은 퇴폐인가? 그보다는 훨씬 더 깊은 것이다. 어떤 아기들을 사로잡는 그런 정신적 식욕부진처럼 무력증이자 삶에 대한 거부라고 해두자. 그러나 내가 틀렸고 그 위기가 국한되어 있으며 지나가는 것이라고 해두자. 그럼에도, 그 위기가 서구 전체에 영향을 미침에는 변함이 없고, 또한 그 문명에 점점 합세하는 중인 전 세계적인 문명을 그러한 서구가 퍼뜨림에는 변함이 없다. 서구인의 위기가 확고해지면, 그것은 실제로 우리가 다른 민족에게 물려 줄 잔해의 세계이다. 나는 사람들이 나를 반박할 수도 있다는 것을 잘 안다. 즉 그러한 서구의 위기가 예견되고 예고된 것은 이미 오래전이라는 것이다.

잘 알려졌듯이 반세기 전에 스펜글러[76]는 『서양의 쇠퇴』*Le Déclin de l'Occident*를 썼고, 베르디아에프[77]는 『새로운 중세』*Nouveau Moyen Age*를 썼다. 나는 그러한 종류의 역사적 깊이가 없는 논증에 대해 항상 깜짝 놀란다. 물론 또끄빌[78]이 1830년 **민주주의**에 제기한 딜레마가 사실로 나타나는 것은 1840년이 아니었다. 그렇지만,

---

76) [역주] Oswald Spengler(1880-1936). 독일의 철학자로서 태어나서 살고 쇠퇴하여 죽는 생물체들과 비슷한 역사적인 큰 문화들을 구분하면서 역사를 분석했다.

그 딜레마가 예고했던 모든 것은 그 뒤를 이었던 1세기 반 후에 실제로 점차 실현되었다. 국가와 사회 집단 사이에 갈등에 대한 그의 분석에서와 마찬가지로, 지금 우리는 그 갈등이 보편화하여 있음을 본다. 한 걸음씩 우리는 스펜글러가 예고한 길 위를 걸었다. 그런데 즉각적으로 실현되지 않았기 때문에, 『서양의 쇠퇴』에서 아주 오래전 예고되었던 바의 오류가 입증되었던 것은 아니다. 그 실현은 역사적인 단계에 따라 이루어지고, 우리는 예고되었던 것보다 훨씬 더 깊은 위기를 확인한다.

인간 자신의 부인과 소망의 결핍

그러나 물론 우리는 여전히 지속할 수 있다! 이 시대에는 표면상의 성공, 다른 행성으로의 비행, 사라지는 동시에 점점 더 존재하는 철학을 경험할 수 있다. 로마 제국은 해체되는 데 2세기가 걸렸다. 인류 전체에 있어서도 우리는 아마도 같은 일을 하게 될 것이다. 하지만, 우리의 섬광과 찬란함 한가운데에서 자기 자신에 대한 혐오와 소망의 무가치가 늘 중심 사실이 되는데, 그 둘은 연결되어 있다.

떼이야르[79)]에 의해 예견된 변화에 대한 준비 앞에 우리가 과연 있게 될까? 그것이 지나가는 위기는 아닌가? 떼이야르가 새로운 시대를 향해 즉 마지막 지점에 도달하게 하는 우주적인 연합의 시대를 향해 사람들이 나아갔음을 입증하려고, 공산주의, 기술, 세계화 등과 같은 사회의 징조들을 한 곳에 모았음을 우리는 안다. 나는 물론 떼이야르의 사상에 대한 일반적인 논쟁으로 들어가지 않을 것이

77) [역주] Nicolas Berdiaev(1874-1948). 러시아 출신의 철학자로서 그의 사상은 기독교적 실존주의의 정점들 중 하나이다.

78) [역주] Alexis de Tocqueville(1805-1859). 프랑스의 정치 사상가, 역사가, 작가로서 주요 저서로는 자신의 미국 여행을 기초로 해 쓴 『미국에서의 민주주의에 대하여』가 있다. 그는 민중들의 일반적이고 불가피한 경향이 민주주의라고 생각했다.

79) [역주] Teilhard de Chardin(1881-1955). 예수회 수사, 프랑스의 철학자, 이론가, 연구가로서 천주교 신앙과 과학 사이를 대립으로 보지 않은 것으로 알려져 있다. 그의 저서인 『인간 현상』에서 진화론적이면서도 영적인 관점에서 우주의 역사에 대해 총괄적인 묘사를 하고 있다.

고, 다만 나는 그의 생각이 기술적인 사실에 의해 밀접하게 결정지어짐을 확인할 따름이다. 또한, 샤르보노[80]가 그를 기술 사회의 예언자라고 규정한 것이 옳음을 확인할 따름이다. 떼이야르의 사상은 상황에 대한 정당화의 체계이다.

그러나 내가 특히 강조하려는 점은 그 역사의 완성일 수도 있는 인지된 역사의 영속적인 방향전환을 확인하는 일이 이상한 듯이 보인다는 것이다. 개인화라는 방향으로 온전히 나아갔던 것이 역사이고, 통합이라는 방향과 개인의 사라짐이라는 방향으로 갑자기 전환될 수도 있는 것이 역사이다. 물론 형이상학적 측면에서 그것을 받아들일 수 있지만, 그것이 나에게 역사적으로 지탱될 수 없는 듯이 보이고, 또한 그 자체로서도 어떠한 진실의 가능성을 지니지 못한 것처럼 보인다. 왜냐하면, 나는 예수 그리스도가 목표 지점으로나 촉매로 변형되는 신학에 대해 말하는 것을 거부하기 때문이다.

아니다. 위기는 위기이다. 어떠한 변증법도 우리에게 위안을 주지 않을 것이다. 우리는 그러한 위기가 무엇으로 귀결될 수 있을지 결코 모른다. 우리는 예언하지 말아야 한다. 내가 확인만 하고 그치는 것은 모든 끄트머리에서 소망의 결핍이 나타난다는 점이다. 우리가 알기에는 살아 있는 것이 단단히 뿌리내려 살려는 의지가 있는 한에서만 계속 살 수 있다는 것이다. 살고자 하는 자신의 의지가 감퇴하는 자는 죽는 것을 확신한다. 그것은 개인에게처럼 민족에도 마찬가지이고, 민족에게처럼 문명에도 마찬가지이다. 우리가 알기에는 소망이 있는 한에서만 사람들은 살아가기를 계속 원할 수 있다는 것이다. 소망은 한편으로는 계획보다, 다른 한편으로는 의미보다, 더 완전하고 더 풍요로운 것이다. 또한, 그 두 가지 모두를 포함하는 것이다. 우리가 소망의 소멸을 확인할 때, 그것은 현존하는 아주

---

80) [역주] Bernard Charbonneau(1910-1996). 엘륄의 친구, 프랑스의 사상가, 철학자로서 2차 세계 대전과 그 후의 이념적 동요와 급박함으로부터 동떨어져 살면서 현대 사회를 분석하고 경제의 독재성과 발전의 독재성을 고발했다. 환경 운동의 선구자이나 정치적 환경 운동을 경계했던 그는 20세기의 이념들 및 이전에 채택된 자세들과 근본적으로 다른 사회의 조직 형태를 만들어 낼 것을 제안했다. 자유에 매료된 그는 더 많은 조직의 근원이자 더 적은 자유의 근원인 기술적 진보를 경계했다.

짧은 소멸이다.

　인간의 자기 자신에 의한 부인의 너머에는 사실상 침묵만이 생겨날 수 있다. 철학자는 우리가 허무 위에서 거점을 (까레,Carré 『허무 위에서의 거점』*Le point d'appui sur le néant*, 1956) 취할 수 있다고 헛되이 우리에게 주장한다. 시오랑은 자살할 자유가 있는 인간이 자살하지 않는다는 사실을 삶을 사는 이유로서 우리에게 헛되이 제시한다. 자신이 왜 자살이라는 지고의 힘을 행사하지 않는지를 인간이 더는 알지 못하는 한계에 바로 우리가 도달했다는 것이다. 그런데 그 인간은 과도한 자신의 힘에 결부된 과도한 자신의 의식에 의해 아마도 자기 자신이 박탈되어 있다. 그 자살은 육체적인 혹은 정신적인 자살일 수도 있고, 집단적인 혹은 개인적인 자살일 수도 있다. 그 중 두 번째 것이 이루어지는 중이고 일반화되는 중이다.

소망의 종말

　우리는 소망의 종말이 거쳐 온 길을 두루 살펴보았다. 모든 길은 아니었고, 이미 잘 알려진 어떤 길만을 살펴보았다. 우리는 인간이 이 세상에서 자기 자신을 어떻게 바라보는지를 확인했다. 그런데 그것이 오묘함 속에서 부정적인 방식으로 바라보는 것임을 알아냈다. 우리는 징조들을 일일이 열거했다. 그러나 우리 앞에 놓인 가장 큰 질문인 그러한 소망의 종말은 절망과 아무런 관계가 없다. 우리에게 제기될 수 있는 그 질문을 향해 우리 사회의 온갖 주된 특징이 모여든다. 또한, 현재의 우리의 온갖 철학을 통해 그 질문이 설명되는데, 그 질문은 그토록 많은 우리의 집단적인 움직임을 설명하는 것이다. 절망은 눈에 띄고 소리 지른다. 또한, 절망은 비극적이고 낭만적이다. 그리고 절망은 영웅적인 행동들의 근원이자 "가장 아름다운 찬가들"의 근원이다. 절망은 인간을 행동으로 내몰고, 혁명을 일으키며, 인간이 자기 자신 이상이 되도록 부추긴다.

　소망의 종말은 말이 없고 침묵을 지킨다. 그것은 미지근한 목욕물 속으로 모든 피를 흘려보내어 고통이나 소스라침 없이 잠에 빠지게 하는 잘린 정맥이다. 그것은 아무것도 아닌 것의 근원이고, 겨우 식별이 된다. 지금 일어나는 일을 사람들이 아마도 알 수 있도록, 우리가 하려고 했던 것처럼 수많은 징후를 모아야 한다. 소망의 종말에는 비극적인 것이 없다. 파멸하지 않아야 할 이유가 없어서 오로지 사람들은 파멸한다. 사람들은 의지, 에너지, 에로스의 욕망, 삶의 욕구를 죽음을 향한 충동에 더는 대립시키지 않는다. 소망이 더는 없는 그곳에는 형태도 존재도 더는 없어서 사람들은 사라진다. 그러나 그곳은 관련된 것이 무엇인지 처음에는 아무것도 우리에게 알려주지 않을 정도로 깊은 곳이다.

더는 아무것도 기대할 수 없어서, 빈사 상태의 소망은 도와 달라고 소리치지 않는다. 무엇을 향해 또한 누구에게 그 외침이 전해질 수 있을까? 소망은 언급되지도 않고 이야기되지도 않으며 널리 전해지지도 않는다. 단지 소망은 공허를 남긴다. 소망이 어떤 존재인지 우리가 아는 것은 바로 그 공허에 의해서이다. 그러한 공허는 우리 존재 전체의 한복판에 있으며, 우리가 시도하려는 모든 것의 중심부에 있다. 공허를 만들 이유는 더는 없다. 아직도 관찰자가 있다면 그 관찰자가 공허에 대해 말할 수 있는 것은 그 공허가 무기력하고 침묵한다는 것일 따름이다. 끝이 난 소망은 흔적을 남겨 놓았지만, 어떠한 길도 이제는 열릴 수 없다.

제2장, 하나님과의 단절 시대

　나는 우리 사회에 대한 그토록 많은 연구를 한 후에, 또한 이 시대에서 하나님
의 활동을 인지하려는 그토록 많은 노력을 기울이고 나서, 나의 가장 깊은 확신
인 바를 쓰게 된 것이다. 하지만, 나는 떨면서 그것을 쓰고 있고, 두려워함으로써
여기서 앞으로 나아갈 수 있다. 나는 우리가 '하나님과의 단절' 시대에 들어왔다
고 생각한다. 또한, 하나님은 우리로부터 돌아섰으며, 우리를 우리의 운명에 내
맡겨 둔다고 생각한다. 하지만, 하나님이 모두로부터 돌아선 것은 아니라, 아마
도 개인의 삶 속에서는 존재해 있음을 분명히 확신한다. 하나님은 아마도 인간의
마음속에서는 여전히 말을 하고 있지만, 우리의 역사와 사회와 문화와 과학과 정
치로부터는 존재하지 않는다. 하나님은 말을 하지 않고 자신의 침묵과 어둠 속에
칩거했다. 나는 그런 전제 앞에 온갖 당연한 반발과 반대되는 입증이 제기된다는
것을 잘 알고 있다. 그것 중 어떤 것은 사회학적이고, 다른 어떤 것은 신학적이다.
　"어째서 그럴 수 있는 것일까? 하나님이 사랑이라면 그가 모든 것을 준 자들을
어떻게 버릴 수 있는 것일까? 하나님이 자기 자신을 낮추었다면, 이를테면 자신
의 말을 바꾸면서 또한 자신의 거리를 두고 칩거하면서 어떻게 복수를 할 수 있
는 것일까? 그러한 판단에 이르게 할 수도 있는 것은 우리 문명에 대한 비관주의

적인 관점일 따름이다. 하나님에게 당신의 감정을 부여하고 당신이 그것으로 하나님의 버림이라고 결론짓는 것은, '당신'이 물러나고 싶고 침묵하기 원하며 이 사회에 당신의 신발 먼지를 털고 싶기 때문이다.[81] 대단한 자기중심주의이면서 신인동형동성론神人同形同性論,[82]이다! 예수 그리스도 이후부터 하나님의 버림abandon이란 다시는 있을 리 없다. 예수는 임마누엘[83] 즉 영원히 우리와 함께 있는 하나님이다. 결별은 더는 없고 예수는 구원자이며 그의 구원은 중단 없이 항상 주어져 있다. 예수는 주主이다. 그는 주主이기에 그 사실로부터 그가 죽고 부활하러 온 이 땅을 버릴 수 없다. 또한, 그는 주主이기에 자신의 '주主가 됨'을 중단하지 않는다. 세상은 예수 그리스도 이후로 하나님으로부터 버림받을 리 없다. 한순간에는 말하고 다른 순간에는 말이 없고 와서는 가버리는 그런 하나님에 대한 시각은 결국은 아주 단순한 시각이 아닌가. 그것은 좀 유치하다…"

---

81) [역주] "신발의 먼지를 털다"라는 표현은 신약성서 마태복음 10장 14절과 관련이 있다. 이 부분은 예수 그리스도가 제자들을 파송하면서 당부한 말로서 "발의 먼지를 털다"라는 표현이 "관계를 완전히 끊고 돌아보지 않음"을 의미하는 것으로 볼 수 있다.

82) [역주] 신인동형동성론(anthropomorphisme)은 성서의 문자대로의 해석을 통해 하나님에게 인간의 형태 즉 인간의 육체를 부여하는 기원 4세기의 이단 종파를 가리킨다. 그것은 인간의 형상을 따라 신성(神性)을 이해하는 경향으로서 신의 본질이 인간의 본질과 비슷할 것이라는 신앙이다.

83) [역주] 임마누엘(Emmanuel)은 "하나님이 우리와 함께 있다."는 히브리어 표현에서 나온 것이다. 구약성서의 이사야서 7장 14절에서 선지자 이사야가 메시아가 처녀에게서 태어날 것이라고 예고하면서 장차 올 메시아를 지칭한 이름이다.

나는 알고 있다. 나에게 생겼던 그러한 확신에 대한 온갖 논증과 반론을 나는 살펴보았다. 또한, 하나님이 늘 존재해 있음을 객관적으로 계속 주장하는 것을 나로 하여금 가능하게 하는 모든 것을 진지하게 재검토했다. 나는 나의 사회학적인 분석들을 비판했는데, 아무것도 나를 이해시킬 수 없었다. 겉으로 보기에 지혜롭고 견실한 듯한 그러한 반박들은 하찮은 것이다. 온갖 이유에도 하나님이 실제로 돌아섰고 그의 말이 그 자체로서 더는 선포되지 않음을 오늘날 나는 주장한다. 그것은 아마도 영원히 그렇지는 않고, 오늘날에 그렇다는 것이다. 분명히 그것이 영원히 그렇지 않다고 내가 말하게 되리라고 나는 심지어 생각한다. 하지만, 그것은 우리의 상황이다. 상황이 그렇다면, 여기서 문제 된 것은 일반적인 사악함의 잘못이나 불의의 증가가 아니라 바로 다른 어떤 것이다. 그것은 하나님을 멀리하는 불신자들이 해야 할 일이 아니다. 그것은 한편으로는 구조의 문제이고, 다른 한편으로 하나님이 그들로부터 기대하는 바가 될 줄을 모르는 그리스도인들과 교회의 책임에 관한 문제이다.

Ⅰ. 인간에 대한 진단의 오류

이 시대의 신학자들은 그러한 '버림'이라는 사실을 받아들이지 않았기 때문에, 이 시대에 대한 진단과 이 사회의 인간에 대한 진단에서 상당한 수의 오류를 저지른다. 불트만[84]과 본회퍼[85] 이후부터 신학 전체를 끌고 간 첫 번째 오류는 인간에 관계된 것이다. 그것은 현대인에 대한 널리 알려진 해석이다. 그 해석에 따르면 현대인은 과학적이고 합리적이며 주도적이 되었다는 것이다. 나는 엄청난 오해이자, 현실과의 접촉의 전적인 부재이자, 우리 사회와 인간의 실재에 대한 학문적 무지이자, 결함도 없지만 근거도 없는 독단론이라 부를 수밖에 없는 것, 그것에 대한 비판을 다시 하지 않겠다.

---

84) [역주] Rudolf Bultmann(1884-1976). 독일의 루터 교 소속 신학자로서 그가 신약성서의 '탈(脫)신화화'라고 불렸던 것의 주창자였다. 탈(脫)신화화는 신화적 용어들로 표현된 신약성서의 본질적 메시지를 실존 철학의 개념으로 해석하는 것을 말한다. 그는 예수의 생애 바로 이후에 모아진 증언들이 중요한 것이 아니라, 초기 그리스도인들의 신앙 고백과 케리그마(Kerygma 복음 선포)들이 본질적이라고 주장했다. 기독교 신앙은 역사적 예수에 대해 비교적 무관심한 대신에, 초월적인 그리스도를 중심으로 삼고 있으며 또한 그래야 한다는 것이다. 기독교 신앙은 교회의 케리그마에 대한 신앙이며 예수는 케리그마 속으로 부활한 것이라고 말할 수 있다고 전제한 그는 기독교 신앙은 역사적 예수에 대한 신앙이 아니라고 주장했다.

85) [역주] Dietrich Bonhoeffer(1906-1945). 독일의 개신교 목사이자 신학자이자 반파시스트 투사로서 세속에서 기독교의 역할에 대한 견해로 유명하며 히틀러를 타도하려는 거사에 가담했다가 투옥되어 처형당했다. 그는 교회가 인간 지식의 결함들을 찾거나 인간의 연약함을 기독교 변증론의 기초로 강조하기보다는, 성인(成人)이 된 세계에서 사는 인간의 성숙함을 긍정해야 한다고 주장했다. 또한 내세에 치중하고 개인의 구원에 몰두하는 '종교'의 껍질을 벗어버리면, 기독교는 실제로 해방되어 유대교의 뿌리와 마찬가지로 현세를 중시하게 될 것이라고 주장했다. 그리고 교회는 유산으로 물려받은 특권들을 포기함으로써 다른 사람들을 위한 인간이었던 예수를 본받아 이 세상에서 하나님의 고통을 함께 나눌 수 있도록 그리스도인들을 해방시켜야 한다고 주장했다. 그의 종교성 없는 기독교에 대한 고찰들은 영국과 미국의 개신교 신학에 깊은 영향을 미쳤다.

복음 선포에 무감각한 현대인

현대인이 신앙에 무감각하고 현대인에게 신앙의 메시지라는 설교가 전적으로 낯설다면, 그것은 현대인의 과학성 때문도 아니고, 현대인이 신화적인 정신 상태로부터 빠져나왔기 때문도 아니며, 현대인이 자신을 유치하게 하는 메시지를 받아들이기를 거부하기 때문도 아니다. 그 온갖 이유는 신학자 자신들의 이유이다. 쉽사리 신앙을 갖지 못하는 그 신학자들은 자기들이 싸잡아서 "현대인"이라고 부르는 것에 자신들의 문제를 투영한다.

이 시대 인간이 복음 선포에 무감각한 것은 사실이다. 그런데 그 문제는 복음 제시의 변화도 탈신화화démythologisation도 아닐 것이고, 그 무엇이든 간에 그것을 변화시킬 다른 "기호들과 상징들"로 표현하는 것도 아닐 것이다. 현대인이 이성의 영역으로 들어가려고 '신앙을 갖는 것'croire의 영역으로부터 나왔다면, 또한 현대인이 신화적 정신 상태로부터 나왔다면, 물론 그러한 쇄신은 의미가 있을 것이다. 불행하게도 진단이 근본적으로 잘못되어 있기 때문에 치료법 역시 불가피하게 잘못되어 있다. 그 이중적인 오류는 우리가 거기서 존재하는 '하나님과의 단절'의 맥락 중 하나이다.

의심으로 가득 찬 현대인

현대인은 복음 선포에 무감각하다. 그것은 많은 사회학적인 이유에 기인하나, 나는 여기서 그 이유를 재론하지 않고 다음 같은 한 가지 요인만을 강조하겠다. 즉 현대인은 비판 정신을 터득했으므로, 2천년 전이나 혹은 백년 전에 선포된 대로 아주 단순한 성서에 따른 메시지를 더는 받아들일 리가 없다는 것이다. 그런데 우리는 비판 정신에서 조금도 진보하지 않았기 때문에, 그것이 바로 진단의 오류의 한 양상이다. 서구인은 늘 순진하고 어리석을 정도로 쉽게 믿으며 모든 이야기를 믿을 태세가 되어 있다. 인간이 온갖 선전에서 그만큼 나아간 적도 없었다. 또한, 인간이 대중매체에 의해 자신에게 제공되는 것을 합리적으로 그렇게 거의 비판하지 못한 적도 없었다. 그러나 인간에게 어떠한 비판 정신도 없다면, 앞에서 언급했듯이 그와 반대로 인간은 의심으로 가득 차 있다.

한편으로 인간은 정치와 현대성이라는 온갖 배 위에 올라타 있고, 다른 한편으로 모든 것이 거짓이며 모든 것이 속임수라고 의심한다. 인간은 집단적인 오류를 즐기고 있으며, 개인적으로 자신에게 말을 거는 사람들의 말을 언제든지 의심한다. 인간은 의심이 그 대상으로 삼게 되어 있는 문제점에 대해 잘못 생각하고 있다. 그것이 바로 내가 왜 여기서 비판 정신에 대해 이야기할 수 없는가 하는 이유이다. 인간은 총괄적인 시도들 속에서 전진하지만, 그와 반대로 인간은 자기 앞에 홀로 있는 사람을 의심하면서 자기가 영리하다고 믿는다. 그리하여 거기서 인간은 사람들이 비판 정신을 가지고 싶어 한다는 느낌이 든다. 인간은 다른 사람을 부추기는 동기가 무엇인지 찾는다. 인간은 예를 들면 돈을 버는 것과 같은 자기와 공유하는 동기를 알아차리면, 그때는 만족하며 기꺼이 전진한다. 하지만, 인간이 자신의 수준에서 동기를 발견하지 못하면, 그때는 수상히 여기며 의심하기 시작하게 되고 또한 자신을 거부한다.

인간에게 있어서 분명히 "모든 것은 거짓이다." 인간은 정치인의 연설과 신문과 라디오와 텔레비전에 대해서도 그렇게 말한다. 그러나 인간은 총괄적이고 집단적인 움직임 속에 사로잡혀 있기 때문에 전진한다. 모든 것이 거짓이라고 인간은 판단하지만, 그것은 어떠한 구체적인 것과도 관계가 없다. 즉 그러한 방향으로 전진하는 사람들이 많을 때 그것은 진리가 된다. 그와 반대로 엉뚱하고 고립된 어떤 말 앞에서 의심은 결정적이 된다. 그리하여 거기서 모든 것은 거짓이고, '나는' 모든 것을 의심한다. 하지만, 존재의 태도이자 아가페와 반대되는 것인 의심은 비판 정신과 아무 관계가 없다. 그러한 자세는 복음에 대한 거부의 근본적인 이유 중 하나이다.

위로받기를 거부하는 현대인

그리고 다른 요인은 위로받기를 거부하는 것이다. 앞에서 이미 살펴보았지만, 복음에 대한 경청이라는 양상 아래에서 그 사실을 살펴보자. 현대인은 힘과 재난의 시대를 체험하고 싶어 한다. 큰 재앙만이 인간의 관심을 끌고 인간의 마음을 뒤흔든다. 인간이 끔찍한 것 속에 던져질 때 또한 이 시대의 비극에 가담할 때, 인간은 영웅이 되고 완전히 인간이 된다는 것이다. 고문해야 하고 굶주림으로 죽어야 하며, 독재로 짓눌러야 하고 강제 노동으로 기진맥진하게 해야 한다는 것이다. 그것은 인간이 자기가 그렇게 되었으면 하고 바라는 세상이긴 하지만, 정말 그토록 끔찍한 적은 없었다. 인간은 범죄, 사고, 홍수, 화산 분출과 같은 정보 위로 뛰어든다. 그것들은 전쟁, 폭격, 고문, 혁명과 같은 정보와 엄밀히 말해 비슷하다. 인간에게는 바로 그것이 필요하다.

다음과 같은 거대한 재즈에다 작은 나팔 하나를 더하는 그리스도인들에게는 거창한 대중선동과 미미한 '사도 매저키즘'[86]이 존재한다. 그 재즈는 이 시대 인간의 전체적이고 절대적인 비참함을 선포하는 것이고 또한 브라질에서의 고문에 대해, 그리스에 대해, 인종차별에 대해, 혁명적인 폭력의 필요성에 대해 끊임없이 언급하는 것이다. 인간에게는 바로 그것이 필요하지, 그 반대의 것이나 위로나 기쁨은 특별히 필요하지 않다. 그래서 인간은 기꺼이 반항하고 비난하며, 단죄하고 불행을 늘리고 싶어 한다. 그렇지 않다면 인간은 오락, 관능주의, 탐욕, 소비를 통해 도피할 것이다. 하지만, 그것은 그러한 재난의 의지의 보완적인 형태이다. 그것은 한편으로 에로스[87]와 타나토스[88]이고, 다른 한편으로 재화를 파괴하는 소비와 고문이다.

---

86) [역주] '사도매저키즘'(sadomasochisme)은 '학대 성욕도착증'(sadisme)과 '피학대 성욕도착증'(masochisme)이 합쳐진 변태 성욕으로서, '가학적 피학대 성욕도착증'을 말한다.

87) [역주] 에로스(Eros)는 그리스 신화에 나오는 사랑의 신을 가리킨다.

88) [역주] 타나토스(Thanatos)는 그리스 신화에 나오는 죽음의 화신을 가리킨다.

종교적 측면에서 어느 정도 그것을 입증할 수도 있는 것은 지금 통용되는 것과 득세하는 것에 대한 관찰을 통해서이다. "종파들"이 서민계층을 교묘히 차지하는 것은 잘 알려졌다. 도대체 그 종파들의 선포 내용은 무엇인가? 그것은 타락과 하나님의 심판에 대해서이며, 지옥과 지옥의 형벌을 내리는 것에 대해서이다. 이 시대의 신학자들이 이른바 현대인에 대한 심리 분석에서 최소한의 양식良識을 가지고 있다면, '여호와의 증인들'의 놀라운 성공 특히 노동자 계층에서의 놀라운 성공 원인에 대해 최소한 스스로 질문을 제기하지 않을 수 없을 것이다.

이 시대의 신학자들은 "통용되는" 바가 바로 더 신비적이고 비과학적임을 알아차릴 수도 있다. 또한 "통용되는" 바가 바로 더 "정신착란 적이며 구체적인" 것과 종말론적임을 알아차릴 수도 있다. 그것은 종교적인 것의 영역에 투사된 비극과 재난의 의지에 기인한다. 현대인은 의심으로 가득 차 있고, 위로받기를 원하지 않는다. 그런데 앞에서 우리는 그것이 소망에 대한 가장 치명적인 독임을 드러내려고 애썼다. 인간이 복음을 거부한다면, 그것은 신앙의 문제가 아니라 소망의 문제이다.

1. 신앙 혹은 소망

우리는 여기서 설교와 복음 전파라는 중심 문제, 아마도 오늘날에 기독교적인 삶 전체라는 중심 문제를 붙들고 있다. 우리는 신앙에 모든 것을 집중시키려고 고집한다. 또한 '신앙을 갖는 것'croire 혹은 '신앙을 갖지 않는 것'에 모든 것을 집중시키려고 끝끝내 고집한다. 그런데 지금에는 그 주안점이 소망으로 옮겨져 있다. 또한 '소망을 가지고 사는 것'이나 혹은 '소망이 없이 사는 것'에 주안점이 옮겨져 있다. 현대인은 신앙을 가질 수 없고 신앙을 가지기에 적합하지 않으며 우리의 현대 세상은 신앙을 없앤다고 말해진다. 또한, 전부터 믿어왔던 바를 예전의 방식으로 믿는 것은 다시는 가능하지 않다고 말해진다. 하지만, 얼마나 대단한 오류인가! 사람들이 대단한 것과 하찮은 것을 막론하고, 그것들을 그토록 믿었던 적은 없었다.

종교적이고 신화적인 현대 세상

현대 세상은 무엇보다 종교적인 세상이다. 현대 세상은 공산주의, 모택동 사상, 민족주의, 혁명주의와 같은 종교로 가득 차 있는데, 그것들은 특히 전적으로 종교적인 태도이다. 그런 세속화 주위에서 행해지는 온갖 터무니없는 과대선전에도, 연속된 오해와 분석의 극단적인 피상성에 힘입어서 현대 세상은 진정으로 세속화되어 있지는 않다. 현대 세상은 본질적으로 신성화된 세상이다. 정적政敵은 "신성하고", 전쟁은 이념적인 전쟁 즉 종교의 전쟁이다. 또한, 사회 운동은 신성화되어 있으며, 혁명은 하나님의 행위와 동일시된다. 그리고 기술은 신성한 것의 영역에 속해 있고, 과학은 여전히 훨씬 그 이상이다. 인간은 자연환경의 신성함을 완전히 빼앗았지만, 문화적인 것과 사회적인 것 안으로 신성한 것 전체를 옮겨 왔다고 말할 수 있을 따름이다. 그 문제가 무엇이든 간에, 혁명에 대해 이야기하는 사람들의 영매靈媒상태[89]를 보는 것이나 혹은 정치에 관한 연설들의 완벽한 비합리성을 보는 것으로 충분하다.

현대 세상에는 신화들로 넘쳐 나고 끊임없이 신화가 생겨나지만, 그것은 옛날과 더는 같은 것들이 아니다. 신화들은 더는 같은 과정에 의해 생겨나지 않는다. 그래서 조상 전래 형태의 신화에 매여 있는 인간에 대한 피상적인 시각을 통해, 거기에 연관된 것이 바로 탈신화 과정이라고 말하게 된다. 그러나 우리는 파시즘과 제국주의 등의 신화 속에 있는 것과 마찬가지로, 개발이나 저개발의 신화와 자율운영의 신화와 성장의 신화 속에 있다. 세상과 현대인은 신앙, 종교, 신심信心, 신화학으로 채워져 있다는 것이다. 그 논쟁이 기독교 신앙의 전달이라는 차원에

---

89) [역주] 영매(靈媒)상태는 어떤 사람에게 죽은 사람의 혼이 들렸을 때의 실신 상태 혹은 최면 상태를 말한다.

위치한다면, 우리가 마주칠 수 있는 것은 합리성과 과학이라는 장애물이 아니라 "신앙들"의 다양성이라는 장애물이다.[90]

어쨌든 "세속화되고 합리화된 세상에서 신앙에 대해 어떻게 증언할 것인가?"를 스스로 묻는 것은 전적으로 부정확하다. 그렇게 고집하는 것은 시간을 낭비하는 것이고, 교회와 신학의 맹목성을 입증하는 것이며, 우리가 위치한 '하나님과의 단절'의 두 번째 증거이다. 그 질문은 "온갖 신심(信心)과 새로운 신화 가운데서 기독교 신앙을 어떻게 증언 하는가?"일 것이다. 분명히 나는 그러한 질문이 전적으로 헛되지는 않다고 생각한다. 달리 말하면 나는 우상과 거짓 신들에 대한 신앙 투쟁이 실제로 늘 이루어져야 하고, 이 세상의 온갖 주관자들 앞에서 '크리스토스 키리오스'[91]를 새로이 선포해야 하며, 그 투쟁이 초기 기독교 시절처럼 오늘날에도 근본적이라고 생각한다. 그러나 인간을 위해서 또한 인간의 고뇌와 기다림과 불행에 (물론 인간은 그 불행에 만족한다.) 응답하기 위해서, 결정적인 것은 신앙의 선포가 아니라 소망의 선포이다.

기독교적 메시지의 중심으로서 소망

그것은 재난에 대한 인간의 취향과 재난에 매몰되려는 인간의 의지에 대해 내가 앞에서 기술했던 바와 모순되는 것은 아닌가? 교회의 중심 메시지가 **구원**의 선포였을 때, 그러한 선포는 자기가 길을 잃은 것을 받아들일 수 없는 인간의 고통에는 잘 들어맞았다. 하지만, 그와 동시에 그 선포는 죄의 온갖 결과로 말미암은 인간의 '매여 있음'과 충돌했다. 모순된 동물로서 인간은 관능주의와 살인에 만족하지만, 그와 동시에 인간은 자기 속에 있는 죽음의 중압감과 함께 살 수 없다. 그것은 바로 오늘날 같은 상황이다. 인간은 비극을 즐기고, 대형 화재의 불빛

---

90) 아주 간략한 그러한 지적은 세속적인 종교들에 대한 다음 책에서 재론되고 밝혀질 것이다.

91) [역주] 그리스어로 크리스토스(Christos)는 그리스도를 의미하고, 키리오스(Kyrios)는 '권력, 힘, 군주'를 포괄하는 단어이므로, '크리스토스 키리오스'(Christos Kyrios)는 우리말로 '주(主) 그리스도'로 옮길 수도 있다.

들이 비치는 시커먼 지평선만을 바라지만, 그와 동시에 인간은 고뇌로 번민하고 소망이 없어서 죽는다. 인간은 역사가 존재하지 않는다는 것을 인정할 수 없지만, 그 역사를 전쟁과 흑사병과 기아의 역사로서 이해한다.

우리가 지금 소망을 선포하고 입증하며 체험해야 하는 것은 바로 거기이다. 우리가 그리스도 안에 있는 소망의 근본적인 독점성을 선포해야 할 때, 아마도 소망의 순교자가 되어야 할 것이다. 그러나 우리는 더는 이 시대의 것이 아닌 신앙의 메시지를 제시하기를 늘 고집한다. 그리스도인에게 걸림돌이 되는 것처럼 보일 수 있는 그런 점을 어떻게 내가 말할 수 있을까? 그것은 내가 이미 언급했듯이, 복음의 전파가 인간의 진정한 불행과 필사적인 추구에 들어맞는다고 내가 생각하기 때문이다. 인간이 아무것도 기다리지 않는 그곳에서 인간은 복음을 들을 수 없다. 인간이 매우 만족해 있는 그곳에서 인간은 복음이 필요하지 않다. "나는 건강한 자들을 위해 온 것이 아니라 병든 자들을 위해 왔다.", "부자들이여, 당신들은 지금 바로 당신들의 만족을 누린다."

그리고 그것은 팔복(八福,92)이라는 중대한 메시지이다. 그런데 신앙은 **진리**와 관계된다. 우리는 앞에서 현대인이 자기 마음대로 사용할 수 있는 수많은 신앙과 신심을 가지고 있다고 말했다. 게다가 인간은 몹시 가난할지라도 진리에는 지극히 풍부하기 때문에, 진리에 대해 절대 불안해하지 않는다. 인간은 **과학**과 **의술**이라는 진리를 자신에게 가지고 있다. 또한, 그런 것은 인간에게 아주 충분하다. 인간에게 진리가 충분히 있는데, 복음적인 진리가 거기다 무엇을 덧붙이는 걸까? 그런데 그것이 바로 여러 세대의 신학자들이 발전시킨 문제이다. 그 점은 **진리**에 대해 불안해하는 세대에 정확히 부응하는 요한복음에 의해 우리에게 입증될 뿐 아니라, **지성**과 **신앙**에 대한 끝없는 논쟁을 통해서도 우리에게 입증된다. 또한, 나중에는 그 점이 **과학**과 **신앙** 사이의 끝없는 논쟁을 통해서도 우리에게

---

92) [역주] 팔복(八福, Béatudes)은 예수 그리스도가 산상(山上)설교에서 칭송한 8가지 덕목이다.

입증된다. 그러나 그것은 더는 지금의 논쟁은 아니다. 하지만, 나는 "그러한 진리들이 계시된 진리와 같은 종류가 아니다."라는 반론을 잘 알고 있다. 물론 그렇기는 하지만, 그 진리들은 의식과 지성의 전 영역을 채운다. 즉 엄밀히 말해 계시된 진리를 위한 어떠한 자리도 없다는 것이다.

"과학적 진리"라는 흡수물질을 향해 우리가 단지 언급할 수 있는 것은 바로 예수가 부자들에게 말한 바일 따름이다. 따라서 그것은 신앙의 투쟁 속에 있고, 또한 우리가 앞에서 암시했던 영적 거짓에 대항하는 투쟁 속에 위치한다. 그것은 자신의 부와 지식 한가운데 있는 강한 인간에게 반드시 갖다 주어야 할 평화와 자비와 사랑의 메시지가 더는 아니다. 왜냐하면, 성서에는 하나님과 예수 그리스도의 일방적인 태도가 없었기 때문이다. 선지자들의 하나님은 단죄하지만, 매번 즉시 다시 일으키고 위로하며 불쌍히 여기고 힘을 주며 약속하는 하나님이다. 자신의 목숨을 바치면서 구원을 위해 온 예수는 그와 동시에 바리새인과 사두개인과 율법학자와 부자를 단죄하는 자이다. 그 한쪽은 다른 한쪽 없이는 진전되지 않는다.

내가 오늘날 교회와 그리스도인들의 말로 그것을 표현한다면, 다음 같이 말할 수도 있을 것이다. 즉 신앙의 영역에서 관련될 수밖에 없는 것은 예언적인 말과 투쟁과 근본주의이고, 그리스도에 대한 신앙을 인간들이 오늘날 믿는 것과 아는 것으로 대치하려는 시도는 전혀 거기에 관련될 리 없다는 것이다. 그와 반대로 나는 여기 즉 인간들의 비참과 약함과 당황과 허위의식과 정신분열증의 영역 안에 위치한다. 그래서 중심이 되어야 하는 것은 예언적인 메시지이면서도, 다른 의미에서는 소망의 메시지이다.

그런데 다른 길은 없는가? 거의 반세기 전부터 교회는 "사랑의 메시지"를 시도했다. 왜냐하면, 나는 각 독자가 "그러나 셋 중에 가장 큰 것은 **사랑**이다."라는 구절을 읽으면서 생각하게 되는 바를 물론 알고 있기 때문이다. 그 상황 속에서 오늘날 설교는 무엇보다 그러한 설교가 아닐까? 나는 실제로 증언과 설교의 중심으로서 사랑은 그 기회가 상실되었다고 생각한다. 사람들은 그런 사랑에 대한 어리석은 말을 그토록 늘어놓고서도 훨씬 더 또 그렇게 행했다.

그리고 이제 온갖 가능한 오해가 존재하는데, 그것은 다음과 같을 때 생긴다. 즉 성적(性的)인 사랑인 관능주의와 기독교적인 사랑 사이에 대립이 없고, 오히려 그것들을 통합해야 하며 관능주의에 "기독교적인 가치"를 회복시켜야 한다고 오늘날 여겨질 때이다. 혹은 우리 시대에서 사랑의 정당한 표현이 불의와 혁명에 대항하는 폭력이라고 말해질 때이다. 혹은 그리스도의 사랑을 기술적인 성과와 동일시할 때이다. 그런 온갖 착오를 통해 (각각의 착오는 사랑에 대한 의미를 희석시키는 담화에 있어서 아주 당연하고, 존중할 만한 감정이나 혹은 의도에 의해 언제나 잘 정당화되는 것이다.), 교회가 자신의 활동이나 혹은 설교에서 할 일을 완전히 놓쳤다는 것과 이제 사랑의 선포가 진척되지 않는다는 것이 드러난다.

그러나 이제는 나로 하여금 기독교적인 메시지의 중심이 소망임을 선언하게끔 하는 인간의 깊은 필요만이 오늘날 존재한다. 그것은 내가 제안할 수도 있는 "대체 가치"도 역시 아닌 것은 분명하다! 내가 '세 번째 부분'[93]으로 갑자기 방향을 바꾸고자 하는 것은, 신앙에 대한 설교가 더는 아무것에도 맞지 않고 더는 스며들지 않기 때문도 아니고, 사랑의 설교가 실패했기 때문도 아니다. 그 '세 번째 부분'은 퇴각 노선도 아니고, 실패에 대한 위로도 아니며, 아마도 잘 진행될 수도 있는 어떤 것을 여전히 회복하려는 필사적인 시도도 아니다. 내가 하나님 앞에서와 하나님의 질서 안에서 회심(回心)과 계시된 진리를 계속 설교해야 함을 확신했다면, 그것은 나로 하여금 망설이게 할 수도 있는 이전의 실패도 아니고 전개해야 할 투쟁도 아니다.

그러나 나는 아주 다른 길로 소망에 이르게 되었다. 즉 우리가 속한 세상이 '하나님과의 단절'의 세상임이 사실이라면, 또한 하나님이 침묵하고 있고 우리가 홀

---

93) [역주] 여기서 '세 번째 부분'이란 믿음(신앙), 소망, 사랑 중 '소망'을 가리키는 것으로 볼 수 있다.

로 있음이 사실이라면, 소망에 대한 설교와 선포와 선언과 체험이 불가피해지는 것이 바로 그러한 상황과 순간에서 임을 나는 더욱 드러내려고 할 것이다. 그것은 우선하여 말해야 하고 중심에 있어야 한다.[94]

2. 두 개의 변증법

그러나 깜짝 놀랄 만한 어떠한 질문을 통해 그 주장이 도전받을 수 있는지 나는 잘 안다. 그 질문은 "복음적인 메시지는 **믿음-소망-사랑**으로 분명히 이루어져 있는데, 왜 선택해야 하고 왜 양자택일 앞에 있어야 하는가?"라는 질문이다. 또한, 그것은 "분명히 합쳐져 있는 것을 왜 분리하는가? 교회가 **믿음**에 대해 자주 설교했더라도, 어떤 메시지를 다른 메시지로 대체할 필요가 있는가? 다른 믿음에다 또 하나의 믿음을 덧붙이는 편이 더 낫지 않은가? 그리고 '믿음'이라는 문제가 아마도 너무 중심적이었던 것은 사실이지만, 이제는 분명히 소망을 강조할 수

---

94) 어쩌다가 한번 나는 네헤르(Neher)가 소망과 구원을 대립시켰을 때 그와 의견을 같이 할 수 없었다. 그는 나 자신처럼 소망이 '하나님과의 단절'에서만 생기고 어떤 희망(espoir)에라도 대항하여 생긴다고 했다. 그러나 그는 예수 그리스도 안에서 구원의 의미를 명백하게 파악하지 못했는데, 그 구원은 보상도 아니고 다행스러운 결말도 아니며 보장도 아니다. 네헤르가 부활절로 이어지지 않을 '성(聖) 금요일'을 경험할 때 소망이 존재한다는 사실에 대해 주장하면 그것은 맞다. 그러나 죽어가는 예수에게는 부활절의 어떠한 보장도 없었다. 그리고 자기의 어두움 속에 버려진 각 그리스도인들에게 소망에 대한 호소는 구원의 확신인 동시에 '어떤 하나님'의 손에 맡겨지는 것인데, 하나님은 오늘날 침묵하고 있다. 즉 구원의 확신과 부활의 확신은 어떠한 속성이나 정착이나 귀화를 부여하지 않는다. 모든 것은 은총으로 남아 있다. "소망이든지 혹은 구원이든지"란 반대명제는(근본적으로 선택이 이루어져야 하고, 생각이 구원 쪽에 있는 것이 아니라 소망 쪽에 있어야 한다) 네헤르로 하여금 아주 난처한 결론들로 이끈다. 전체적인 것은 지금 인간과 인간의 활동과 자유와 결정들에 근거를 둔다. 그리고 사람들은 해야 할 어떤 것이 있는지 전혀 모르는데, 하나님은 안개 속으로 사라진다. 네헤르의 작업 목적은 기술적인 인간에 대한 과대평가를 위해 성서적인 하나님을 그렇게 분해하므로 실망스럽다. 그것은 인간에 대한 하나님의 과업으로서 구원에 대립되는 인간의 과업으로서 소망에 모든 것이 집중될 때 도래해야 했던 것이다. 게다가 네헤르는 조금도 비교될 수 없는 두 개의 위대함을 대립시킨다. 소망은 하나님에게 대답하는 인간의 활동이고(혹은 인간에서 유래하는), 구원은 하나님의 근본적인 주도성과 은총에 속하는 하나님의 과업인 것이다. 일관성이 있으려면 구원에다 소망과 신앙을 대립시켜야 할 것이다. 그러나 나는 네헤르가 구약성서로부터 신앙을 제거하고 신앙이 소망에 대립됨을 드러내는 잘못을 저지른 것 같다고 생각한다!

도 있을 것이다.'라고 말하는 편이 더 낫지 않은가?' 라는 질문이다. 서로 이해하는 것이 필요하다. 분명히 신학적인 관점에서는 분리하지도 말아야 하고 선택하지도 말아야 한다. 모든 것은 모든 것 속에 있다.

교회 내에서 신학의 위기

신학을 통해 가능한 한 가장 완전하고 정확하며 지금의 방법으로 **계시**의 내용이 설명되어야 한다. 계시는 설교의 원천과 자원이며, 설교에 대한 통제이다. 그러나 그것은 인간에게 말을 하는 것이 아니라, 인간의 지성에 말을 한다. 신학적인 관점에서 아는 것을 통해 인간은 기독교적인 삶을 나타내지도 못하고, 자신의 삶에서 그것이 무엇이든 간에 변화시킬 수도 없으며, 다른 **빛**을 향해 돌아서지도 못한다.

인간은 신학적 관점에서 아는 것을 통해 자기가 체험하고 나서 이해하는 것이 가능하고, 자기가 알고 난 후에야 요점을 되풀이할 수 있으며, 자기가 걸어간 후에야 확인할 수 있다. 다른 것은 아무것도 없다. 이를테면 결정적인 것과 결정을 짓는 것과 실존적인 것은 선포이다. 마음을 꿰뚫고 삶을 변화시키는 경향이 있으며 회심을 유발하게끔 되어 있는 그러한 선포는 성서에서 언급되는 것의 전체성이나 복합성에 근거하지 않는다. 그 선포는 논증이나 총합이 아니라, 선택과 방향설정과 기정방침을 내포한다. 그것은 유일한 관점을 전제로 한다. 그것은 하나의 유일한 **말**이지, 말의 뒤죽박죽도 아니고 명제의 연결도 아니다.

초대 교회가 '크리스토스 키리오스'를 선택했던 것처럼 루터는 신앙에 의한 구원을 선택했는데, 오늘날 그러한 선포의 중심이 소망이라고 나는 말하겠다. 몇 세기 동안 교회는 신앙에 대한 설교에 집중했고, 자신의 신앙 내용으로 돌이키려는 의지에 집중했는데, 지금 그것은 더는 가능하지 않다. 바로 신앙의 내용과 관련시켜서는 그 문제가 해결되지 않는다고 나는 생각한다. 그 이유는 교회 외부의 사람이 그 설교를 더는 듣지 않기 때문인 동시에, 우리가 혼잡 속에서 생활하는 교회 내부 때문이다. 그것은 예전처럼 정통과 이단 사이의 논쟁이 아니라, 타격을 입은 것은 바로 문제의 핵심 자체이다. 왜냐하면, 예전에는 이단들이 진리 전체를 분명히 인정했으나, 지금 사람들이 의심하는 것은 교의敎義 자체의 가능성 때문이다.

하지만, 교회나 교회 안의 누구도 이단적인 교의일지라도 교의를 더는 만들 수 없다면, 신앙의 내용을 엄밀히 자세하게 말하는 것이 문제 되자마자 사람들이 고통스럽게 몸을 구부린다면, 토르케마다95)가 되는 것이 두려워서 "여기가 그 한계이며 그 한계 너머에서는 기독교 신앙에 대해 말하는 것은 이제는 불가능하다."라고 사람들이 감히 말하지 못한다면, 항상 진실하고 훌륭한 것일 수는 없어서 오늘날 설교의 핵심이 더는 될 수 없는 예전의 교의에 사람들이 거짓된 신중함으로 위험스럽게 의거한다면, 우리는 신앙의 선포를 다시는 내보낼 수 없음을 주저하지 말고 인정해야 한다. 왜냐하면, 개인으로서 우리가 누구를 믿는지 알고 있을지라도, 교회로서 우리는 그런 신앙의 내용이 무엇인지 더는 모른다는 것을 모두 앞에서 드러내기 때문이다. 그와 반대로 교회가 늘 자신의 소망을 가지고 있고, 여전히 소망을 체험하고 있으며, 소망이 누구에게서 존재하는지 어렴풋이 알고 있음을 나는 알고 확신한다. 아마도 교회는 그것을 어떻게 말해야 하는지 단지 모를 수도 있고, 오늘날 자신의 말의 중심이 바로 그것임을 단지 모를 수도 있다.

미래를 향한 역동적인 힘으로서 소망

그러한 소망이 우리 사회가 내포하는 것에 인간적인 실재로서 일치할수록 더욱 그렇다. 우리는 여기서 한 걸음 더 나아간다. 즉 소망이 바로 현대인이 자신의 고뇌 속에서 필요로 한 것이라고 말하고 나서, 그다음으로 소망이 우리 서구 사회에 결정적으로 부족한 것이라고 말하고 나서, 세 번째로 소망이 오늘날 교회

---

95) [역주] Torquemada(1420-1498). 스페인 출신의 성(聖)도미니크회 수사로서 스페인 종교재판소의 수장(首長)이었다.

안에 살아 있고 통일시키는 진정한 힘이라고 말하고 나서, 우리는 소망의 특징들이 이 사회를 위한 메시지의 요구에 일치한다는 생각에 마침내 도달한다. 하지만, 여전히 신중할 필요가 있다. 즉 나는 교회가 사회의 가능성 위에서 혹은 사회의 요구에 따라서 자신의 메시지를 투사透寫해야 한다고 말하고 싶지 않다. 교회는 사회 집단의 일종의 "사전事前 동의"에 따라 자신의 설교를 만들 수도 있는데, 교회는 그 "사전 동의"를 기대하지 말아야 한다. 그러나 의사소통 가능성의 외부적 특징을 고려함으로써만이 그런 의사소통이 일어날 수 있다는 것은 어쨌든 사실이다.

그럼에도, 루터의 설교는 인문주의적인 재발견에 따라 이루어졌다. 그것은 작용과 긴장과 갈등 속에서 이루어진 것이다. 그것은 선포된 진리에 대해서는 갈등이지만, 새로운 주석이란 중심 요소에 대해서 및 그리스와 히브리 문헌의 재발견이란 중심 요소에 대해서는 일치이다. 그런데 이제 나는 말이 우리의 "인식론적인 토대"의 근본적인 두 경향 즉 역동적 요소와 구체적 요소에 부합함으로써만이 (말은 실존적이지도 않고 그것이 무엇이든 간에 과학적이지도 않는데, 우리는 그러한 주장의 부조리함을 보았다.) 말은 이해될 수 있다고 생각한다.

자신이 진보라고 여기는 것과 급속한 발전인 듯이 보이는 것 속에 던져진 현대인은 메시지가 조금이라도 정체된 것으로 나타나면, 그 메시지를 절대 받아들일 리 없다. 현대인은 이념 속에 빠져 있으면 사상을 거의 믿지 않는다. 현대인은 교조적인 물질주의자가 아니라 사실적인 물질주의자이다. 현대인은 진리와 혼동된 유일한 실재인 듯이 보이는 현실에 집착했다. 현대인은 자신이 매달릴 확실한 요소가 있어야 하는데, 나에게는 소망이 바로 거기에 들어맞는 것처럼 보인다.

한편으로, 그 자체의 정의定義를 지닌 기독교 신앙, 다시 말해 결정적으로 계시된 바에 따르는 것은 현대인에게 있어서는 어쩔 수 없이 정체된 요소인 듯이 보인다. 미쇼96)가 말했듯이 "앞으로 나아가지 않은 사람에게 있어서 닳지 않는 구

96) [역주] Henri Michaux(1899-1984). 벨기에 출신으로 프랑스로 귀화한 작가이자 시인이자 미

두 밑창 같은 신앙"이다. 기독교 신앙은 과거와 '저 너머'와 움직이지 않는 영원과 동시에 관계가 있다. 그와 반대로 소망은 미래를 향해 자력 추진으로 나아간다. 소망은 필연적으로 역동적인데, 그렇지 않으면 소망이 아니다. 소망이 존재한다면 그것은 활동 중인 힘일 수밖에 없다. 소망은 그러한 것으로서만 나타날수 있고 체험될 수 있다. 그리고 그것이 바로 확고한 기독교 국가에서처럼 제도화된 교회에서 소망이 결코 자리 잡지 못했던 이유이다!

신앙에 내용을 부여하는 소망

다른 측면에서 신앙의 변증법은 지적인 변증법이다. 결국, 오늘날 변증법적인 신학이 헤겔적인 변증법의 한 표현이 되지 않게끔 할 수는 없다. 그와 반대로 우리는 소망의 움직임 역시 변증법적임을 나타내려고 애쓰겠지만, 이것은 불가피하게 구체적인 것의 변증법과 관계되는 것이다. 왜냐하면, 소망은 체계로 세워질수 없기 때문이다. 소망은 구체적인 것 속으로의 개입을 전제하는데, 그렇지 않다면 그것은 소망이 아니다. 소망은 변증법적인 움직임이 전개됨에 따라 실제적이고 진정한 변화를 전제로 하는데, 그렇지 않으면 소망은 없다. 마르크스의 사상에 무산계급에서 나타났던 반향이 있었다면, 그것은 그 사상이 그 자체와 함께 소망을 지니고 있었기 때문이다. 마르크스의 변증법은 구체적인 것에 따른다는 바로 그 때문에 소망의 변증법이다. 그래서 오늘날 소망의 선포는 필수적인 동시에 가능한 듯이 보인다.

그렇지만, 차라리 그것이 오늘날 교회에서의 유용한 설교의 중심임을 내가 밝히는 데 성공했더라도, 아무것도 아닌 것으로 축소된 신앙으로부터 마치 소망이 분리되어야 하는 것처럼 해석되지 말아야 한다. 그것은 여기서 선포와 관계되는 것이며, 교회와 그리스도인들의 중점적인 관심과 관련되는 것이다. 우리는 소망

술가이다. 그는 초현실운동에 가담하지 않았지만, 그의 작품은 흔히 초현실주의적인 흐름에 연결된다.

이 그 자체로 나온 것이 아님을 이제 알고 있다. 우리는 소망이 신앙의 정상적이고 직접적이며 예견된 결과가 아님을 앞에서 말했다. 자유나 혹은 순수함, 그리고 자신에 대한 통제도 그와 마찬가지이다. 그러한 점에 집중해야 한다. 예수 그리스도에 대한 신앙이 죽었다면 분명히 소망은 없다. 오늘날 그리스도인들에게서 우리가 끊임없이 보듯이 살아 있는 신앙 역시 절망적일 수 있는데, 그렇지 않을 수도 있는 것일까? 그러나 그와 마찬가지로 사랑이 없는 그리스도인이나 혹은 도둑이 되지는 말아야 할 것이다.

그렇다. 내가 오직 말하고자 하는 바는 인간과 그리스도인에게 있어 오늘날 중심 문제가 "신앙을 갖거나croire 혹은 신앙을 갖지 않는 것"이 더는 아니라, "소망하거나espérer 혹은 소망하지 않는 것" 이라는 점이다. 사람들이 신앙심을 갖지 않는 대상에 대해 소망할 수 없음이 분명하다고 나에게 말한다면, 나는 그 문제가 우선순위에 관한 일이라고 대답할 것이다. 다른 식으로 말하면 몇 세기 동안 사람들은 신앙에 따라 소망을 결정했다는데 그때는 옳았다. 주ᵻ 예수를 믿는 것은 그의 재림과 부활을 소망하는 것을 내포하고 있었다. 그런데 지금 뒤집어 놓아야하는 것은 그러한 관계이다.[97]

신앙을 부인하거나 신앙을 중요하지 않다고 말하는 것은 있을 수 없는 일이지만, 신앙은 결정적인 요인이 더는 아니다. 신앙을 일으키고 유발하며 가져오고 신앙을 결정짓는 즉 신앙에다 내용을 부여하게끔 오늘날 되어 있는 것은 소망이

---

97) 따라서 나는 뢰바(M. Leuba)를(또한 그가 인용하는 성 토마스 아퀴나스를) 명백하게 반박한 것에 대해 미안하게 생각한다. 그는 다음과 같이 쓰고 있다. "그리스도인이 믿는(croire) 것은 그가 소망하기(espérer) 때문이 아니다. 그리스도인이 소망할 수 있는 것은 그가 믿기 때문이다." "Non enim potest spes haberi de aeterna beatitudine nisi credatur possibile: quia impossibile non cadit sub spe" (Thomas, Summa Theol. Ⅱ, 2, quest. 4, abt T, ad 2). 나는 희망(espoir)과 소망(espérance) 사이에 혼동이 여기에 있다고 생각한다. 또한 나는 사람들이 신학적인 이론적 객관성의 관점에서 분명히 정확한 관점 속에 있지만, 인간과 인간의 주(主) 사이에서 관계의 살아 있는 움직임 속에 있지는 않다고 생각한다. 소망은 '그리스도의 재림'(Parousie)의 가능성에 대한 믿음이라는 한 다른 힘을 오직 가지고 있다. 나는 그리스도의 재림이 이미 계시된 진리에다 어떤 것을 덧붙일 수도 있으리라고는 따라서 말하는 것이 아니라(『성서해석학과 종말론 Herméneutique et Echatologie』 116쪽에서 뢰바의 논쟁인 것), 소망에는 신앙과는 다른 한 다른 체험된 차원이 있다고 말하는 것이다.

다. 이제 오늘날 그리스도인의 삶 속에서 우리는 우리가 소망하는 것을 마땅히 믿게 되어 있다. 우리는 사람들이 소망에 눈뜨게 해야 한다. 사람들이 신앙의 뿌리 내림을 발견할 수 있는 것은 오직 거기에서이다.

3. 하나님의 침묵

그러나 오늘날의 인간은 소망하지espérer 않는다. 그리고 우리는 분명히 신앙에 있어서도 같은 문제 앞에 있다. 인간이 '신앙을 갖지'croire 않을 때, 어떻게 신앙이 생겨날 수 있을까? 인간이 소망하지 않을 때, 인간으로 하여금 소망에 눈뜨게끔 하는 것이 무엇이라고 인간에게 말할 수 있을까? 그런데 소망의 그러한 부재에 대해 우리는 곰곰이 생각해야 한다. 그것을 설명하는 것이 오직 물질적인 조건만은 아니다. 물론 물질적인 조건은 그 나름대로 중요성이 있다. 이 책의 1장에서 우리는 소망의 그러한 소멸과 현대 세상의 상당한 수의 현상들을 관련시키려고 시도했다. 그러나 그 현상들은 원인도 아니고 (아마도 우리는 그 용어의 옛 의미에서 즉 인과론적인 학설에서 원인을 추구하지 말아야 한다), 심지어는 설명도 아니다. 즉 그것은 이 시대의 근본적인 기지사항들 사이에 존재하는 관계이다. 그 이유는 결국 이 시대의 인간에게 소망이 없다면, 그것은 하나님이 침묵하고 있기 때문이다. 물론 그러한 것을 이유 혹은 설명으로 또 다시 간주하지 말아야 한다!

인간 역사의 부재로서 하나님의 침묵

하나님의 침묵은 역사의 부재이다. "인간이 자신의 역사를 만든다."라고 말하는 것보다 더 건방진 허영도 더 비참한 조롱도 더 깊은 빈약함도 더 결정적인 거만함도 없다. 인간은 무의미와 부조리한 행동을 쌓는다. 인간은 진주를 한 줄로 꿰는데, 그것은 질서도 없고 연결도 없는 사건들이다. 인간은 자신의 비일관성과 추종 속에 나타난다. 그러나 자신의 과도하고 맹목적인 적극적 행동주의 속에서 인간은 아무 것도 이루지 못하고 특히 역사를 이루지 못한다. 결과적으로 인간은 제국을 건설하고 달을 정복하며 죽이고 죽는다. 인간은 브라운 운동[98]에 사로 잡혀 화를 내며 분주히 움직인다. 인간은 자기가 지금 행하며 체험하고 있는 것에 결정적인 중요성을 부여하고 나서 그 모든 것이 가치가 없었음을 알아차린다.

1914년의 죽은 자들을 기리는 기념비에 대해 또한 1944년의 숙청[99]에 대해 곰곰이 생각해 보자. 그 모든 것은 무엇을 의미하는가? 정확히 아무 것도 아니다. 하지만 일순간 사람들은 의로운 것과 참된 것과 자유와 역사를 행하는 것으로 믿었다. "역사를 궤도에서 벗어나게 하는" 것은 자본주의 체제가 아니다. 그런데 그렇다고 믿으려면 아주 유치하고 피상적이며 맹목적이어야 한다. 그것은 그러한 것보다 좀 더 깊은 것이다.

관념의 점진적인 구현이 있다거나 계급이 없는 사회로의 이행을 통한 해방이 있다고 믿으려면, 또한 그러한 것이 역사라고 믿으려면, 전적으로 추상적인 철학자가 되어야 한다. 그런 것에 의미가 있고 역사가 그런 식으로 인간이 이룬 결과들의 집적에 의해 만들어 진다고 믿으려면, 삶과 사회와 활동과 사건과 정치의 문제로부터 또한 그것들의 실재로부터 단호하게 등을 돌려야 한다. 즉 그러한 흐름과 연속 바깥에서 고정된 준거점이 없다면, 역사란 존재하지 않는다. 근본적으로 다른 요인의 개입이 없으면, 의미를 부여하거나 의미를 찾을 가능성이 전혀 없이 같은 것들끼리의 결합만 있을 따름이다.

지도와 육분의六分儀와 나침반은 있지만 자침이 없는 완전한 항해 체계가 이루어질 지 생각해 보라. 어떠한 기호도 없이 오직 글자와 숫자가 연속된 대수代數를 생각해 보라. 그것에는 계산도 어떠한 연계도 풀이도 정확함도 가능하지 않다.

---

98) [역주] 브라운 운동(mouvement brownien)은 어떤 양(量)이 지속적으로 미세하게 불규칙적인 변동을 하는 물리적 현상을 말한다. 이것은 스코틀랜드의 식물학자 로버트 브라운(Robert Brown)의 이름을 따서 지은 것인데, 그가 1827년 이와 같은 변동에 대해서 처음 연구했다.

99) [역주] 1944년의 숙청은 제 2차 세계대전 기간 중 프랑스를 점령했던 독일과 비시(Vichy) 정부에 협력했던 자들을 대상으로 행해졌던 것을 말한다.

사건과 일과 활동에 있어서도 마찬가지이다. 인간은 '밀레스 글로리오수스'[100]나 마타모로스[101]인 듯 자기가 그 역사를 만든다고 주장한다. 역사는 그것 자체에 내맡겨지면 실제적으로 "바보에 의해 기술된 미친 자들의 역사" 이다.

광기와 어리석음이 주관자가 되지 않으려면, 다른 지성과 다른 지혜가 와야 한다. 그러나 그것은 실제로 다른 것이어야 한다. 그렇지 않으면 우리는 같은 쳇바퀴 속에서 한없이 돌아간다. 하나님의 **말**이 **역사**의 창조자가 되는 것은 바로 여기이다. 그런 같은 사건들로부터 또한 그러한 같은 활동들로부터, 하나님의 말은 방향과 의미를 받아들이는 역사를 끄집어내는 것이다. 그런데 분명히 그것은 인간들의 역사이지, 거룩하고 분리된 독립적인 역사는 아니다. 그러나 이루어졌던 어느 것도 헛되이 이루어지지 않았음과 의미가 없는 것에도 어쨌든 숨겨진 의미가 있음을 하나님의 말에 의해 동시에 밝혀지는 것은, 하나님의 말이 한 방법으로 혹은 다른 방법으로 나타나기 때문이다.

그러나 내가 여기서 두 개의 모순 된 명제들을 제시한 것은 아닌가? 한편으로 역사가 존재하게끔 하는 것이 하나님의 말이라는 것이고, 다른 한편으로 그러한 역사에 의미가 있음을 밝히는 것이 하나님의 말이라는 것이다. 따라서 두 번째 표현방식을 따르면 그 자체로 존재하는 역사가 있는데, 인간만이 그 역사의 열쇠를 가지고 있지 않다는 것이다. 하나님의 말이 그러한 열쇠를 주는 것이라면, 역사는 미리 존재하기 때문에 하나님의 말은 역사 그 자체의 창조자는 아니다. 역사는 사건들의 숨겨진 의미이기 때문에, 실제로 어떠한 모순도 없다. 역사를 구분하고 역사를 체험하는 의식意識이 있을 때에만이 역사가 존재한다. 고전적인 비유에 따르면 빙하가 움직이고 합쳐지며 기원과 끝이 있고 변형되며 금이 가고 갈라지며 다시 메워지더라도, 그것에는 왜 역사가 없는가 하는 이유이다. 인간의

---

100) [역주] '밀레스 글로리오수스'(Miles Gloriosus)는 고대 로마의 비극 특히 희극에 등장하는 배역에서 유래된 말로서 라틴어로 허풍쟁이 군인을 뜻한다.
101) [역주] 마타모로스(Matamoros) 역시 밀레스 글로리오수스와 비슷한 뜻으로서 겁쟁이, 허풍쟁이를 뜻한다.

열정적인 연속된 활동, 인간의 전쟁 영웅적 행위에 대한 찬양, 인간 노동의 창조적인 집적 등 그 모든 것은 역사로서 살아 있는 의식이 없다면 역사가 아니다. 그러나 그런 역사가 해석방식의 도구와 조준점을 동시에 받아들일 때에만, 그런 의식이 존재할 수 있다.

불교는 완벽하게 일관성이 있다. 즉 거기에는 하나님도 **역사**도 없다. 거기에는 단지 환상만이 있고 완전히 헛된 의미 없는 활동이 있는데, 그것들부터 빠져나와야 한다. 그와 반대로 마르크스는 의미를 내포하는 자신의 변증법 속에 인간을 유폐시킨 것으로 자부할 때 몹시 빛나가 있다. 그러한 것은 마르크스가 **역사**에 대한 기독교적 의미에 젖어 있을 때에만, 또한 마르크스에게 하나님의 말이 골수까지 가득 차 있을 때에만 지탱된다. 마르크스는 하나님을 부인했지만 하나님의 선지자들을 아주 잘 알고 있었다. 그리고 그러한 것은 그리스도에 대한 신앙이 여전히 살아 있는 사회에서는 겉으로는 정당한 모습을 띤다. 실제로 그 모든 것은 소멸한다. 마르크스의 사상은 '하나님의 죽음'과 함께 사라지게 마련이다. 나는 그의 **사상**을 언급하고 있는 것이다. 전략과 전투에 대해 그가 부여했던 충동은 지속되겠지만, 그 모든 것은 정당화와 근거와 가치를 상실했다. 그것은 사람들이 하기 원했던 바와 반대되는 것 속에서 무너지는 어리석은 행위의 집적물이다.

하나님의 말만이 그러한 순간에 역사의 창조자인데, 하나님의 말은 인간이 지금 체험하는 것에 대한 영감을 인간의 의식에 부여하고, 인간으로 하여금 실제로 역사가 존재한다는 것을 분별하게 한다. 하나님이 침묵할 때 절대적인 어두움이 지배한다. 정말 캄캄한 어두움 속에서 앞뒤에도 좌우에도 미래가 더 이상 없다는 아주 단순한 이유로, 우리는 상당히 분주하게 움직일 수는 있으나 우리 앞에 열려진 미래는 없다. 더 정확히 말해 공간적인 한정은 시간적인 한정과 더 이상 관련이 없다. 즉 나는 한 걸음을 떼지만 그런 이후의 것 속으로 내가 나아갔는지, 또한 내가 뒤로 물러났는지를 엄밀히 말해 모른다는 것이다. 또한 시간과의 연계를 통해 나는 더욱 길을 잃게끔 될 수밖에 없다는 것이다.

하나님은 침묵하고, 역사의식은 소멸되며, 역사는 파기된다. 대단한 노력과 천재적인 창작과 절망적인 외침을 통해서도, 거기서 아무 것도 변하지 않는다. '하나님과의 단절' 시대는 헛됨의 시대이다. 즉 인간은 한 가지 것만 안다. 즉 천체天體들 속에 위치해 있지 않거나 혹은 점쟁이에 의해 드러나지 않으면, 모든 것이 헛되고 "무슨 소용이 있는가?" 라는 것이다. 인간은 최소한 "그런 것"이 겉으로는 일관성이 있는 듯이 보이도록 새로이 운명에 순응할 태세가 되어 있다.

인간 언어의 위기로서 하나님의 침묵

하나님은 침묵한다. 그것은 언어의 위기이다. 우리는 여기서 역사에 있어서와 같은 문제를 다시 발견한다. 그것은 역사에 있어서와 마찬가지로 다음 같이 말할 수 있다는 것이다. 즉 인간이 **역사**라는 단어 주위에서처럼 **언어**라는 단어 주위에서 동분서주하고, 숙고하고, 말하고, 추론하고, 건설한다고 말할 수 있다. 그런데 그것은 바로 읽을 만한 역사와 공통된 언어가 더 이상 없기 때문이다. 역사에 관한 담화discours는 역사의식을 대체하고, 언어에 대한 과학적인 분석은 의사소통을 대체한다.

기호가 더 이상 아무 것도 의미하지 않기 때문에 또한 인간은 죽은 도구에다 가치를 다시 부여하려고 무척 애쓰기 때문에, 사람들은 교묘하고 더욱 깊게 기호 체계를 분석한다. 인간이 여기서 할 수 있는 일이란 의미를 체계로 대체하는 것일 따름이다. 그러나 일단 한번 인간이 기호, 기표significant, 기의signifié, 음소, 형태소, 랑그langue, 언어, 빠롤parole, 기호체계, 메타언어, 지칭어를 밝혀내고 그 가능성들을 입증하며 체계를 분해하면, 아무 것도 랑그에 의해서 더 전달되지 않고 어떠한 의사소통도 성립되지 않을 것이다.

인간은 자신의 언어가 참된 정보를 다른 언어에 전달했다면 또한 진정한 의사소통이 존재했다면, 그것이 궁극적 지칭어로부터 또한 진정 저 너머에 있고 하나님의 말인 메타언어로부터 나왔다는 것을 알기 원하지 않는다. 하나님은 말하고 인간은 말할 수 있게 된다. 즉 그런 첫 대화와 첫 대면 및 그런 언급과 유발誘發 없이는, 인간에 의해 말로 표현된 의미는 혼동과 하찮은 매체로 남는다. 왜냐하면 그것들은 심오함에 근거해 있지 않고 그 순간부터 단순히 관례적이기 때문이다. 사람들이 언어에 자양분을 공급하는 뿌리로부터 언어를 단절시킬 때, 또한 언어 자체에 포함되지 않은 신적인 주도권에서 나오는 의미로부터 언어를 단절시킬 때, 관례주의102) 논리는 분명 정확하다.

자양분을 공급하는 토양이 없다면, 가장 아름다운 나무라도 시들 수밖에 없다. 사람들은 나무의 구조와 조직과 다양한 부분 및 각 요소의 기능에 대해 정확히 분석할 수 있다. 그리고 동화작용 및 수액과 줄기 사이의 관계를 알아낼 수 있다. 하지만 뿌리가 그 속에서 필요한 것을 취하는 부식토에 의해 영양 공급이 되지 않는다면 그 모든 것은 죽어 있다.

그것은 언어에 있어서도 정확히 마찬가지이다. 언어가 마땅히 되어야 하는 것이 되게 하는 것은 언어의 구조가 아니다. 그런 구조에 대한 연구는 어떻게 그것이 작용하는지 만을 보여주지만, 그 연구를 통해 언어가 작용하는 것은 결코 아니다. 언어가 작용한다는 것은 곧 의사소통 수단이 되는 것이고 결국 진리의 전달체가 되는 것이다. 왜냐하면 거짓의 가능성이나 진리의 가능성으로부터 언어를 단절시키는 것은 모든 의사소통을 금지하는 것이기 때문이다. 그러나 거짓의 가능성이나 진리의 가능성이 있도록 하기 위해서는, 언어 체계와는 다른 어떤 것에 대한 준거가 분명히 필요하고 더 나아가 화자와는 다른 어떤 것에 대한 준거가 분명히 필요하다. 언어를 기호체계와 구조로 고착시키는 것은 바로 다른 어떤 것이 "돌발할"수 있음을 믿지 않는 것이다. 즉 언어를 그 자체로 그 자체 위에 세

---

102) [역주] 관례주의(conventionnalisme)는 모든 원리들을 관례들로 간주하는 이론으로서 앙리 뿌엥까레(Henri Pointcarré)가 주장한 약속설이라고도 하지만, 여기서는 관례주의로 옮기기로 한다. 약속설은 자연과학의 공리(公理), 정의(定義), 원칙 등은 순전히 편의적인 약속에 지나지 않는다는 주장이다.

우려고 애쓰는 것은, 하나님이 침묵하고 있을 때 오는 그러한 고독을 인정하는 것이다. 그러나 그것은 인간이 아무 것도 말하지 않으려고 이제부터 한없이 말하게 됨을 그와 동시에 인정하는 것이다.

'하나님과의 단절'의 증거로서 인간 언어의 위기

물론 나는 그렇다고 해서 인간의 언어가 오로지 하나님에 대해 말하도록 또한 설교의 도구가 되도록 예정되어 있다고 결코 주장하지는 않는다! 그것은 당치 않은 말일 수도 있다. 언어는 확인되고 인정된 하나님의 **말**에 근거를 두지 않는다. 하지만 내가 말하려는 바는 다음과 같다. 즉 언어가 더욱 심오한 실재 및 존재들 사이의 더 근본적인 관계에 근거를 두는 한에서 만이, 일상적이고 정치적이며 과학적이고 시적이며 애정이 담긴 가상의 가장 평범한 언어가 어떤 것을 담아 옮기고 창조와 의사소통의 경로가 된다는 것이다. 그런데 그 언어는 그 실재 및 관계에 힘입어 그러한 기능을 달성할 수 있다.

그러한 실재 및 관계는 인간에게 전해진 하나님의 **말**이다. 하나님에 의해 인간이 부름을 받고 하나님의 **말**이 울려 퍼지는 한, 인간이 알거나 모르거나 간에 인간의 모든 언어가 가능성을 이끌어내는 것은 그런 의식적이거나 혹은 잠재의식적인 대화 속에서이고, 명확하거나 혹은 숨겨진 부름 속에서이며, 개인적이거나 혹은 집단적인 관계 속에서이고, 직접적이거나 혹은 매개적인 의사소통 속에서이다. 그 나머지는 상부구조이다.

그런데 간혹 하나님은 말하지만, 인간은 그러한 언어를 거부한다. 예수는 "왜 당신들은 나의 언어를 이해하지 못하는가? 왜냐하면 당신들은 나의 말을 들을 수 없기 때문이다. 당신들은 마귀를 아버지로 두었다."라고 유대인들에게 말한다.요8:43-44 이 성경 본문은 놀라운 깨우침을 준다. 유대인들은 아브라함을 아버지로 두고 있다고 자부하고, 결국 바깥에서 생겨난 말은 필요하지 않다고 주장한다. 유대인들은 완전히 구조주의적이다! 그들은 그 자체로 충분한 닫혀 있고 설명적인 체계를 만들었다. 그들의 의사소통 메커니즘은 그러한 망網 내부에서 작용한다. 왜냐하면 예수에 의해 여기서 공격을 받은 것은 물론 유대인들 자신도 아니고 그러한 자격으로서도 아니라, 유대인들이 드러내 보이는 태도이기 때문이다. 그들은 아브라함과의 부자父子관계paternité에 입각하여 자신들의 언어를 만들었다. 그들은 돌발할 수 있는 다른 것을 배제함으로써 어떤 것을 말한다고 믿는다. 그런데 실제로 그들은 아무 것도 말하지 않고, 엄청난 쓸데없는 말을 만들어낸다.

그들은 자신들의 언어를 그 자체 안에 세웠기 때문에, 하나님의 **말**이 자유와 함께 **진리**를 선포하러 올 때 그들은 그 말을 받아들이지 않는다. 그러한 사실로부터 그들은 하나님의 **말**을 담은 언어인 예수의 언어를 이해조차 할 수 없다. 당신들은 나의 말을 들을 수 없기 때문에, 당신들은 가장 직접적이고 가장 간단한 나의 언어를 이해조차 하지 못한다. 즉 불충분하고 그 자체로 닫혀진 실체로서 구성된 언어의 존재에 의해, 그러한 청취는 불가능해 진다.

그러나 그러한 언어는 전혀 다른 실재에 대한 증거이다. 즉 그러하다면 당신들은 **마귀**를 아버지로 가지고 있다는 것이다. 그것은 물론 악인이 아니라 디아볼로스Diabolos 즉 분열시키는 자이다. 아브라함과의 부자父子관계filiation, 103)를 믿는 것 즉 자체로 충족되어 있고 일관성 있는 방법으로 구조화된 인간사이의 의사소통 체계를 믿는 것은, 실제로 의사소통을 막는 원인이고 인간들 사이에 분열의 증거이며 서로 이해하는 것이 불가능하다는 증거이다. 하나님의 말과의 관계가 단절될 때 사람들 사이에 의사소통은 반대의 뜻과 오해가 된다. 인간이 그런 하나님의 말을 인정치 않을 때와 인간이 의사소통을 단절시킬 때, 하나님 역시 침묵한다. 인간 언어의 위기는 '하나님과의 단절'의 증거가 된다.

---

103) [역주] 부자(父子)관계에 해당하는 프랑스어 표현인 'paternité'와 'filiation'에는 다음과 같은 차이점이 있다. 즉 'paternité'가 아버지의 입장에서 본 부자관계'라면, 'filiation'은 아들의 입장에서 본 부자관계를 말한다.

하지만 우리에게 마지막 질문이 나타난다. 하나님이 침묵한다면 우리는 무엇을 말할 수 있고, 우리가 자신을 그리스도인이라고 선언한다면 여전히 무엇을 말할 수 있을까? 하나님이 침묵한다면 하나님의 말이 아니라 기껏해야 하나님에 대한 부적절한 말이라고 미리 우리가 알고 있는 것을 전할 가능성이 아직 있는가? 우리가 '하나님과의 단절' 시대에 있음을 알아차린다면, 설교는 입술 위에서 소멸하지 않을까? 우리가 다음 같은 소망을 가지고 있기 때문에, 단지 우리는 말을 하지 않는가? 즉 그것은 그러한 인간의 말이 아마도 하나님의 말이 된다는 소망이고, 또한 인간이 그것을 원하는 그 시간에 성령이 가장 평범한 기도와 가장 헛된 증언을 힘과 진리의 폭발적인 나타남으로 변화시킬 수 있다는 소망이다. 이 시대에 하나님의 말이 더 이상 없다고 우리가 미리 확신한다면, 우리는 벙어리가 되거나 불모상태로 되지는 않는가? 그리고 그것은 교회의 현재 임무가 **소망**의 설교라고 주장하면서, 앞에서 내가 말했던 바의 반대되는 것은 아닐까? 우리가 그렇게 생각한다면, 그것은 우리가 소망이 무엇인지 아직 어렴풋이나마 보지 않았다는 것이다.

우리가 '하나님과의 단절' 시대에 있다면, **계시**의 전혀 다른 양상에 대한 설교가 비어 있고 사용되지 않으며 마모되어 있다는 것은 진정 사실이다. 하나님의 침묵의 시대에 자유의 선포와 소망의 선포 외에 가능한 것은 더 이상 없다. 그러나 그것을 이해하려면 '하나님과의 단절'의 세상 속으로 더 뛰어들어야 한다. 또한 숨어 있는 하나님 앞에서 오늘날 우리의 비非진정성이 어떠한지 알아야 한다.

II. 하나님에 대한 진단의 오류

1. 하나님의 죽음

하나님은 죽었다.[104] 진단은 그러한데, 그 진단은 잘못되어 있다. 하지만 정확하기는 하나 잘못 해석된 증상으로부터 그 진단은 출발하는 경향이 있다. 하나님은 인간이 하나님을 더 이상 믿을 수 없기 때문에, 혹은 아주 간단히 말해 하나님을 더 이상 믿지 않기 때문에 죽었다. 언어는 자체의 구조로 환원되기 때문에, "하

---

104) 하나님의 죽음은 흔히 하나님의 침묵과 연결되어 있다. 그러나 여기서 몇 가지 구별을 해야 한다. 맨 먼저 실존적이고 역사적인 하나님의 침묵이라는 문제와 그 침묵의 형이상학적 문제를 분명히 혼동하지 말아야 하는데, 그 침묵은 하나님에 대한 질문에 답하는 것이고 하나님의 초월에 의해 요구되는 것이다. 하나님에 대한 문제의 소멸은 그러한 관점에서 종교성의 가장 고양된 형태일 수도 있다. "절대의 발현(發現) 이유는 침묵의 절대가 아닐 수도 있을까?" 그것은 부처의 이상향이었던 것이고 현대 기독교 신학자들에 의해 다시 취해진 것이다. 그러나 그러한 표명과 설명이 '하나님과의 단절'과 아무런 관련이 없다고 말할 수 있다. 즉 어떤 하나님과 관련된 형이상학적인 질문, 일반적으로는 하나님의 **본성** 혹은 하나님의 **본질**과 관련된 형이상학적인 질문이 관계 되는데, 그것을 통해 우리의 마음은 결코 움직여질 수 없다. 그것은 인간을 고뇌와 비극 속으로 빠지게 할 수 없는데, 침묵하는 그러한 하나님은 결코 말하지도 않았고 행동하지도 않았으며 인간에게 가까워지지도 않았고 육신을 입지도 않았다는 것이다. 따라서 그런 담화(discours)를 차분히 유지하는 것은 전적으로 가능하겠지만, 예수 그리스도의 하나님은 관계 되지 않고 결국 우리와 아무 관련이 없다. 반대로 에블링(Ebeling)(*Widerstand und Ergebung*, 1955)이 본회퍼 이후에 말한 것은 예수 그리스도의 하나님에 대해서인데, 그는 다음과 같이 말한다. "성인(成人)이 되면서 우리는 하나님 앞에서 우리의 상황을 그 진리 안에서 인정하게 된다. 하나님은 우리가 하나님이 없는 삶으로부터 빠져 나오기에 이른 사람들처럼 살아야 함을 우리로 하여금 알게 한다. 우리와 함께 있는 하나님은 우리를 버리는 하나님이고(마가복음 13장 34절), 우리를 작업가설(假說)(hypothèse de travail) 없이 살게 내 버려두는 하나님이며, 그 하나님 앞에서 우리가 계속 존재해야 하는 하나님이다. 그것은 하나님 앞에서 하나님과 함께 있으면서 하나님 없이 사는 것이다." 그러한 해석에서 우리가 거부해야 하는 것은 혼동들 전체이다. 한편으로 성인(成人)이 되는 것은 인간인데(우리는 그 사실을 여기서 논의하지 않을 것이다), 인간은 자신의 학문과 지성과 기술을 통해 성인(成人)이 되고, 인간을 하나님 없이 문제로부터 빠져 나오게 하는 것이 그것이다. 그런데 그것은 하나님의 결정인 듯이 표현되었다. "하나님은 우리가 살아야 함을 우리로 하여금 알게 한다."는 것이다. 인간 행동의 결과인 인간의 그런 쟁취는 이제는 하나님의 결정의

나님"이라는 칭호는 완전히 비어 있고 아무 것도 지칭하지 않는다. 물론 특별한 경향을 구별해야 한다. 즉 한편으로 그들에게 있어 관련되는 것이 정신 상태의 구조인 사람들이고, 다른 한편으로 그들에게 있어 관련되는 것이 '사실'의 문제인 사람들이다.

'하나님의 죽음'의 신학

현대인은 합리적이고 과학적이 되었기 때문에, 또한 현대인은 성서의 하나님과 동일한 어떤 하나님에 대한 신앙을 품을 수 있는 유일한 것인 신화적 정신 상태를 잃어 버렸기 때문에, 하나님을 더 이상 믿을 수 없다는 것이 어떤 이들의 입장이다. 그렇지 않으면 반대되는 길을 택하면서 "하나님이 탈신화에 의해 신자와의 문화적 접촉의 가능성을 상실할 때, 하나님은 신봉자들의 종교적 의식으로부터 점차 사라질 수밖에 없다는 것이다. 사람들이 간구하는 대상이 될 수 없는 하나님은 신비 사상의 힘이 미치는 범위 안에 남아 있지만, 대다수 사람에게 있어서 탈신화는 조만간 '하나님의 죽음'과 같아진다." 하나님은 무無라고 말하는 것, 즉 하나님은 신화적이고 종교적인 의식意識의 산물이라고 말하는 것보다 더

결과이다... 그 점을 알아야 할 것이다! 더욱이 글 전체만 아니라 생각 전체도 인간에게 사실상 주도권을 부여한다. 게다가 "가설(假說)로서 하나님"(hypothése Dieu)이라는 순전히 지적인 문제가 관련 된다(그리고 우리는 이전의 입장으로 돌아간다). 과학은 우리로 하여금 하나님 없이도 지낼 수 있게 한다. 그리고 결국 무엇보다 구약성서 전체와 모순 되는 그러한 해석은 이전의 계시가 잘못되거나 혹은 하나님에 의해 주어진 것임을 우리에게 불가피하게 말하려고 한다. 왜냐하면 그 시대의 인간은 우리 시대의 인간보다 아주 열등했기 때문이라는 것인데, 그것은 적어도 논의의 여지가 있다. 달리 말하자면 하나님이 속해 있는 신비 속에서 침묵하고 돌아서는 하나님의 결정이 전혀 관계 되는 것이 아니라, 위로하고 감화하는 상황에 대한 긍정적인 설명이 관계 된다. 즉 "얼마나 운이 좋은가, 하나님이 우리가 성인(成人)이 된 것을 인정했기 때문에 우리는 우리가 원하는 바를 지금 할 수 있다." 그러나 그러한 이론에 대한 근본적인 다른 비판이 있는데, 그것은 또 다시 신학자들의 괴벽에 따르면 하나님의 결정의 이유에 대한 설명인 것이다. 옛날에는 사람들이 냉정하게 설명했을 수도 있다. 즉 우리가 죄인이고 악하기 때문에 하나님은 돌아선다지만, 그러한 설명은 배척되었다. 오늘날 우리는 낙관주의적이다. 우리가 성인(成人)이기 때문에 하나님은 우리를 버린다는 것이다. 사람들은 하나님의 결정에 동기와 원인과 이유를 부여하고자 하는 것이 신학적으로 터무니없고 인간중심주의적임을 단지 잊고 있는 것이다! 그 모든 것은 그렇게 진지하지는 않다. 그런 것은 멋진 표현방식들로 귀결되지만, 현대인의 상황에 대해서도 혁명에 대해서도 고려하지 않는다.

나은 표현은 없다. 따라서 하나님은 자신이 나타냈던 신화와 함께 완전히 사라진다는 것이다.

다른 사람들에게 즉, 바아니앙[105]에게 현대인이 기독교적인 하나님의 존재를 더 이상 믿지 않는다는 것이 실제로 확인된다. 그런데 예수 그리스도의 하나님이 자신의 "조건"으로서 인간을 선택했던 한에서, 또한 계시되는 하나님은 계시됨으로써만이 존재하는 한에서, 또한 하나님은 사랑이고 사랑을 받음으로써만이 존재하는 한에서, 그러한 관계의 가능성들이 사라질 때 예수 그리스도 안에서 계시된 하나님은 더 이상 존재하지 않는다고 말할 수도 있다.

현재 흔히 이루어지는 진단은 그러하다. 그러나 그런 신학들이 사회적인 맥락에 직접적으로 의존해 있고, 직접적인 동시에 간접적으로 사회적인 맥락을 표현함을 주목해야 한다. 따라서 그 신학들이 기술적인 부조리가 지배하는 사회를 나타내는 한에서, 그 신학들은 '부조리의 신학'이고 심지어는 부조리한 신학인데 실제로도 그러하다.[106] 실제로 그 신학들은 엄밀히 말해 신학이라고 자처할 수 없다. 왜냐하면 부조리한 사회와의 관계로 인해 그 신학들은 사실상 이념이기 때문이다. 자신들의 근거와 판단기준과 뿌리와 전형을 사회학적인 확증 속에서 취함으로써 현대인의 정신 상태는 기술들 때문에 변했다. 또한 계시된 기지사항을 더 이상 근거로 삼지 않음으로써, 그 신학들에는 신학으로서 어떠한 정당성도 없다. 하지만 온전한 의미에서 그 신학들은 현대인의 "위상"을 표현하고 정당화하며 정당한 것으로 인정하는 이념이다. 그 신학을 만들어낸 사람들이 보기에는, 신학에서 언급될 수 있는 법칙을 부여하는 것이 그런 위상이다. 하지만 채택되어진 그 결정론은 세상의 사회·문화적 맥락에서 그 담화를 통합하는 가치만을 지니고 있다.

---

105) [역주] Gabriel Vahanian(1927-). 프랑스 출신의 신학자로서 '하나님의 죽음'의 신학의 주도자였으며 그 신학에 있어서 선구적인 업적으로 잘 알려져 있다.

106) 그 신학들이 신학들로 자처할 때, 그것은 바아니앙이 저지르지 않은 잘못이다.

그 담화는 더 이상 조금도 하나님에 의거하지 않는다. 왜냐하면 가령 심리적인 구조에 의해서나 혹은 사회적인 맥락에 의해서 강요된 어떠한 담화도 하나님에게 그러한 것으로서 의거하지 않기 때문이다. 그 담화는 사회적 존재를 정당한 것으로 인정하려고, 또한 사회적 존재가 언어 표현행위 곧 이념의 역할을 하는 것을 도와주려고, 사회적 존재에 실제로 의거한다. 그 신학을 만든 장본인들이 현대인의 위상에 대한 평가로부터 끌어낸 결과는 다음과 같다. 즉 현대인의 위상이 정상적인 위상이므로 결국 그 위상은 항상 그러했다는 것이고, 결과적으로 하나님은 언제나 그 자체가 이념이었다는 것이다. 그러나 정상 상태라는 그 판단은 결코 정당화되지 않는다. 우리는 그것이 어떠한 것이든 간에 '하나님의 **죽음**'이라는 이념의 역할과 위치를 더 잘 알고 있다. 또한 우리는 그것과 관계되는 것이 어떻게 '부조리의 신학'밖에 될 수 없는지를 더 잘 알고 있다.

하나님의 무력無力

하지만 인간이 하나님을 죽일 수 있다는 것이 분명 사실이기 때문에, 그 "신학들" 역시 깊은 진리를 담고 있다. 사랑을 통해 하나님은 인간의 수준에 위치할 뿐 아니라 인간의 처분에 맡겨진 자가 스스로 되었기 때문에, 어차피 인간은 자신에게 현실화된 하나님을 자신의 현실 속에서 파괴할 수 있다는 것은 분명 사실이다. 하나님은 자신의 몸을 바쳤다. 인간은 성자聖子를 이미 다루었듯이, 하늘과 땅의 창조자인 **전능한** 하나님을 실제로 다룰 수 있다. 왜냐하면 그것은 성자 안에 있던 하나님의 총체였기 때문이다. 성부聖父 하나님은 모든 선지자들이 그렇게 말했던 것처럼 그리스도가 겪었던 경멸과 모욕으로부터 피해 있지 않고, 또한 그리스도 안에서 받아들여진 죽음으로부터 피해 있지도 않는다. 그러나 그것은 사회학적인 개념만이 존재한다는 전제와 더불어 사라지는 사회학적인 개념이 아니다. 그것은 인간이 하나님을 죽일 수 있게 된다는 식으로 만들어지는 살아 있는 하나님이다. 사랑인 자는 타인에 대한 사랑 속에서 만이, 또한 타인에 대한 사랑으로 만이, 또한 타인에 대한 사랑을 위해서 만이, 존재하기 원하고 존재할 수 있다. 그 때문에 인간의 무無신앙을 통해 하나님은 실제로 존재하지 않게 된다는 것이다.

그러나 거기서 논리를 약간씩 변화시키기는 쉽다. 예수 안에서 하나님은 자신의 겸손과 낮춤이라는 유일한 길을 택한다. 하나님은 무력無力,107)을 선택한다. 하나님은 그 자신이 묶여 있고 마비되어 있지만, 무력하고 "꼼짝 못하는" 어떤 하나님 일 수밖에 없다는 식으로 묶여 있고 마비되어 있다. "그리고 하나님이 무력無力을 택한다면, 그것은 인간에게 선택의 자유와 선택의 힘과 세상의 확장하는 힘을 주기 위해서이다."108) "세상에서 하나님의 존재함의 의미를 요약하고 전능한 자로서 하나님의 고통과 패배로 요약되는 그리스도의 존재는 따라서 자신의 무력無力을 의미한다." 그런 꽤 재미있는 논리 변화를 통해 우리는 전통적인 신학자들의 뽀띠슈109) 하나님으로 돌아간다. 예수 그리스도의 사건이 일단락되자마자, 하나님은 곳간의 구석에 놓여진다. 하나님은 무력하다는 것이 결정적으로 이해가 되고 (하나님이 그것을 원했으니 그로서는 잘된 일이다!), 하나님은 우리의 사건들을 더 이상 간섭할 필요가 없으며 우리를 조용히 내버려 두기만 하면 된다는 것이다. 그것은 모든 것이 허용된 인간의 거대하고 정치적이며 기술적인 시도를 정당화하려는 새로운 계략이다.

---

107) [역주] '하나님의 죽음'의 신학자들의 주장과 달리, 엘륄은 무력(無力 impuissance)에 대해 그 것을 비무력(非武力 non-puissance)과 구별하여 다음과 같이 설명한다. 즉 무력(無力)은 힘에 의해 행동할 수 없는 상황을 지칭하고, 비무력(非武力)은 힘이 있지만 힘을 사용하기를 거부하는 것이다. 그 전형적인 예는 자신의 체포 당시에 예수의 예이다. 예수가 "당장 12군단 이상의 천사들을 나에게 줄 수도 있는 나의 성부(聖父)에게 내가 간청할 수 없다고 너는 생각하느냐?"라고 베드로에게 말할 때, 예수는 그렇게 할 수도 있었으나 그렇게 하지 않는다는 것이다. 마찬가지로 예수는 마귀를 제외하고는 정복하고 쳐부수기 위해 자신의 힘을 결코 드러내지 않는다.

108) 가톨릭 신학자인 만시니(I. Mancini) 1969년 그의 『신학적 언어의 분석 *Analyse du langage théologique*』에서.

109) [역주] 뽀띠슈(Potiche)는 사람들이 대접은 해 주지만 아무 실권도 없는 사람을 말한다.

110) [역주] Michel Bakounine(1814-1876). 러시아 출신의 무정부주의적인 철학자로 자신의 저작들에서 '절대 자유주의적인 사회주의'의 기초들을 제시한다.

바쿠닌110)이 "그리스도인들이 그렇게 말하듯이 하나님이 인간을 사랑한다면, 하나님은 인간을 자유롭게 내버려 두도록 자기 자신을 죽이기만 하면 된다."고 했을 때, 그 신학자는111) 바쿠닌이 옳다고 인정하는 셈이다. 물론 그런 정곡을 찌르는 해석 속에서, 구약성서 전체와 요한 계시록은 옆으로 밀려난다. 또한 인간의 힘과 관계되는 계시도, 가인Cain과 두발가인112)과 에녹과 바벨 등에 관계되는 계시도 옆으로 밀려난다. 사람들은 소망을 역시 배제하는 단순화하는 일원론 앞에 있게 된다. 왜냐하면 제도화된 그런 무력無力으로부터 소망할 것이 사실상 아무 것도 없기 때문이다. 더는 어떠한 능력도 결정력도 없이 지위를 잃고 매여 있으며 웃음거리가 된 그런 군주로부터 기대할 것은 아무 것도 없다.

극히 활동적이면서도 완전히 절망한 인간인 우리의 소망이 우리에게 참조케 하는 것은 바로 우리이다. 철학자들과 신학자들의 무의식 속에서 그리스도를 그렇게 새로이 십자가에 못 박는 것을 통해, 또 다시 필연적으로 "그들은 자기들이 하는 일이 무엇인지 알지 못합니다."가 초래된다. 즉 선한 감정과 인간을 해방시키려는 선한 의지가 있음에도, 그들은 인간에게 행하는 악을 알지 못한다. 그들은 자신들의 광기를 통해 인간을 좀 더 익사시키고 질식시키며 결정적으로 절망시키는데 기여한다. 그런 신학 속에서 하나님은 자신의 무력無力 속으로 사라지고, 인간은 자신의 힘을 그렇게 마음껏 펼칠 수 있다. 그것은 언제나 동일한 문제로서 힘의 관계라는 문제이다.

'하나님의 죽음' 의 신학의 모순

하지만 사정이 그렇다면 그것은 어쨌든 하나님의 지고의 결정에 의한 것이다. 하나님은 그 문제에 있어서 수동적이지 않고, 자신이 제거되어 지는 것에 만족하

---

111) [역주] 바로 위에 인용된 가톨릭 신학자 만시니를 가리킨다고 볼 수 있다.
112) [역주] 두발가인(Tubal-Cain)은 구약성서 창세기 4장 22절에 나오는 인물로서, 청동과 철로 온갖 도구를 만들었다.

지 않으며, 지극히 활동적이다. 하나님은 결정을 내렸고 위험을 무릅썼으며 인간과의 자신의 관계에 대해 내기를 했던 자이다. "아무도 나의 생명을 취하지 않고 생명을 주는 것은 바로 나이다."라고 하면서, 단죄되고 죽어가는 예수는 여전히 **주권자**로 남아 있다. 하나님도 마찬가지이다. 하나님이 케노세[Kénose, 113)]의 길을 선택했다면(그러나 선택했던 것은 그 혼자이다), 전적인 위험이 있지만 그것은 지고의 선택이다.

하나님이 자신의 유일한 표현으로서 사랑을 택했다면, 또한 어떠한 사랑도 자신의 사랑을 받아들이지 않고 어떠한 사랑의 말도 자신에게 주어지지 않는다면, 실제로 하나님은 지워진다. 변화하는 사회심리학적인 표상의 영역을 우리는 전적으로 회피한다. 전적으로 또한 유일하게 사랑이 되기를 선택한 하나님이 더 이상 사랑을 받지 못하고 자신의 사랑이 배척당한다면, 여전히 우리에게 감지되는 하나님에 대한 것은 실제로 아무 것도 없다. 사실상 하나님은 그 순간 더 이상 아무 것도 아니다.

그러나 우리에게 있어서도 더는 아무 것도 없다. 왜냐하면 엄밀히 우리는 익명상태의 하나님에 대해 아무 것도 말할 수 없기 때문이다. 또한 완전히 독자적으로 남아 있으면서 그런 방법으로만 계시될 수도 있고 계시되었을 수도 있으며 계시되었던 하나님에 대해 우리는 아무 것도 말할 수 없기 때문이다. 하나님의 그런 독자성과 하나님의 숨겨진 측면에 대해 우리는 아무 것도 말할 수 없다. 심지어 그 중 하나가 있을지라도 그것에 대해 우리는 아무 것도 말할 수 없다. "하나님이 죽었다."라고 말할 수도 있는 것은 더욱 분명히 아니다!

하지만 우리는 여전히 한 걸음 더 앞으로 나아갈 수 있다. 즉 우리는 하나님이 더 이상 무無 가아니라고 말했던 것이다. 실용주의적인 무신앙자와 체계적인 무

---

113) [역주] 케노세(Kenose)는 신약성서 빌립보서 2장 7-8절에서 유래된 그리스 단어로 표현된 기독교 신학의 개념으로 예수의 낮아지는 움직임을 지칭한다. 예수는 그것을 통해 자신에게서 신적인 속성들을 비우고 자신을 낮추어 십자가에 죽기까지 복종한다.

신론자에게 있어서는, 또한 학리적인 물질주의자 혹은 실제적인 물질주의자 및 반유신론자에게 있어서는, (구약성서가 나타내듯이 자신의 통치권 속에서 하찮은 반대자를 단순히 짓누를 수도 있는) 하나님은 인간의 수준에 여전히 남아 있으려고 자기 자신을 **무**無로 만든다고 말하는 편이 더 낫다. 그러나 하나님이 자신을 **무**로 만들 때, 그것은 여전히 믿지 않는 인간을 위한 것이다. 하나님은 그렇게 함으로써 여전히 주권자로 남는다. 그래서 의심을 품을 필요가 있다. 왜냐하면 하나님은 가장 약한 적수인 동시에 싸움을 받아들이면서 저항하지 않는 자이기 때문이다. 하지만 하나님은 매 순간 무한한 힘으로서도 드러날 수 있다. 그리고 하나님 자신이 그러한 것이라고 받아 들였던 **무**는 그것을 유발했던 자를 빨아들이고 죽이는 일종의 소멸시키는 허무가 될 수 있다.

심리학적인 측면에서 우리는 그런 종류의 현상을 목격할 수도 있고, 니체의 이야기가 우리 모두를 노릴 수도 있다. 하지만 그렇게 말하면서도 물론 나는 하나님이 표명할 수도 있는 심판에 대해서도 단죄와 복수에 대해서도 암시하지 않는다는 사실에 유의할 필요가 있다. 또한 하나님은 자신이 **무**가 되는 것을 받아들이면서 끊임없이 **전능한 자**가 된다는 사실과 그런 **무**가 짓누르는 힘이 된다는 사실에 유의할 필요가 있는데, 그 힘 안에서 인간은 더 이상 다시 존재할 수 없도록 상실된다. 하나님에게 전해진 인간의 도발은 '하나님의 **죽음**'을 주장하는 현대 신학자들의 그런 종류의 객관적인 접촉일 리가 없다. 또한 그것은 그 신학자들의 매우 과학적이면서 박식한 동시에 매우 유치한 그런 종류의 접촉일 리도 없다. 물론 '하나님의 **죽음**'의 신학자가 당연히 아닌 바아니양을 제외하고서 말이다.

하나님의 이름에 관한 연구

하지만 그런 연구의 다른 방향이 역시 있다. 즉 하나님이라는 **이름** 혹은 하나님이라는 단어와 관련된 연구이다. 그 단어들이 인위적 꼬리표일 따름이건 간에, 또한 그 단어들이 삽입되어 있는 체계에 의해서만 그 단어들이 의미를 찾던 간에, 언어에 대한 현재의 연구를 통해 하나님이라는 단어를 발음할 때 결국 아무 것도 말할 수 없게 된다. 그리고 수많은 다른 과학적인 분석이 여전히 존재한다. 그 문제는 해결된 듯 하다. 하나님이라는 단어 속에 시대에 뒤진 정신적 습성만 이 있기 때문에, 언어학에 의해 우리는 그 단어를 제거하도록 강요당한다. 나는 그 점에 동의하지만, 구약성서에서 그 단어의 두 가지 양상에 대한 관심을 불러 일으키고자 한다.

한편으로 본회퍼의 지적에 따르면 성서적으로 그것은 단어가 아니라 이름이 다. 하나님이 자신의 이름을 드러낼 때, 그것은 표현되지 않는 방법으로 "나는 스스로 있는 자이고, 나는 존재하는 자이며, 나는 스스로 있을 자이고, 나는 스스로 있을 자일 것이며, 나는 내가 할 바를 할 것이다."콕스Cox 번역 "나는 도래할 자처럼 도래할 것이다."케레니Kerenyi 번역 "나는 거기에 있다"부버Buber 번역 등 이거나 혹은 '여호와' J.H.WH.,114)와 같이 불릴 수 없는 방법으로 인 것을 모두가 안다.

다른 한편으로 모두가 알고 있는 유명한 금지가 있는데, 그것은 하나님의 이름을 "헛되이" 발설함을 금지하는 것이다. 하나님의 이름과 관련된 성서 본문에 대한 고전적인 해석은 다양하다. 어떤 사람들에게 있어서 관련되는 것은 금기라는 일반적인 범주의 특별한 양상이다. 그것은 "존중할 만한 신성한 것"에 대한 표현 일 수도 있다. 따라서 사람들이 하나님에 대해 이야기할 때 내용이 있는 "어떤 것을 말하는" 것은 있을 수 없는 일이고, 단지 "이름을 발설할" 따름이다. 그것은 '불

---

114) [역주] '야훼' (Yahweh)라고 하기도 하는 '여호와' 라는 이름은 모세에게 4개의 히브리어 자음(Y.H.W.H. 혹은 J.H.V.H.)으로 계시되었다. 특히 BC 3세기부터 유대인들은 두 가지 이유에서 '여호와'라는 이름을 더 이상 사용하지 않았다. 첫째, 이스라엘의 하나님이 다른 모든 신들에 대해 보편적인 주권을 갖고 있음을 과시하기 위해 '신'이라는 뜻을 지닌 일반적인 명사 '엘로힘'(Elohim)을 '여호와'라는 이름 대신 사용하게 되었다. 둘째, '여호와' 라는 이름은 너무 거룩하여 발언할 수 없는 것으로 간주하였으므로, 회당 예배에서는 '아도나이' (Adonai 주님)로 발음했다. 그런데 구약성경 그리스어 번역본이 '70인 역' 에서는 이 단어가 '퀴리오스(kurios 주主)'로 번역되었다. 6~10세기경에 히브리어 성서 원본의 재 간행 작업을 벌인 마소라 학자들은 'Y.H.W.H.' 혹은 'J.H.V.H.' 라는 이름을 구성하는 모음들을 히브리어 '아도나이' 또는 '엘로힘'의 모음 부호들로 대치했다. 이 때문에 '여호와'(YeHoWaH) 혹은 '제호바' (JeHoVaH)라는 인위적인 이름이 등장하게 되었다.

가능한 것'이건 금지된 것이건 간에, 자신의 상응체相應體의 방출이다. "그것은 바로 언어학적인 금기이다. 어떤 단어는 입을 거쳐 가지 말아야 한다. 그 단어는 랑그langue의 목록에서 단지 삭제되고 용례에서 지워지며 더 이상 존재하지 말아야 한다. 하지만 그것은 바로 금기의 역설적인 상황이다. 그와 동시에 그런 이름은 금지된 것으로서 계속 존재해야한다." 벤베니스트Benveniste ,115)

그러나 또 다른 설명적인 이론이 있다. 즉 많은 "원시" 민족들에게서 특히 고대 히브리인들에게 있어서 이름에는 힘이 있었다는 것이다. 그것은 **말**에 부여된 힘의 특별한 경우일 따름이다. 다바르116)는 결코 소리가 아니라 활동적인 개입이다. 그런 다바르가 사람을 지칭할 때, 그것은 전체적인 사람을 의미한다. 한 존재의 이름은 그런 존재이거나 아니 더 정확히 말해 그것은 그런 존재의 역사적 운명인 동시에 특수한 성질이다. 그것은 잘 알려져 있기에, 내가 여기서 그런 것을 상세히 설명할 필요는 없다.

결국 하나님의 비밀스러운 이름을 혹시 알 수 있는 자는, 이름의 일반적인 규칙에서 예외가 되지 않는 하나님 자신을 자기 마음대로 할 수도 있을 것이다. 그리고 그런 이름을 발설할 수 있게 되는 자는 돌이킬 수 없는 방법으로 하나님에게 영향을 미칠 수도 있고, 하나님이 행동하도록 제약할 수도 있을 것이다. 사람들은 여기서 마술 앞에 있게 되고, 카발117)은 사실상 단어들의 힘을 사용했다. 그래서 하나님은 자신의 이름을 내어 주기를 거부하거나, 혹은 자신을 내맡기는 것을 피하려고 발설할 수 없는 이름을 준다는 것이다.

---

115) [역주] Emile Benveniste(1902-1976). 프랑스의 언어학자로서 일반언어학에서와 마찬가지로 '인도 유럽어들'의 비교문법의 분야에서 유명하다.

116) [역주] 히브리어로 말, 진술, 행동, 물건 등을 나타내는 다바르(Dabar)는 히브리어 성경에서 다양한 문맥으로 등장하는데, 가끔 '신(神)의 말' 즉 '다바르 야훼' 혹은 '하다바르 엘로힘'(Ha-Dabar Elohim)을 지칭하는 데에 쓰이기도 한다. '신의 말'은 하나님의 메시지를 자신의 민족에게 특히 자신의 선지자에게 전하는데, 그 표현은 창세기 15장에서 처음으로 나온다.

117) [역주] 카발(Kabbale)은 글로 쓰인 공개된 율법과 함께 시내(Sinaï) 산에서 모세에게 주어진 구술(口述)된 비밀스러운 율법을 가리킨다.

하나님의 이름에 관한 연구와 반론

이 주제에 대한 가장 일반적이고 게다가 서로 연결된 두 가지 설명은 그러하다. 그런데 그 설명들은 나에게 전혀 설명적인 듯이 보이지 않는다. 더 정확히 말하면 그것들은 물론 설명적인 측면에서는 둘 다 정확하고 올바르다. 그러나 그것들은 출애굽기 20장 7절의 본문에서 번역된 사소한 단어를 설명하지 않는다. 즉 "헛되이"가 예루살렘 번역본[118]에서는 "부정확하게"라고 되어 있고, 불가타 번역본[119]에는 '허황되고 헛되이'^{히브리어 레카엠 Lechaem} 라고 되어 있다. 구약성서의 본문들 전체가 하나님에 대해 우리에게 드러내는 것을 통해 아마도 더 멀리 혹은 더 깊이 나아갈 수 있을까?

하나님의 이름을 요구하는 사람들에게 하나님에 의해 이루어진 모든 대답 속에는 대단한 호의好意와 일종의 불가능성이 동시에 있었던 것처럼 보인다. 그것은 단지 숨기를 원하고, 이름이나 혹은 표현방식 뒤로 몸을 숨기며, 자신을 내맡기기를 거부하는 어떤 하나님이다. 혹은 네헤르가 말하듯 배우같이 연기하는 어떤 하나님일 뿐만 아니라, 어떤 것을 통해서도 표현될 수 없는 어떤 하나님이다. 엘리야의 환상 속에서처럼 결국 하나님을 표현하는 것은 천둥도 아니고 번개도 아니며 폭풍우도 아니다. 그것은 '콜 데마마 다카'^{Qol damama daqqa} 즉 "사라지는 침묵의 중얼거림"^{슈라키|Chouraqui 번역} 혹은 "침묵의 세미한 소리"^{네헤르 번역, 왕상 19:12} 이다. 그것은 하나님의 신중함이고, 부재 속에서만 포착되는 존재함이며, 익명상태에서만 감지되는 계시이다.

그래서 하나님의 활동과 하나님의 존재방식에 대해 구약성서가 우리에게 제시하는 문맥 전체에 의해, "발설할 수 없는 이름"과 그 이름을 헛되이 발설하는

---

118) [역주] 1956년에 완역된 예루살렘 번역본(traduction de Jérusalem)은 성서의 프랑스어 역본들 중 하나로서 도미니쿠스 수도회 학자들이 번역한 것이다.

119) [역주] 불가타 번역본(traduction de la Vulgate)은 382년 당시 사용되던 여러 번역본을 토대로 만족할 만한 라틴어 역 성서를 출간하라는 교황 다마스쿠스의 명령을 받은 당대의 최고의 성서학자 히에로니무스가 번역한 것으로서 로마 가톨릭교회가 사용하는 성서이다. '불가타'라는 표현은 '공동번역'이라는 뜻인 라틴어 'editio vulgata'에서 유래한다.

것의 금지를 아마도 밝힐 필요가 있다. 그러나 그와 같이 우리는 실제로 그 이름이 의미와 관계될 수 없는 비어 있고 임의적인 소리라는 명백한 증거에 이르게 된다. '여호와' JH.WH. 라는 이름에 대한 받아들일만한 어원은 없다. 그 이름이 비어 있고 임의적이라는 바로 그 이유 때문에, 그 이름은 결정적으로 '충만하고 비非임의적인' 것 즉 선민選民의 역사 속에 계시된 자를 지칭할 수 없다. 그러나 거꾸로 말하면 어떠한 표현방식도 적당할 수 없기 때문에, 또한 어떠한 표현방식도 결정적으로 충만하고 비非임의적일 수 없기 때문에(왜냐하면 인간의 언어는 상호적인 지칭관계와 기록된 것과 인위적인 결정으로 이루어져 있기 때문이다), 결정적으로 비어 있고 임의적인 소리만이 그것을 지칭할 수 있다. 만약 하나님이 이스라엘의 역사를 지칭하는 자라면, 정상적이고 의미를 드러내는 구축된 언어의 어떠한 단어도 하나님을 설명할 수 없다.

가능한 지칭대상이 없기 때문에 그와 같이 우리는 성서적으로 하나님이라는 단어가 실제로 이론적이고 관례적이며 내용이 없을 따름이라고 말한다. 그래서 "만일 하나님이 하나님이라면 하나님은 공허일 수밖에 없다."라고만 하지 않을 때, 하나님이라는 단어의 공허로부터 끌어낼 어떠한 결과도 존재하지 않는다. 하지만 이름은 그 이름을 드러내는 하나님의 결정의 표현이고, 그런 결정을 통해서만 의미로 가득 찬다. 그래서 '헛되이' 이름을 발설하는 것의 금지가 밝혀진다. 그것은 소유되는 것에 대한 하나님의 두려움을 나타내는 것이 아니다. 그러나 그것은 절대적인 충만을 지칭하는 비어 있는 단어로서가 아니라, 하나님을 확보하려는 시도는 어떠한 것이든 잘못이기 때문에 우리가 이름을 **단어**의 상태로 한정할 때 필연적으로 틀릴 수밖에 없는 단어로서 이름을 발설하는 것에 대한 금지이다.

따라서 단어에 그 자체로 의미와 내용과 가치를 부여하지 말아야 한다. 그러나 그와 반대로 단어의 공허와 이름의 공허로부터, 그것이 지칭한다고 여겨지는 것이 존재하지 않는다는 결론을 이끌어내지도 말아야 한다.[120] 달리 말하면 두 번

---

120) 그리고 탈무드의 해석에 따르면 하나님을 말하기 위한 보통명사나 총칭적(總稱的) 단어나

째 가정에서, 단어의 공허를 하나님의 공허와 동일시하면서 단어를 '헛되게' 공허 속에서 발설하는 것은, 바로 '하나님의 **죽음**'의 신학자들이다. 그와 같이 히브리적인 표명은 '하나님의 죽음'의 신학 및 언어학적인 분석에 정확히 부합한다. 또한 그에 앞서 그것은 하나님에 대항하는 게다가 인간의 마음에서 자연적이고 자발적인 거부와 비난에 부합한다.

나는 사람들이 다음 같이 반박하는 것에 대해 잘 알고 있다. 즉 내가 그렇게 추론하면서 여전히 주위 문화로부터 내게 전해진 하나님의 개념을 가지고 하나님이 존재한다는 문화적 전제로부터 출발한다는 것이다. 그 대답을 하기는 너무 쉽다! 다른 식으로 추론하고 '하나님의 **죽음**'의 신학 전체를 쌓아 올리는 사람들은, 주위 문화로부터 자기들에게 다가오는 하나님에 대해 반박하면서, 하나님이 존재하지 않는다는 마찬가지의 문화적 전제로부터 출발한다. 그 주위 문화는 과학적이거나 세속적인 문화가 아니라, 전통적인 형이상학적 개념 속에서의 신들처럼 자신을 드러내지 않는 신들에 대한 반ጵ유신론적이고 종교적인 문화이다.

무엇에 근거하여 최근의 주위 문화가 이전의 문화보다 더 뛰어날 수도 있는지 나는 알 수 없다. 또한 왜 '하나님의 비존재'라는 문화적인 정의가 '하나님의 존재'라는 문화적인 정의보다 더 뛰어난지도 알 수 없다. 나로서는 구약성서의 본문들을 단지 읽으려고 애쓴다. 기존의 알려진 어떠한 문화로부터도 물론 나오지 않은 특히 이스라엘을 둘러싼 중동 문화로부터도 나오지 않은 상당수의 정황을, 문화적 정의를 넘어서서 그 본문들은 나에게 말해 준다. 거기에는 줄일 수 없는 핵심이 있다. 게다가 하나님의 제거에 무엇보다 집착하는 사람들은 그 점을 잘 알아야 한다. 즉 그들의 주된 적은 구약성서라는 것이다. 그런데 구약성서의 '멤

주제 단어가 히브리어에는 존재하지 않는다는 사실에 의해 이것은 강화되어 진다. 고유명사들만 있다. 따라서 신(dieu)의 개념도 없고 '신'을 말하기 위한 단어가 히브리어에는 없으며 단지 고유명사만 있다. 그런데 그것은 말을 걸기와 간청을 가능하게 하지만, 결코 논의를 가능하게 하지는 않는다. 어떤 것을 지칭하면서 내가 그것에 대해 말할 수도 있는 어떤 것이란 없다. 대화에서만 또한 서로간의 약속을 위해서만 발설할 수 없는 이름을 나에게 넘겨주는 자가 있다.

브라 디스젝타'[121]를 허무 속으로 결국 내 던질 수 있기 전에, 구약성서를 먼지로 만들고 해체해야 하며 구약성서에서 어떤 내용이든지 비워야 한다. 그것은 합리적 무無신앙의 영원한 유혹이다.

2. 하나님의 부재不在

이런 식으로 말해지면 우리는 비로소 문제의 핵심 앞에 있게 된다. 즉 그 자체가 사회-과학적인 흐름 속에 위치된 신앙의 위기로부터 또한 언어의 위기로부터, '하나님의 **죽음**'의 신학이 나온다는 것이다. 그러나 그것은 현대인에게 있어서 흥미가 없거나 부차적인 위기일 따름이다. 왜냐하면, 내가 나타내려고 애썼듯이, 근본적인 위기는 소망의 위기이기 때문이다. 만일 신앙의 위기로부터 '하나님의 죽음'이 추론될 수 있다면, **소망**의 상실을 통해 우리는 전혀 다른 실재 즉 하나님의 침묵이라는 실재에 이르게 된다. 하나님이 더는 존재하지 않기 때문에, 인간은 절망하지 않는다. 그와 반대로 그것은 그토록 많은 신학자가 주장했듯이, 인간의 열광에 부합하고 광대한 가능성의 창구에 부합한다. 그 광대한 가능성의 창구는 '인간의 **흡혈귀**' 혹은 '**거대한 시체**'라고 불렸던 자에 의해 인간에게 차단되었던 것이다.

틸리히의 주장

'하나님의 죽음'을 통해 인간의 소망이 생겨날 수도 있다. 그러나 바로 우리는 절망한 한 인간 즉 진정한 삶이 없이 살아가는 한 인간을 상대로 한다. 현대인의 구체적인 실재가 그런 소망의 상실이라면, 신학적인 문제는 '하나님의 죽음'이 더는 아니라 하나님의 침묵이다. 즉 인간이 하나님의 존재를 믿지 않기 때문에 하나님은 죽었지만, 하나님이 침묵하기 때문에 인간은 절망한다는 것이다. 이 시

---

121) [역주] '멤브라 디스젝타'(membra disjecta)는 라틴어로서 '버려진 구성원'이라는 뜻이다.

대의 근본적인 영적 실재는 그러하다. 하나님은 돌아서고 부재하며 침묵한다. 그러나 우리는 예를 들어 틸리히Tillich, 122)가 부재하는 하나님에 대해 말할 때 그가 이해한 바로부터, "위기"의 그런 상황을 즉시 구별해야 한다.

"하나님의 부재 이유는 무엇인가? 그것은 우리의 반항이고 무관심이며 진지함의 부족이라고 우리는 대답할 수 있다. 또한, 그것이 우리의 정직한 질문 혹은 그와 반대로 정직하지 않은 질문이라고 우리는 대답할 수 있다. 그리고 그것이 우리의 진정한 의심 혹은 그와 반대로 빈정거리는 의심이라고 우리는 대답할 수 있다. 그런 모든 대답은 진실을 담고 있지만, 결정적이지는 않다. 그것들은 '누가 하나님을 부재하게 하는가?'라는 질문에 대한 결정적인 대답이다. 그것은 하나님 자기 자신이다! 우리의 시선으로부터 하나님을 떼어놓은 것은 성령의 활동인데, 단지 어떤 사람들의 시선으로부터 만이 아니라 가끔은 대중의 시선으로부터 또한 어떤 시대 전체 동안 떼어 놓는다. 우리는 우리가 아는 하나님이 부재하는 하나님인 시대에 산다. 그러나 하나님을 부재하는 어떤 하나님으로 앎으로써 우리는 하나님의 어떤 것을 안다. 예전에 우리에게 속했으나 지금은 우리의 시선에서 사라진 어떤 것에 의해 혹은 어떤 사람에 의해 남은 공간으로서, 우리는 하나님의 부재를 감지한다. 하나님은 언제나 무한히 가까이 있고 무한히 멀리 있다. 우리가 하나님의 근접과 멀어짐을 동시에 체험할 때만이, 우리는 하나님을 충만히 의식한다. 하나님에 대한 우리의 경험이 피상적이고 틀에 박히게 될 때 즉 덥지도 않고 차지도 않을 때, 또한 그 경험이 주의를 끌기에는 너무 평범하며 무한한 거리로서 느껴지기에는 너무 가까울 때, 그것은 부재하는 하나님에 대한 경험이 된다. 성령은 끊임없이 존재했고, 영적인 **존재함**은 사라질 수 없다. 그러나 하

---

122) [역주] Paul Tillich(1886-1965). 독일 출신의 신학자로서 자신의 대표 저서인 『조직 신학』을 통해 자신의 사상을 잘 드러낸다. 그 책의 특색은 '상호관계의 방법'으로서 그 방법에 따라 신학이 인간의 탐구적 이성이 묻는 질문에 계시적인 신앙과 경험으로 대답하는 대화 형식을 취한다. 그는 기독교의 신인동형적(神人同形的)인 인격신을 거부했지만, 통상적인 무신론자들처럼 신의 실체는 거부하지 않았다.

나님의 성령은 하나님을 우리의 시선 밖으로 숨길 수 있다. 성령에 대한 어떠한 반항도 무관심도 성령을 물러나게 할 수 없다. 하지만, 우리 곁에 늘 존재해 머무는 성령은 숨을 수 있다. 그것은 성령이 하나님을 숨길 수 있다는 뜻이다. 그래서 성령은 부재하는 하나님 외에는 또한 하나님의 공간이었던 우리 주위의 공간 외에는, 다른 아무것도 우리에게 드러내지 않는다. 부재하는 자는 돌아올 수 있고 자신에게 속한 장소를 다시 차지할 수 있다. 영적인 존재함은 우리의 의식을 깨우려고, 또한 우리의 의식이 그 의식이 무엇인지 분간하도록, 그리고 우리의 의식을 흔들고 변화시키기 위해, 우리의 의식 속에 새로이 침투할 수 있다. 그것은 우리의 영적인 삶의 정체된 기류를 움직이게 하는 성령의 폭풍우처럼 닥쳐올 수 있다. 그 **폭풍우**는 잠잠해질 수 있고, 새로운 정체가 생겨날 수 있다. 하나님에 대한 의식은 우리 안의 공간에 대한 의식에 의해 대체되어 질 수 있다. 성령의 삶은 밀물과 썰물이다. 우리가 하나님의 존재함이라는 경험을 하든지 혹은 하나님의 부재라는 경험을 하든지 간에 그것은 성령의 활동이다."

틸리히가 쓴 아주 아름다운 그 대목「영원한 현재」*l'Eternel Maintenant*, p.101-102을 통해 우리는 '사실' 앞에 놓이지만, 다른 면에서 그 대목은 하나님 존재함의 결과로서 생기는 평온의 자국이 남겨 있다. 틸리히는 마치 실제로 그런 부재가 존재함인 것처럼, 마치 그런 부재가 "정상적인" 움직임에 속한 것처럼, 마치 하나님의 오고 감이 실제로 태양의 나타남과 사라짐과 거의 같은 종류인 것처럼 그 부재에 대해 이야기한다. 그가 하나님의 부재가 여전히 성령의 존재함의 증거라고 말할 때, 나는 신학적 관점에서는 물론 긍정한다. 하지만, 그것이 우리로 하여금 그런 상황을 가볍게 취급하게 하고, 결국 "너무 걱정할 필요 없다."라고 여기게 하는 안이한 위로가 아닐지 걱정이 된다.

하나님의 부재와 침묵의 의미

그러나 사정이 그러하다면, 우리는 하나님의 부재와 침묵이라는 영적 실재의 깊이를 상실한다. 또한, 부재하기로 한다는 바로 그 이유로, 하나님이 우리에게 제기하는 질문에 우리는 답할 수 없다. 우리가 "…이기 때문에 하나님은 침묵한다."라고 말하든지 아니면 "하나님은 자신이 원하는 것을 임의대로 결정하는 주권자로서 침묵한다."라고 말하든지 간에, 두 경우에서 우리는 의미와 진리와 깊이를 상실한다. 또한, 그런 돌아섬으로부터 우리는 거기에 하나님의 질문과 의도가 있음을 이해할 수 없게 된다. 우리가 그런 상황의 극단적인 가혹함으로 내몰릴 때에만, 우리는 그 질문과 의도에 민감할 수 있다. 성령이 늘 거기에 있다는 것과, 우리에게서 하나님을 숨기는 것은 성령이라는 것과, 그것이 하나님의 여전한 사랑에 대한 입증이라는 것을 단정적으로 아는 것은 물론 바람직하다. 그러나 거기에서 결과로 나올 수 있는 평온 및 "그런 것은 통용된다고 기대하자"라는 태도는, 하나님이 우리로 하여금 이해하게 하고 납득하게 하는 것 자체와는 반대이다.

우리는 거기서 시간 속에 펼쳐지고 움직임 속으로 옮겨진 설명 곧 다음과 같은 하나님에 대한 변증법적 정의定義와 같은 종류의 설명 앞에 놓인다. 즉 숨겨진 동시에 드러나 있는 하나님, 다시 말해 자신을 드러내면서 숨겨져 있으며 자신을 숨기면서 드러나 있는 하나님이다. 이것은 물론 사실이지만, 너무 확실하고 너무 "자명하며" 훗날에 대해 너무 확신하고 있다. 아즈텍 인들은 지는 태양이 다음날 다시 뜨지 않는다는 심한 두려움을 겪었고, 그래서 사라지는 그 신神을 다시 부르려고 매일 저녁 제물을 바쳤다. 우리는 자연적인 순환 운동이 있음을 이제 안다. 그러나 태양은 하나님이 아니고, 하나님은 태양이 아니다.

하나님의 침묵과 부재 속에서 우리는 진정으로 고아이다. 또한, 우리는 하나님이 우리를 향해 다시 돌아올 어떠한 이유도 없이 하나님이 정말로 돌아설 수 있음을 받아들일 수밖에 없다. 그것이 왜 하나님의 침묵을 우리가 사실로 받아들일 때 하나님의 침묵을 통해 자연적인 소망이 상실되는가 하는 이유이다. 어떻게 우리는 돌아서는 하나님을 붙잡을 수 있을까? 우리의 기도는 하나님의 침묵 속으로 떨어지는데, 어떻게 하나님은 그 기도를 들을 수 있을까? 어떻게 우리는 하나님을 우리에게 다시 데려올 수 있을까? 하나님의 부재에는 "이유"가 없다. 그런데 어떻게 우리가 하나님의 돌아옴에 대한 "목적"을 발견할 수 있을까….

하나님이 신학적 개념도 아니고 정의 속에 갇혀 있지 않다면, 하나님이 형이상적인 임시변통의 것도 아니고 변함없는 무감無感한 **거대한 시계상인**[123]이 아니라면, 하나님이 늘 그 자체와 같은 **추상적 존재**가 아니라면, 그런 침묵과 부재는 하나님의 결정적인 행위이다. 하지만, 그 침묵과 부재가 하나님의 결정적인 행위가 되는 것은, 하나님이 인간과 함께 인간을 위해 역사 속으로 들어 왔으며 인간의 일과 열정에 따라 자신의 활동과 존재 자체를 끊임없이 다시 형성하는 자이자 **살아 있는 자** 곧 유일한 **살아 있는 자**라는 조건에서 이다. 하지만, 그것은 받아들이고 용납하며 체험하기란 불가능하다.

3. 불가능한 가능성

구약성서는 그런 가망성에 대해 유대인들이 가지고 있었던 근본적인 두려움을 우리에게 나타낸다. "돌아서지 마십시오."와 같은 것은 최상의 궁극적 기도이다. 사람들은 하나님으로부터 모든 것을 견뎌 내지만, 하나님이 돌아서는 것을 견디지 못한다. 하나님의 분노와 우렁찬 예언과 단죄의 위협이 있지만, 그래도 하나님은 여전히 말을 한다. 하나님은 극단적인 엄격함 속에서 또한 무시무시한 위대함 속에서 택했고 사랑했으며 이스라엘을 떠받쳤던 하나님으로 남는다. 하나님은 약속의 하나님이자 신실하고 부인하지 않는 하나님으로 남는다. 하나님의 분노 너머에서 유대인은 약속된 구원을 본다. 유대인은 무서운 얼굴 뒤에서

---

123) [역주] '거대한 시계상인'(Grand Horloger)이란 표현은 18세기 뉴튼(Newton)의 역학(力學)을 프랑스에 도입한 볼떼르(Voltaire)가 '거대한 시계상인'에 빗대어 하나님에 대해 이야기한데서 나온 표현이다.

사랑의 모습을 보고, 단죄의 말 건너편에서 약속의 말을 듣는다. 하나님은 내버리고 지옥에 떨어뜨리는 자가 아니다. 하나님의 결정이 아무리 가혹하다 할지라도, 그 결정은 자신의 사랑 안쪽에 늘 위치한다. 그렇게 하나님과의 관계가 존재하는 한, 모든 것은 구원을 받는다.

하나님의 돌아섬과 그 예들

그러나 하나님이 돌아서면 모든 것이 상실된다. **살아 있는 자**가 다시는 존재하지 않는다면 그 순간 어떻게 살 것인가? 하나님이 부재한다면 어떻게 하나님으로 하여금 자신의 약속을 다시 생각나게 할까? **기원**도 **타자**他者도 더는 없다면 삶은 무엇을 의미할까? 구약성서 전체를 통해 "돌아서지 마십시오."와 "당신의 얼굴로부터 멀리 나를 몰아내지 마십시오."라는 큰 부르짖음이 울려 퍼진다. 그것은 끔찍한 순간이다. 그것은 하나님의 존재함에 대한 위안거리가 되는 증거도 아니고, 변증법적인 움직임에서의 필수적인 과정도 아니다.

시편 74장이 그러하다. "오 하나님, 왜입니까? 당신은 영원히 끊임없이 몰아냅니다. 당신의 분노는 당신 목장의 양 떼를 향해 일어납니다. 당신의 유업을 이어받는 족속으로서 예전에 당신이 얻었고 구속救贖했던 당신의 민족을 기억하십시오. 당신이 머물렀던 시온산을 기억하시고, 끊임없이 황폐된 그 장소들을 향해 당신의 발걸음을 옮기십시오. 적은 당신의 성소聖所 안을 쑥대밭으로 만들었습니다. 당신의 대적對敵들은 당신의 위엄 한가운데서 고함을 질렀습니다. 그들은 자신들의 표장標章 124)을 표장으로 세웠습니다. 우리에게 더는 우리의 표장은 보이지 않고, 선지자들도 더는 존재하지 않으며, 아무도 그것이 언제까지인지 모릅니다. 오! 하나님, 언제까지 압제자가 모욕할 것입니까? 적이 당신의 이름을 영원히 모독할 것입니까? 왜 당신은 당신의 오른손을 빼냈습니까? 오! 하나님, 일어나서

---

124) [역주] 표장(signe)은 무엇을 나타내거나 상징하기 위한 표시물이나 휘장을 말한다.

당신의 싸움을 벌이고, 미친 자가 온종일 당신을 수치스럽게 하는 것을 기억하십시오."

결정적이고 비극적인 것은 적이 존재하고 승리자라는 것도 아니며 민족의 정치적 불행이나 혹은 경제적 불행도 아니다. 즉 그것은 사람들이 그 재난을 하나님의 분노 탓으로 돌리는 것이 아니라, 하나님의 버림의 탓으로 돌린다는 것이다. 하나님은 돌아섰다. 하나님의 말도 더는 없고 선지자도 더는 없다. '하나님의 표장'도 다시는 없다. 즉 적은 자기 자신의 표장을 세울 수 있는데, 그런 것이 버림이라는 것이다. 하나님의 표장을 인간의 표장으로의 대체 외에 다른 비극이란 없다. 그런 것이 바로 "미친 자의 날"이다. 하나님이 침묵하는 것은 팽배해 있는 광기이고, 두려움이며시30:8, 혼돈이고시104:29, 죽음이다.시143:7 구약성서 전체는 그런 두려움으로 울려 퍼진다. 즉 하나님은 거부당할 수도 있다는 것이다.125)

실제로 그런 경험을 이스라엘이 했으며, 이스라엘은 하나님의 침묵을 가로질러 살았다. 사사 시대의 끝이 그러했다. 한편으로는 하나님의 말이 그 시대에 드물었음이 우리에게 입증된다.삼상3:1 다른 한편으로는 인간이 하나님의 뜻에 유의하지 않고, 완전히 독립적으로 자신의 뜻에 따라 행동했음이 입증된다.삿21:25 그 두 사실은 분명히 연결되어 있다. 하나님의 말이 무시되었기 때문에 또한 하나님의 말이 없었기 때문에, "각자는 자신에게 좋아 보이는 것을 했다." 인간이 하나님의 말을 무시했기 때문에 또한 인간은 하나님의 말로부터 아무것도 끌어낼 수 없었기 때문에 하나님은 침묵했다.

이루어져야 할 모든 것을 스스로 성취할 자신의 지성과 의지와 소질의 탁월함을 확신하는 인간은, 신적인 권고와 비판적 대면을 분명히 필요로 하지 않는다.

---

125) 네헤르가 그런 태도를 "숨겨진 얼굴"과 단지 관련되는 것으로서 또한 공황 상태의 심리적인 반응으로서 해석할 때 나는 네헤르의(『말의 유배 L'exil de parole』) 의견과 일치하지 않음을 여기서 밝히고자 한다. 신학적인 문제인 드러나는 하나님의 숨겨진 얼굴과 하나님의 버림을 구별해야 하는데, 하나님은 명백히 궁극적인 방법으로 침묵하고 인간에게서 심리적인 것이 아니라 본질적인 것에 영향을 미친다. 만일 ...라면 모든 것이 상실된다.

그러나 우리는 그런 것이 어떻게 끝나는지 알고 있다. 불행한 엘리[126]의 비극이 있기는 하지만 그것은 비극으로 끝나는 것도 아니고, 비할 데 없는 사악함으로 끝나는 것도 아니라 추종으로 끝이 난다. 자기 스스로 좋다고 판단한 자신의 의지를 행하기로 한 인간은 하나님을 침묵으로 국한하고 해결방도만을 살피는데, 그것은 다른 사람과 비슷해지는 것이다. 우리는 그런 과정을 알고 있다. 인간이 하나님의 침묵에 절망하지 않을 때란, 인간이 비슷해져서 식별되지 않기만을 바랄 정도로 의식을 없애는 것이다. 따라서 구약성서는 우리에게 두 가지 면을 제시한다. 한 면은 이스라엘이 의식한 채 남아있는 한에서, 하나님의 침묵 앞에서 이스라엘의 절망이다. 다른 면은 "거추장스러운 것을 시원하게 치우는 것"으로서 그런 침묵의 수용인데, 그것은 이스라엘의(오늘날 우리는 "인간의"라고 말할 것이다) 특수성이 사라지는 것일 따름이다.

성서 본문 밖에서도 우리는 그리스도에 앞선 시대 전체에서 이스라엘의 비극이 무엇이었는지 안다. 예수 이전 200년에 **정경**正經은 종결되고, 이스라엘은 민족 전체에 있어서 하나님의 말로 받아들일 만한 하나님의 말이 더는 없음을 인정한다. 이스라엘은 영광스럽고 복잡하며 어려운 정치사를 겪게 된다. 또한, 정치의 우여곡절 속에서 길을 잃고, 동맹과 정복과 새로운 왕권에 사활을 건다. 그런데 하나님은 침묵한다. 이스라엘은 하나님의 말을 회복시키려고 애를 쓰고, 소위 외경外經이라는 저작으로 계시를 연속시키려고 애쓴다. 그러나 이미 토비트서와 마카베오서 혹은 집회서[127]에 관한 의견의 분열과 불확실성을 통해, 그 경전들이 반박을 담은 명확하고 타오르는 말과 전혀 상관이 없음이 잘 드러난다. 그런데도

---

126) [역주] 사무엘상 서두에 나오는 제사장 엘리는 아들 홉니와 비느하스가 제사장직을 남용하는 것을 막지 못해 가문의 파멸에 대한 비참한 예언을 하나님의 사람을 통해 들어야만 했다. 결국 블레셋과의 전투에서 두 아들이 전사하고 언약궤를 빼앗겼다는 소식에 놀란 엘리는 의자에서 뒤로 넘어져 목이 부러져 죽는다. 해산을 한 비느하스의 아내는 그 소식을 듣고서, "영광이 이스라엘에게서 떠났다"고 하며 아이 이름을 '이가봇'이라 짓는다.

127) [역주] 토비트서(Tobie)와 마카베오서(Maccabées) 혹은 집회서(Ciracide)는 외경(外經)으로 분류되는 것들이다.

이스라엘은 그것에 대해 하나님의 영감을 인정하고 있었다. 이스라엘은 거창한 예들을 다시 들면서 자신의 말을 하나님의 말의 가치로 끌어올리려고 하는 동안, 또한 자신의 역사 사건들로 하나님의 계속된 몸짓으로 다시 만들려고 하는 동안, 하나님은 침묵하고 있었다. 그러나 그것이 헛된 주장이고 가장假裝일 따름이라는 것이 속히 드러나고 있었다.

　분명히 많은 사람의 경건함에서 하나님은 존재해 있었다. 에세네파 사람들[128] 과 그와 비슷한 종파의 종교적 민감성에서 하나님의 부재는 아마도 없었다. 그러나 명백히 희망도 없고 해결방법도 없는 역사 속에 관여된 그 민족에게 있어 하나님은 침묵하고 있었다. 이스라엘이 역사적 사건들 한가운데서 서로 다투며 전통의 줄을 다시 매려고 애쓰고 있었던 동안, 또한 희생제물, 기도, 금식, 참여, 업적, 신학, 적극적 행동주의, 경건으로 공허를 메우려고 애쓰고 있었던 동안, 하나님은 3백 년 가까이나 침묵했다. 우리는 그 점을 알고 있다. 그러나 이스라엘의 그런 경험을 특히 잊지 말아야 한다. 그 점에서 역시 하나님의 민족은 표본이 되면서, 하나님의 침묵을 경험했고 새로운 광야를 지나갔다.

예수에게 있어 하나님의 부재의 가능성

　예수는 그런 가능성을 우리에게 여전히 확인시킨다. 그 가능성은 결정적인 상황 즉 인간의 결정이라는 상황이 될 수도 있다. 모든 비유를 떠올려 보자. 그것은 하인들로 하여금 **왕국**을 담당하는 데 있어 스스로 헤쳐나가도록 내버려두고 가

---

128) [역주] 에세네파 사람들(Esseniens)은 BC 2세기경부터 AD 1세기말까지 팔레스타인에서 활동한 종파에 소속된 사람들을 가리킨다. 에세네파는 수도원 공동체를 이루고 살았는데, 재산을 공유하고 일상생활의 세세한 부분까지도 관리자에게 통제를 받았다. 바리새파와 마찬가지로 모세 율법, 안식일, 정결의식을 철저히 지켰고 불멸과 죄에 대한 하나님의 심판을 믿었다. 그러나 바리새파와는 달리 육체의 부활을 부정했고, 공공생활에 뒤섞여 살기를 거부했다. 극히 예외적인 경우를 제외하고는 성전예배에 참석하지 않았고, 은거지에서 육체노동을 하며 지내는 금욕생활에 만족했다. 안식일은 하루 종일 기도하고 토라(Torah)를 묵상하는 방식으로 지켰다. 맹세를 삼갔고, 한번 맹세를 하면 철회할 수 없었다. 구성원 자격을 갖춘 사람들은 하나님에 대해 경건히 살 것, 사람들에게 정의로울 것, 거짓을 미워하고 진리를 사랑하며 에세네파의 모든 교리를 충실히 지킬 것을 서약했다.

버리는 **왕**이다. 그것은 회계를 맡은 자로 하여금 집을 관리하도록 혹은 집에 딸린 사람들을 통솔하도록 내버려두고 떠나는 집주인이다. 그것은 하인들로 하여금 장사를 하거나 혹은 대금업을 하도록 돈을 맡기면서 가버리는 부자이다. 그것은 자신의 포도밭을 포도 농사꾼들이 경작하도록 맡기고 떠나는 땅 주인이다. 그것은 부재중이지만 언제 돌아올지 모르는 신랑이다.

그 비유들이 형상이라고 말하고 싶지만, 그렇게 간단하지 않다. 그것이 하나님은 하늘에 있고 하나님은 우리로 하여금 땅 위에 있는 것을 마음대로 사용하게끔 내버려 두는 것을 "단순히" 의미한다고 말하고 싶다. 하지만, 그런 해석은 **언약**에 대해서 또한 역사 속 하나님의 일에 대해서 구약성서가 우리에게 말하는 모든 것과 반대로 나아간다. 하나님은 침묵으로 자신을 감싸면서, 또한 인간이 스스로 헤쳐나가도록 내버려 두면서, 자신의 하늘로 결정적으로 물러난 것은 아니다. 즉 이스라엘에 있어 그것이 바로 특히 비극적인 상황임을 보았다.[129] 그 비유들이 우리 가운데 육체적으로 더는 존재하지 않는 예수가 지상에서의 떠남을 의미한다고 말하고 싶다. 또한, 그 비유들이 재림의 기다림 속에서 '중간 시대'를 "오직" 특징짓는다고 말하고도 싶다. 실제로 대부분의 그 비유들은 성자를 겨냥하는 것이 아니라, 성부의 부재를 겨냥한다.

결국, 그것들이 재림의 기다림이라는 상황에 대해 우리가 깨어 있게 하는 종말론적인 비유들이라고 말하고 싶다. 분명히 그 점은 정확하다. 그러나 하나님으로부터 인간에게 존재하는 간격과(예수 안에서 파기된 간격이고 또한 그 점에 대해서는 그 간격이 **새로운** 창조와 **재림**의 때에 모든 인간에게 있어 파기될 것이라고 우리에게 예고되어 있다.) 하나님의 침묵 사이에 차이점을 분별하는 것이 불가피한 듯이 보인다. 왜냐하면, 그 비유들과 반대로, 우리에게는 하나님이 그 간격에도 존재한다는 증거가 있기 때문이다. 즉 "나는 너희와 함께 있다…. 나는 너희에

---

129) 콕스(**H. Cox**) 류(類)의 승리주의의 주된 오류가 있는 것이 바로 여기인데, 그는 하나님이 인간에게 자리를 남겨 주려고 물러남이 인간에게 있어서 유리한 상황이라고 간주한다.

게 성령을 보낼 것이다⋯."라는 구절이다.

그 비유들은 오직 그러하다는 것은 아니지만 다음 같은 점을 우리에게 나타낼 수도 있는 것 같다. 즉 약속되고 입증된 존재함이 철회될 수 있다는 점이고, 하나님의 어떠한 것도 더 이상 감지되지 않고 들리지 않는 순간 곧 부재와 돌아섬의 경험만이 존재하는 순간이, 이스라엘에서처럼 예수 이후에도 있을 수 있다는 점이다. 그것은 부재자의 존재함에 대한 "정체된" 구조화이면서 "시대 간의" 영속적인 상황에 대한 묘사일 뿐만 아니라, 체험된 것이나 혹은 영적으로 인지된 것이 더는 아무것도 없을 수 있다는 가능성에 대한 경고이다.

그것은 "왜 나를 버렸습니까?"라는 예수의 부르짖음에서 그 확인과 절정이 발견된다. 그 부르짖음을 통해 성자에게 성부가 지속적으로 존재했음이 입증된다. 또한, 그 부르짖음을 통해 성부에 대한 성자의 투명성이 있었음이 입증된다. 그리고 난 후 그것은 사라졌다. 하나님이 예수 안에서 죽었던 것이다. 나는 그 결정적인 부르짖음에 대한 그토록 많은 다른 고찰을 답습하는 식으로 고찰하지 않겠다. 나는 여기서 언급된 비극의 밑바탕과 관련된 신학적인 어떠한 논쟁도 전개하지 않겠다. 나는 그 부르짖음과 하나님의 부재의 가능성 사이에 연관성을 살펴보는데 만족한다.

우선 통용되고 있는 다음 같은 해석을 떼어 놓는 것이 분명히 필요하다. 즉 예수가 자신의 실패를 기억에 담고 있었다는 해석이다. 또한, 예수는 환상에 이끌려 살았고, 하늘은 비어 있었으며, 성부도 하나님도 없었다는 해석이다. 우리에게 충실히 전해진 그 문장[130] 구조 자체를 통해, 그 부르짖음이 다음 같은 설명과 아무런 관계가 없다는 것은 더 연구해보지 않아도 입증된다. 그것은 반反유신론적인 **선험적 추리**, 예수에 대한 배타주의적인 인본주의 개념, 반反기독교에 입각해서만이 받아들이기가 쉬운 낭만적인 설명이다. 하지만, 그것은 그 기도를 이해

---

130) [역주] 그 문장이란 "왜 나를 버렸습니까?"라는 예수의 부르짖음이라고 볼 수 있다.

하지 못하기 때문이다. 다른 면에서 그 버림은 나에게는 상황적이지 않은 듯이 보인다. 그것은 오직 그 순간과 그 이야기와 그 사람에 연결되어 있다. 아주 정통적인 신학 곧 어떤 관점에서 아주 정확한 신학에서는 실제로, 거기서, 그 점에서, 그 사람에게 있어서 하나님이 버렸다고 말해질 것이다.

하나님의 돌아섬과 버림의 가능성

예수는 실제로 버려졌지만, 그는 인류 역사에서 버려졌던 유일한 자이다. 이스라엘에서 경건한 자들이 그토록 두려워했던 하나님의 돌아섬이자 하나님의 심판인 버림은 결정적으로 예수 그리스도 안에서 이루어졌다. 그것은 아마도 사실이다. 예수 그리스도만이 하나님의 부재가 무엇이었는지를 알고 헤아려 볼 수 있었음은 더욱더 사실이다. 예수 그리스도에게 있어서만이 그것은 절대적인 비극이었다. 왜냐하면, 하나님의 침묵은 하나님의 **말**로 살아가는 자 혹은 하나님의 말로 살려고 애쓰는 자에게 있어서만이 심각하게 느껴지기 때문이다. 친밀함, 사랑, 신앙, 하나님에 대한 앎이 더 커질수록, 부재와 침묵은 더 무서워진다. 비非신자에게 있어서 하나님의 침묵은 가혹한 방식으로 느껴지지 않는다. 그와 반대로 그 침묵은 자신에게는 정상적인 듯이 보인다. 하지만 비신자는 그것을 모른 채, 침묵의 끔찍한 결과를 느낀다. 그는 자신의 상황이 존재한다고 믿기지 않는 사건으로부터 나온 것이기 때문에, 그 상황을 이해할 수 없다.

예수 그리스도 안에서 버림에 대한 의식과 버림의 의미와 그것이 나타내는 궁극적인 비극은 실제로는 절대를 향해 나아갔다. 그러나 예수가 버림받았기 때문에, 하나님의 버림도 침묵도 부재도 다시는 있을 수 없다고 말할 수은 없다. 이것이 나에게는 완전히 추상적인 듯이 보인다. 아마도 영원한 신학 즉 '테올로지아 페레니스'theologia perennis에 있어서 이것은 사실일 수도 있다. 하지만, 실제로 우리는 개인적으로 혹은 교회로서 혹은 집단적으로 여전히 영적인 사막을 건너가게끔 운명 지어져 있다. 또한, 우리는 하나님이 인간을 정신착란상태에다 혹은 허무에다 내버리는 삶의 시기나 혹은 역사의 시대를 건너가게끔 운명 지어져 있다.

그래서 예수의 외침은 그런 버림의 궁극적인 가능성에 대한 결정적이고 부인할 수 없는 입증인 듯이 보인다. 십자가에서의 그러한 말이 없다면, 신학자들은 하나님의 그런 침묵을 체험하는 사람들에게 그들이 틀렸으며 그것이 심리적 환상이라고 정말 양심에 거리낌 없이 말할 수도 있을 것이다. 왜냐하면, 전능한 동시에 사랑이며 섭리인 동시에 성육신한 하나님에 의해 예수는 버려질 수가 없기 때문이다. 그러나 그런 부르짖음이 있다. 그것은 예수의 심리적 환상이 아니었다. 하나님이 하나님을 버렸고, 하나님이 자기 자신을 버렸으며, 하나님은 창조를 이끌어냈던 심연 속으로 빠졌던 것이다. 그뿐만 아니라 그것은 성자의 파열이고 성부의 파열이다. 왜냐하면, 그것은 하나님 안에서의 하나님의 폭발이기 때문이다. 그것은 '가능한 불가능성'이다. 우리는 거기에 근거하여 우리를 향한 하나님의 침묵 가능성을 안다.

그리스도가 그렇게 자신을 버렸기 때문에, 누구도 더는 그렇게 되지 않음이 사실이라고 하자. 하나님이 인간을 그토록 사랑했기에 하나님은 자신을 버렸고, 그들을 위해 자기 자신을 파기했음이 사실이라고 하자. 그래서 결국 누구도 그런 사랑으로부터 더는 빠져나올 수 없음이 사실이라고 하자. 그러나 그런 영적이고 신학적인 진리의 한계를 반드시 이해해야 한다. 그것은 누구도 예수가 버려졌던 것처럼 즉 가장 접근할 수 없는 깊음 속에서 궁극적이고 전적이며 무한한 방법으로 버려지지 않음을 뜻한다. 그것은 궁극적인 침묵이나 마지막 버림과 관계되는 것이 결코 아님을 의미한다. 즉 한 인간의 역사가 아닌 인간의 역사가 하나님의 부재라는 늘임표 위에서는 절대 끝나지 않는다는 것이다. 하나님의 침묵은 이미 그리스도 안에서 집약된 역사 안에 포함되어 있다. 즉 '버림'처럼 하나님의 침묵은 일시적인 따름이고 완전히 종결되지 않을 따름이다.

그것은 버려진 모든 사람, 제외됨을 느끼는 모든 사람, 성령의 전적인 메마름을 체험하는 모든 사람, 시편 10장, 13장, 22장을 간절히 읽는 모든 사람…. 그 사람들이 예수 그리스도 안에 있음을 결국 뜻한다. 그들은 침범할 수 없는 합일 속에 있고, 지울 수 없는 말 속에 있다. 그들은 그리스도가 부르짖던 그 순간 그리스도 자신이 영광을 미리 낮춘 것 같은 상태 속에 있다. 따라서 그리스도가 담당한 그런 버림에 근거하여 하나님으로부터 버려진 사람이 더는 없다는 것으로서가 아니라, 그 외침이 하나님이 인간으로부터 돌아설 수도 있음의 입증이라는 것으로서 그 말이 들려져야 하는 듯이 보인다. 그러나 하나님이 자기 자신을 버렸기 때문에, 버려진 인간은 그 돌아섬 속에서도 하나님 안에 있다는 것이다. 하지만, 하나님이 침묵하고 있을 때, 본질적이고 영적인 진리가 공허와 부재에 대한 영적인 체험을 없애지는 않는다. 우리가 건너야 하는 것이 아마도 지금 이 광야이다.

4. 침묵의 오늘

하나님은 침묵한다. 나는 지금 역사의 이 시기에서 그것이 우리의 체험이고 현실이라고 생각한다. 우리는 "왜…"를 되풀이할 수 있다. 예수 그리스도가 십자가에서 받았던 대답 외에는 더는 대답이 존재하지 않을 것이다. 하나님의 영만이 하나님의 영의 심중을 살핀다. 우리는 그러한 "왜…"를 알아낼 수 없다. 왜냐하면, 가깝지도 멀지도 않고 근본적이지도 부차적이지도 않으며 궁극적이지도 효과적이지도 않은 원인이 하나님의 어떠한 결정에도 없기 때문이다. 원인은 결정 그 자체이다. 우리가 단지 말할 수 있는 것은 인간의 그러한 결정과 관계있는 그런 상황 속에서 하나님은 침묵하고 사라진다는 것이다.

하나님의 침묵과 돌아섬

우리는 여기서 본질적인 구분을 해야 한다. 즉 우리는 구약성서에서 하나님이 침묵하거나 혹은 돌아서 있다는 사실이 최고의 징벌로서 느껴짐을 보았다. 그래서 우리는 하나님의 그런 침묵이 인간에 대한 벌이라고 지금 말할 수 있을까? 신학적 표명이 개입할 수 있는 것은 분명히 여기이다. 그 표명에 따르면 징벌은 예수 그리스도에게 전적으로 돌아왔다는 것이다. 하지만, 다른 면에서 그런 침묵과 부재는 살아 있는 말을 열망하고, 자기 하나님이 '여기서 또한 지금$^{hic\ et\ nunc}$ 존재함에 대한 증거를 열망하는 신자에 의해 징벌로서 분명히 체험될 것이다. 그 신자가 기대된 사랑을 성부를 향해 진정으로 가지고 있다면, 그 신자는 최악의 단죄로서만 그 공허를 체험할 수 있다. 그러나 정확히 말해 그것은 단죄와 관계되는 것은 아니다. 지금 하나님이 침묵하고 있다면, 그것은 하나님이 내버리기 때문이 아니라 하나님이 내버려지기 때문이다.

우리가 알고 있었던 하나님은 무시무시하고 전능한 하나님이자, 자신의 신성함과 명예에 대해 복수하고 단죄하는 천군千軍과 통치권의 하나님이다. 물론 하나님은 늘 그렇다! 또한 그 하나님은 대홍수의 하나님이자, 소멸시키는 전쟁의 하나님이다. 그러나 변함없고 자기 자신과 같은 그런 하나님은 진정으로 그와 같이 행동하지 않는다는 것이 바로 대홍수의 교훈이다. 대홍수 신화로부터, 예수 그리스도 안에서 정점을 이루는 하나님의 사랑의 역사로의 이행은, 바로 다음 같은 점을 우리에게 나타낸다. 즉 신화적 측면에서나 혹은 종말론적 측면에서나 혹은 비유적 측면에서 증오하고 심판하며 호통치고 벌을 내리는 자로서 드러나는 하나님이 그 측면에서만 그렇다는 것이다. 왜냐하면, 진실하고 실제적이며 구체적인 관계라는 역사적 측면에서, 하나님은 구원과 용서와 사랑과 겸손의 하나님이기 때문이다.

가장 불쌍한 자인 하나님은 언제나 모욕당하고 문에 서서 두드리는 자이다. 즉 하나님은 그러한데, 그 놀라운 영광은 하나님에 대한 투영일 따름이다. 그래서 그 침묵과 버림과 돌아섬은 인간에 대한 심판과 단죄가 아니다. 그것은 인간이 하나님에 대해 내리는 심판의 표현이자 하나님에 대한 인간 단죄의 표현으로서, 하나님 안에서 하나님을 향한 것이다. 아마도 그것은 자발적으로 그렇다고 할 수 있으나, 비자발적으로 그렇다는 것이 훨씬 더 확실하다.

정보의 세계에서 하나님의 침묵

우리는 단어들이 확산하는 세계 및 아무것에 대해서도 더는 알려주지 않는 "정보들"이 확산하는 세계를 만들었다. 우리는 소식의 홍수 속에서 또한 중단되지 않는 언어표현적인 폭발 속에서 살고 있다. 모든 것이 늘 모든 사람에게 이야기되는데도, 실제로는 아무것도 말해지지 않는다. 무한한 반복과 헛된 호기심과 내부의 지적인 공허로 이루어져 우리를 엄습하는 요란한 물결 속에서, 어떠한 말이라도 진정으로 더는 말이 될 수 없다. 모든 것이 구분되지 않은 용암 속에 녹아 있다. 거기에는 과학적인 정보가 뉴스 속보 속에 파묻혀 있고, 중요한 정책적 결정이 살인과 교통사고 곁에 하나의 표제가 된다. 또한, 거기에는 인간의 가장 괴로운 호소가 팝pop이란 음악적 마취제에 의해 지워지는 동시에, 텔레비전 시청자에게 흥미로운 다른 담화들discours의 계기가 된다. 또한, 거기에는 결정적인 말이 방송의 묘미를 새롭게 하려고 사용된다.

결정적인 가능한 말이 더는 없고, 질문도 궁극적인 대답도 더는 없다. 틸리히의 **궁극적인 것**이 더는 없는 것과 마찬가지로, 로빈슨Robinson의 **심오함**도 없다. 우리를 뒤흔들고 우리를 온갖 방향으로 투사投射하는 소리의 표면적인 폭발이 있다. 즉 어떠한 말도 그러한 상황 속에서 말해질 수 없다. 그래서 하나님은 침묵한다. 하나님은 소돔과 고모라를 새로이 소멸시킬 수도 있다. 그러나 노아에게 한 하나님의 약속 및 그리스도 안에서 더욱더 근본적인 하나님의 약속은 결정적으로 하나님을 행동하지 못하도록 속박했다. 정말 요란한 **팝 음악** 축전 및 몹시 우렁찬 정치적 선포를 깨트림으로써 그것들을 부수는 심판의 나팔은 없고, 이제부터는 하나님의 침묵이 존재한다. 왜냐하면, 하나님은 인간과 힘을 겨루지 않기 때문이다. 하나님은 비참하고 박탈된 인간이다.[131]

같은 방식으로 우리 시대의 의기양양한 인간은 하나님을 죽이고, 천상의 성부

---

131) 그리고 이제 일반적으로 이루어진 선회(旋回)를 통해 거기에서 빠져나오지 말아야 한다. 즉 가난하고 존재하지 않는 그런 하나님은 가난하고 압제받는 모든 인간들 속에 실제로 존재한

를 쫓아내며, 그런 환상이나 혹은 그 귀찮은 증인을 몰아내기로 했다. 그리고 사랑과 자식 관계의 부재, 신뢰와 은사의 부재, 신실함과 진리의 부재, 자신에 대한 통제의 부재, 자유와 진정성의 부재 앞에서, 예수 그리스도 안에서 자신이 죽게 내버려두었던 하나님은 자신의 조심성 속으로 물러난다. 현대인이 열정적으로 이루었던 부재의 세계 속에 하나님은 자신을 존재하지 않게 한다. 현대인은 분명히 하나님을 죽이지 않았다. 그러나 현대인은 부재의 세상을 만들면서, 하나님의 돌아섬으로 나타났던 하나님의 조심성을 유발했다.

그런데 하나님이 침묵할 때 또한 우리가 하나님을 죽였다고 믿을 때 운명이 남는다. 그래서 **운명**으로서만 체험될 수 있는 것이 하나님이다. 그것은 네헤르가 사울에게 있어서 다음과 같이 더할 나위 없이 묘사했던 바이다. 즉 "탈무드에서 운명의 비극이라고 주저 없이 규정되는 사울의 비극의 무서운 성격이, 그의 비극적인 종말을 통해 강조된다. 사울은 하나님의 무기력한 침묵을 거부가 지닌 공격성의 최고의 징표signe, 132)로서 느낀다."라고 말이다. 그러나 나는 사울이 본보기가 된다고 덧붙일 수밖에 없다. 왜냐하면, 우리는 다른 식으로 하나님의 침묵을 체험할 수 없기 때문이다. 또한, 하나님의 침묵을 설명하려는 것이든지, 하나님의 적극적인 면과 인간을 향한 하나님의 자유의 깊이를 우리에게 입증하려는 것이든지 간에, 온갖 신학적 근거를 통해 다음과 같은 사실에는 아무런 변화가 없기 때문이다. 그 사실은 하나님이 침묵할 때, 말의 하나님이자 말에 의해서만 전파되는 하나님이 어둠과 죽음과 온갖 마귀에게 여지를 남긴다는 것이다. 바로 그것들과 사울이 싸웠고, 그것들은 오늘날 우리에게서 즉 교회와 그리스도인에게

다는 것이다. 얼마나 그것은 편리하고, 얼마나 그것은 모든 고뇌들을 가라앉히는가! 얼마나 새로운 아편인가! 하지만 그것은 선회일 따름이다!

132) [역주] 표시, 표장(標章), 징조, 징표(徵表) 등으로 옮겨질 수 있는 'signe'는 어떤 사물 혹은 어떤 사람을 인식하거나 혹은 인정하는 것을 가능하게 하는 지표를 나타내므로 일반적 현상들과 관련될 때는 '징조'로 옮겨질 수 있으나, 특히 기독교에서 신적인 활동에 속하는 것으로서 인식된 또한 신적인 힘의 나타남으로 인식된 현상과 관련될 때에는 '징표'로 옮기는 것이 더 적절할 것 같다.

서 떠나지 않는 것이다.

하나님의 말에 대한 식별과 선포

그러나 여기서 자세한 설명이 필요하다. 즉 '하나님과의 단절' 시대에 하나님은 여전히 어떤 개인들에 의해서 가깝게 체험되고 있음이 분명하다는 것이다. 하나님은 자신의 말이 어떤 사람들의 가슴 속에서 살아 있게 한다. 그것은 분명히 사실이다. 예를 들어 치유와 같은 하나님의 은총으로 이루어진 기적과 복음서에 기술된 것과 비슷한 기적이 오늘날에도 늘 있음이 확실하기 때문이다. 그러나 하나님의 침묵과 부재는 집단적으로 체험된다. 즉 '하나님과의 단절'에 있는 것은 기독교 민족이고 교회들이며 자신들의 총체 속에 있는 인간들이다. 그리고 어떤 사람들의 개별적인 경험을 통해서는 거기서 아무것도 변하지 않는다. 그들의 증언은 들리지도 않고 받아들여지지도 않으며, 하나님은 교회를 향하여 침묵한다.

하나님의 활동적인 존재함을 체험했던 한 인간의 말이 어떻게 하나님의 말로서 공동체에 받아들여질 수도 있을까? 그런 곤경 속에서는 이중적인 반응이 있다. 그 반응은 하나님의 말에 대한 객관화일 수 있는데 이것은 바르트를 향해 사람들이 가할 수 있었던 비난이다. 즉 그런 말을 경험하는 것은 쓸데없고, 그 말은 하나의 요점일 따름이며 변하지도 않는다는 것이다. 또한, 그 반응은 하나님의 말에 대한 근본적인 주관화일 수 있는데 이것은 불트만을 향해 사람들이 가할 수 있었던 비난이다. 즉 말을 하는 하나님이 있는지 없는지 자문하는 것은 쓸데없으며, 중요한 것은 '-로서 체험된바'라는 것이다. 그러나 하나님이 침묵할 때 또한 하나님이 침묵하기 때문에, 그것들이 궁색한 해석이라는 점이 바로 불행이다!

교회에서 또한 인간 집단에서 광야가 있다. 하나님의 그런 침묵은 일 년이나 3백 년간 지속할 수도 있다. 선의의 말과 진정한 말을 통해서, 또한 하나님의 사랑과 존재함에 대해 체험된 증언을 통해서, 거기에는 아무것도 변하지 않는다. 그것은 하나님이 타인들을 위한 한 인간에게 실제로 다시 말하는 그날까지이다. 하나님의 **말**이 그 당시에는 드물었고, 더는 선지자들이 없었으며, 사사들은 배반했다고 사무엘상에 표현되어 있다. 어느 날 하나님은 모든 인간과 민족 전체를 위해 그런 말을 전하기로 예정된 한 사람, 즉 계시 전체를 다시 구체화하게 될 한 사람 곧 사무엘을 선택한다. 그런데 사무엘이 하나님의 **말**을 전하는 책임을 진 것일 뿐만 아니라(왜냐하면, 자신을 위해 하나님의 말을 받고 듣는 각자는 모두를 위해 그 말을 전하는 책임이 있기 때문이다!), 그 민족이 사무엘의 말 속에서 모두를 위해 보내진 하나님의 말 자체를 다시 식별한다는 점에서, 그 순간 하나님의 침묵이 그친다는 것이다.

따라서 하나님 침묵의 끝을 나타내는 것은, 각자의 마음속으로 각자에게 개별적으로 보내진 말이 아니다. 하나님 침묵의 끝을 나타내는 것은, 선민選民 즉 교회가 자신의 구성원 중 한 사람에 의해(자신은 하나님으로부터 그런 말을 분명히 들었다.) 행해진 선포를 하나님의 말로서 받아들이고, 거기에서 **주**主의 일 자체를 식별한다는 사실이다. 그래서 광야와 유배와 '하나님과의 단절' 시대는 끝이 난다. 그러나 상황이 성서 전체에서 처럼 그와 같이 된다면 개인으로서 주主와 일치되어 있고 성서를 살아 있는 선포로 읽는 개인 중 누구도 자기를 부인할 수 없고 자신이 거기서 중단할 수 있다고 생각할 수도 없다. 누구도 다음 같은 추론을 지속할 수 없다. 즉 "우리가 '하나님과의 단절' 시대에 있고 지금이 하나님의 깊은 침묵의 시대임이 사실이라면, 말하려고 애쓰는 것이 무슨 소용이 있으며, 내가 아는 것과 보는 것과 불타는 사랑과 표현할 수 없는 존재함을 전달하려고 애쓰는 것이 무슨 소용이 있는가."라는 추론이다.

누구도 신비적인 경험과 깊은 경건함과 자기 혼자만을 위한 계시의 이해를 간직하고 있다고 주장할 수 없다. 왜냐하면, 그들 중 누구도 자기가 '하나님과의 단절' 시대를 끝내는 임무가 하나님에 의해 맡긴 자가 아닌지 알 수 없기 때문이다. 광야에서 말했던 많은 선지자가 있었다. 그런데 아무것도 아무도 그 말을 듣지 않았거나 혹은 대답하지 않았다. 그때가 **부흥의 시대**임을 있는 힘을 다해 선포했던 많은 선지자가 있다. 그리고 자기가 광야에서 외치는 소리라고 스스로 판단했으며 자기보다 앞선 사람들보다 운이 더 좋지는 않았던 마지막 사람에게까지는 아무것도 도래하지 않았다. 하지만, 이번에는 결정적이었고 하늘이 열렸으며 하나님의 말이 육신이 되었다. 그래서 우리 중 아무도 '하나님과의 단절'인 우리 시대를 핑계로 침묵할 수 없다. 하지만, 그러한 시대에 사는 것이 다른 면에서 어떤 요구와 결심을 전제로 한다.

5. 쟁점

나의 대화 상대자를 설득했다고 나는 생각하지 않는다. 나는 내가 본 것, 분석했던 것, 이해했던 것, 체험하는 것을 단지 말할 따름이다. 그래서 우리가 처음에 간략히 열거했던 어떤 반박에 대한 대답을 거기에 근거하여 해볼 필요가 있다. 예수가 **구원자**이자 **주**라는 사실과 구원의 과업이 성취되어 있다는 사실을 통해, 그래도 역시 교회는 구체적인 역사 속에서와 일시적이고 현세적인 체험의 측면에서 하나님의 침묵이라는 비극을 알 수 있고, '하나님과의 단절' 시대를 가로질러 갈 수 있다.[133] 요한계시록 서두의 편지들은 우리에게 그 점을 입증하려는

---

133) 그렇게 '하나님과의 단절'은 신학적으로 '하나님의 죽음'을 대체한다. 즉 나는 부버(M. Buber)가 '하나님의 죽음'이라는 주장을 비판하면서 "하나님의 사라짐"에 대해 이야기했을 때 그와 같은 노선 속에 위치한다는 것이다(Werke I, 1962). 그는 특히 사르트르의 사상과 대립하는데, "그 사상에 따르면 하나님의 침묵은 하나님이 존재하지 않거나 혹은 최소한 인간을 위해 존재하지 않는다는 증거를 만들 수도 있을 것이고, 그러한 침묵으로부터 엄밀한 결론들을... 즉 사르트르가 『악마와 선한 하나님 Le Diable et le Bon Dieu』의 주인공을 통해 실제로 끌어내게 하는 결론들을 끌어내는 것이 중요하다는 증거를 만들 수도 있을 것이다". 그러나 사르트르에 의한 주제의 연극적인 사용을 통해 부버가 바로 그 역할 이론에 의해 철학자에게 답하는 것이 가능해진다. "역할은 실제로 '나-사람들'(Je-On)의 관계 속에 위치하는 것이 아니라 '나-너'(je-Tu)의 관계 속에 위치한다... '하나님의 사라짐'은 역시 역할의 한 국면이다. 그것은 신적인 본질이나 하나님의 존재에 아무 것도 변화시키지 않는다. 하지만 그것은 존재와 실존 앞에 칸막이가 놓여졌고 또한 하나님의 빛을 숨기며 하나님의 말을 억누르는 '사람들'(On)이라는 비 인칭적인 배경이 놓여졌다는 사실에 기인한다..."(네헤르). 사르트르에 대한 대답은 분명히 정확하다. 하지만 철학적인 혹은 신학적인 관점에서 하나님의 역할 개념을 인정할 수 있다면, 하나님의 현재의 실제적인 침묵에 부딪칠 때 또한 사람들이 하나님으로부터의 단절을 체험할 때, 침묵에 대해 사람들이 가질 수 있는 성경적인 현명한 지식

것이다. 그것은 예수 안에서 하나님의 영원한 일을 다시 문제 삼는 것이 아니라, 늘 우리의 하나님은 살아 있는 자로서 무기력하지도 묶여 있지도 않은 살아 있는 하나님임을 입증하는 것이다. 왜냐하면, 그것이 "영원한" 내버림과 관계되는 것이 아니라, 하나님의 역사적인 결정과 관계되는 것이기 때문이다. 우리는 **역사** 속에 살고 있기 때문에, 또한 그런 시대는 견디기 어려워서, 그것을 통해 우리는 위로받을 수 없다.

그러나 '신앙을 갖는다'croire는 것은 현실의 위험한 팽창과 "**전부**나 즉시"의 위험한 팽창에 굴복하는 것일 수도 있고, 정당화시키는 불길한 열정에 굴복하는 것일 수도 있다. "왜냐하면 그러한 '하나님과의 단절'이 있기 때문인데, 따라서 구원의 일은 그 자체로 이루어지지 않으며, 역사의 그 예수는 성취해야 할 모든 것을 성취하지도 끝내지도 않았다." 그것은 얼마나 많은 신학자와 철학자에게서 지금 듣게 되는 '밀레스 글로리오수스'[134]라는 표현인가. 그러나 다시금 그들은 신학적 혁신과 대담한 지적 표현방식과 환각 속으로 도피할 정도로, 현실을 살필 수 없는 무능력을 드러낸다.

예수 그리스도가 '우리와 함께하는 하나님'이더라도, '하나님과의 단절'은 그대로이다. 그 순간 하나님의 존재함이 그토록 비밀스럽고 신중하게 이루어지기에, 우리는 그가 누구인지 모르고 그에 대한 우리의 담화 이상의 것은 아무것도 모른다고 우리는 단지 말할 것이다. 하나님이 마치 없는 듯이 존재한다는 것은 우리에 대한 하나님의 독립을 우리에게 되새겨 줄 따름이고, 다음과 같은 그토록 본질적인 사실을 되새겨 줄 따름이다. 즉 '하나님의 죽음'이나 혹은 그리스도 일의 미성취를 선언하는 사람들은, 정통 교리가 늘 그렇게 했다고 자신들이 비난하는 것 그대로를 자신들도 하고 있다는 사실이다. 즉 그것은 하나님을 대상으로

들이 어떠한 것일지라도 그것은 더 이상 놀이가 전혀 아닌 것은 그래도 사실이다...

134) [역주] 밀레스 글로리오수스(Miles Gloriosus)는 고대 로마의 비극 특히 희극에 등장하는 배역에서 유래된 말로서 라틴어로 허풍쟁이 군인을 뜻한다.

취급하는 것이고, 하나님을 마음대로 조작하는 것이며, 받은 인상과 열정에 따라 하나님을 우리 마음대로 할 수 있는 사물로 변화시키는 것이다.

그러므로 내 마음에 들지도 않는 이 사회에 대한 인상과 이 사회에 대한 나의 판단을 따르는 것이 바로 나라고 말하지 말았으면 한다(내가 썼던 것에 대한 그런 평가를 나는 상세히 논박할 수 있다!). 실제로 그것은 상황에 대한 나의 평가가 아니라, 내가 말하려고 애썼듯이 그것은 서구 세계에서 대중 인간의 공통된 감정이다. 내가 거기에 덧붙일 따름인 것은, 이 시대의 인간이 그런 고뇌 속에서 산다면 그것은 하나님이 인간에게 더는 존재하지 않는다는 것이다. 광대한 공허와 예기치 않은 상처를 만들면서, 또한 일관성 없는 변화 속으로 버림을 시행하면서, 하나님은 인간에게 더는 존재하지 않는다. 나로서는 그런 인간은 만들어진 것이 아니다. 나는 사실 확인으로부터 신학적인 단언으로 함부로 넘어가지 않겠다. 즉 신앙의 관점에서는 그런 이행이 내적인 반성을 위해 불가피하다. 어느 날 하나님을 치워버리기로 했던 것이 인간이 아니라, 권한이 없음을 스스로 선언하고 침묵하는 하나님에게 주도권이 있음을 기억하는 것이 여기서 중요하다.

III. 교회에서 '하나님과의 단절'의 징조들

고뇌와 절망에 빠진 인간은 은밀하게 또한 가시적인 방법으로 신앙을 위해서만 그런 '하나님과의 단절'을 표현한다고 우리는 말할 수 있다. 그러나 우리가 말했듯이 이것은 신앙으로부터 나온 주장이며 신앙을 위한 당연한 주장일 따름이다. 그와 반대로 '하나님과의 단절'이 있다면 그것은 교회 안에서 명백한 방법으로 모두에게 눈에 띄어야 한다. 그리스도의 몸인 교회는 늘 그리스도의 몸으로 존재한다. 그러나 주主가 교회로부터 물러나면 교회는 수치스러워질 수 있다. 하나님이 언약을 유지하지만 자기 민족으로부터 물러날 수 있었듯이 말이다. 신부新婦이지만 간부姦婦일 수도 있는 것이 교회이다. 교회는 성령에 의해 세워진 공동체이지만 성령이 절대 말하지 않는 곳이 될 수도 있다. 내가 보는 것을 통해 또한 모든 사람이 어차피 교회 안에서 보는 것을 통해, 분명히 그런 버림과 하나님의 침묵이 폭넓게 드러난다.

내가 세상에 대해 이야기했을 때 거기서는 단순한 해석일 뿐이었던 것이, 가시적이고 명백하며 확실한 것이 된다. 그것이 내가 『현대 세상에 거짓으로 존재함』 *Fausse Présence au Monde Moderne*에서 설명하고자 했던 것이다. 그 책은 거기에서 개인적인 공격을 발견한 것으로 생각했던 그토록 많은 기독교 지도자에 의해 매우 잘못 받아들여졌고 잘못 이해됐다. 물론 나는 그들의 인격에 관심이 있는 것이 아니라 그들의 사고방식에 관심이 있는데, 그것은 교회가 더는 교회가 아니게끔 하는 잘못된 일반적인 흐름을 나타낸다. 나는 그 몇 가지 점을 지적하겠지만, 다른 측면에서 그렇게 할 것이고 또한 '하나님과의 단절'의 징조로서만 그렇게 할 것이다.

1. 교회의 평범함

교회는 약한 자와 가난한 자와 비천한 자들로 구성되게끔 운명 지어져 있었고, 힘과 영광이 거의 없게끔 운명 지어져 있었다. 우리는 그렇다는 것을 안다. 그러나 교회가 부르주아와 "부자들"로 구성되어 있다는 점이 그토록 중요한 것은 아니다. 그 명백함에 대해 재검토하고 수없이 단죄하는 것은 쓸데없는 듯하다. 나에게 중요한 듯이 보이는 것은 평범함이다. 왜냐하면, 교회가 프롤레타리아와 반反부르주아로 구성되어 있다는 점에서도 역시 교회는 평범하고 우스꽝스러운 것 같기 때문이다. 나를 불안하게 하는 것은 약함이나 혹은 적은 숫자도 아니고 인원수의 감소나 혹은 어떤 사회적 구성도 아니라, 그것은 바로 평범함이다.

타협주의자로서 교회

사람들은 거기에서 대단하고 찬란하며 열렬하고 열광적인 아무것도 만들어 낼 줄 모른다. 사람들은 하찮은 것을 만들고, 작은 유산을 잘 관리하며, 하찮은 시도에 세심할 정도로 충실하다. 사람들에게는 친절한 자비심이 있는데, 그것이 누구를 괴롭히는 것은 아니다. 사람들은 신앙 고백을 감히 하려고 들지 않는다. 왜냐하면, 과학을 통해 우리가 의심하도록 배운 어떤 것을 신앙 고백은 지나친 방식으로 긍정할지도 모르기 때문이다. 과학적인 세심함은 우리의 평범함 속에서 도덕적인 세심함을 감히 대체했지만, 사실상 아무것도 변하지 않았다. 사람들은 그러한 선언이 이단적이라고 감히 주장하려고 들지도 않는다. 오늘날 사람들이 그러한 이단적인 주장을 하는 것을 거부하려고 지닌 나쁜 동기들은, 2세기 전 부끄러움 없이 이단적인 주장을 단죄하려고 지녔던 동기들만큼이나 나쁘다.

추악한 기독교 국가 시대 이후부터, 식민주의와 혼동된 십자군 시대 이후부터, 이단 재판의 시대 이후부터, 우리는 물론 진보하지 못했다. 오늘날 우리의 악은 분명히 우리 조상의 과도함이 더는 아니라 평범함이다. 우리는 미지근함과 무력함과 신앙의 부족을 정당화하려고, 십자군이나 혹은 종교 전쟁에(나는 그것들을 변호하려고도 칭송하려고도 하지 않는다.) 침을 뱉는다. 그런데 우리가 이단 재판을 단죄하려고 아주 거만한 태도를 취하는 것과 마찬가지로(그러나 그것은 우리가 신뢰하는 존재를 위해 철저히 관여할 줄 더는 모른다는 점을 단지 감추고 있다.), 우리는 기적을 무시하고 원시적 정신에서 조잡한 징조를 무시한다. 왜냐하면, 우리는 그것들을 "행할" 수 없기 때문이다.

교회는 온통 타협주의자[135]이다. 교회는 사소한 어떤 것을 구원하기를 기대하면서, 타협하고 세상과 협력하며 양심과 타협하는 온갖 행동을 받아들인다. 또한, 교회는 자신의 계속되는 신학적인 거부에 힘입어, "우리가 말해야 했던 바를 기꺼이 듣기 원했던 몇몇 마르크스주의 지식인이나 혹은 몇몇 노동자가 결국 있었다."라고 말할 수 있을 때 몹시 만족해한다. 그것은 부역자(附逆者,[136])에 대한 영원한 정당화이다. 그것이 학문이기 때문에 사람들이 거부할 수 없는 프로이트 설(說)이 있다. 따라서 그것과 함께 붙어 있는 것에 도달하려고, 계시를 용도에 맞게 꾸며야 한다. 교회 전체가 타협주의자라고 내가 말할 때, 나는 '전체'라고 분명히 말한다. 즉 이 시대의 극좌파, 혁명의 신학자들이나 혹은 '하나님의 **죽음**'의 신학자들, 소수파 정치가들은 첫 번째 타협주의자들이다.

신학적인 견해나 혹은 정치적인 견해의 방향 전환을 통해, 기독교적인 평범함의 깊은 실재에는 엄밀히 아무것도 변하지 않았다. 1세기 전부터의 일반적인 경향과 기독교 지식인들의 연설과 교회의 활동을 검토해 보면, 다음 같은 아주 형편없는 오케스트라 앞에 있다는 인상을 받는다. 그 오케스트라는 한심한 음악가

---

135) [역주] 타협주의자(pétainiste)는 본래 '뻬땅 파(派)의 사람'을 가리키는 표현이다. 뻬땅(Pétain)은 제1차 세계대전 때 베르뎅(Verdun) 전투에서 승리하여 프랑스의 국민적 영웅이 되었지만, 제2차 세계대전 중 독일에 점령되지 않은 프랑스 남부 지역의 꼭두각시 정권인 비시(Vichy) 정권의 국가 원수 직을 맡았으나. 프랑스의 패배를 지켜보면서 독일에게 휴전을 요청했던 뻬땅은 독일에 협력해야 만이 침략으로 입은 피해를 복구하고 수많은 전쟁포로를 석방할 수 있다고 생각했다. 전쟁이 끝난 후 1940년 이후의 행동에 대해 재판을 받게 된 뻬땅은 사형선고를 받았으나 종신형으로 감형되어 요새 감옥에서 복역하다가 죽었다.

136) [역주] 부역자들(collaborateurs)은 제2차 세계대전 중 독일의 프랑스 점령 기간 동안 독일에 협력했던 프랑스인들을 가리킨다.

들로 구성되어 있고, 각자는 정확히 연주할 능력이 없으며, 자기들 사이에서 조화되지 않는다. 그 오케스트라는 1세기 전에는 파란 제복을 걸치고 『제국 혹은 원수元帥를 구하자, 우리가 여기 있다.』를 연주했고, 지금은 빨간 제복을 걸치고 『인터내셔널 가歌』137)혹은 『젊은 근위대』를 연주하지만, 늘 형편없고 어리석으며 천박하다. 그것들은 마찬가지로 똑같은 연설이다. 왜냐하면, 용어의 어순 전환에 국한된 나머지, 오늘날의 좌파는 옛날의 우파를 정확하게 포함하기 때문이다. 어휘가 변했고 준거 가치가 변했다. 하지만, 그것은 늘 따분한 연설이고, 달콤한 자비심으로 대체된 제한된 폭력이며, 진정한 어리석음으로 대체된 해석상의 미묘함이라는 사실은 변하지 않았다. 또한, 그것이 의식儀式의 주재자이자, 오케스트라의 진정한 지휘자이자, 평범함과 혼란의 화신으로서 전체를 지배한다는 사실도 변하지 않았다.

평범함의 화신化身으로서 교회

자신의 뜻을 정해야 한다. 교회는 존재하지 않는다. 자유의 측면에서도, **메시지** 선포의 측면에서도, 지적인 진지함의 측면에서도, 힘의 측면에서도 교회는 존재하지 않는다. 착각하지 말아야 할 것은 '쇄신 교회'138)가 여전히 '**전통** 교회'보다 훨씬 덜 존재한다는 점이다. 또한 '정치에 관심을 둔 교회'가 여전히 '게토 교회'139)보다 훨씬 덜 존재한다는 점이다. 분명히 교회는 그리스도 안에 있다고 나는 진정으로 생각한다. 그러나 엄밀히 말해 교회의 진실성 중

---

137) [역주] 인터내셔널가(Internationale)는 파리 코뮌의 몰락에 이은 1871년 외젠느 뽀띠에 (Eugéne Pottier)에 의해 작사된 노래이다.

138) [역주] '쇄신 교회'(Eglise de l'Aggiornamento)에서 아조르나멘토(Aggiornamento)는 '밝히다, 공표하다'를 뜻하는 이탈리아어로서, 1962년 교황 요한 23세에 의해 소집된 로마 가톨릭교회의 만국공의회(萬國公議會)에서 목표로 제시된 것이다. 그것은 단순히 '현대화 혹은 적응' 이라는 뜻을 넘어서서 고정불변인 것으로 여겨졌던 교리 해석과 표현, 전례, 규율, 사목 등에 대한 쇄신까지도 포함하는 것이었다. 더 일반적이고 넓은 의미에서 아조르나멘토는 근대 사회와 함께 더 진전된 국면에 있기를 지향하고 근대 사회의 최근의 진보를 고려하는 것을 지향함으로써, 현대 사회의 주어진 여건과 삶의 상황을 최소한 부분적으로 수용하는 것을 전제한다. 따라서 '쇄신 교회'는 그런 성향을 지닌 교회를 가리킨다고 볼 수 있다.

아무것도 오늘날 현실에 나타나지 않는다. 거기에는 모든 것이 날조되어 있고, 모든 것이 빈약하다. 거기에서 연주되는 곡도 그러하다. 베르그만140)의 영화를 살펴보자. 정치적인 행동은 유치하고, 지적인 활동은 아무것도 모르는 사람들을 만족하게 하기에 알맞다. 또한, 삶에 대한 명확한 태도를 보이는 것은 전적으로 중립적이다. 그래서? 그것은 그리스도인들의 부족함인가? 그것은 잘못을 뉘우치고 회개하는 것인가? 그것은 결정을 내리고 선동적인 연설을 하는 것인가?

교회의 모든 모임이 시작될 때, 지역적이거나 전국적인 장로교단 회의의 모든 모임이 시작될 때, 작업 회의가 시작될 때, 사람들은 우선 "기도"로 시작한다. 아주 빈번히 사람들은 성령에게 간절히 구한다. 수년간 나는 그것을 믿었고, 열심히 기도했다. 그런 다음에는 물론 경험에 따라야 한다. 수동적인 토론, 하찮은 결정, 빈약한 심리상태, 극도로 지겨운 모임, 거짓된 문제, 존재하지 않은 질문에 대한 진지함, 바다 한가운데서 즐겁게 나아가지 못하는 무능력, 은밀하고 언짢은 기분, 가장된 인내심, 합리화, 경직상태…, 우리의 그 모든 것은 성령이 거기 없다는 확실한 증거이다. 그것이 아무리 어리석을지라도, 나는 "성령이 활동하면 그것은 눈에 띌 수도 있을 것이다."라고 다시 언급할 수밖에 없다. 그런데 나는 전혀 아무것도 보지 못했다. 거기서 말해지고 일어나는 것이 무엇인지 내가 너무나 잘 아는 모임의 시작 기도 및 사람들이 너무 급히 행해서 숨 막히게 하는 성령에 대한 간구가, 지금 나에게는 단지 하나님을 모독하는 말로 들린다.

---

139) [역주] '게토 교회'(Eglise du ghetto)에서 게토(ghetto)는 나치 시절 유대인들이 다른 주민들과 동떨어져 감시받으며 집단으로 살도록 강요받은 지역을 가리킨다. 여기서는 비유적인 의미에서 자발적인 혹은 강요된 고립 속에서 존재하는 사회적, 정치적, 지적인 집단이나 그런 집단의 고립 상태를 가리키는 것으로 보인다. 따라서 '게토 교회'는 그런 성향을 지닌 교회를 가리킨다고 볼 수 있다.

140) [역주] Ingmar Bergmann(1918-2007). 스웨덴의 시나리오 작가이자 연극 연출자이자 영화감독이다. 그의 작품의 중심 주제는 고독에 대한 두려움인데, 그 두려움의 주위에 그의 다른 주요한 주제들이 유기적으로 배치된다. 즉 어린 시절과 관능과 연극은 개인을 갱생시키기에 이르는 반면에, 하나님의 부재와 죽음에 대한 두려움과 부부의 이별은 인간이 홀로 생을 마치기를 원하지 않는다면 마주칠 수밖에 없는 장애물들이라는 것이다.

다음 두 가지 외에는 선택할 것이 없다. 그 중 하나는 하나님은 존재하지 않고 예수는 인간의 전형인데, 왜 사람들이 교회를 위해 계속 안달하는지 나는 모른다는 것이다. 다른 하나는 우리가 하나님의 침묵이라는 벽에 부딪힌다는 것이다. 다시 말해 "더는 존재하지 않는다."는 하나님의 결정이라는 공허 속으로, 또한 "돌아선 자가 된다."라는 하나님의 고통이라는 공허 속으로 우리의 기도가 떨어진다는 것이다. 그리고 그것이 가능하지 않음을 나에게 입증할 성경 본문을 모두 모아 놓더라도, 쉽게 확인되는 교회의 평범함에는 아무런 변화가 없을 것이다.

그들은 단지 그리스도인들일 따름이고 사정이 그렇다면 그들의 잘못인데도, 내가 그런 평범함의 책임을 하나님 및 '하나님과의 단절'의 탓으로 돌리면서 곤경을 벗어나려고 애쓴다고 하지 말아야 한다. 그러한 그리스도인들은 정치적으로 참여하거나 아니거나 간에, 그렇게 나쁘지는 않다. 그들은 영적이거나 혹은 자비심에 고취되어 있고, 정의나 혹은 자비심에는 훌륭하다. 그들은 유능한 관리자이거나 혹은 훌륭한 설교자이며, 철학자이자 겸손한 신자이다. 그럼으로써 그런 그리스도인들은 거의 모두가 존경스럽고 헌신적이며 경건하며 열렬하며 참여적이고 진지하다.

평범함의 화신이 교회의 진정한 주인이라면, 그것은 그리스도인들의 잘못도 아니고 특별한 죄악도 아니다. 하지만, 그리스도인들에게는 힘과 인간적인 능력을 능가하는 책임이 있다. 그리스도인들이 다른 조직 곧 문화 조직과 사회 조직과 조합 조직 속에 있다면, 그들은 놀라운 투사들로 여겨질 것이다. 즉 그리스도인들은 수완을 발휘할 수도 있을 것이다. 그러나 그들은 짓누르는 듯한 짐과 과도한 책임을 지게 된다. 그런데 그것을 떠맡으려면 하나님의 존재함과 도움과 즉각적인 활동이 마찬가지로 필요하다. 왜냐하면, 그것이 하나님의 일과 관계되기 때문이다. 선택된 인간에 의해서라도, 하나님이 아니라면 누가 그 일을 성취할 수 있을까? 그러나 선택된 인간은 자기 자신의 능력으로는 그 일의 아무것도 실현할 수 없다.

그래서 나는 후퇴의 입장 곧 "교회를 내버리고 인간적이고 정치적이며 사회적인 임무에 헌신하자!'라는 처지를 잘 이해한다. 분명히 여기서 사람들은 수완을 발휘한다. 하지만, 그것은 어떤 다른 것이 없다면 배교자가 되고, 우리가 선택되었던 목적과 바로 반대되는 것이다. 시마드[141]가 나로 하여금 그 점에 대한 견해를 바꾸게 하지는 않을 것이다! 따라서 우리에게는 다음 같은 선택만이 있다. 즉 평범해지거나 혹은 배교자가 되거나 하는 선택이다. 왜냐하면, 우리는 '체계-교회'système-Eglise를 구성하는 그리스도인들의 총체로서 '하나님과의 단절' 시대에 있기 때문이다. 그것이 아무리 미미하더라도 그것이 의미하는 바를 우리가 의식한다면, 우리는 "잘 되었어, 교회가 잘못되어 간다면 우리는 더는 책임지지 않아."라는 생각을 품을 수 없다. 그런 '하나님과의 단절'이 무엇인지 사람들이 안다면, 우리에게 제기되는 가장 끔찍한 질문으로서만 '하나님과의 단절'을 우리는 느낄 수 있다. 결국, 인간적인 모든 가능성의 한계에서 우리는 책임을 지게 된다.

2. 제도

그것은 평범함의 특별한 경우이다. 여기서도 수없이 공격을 받았던 것은 물론 교회제도인데, 그것에 대해 재검토할 필요가 있을까? 그것은 물론 교회제도에 대한 반발이지만, 결국 나는 그것이 명백하다고는 덜 확신한다. 왜냐하면, 내가 아주 흔히 보았던 것은 다음 같은 점이기 때문이다. 즉 제도에 대해 가장 적대적인 사람들도 자신들이 제도의 주인이 되었을 때, 그 제도를 완전히 정상적이고 탁월하며 적합한 것으로 여긴다는 점이다. 바르트주의자들은 제도를 가장 경멸했던 자들이지만, 지도적인 직위를 차지하고 말았다. 우리 시대에서는 "항변하

---

141) [역주] 시마드(Cimade)는 'Comité Intermouvements auprès des évacués'의 약자로서 프랑스에서 신분증이 없는 사람들을 도와주는 분야에서 활동하는 비영리 목적의 단체이다. 그 단체는 불법 체류자들이 구금된 상황을 감시하기 위해 행정적인 구금 장소에 들어가는 것이 법으로 허가된 유일한 비정부기구이다.

는 자들"에게 있어서도 같은 현상이 있는데, 그것은 개신교 연합회의 제도 안에서 아주 잘 나타난다. 바르트 주의자들과 "항변하는 자들" 중 어느 쪽도 제도적 중압감이나 조직의 사회학적 엄밀함에 아무런 변화를 일으키지 않는다.

교회 제도의 성장과 성공

관료적인 조직의 짓누르는 듯한 지배 때문에 기독교 교파 통합 회의가 내가 보기에는 기독교 교파 통합의 소멸이었음을 몇 년 전 나는 지적했다.[142] 그것은 확인만 되었을 따름이다. 10년 전부터, 모호했던 것이 확실히 드러났다. 기독교 교파 통합 회의는 온갖 사회적인 추종, 온갖 기독교적인 평범함, 조직화한 피상성 전체, 기독교적인 쓸데없는 말 전체가 교회적으로 집중된 장소이다. 그리고 그 점은 거기 있는 인간들로부터도 선의로부터도 작업 방법으로부터도 나오는 것이 아니라, 제도적인 짓누름과 사회적인 숙명으로부터 나온다.

로마 교황청이 세워졌을 때의 로마 가톨릭교회와 똑같은 이유로, 기독교 교파 통합 회의는 같은 결과로 이끌려져 갔다. 그 점에 이르면 로마 가톨릭교회와 비교를 할 수 있다는 것이 놀랍지 않고, 그것은 불가피하기까지 하다. 제도가 실행하기로 책임졌던 것이 제도에 의해 결정적으로 사라지고 메시지의 전달자가 녹음기가 되었을 때, 제도를 통해서는 서로 이해하고 결국 서로 일치될 수 있으며 융합될 수 있을 따름이다.

우리 교회 제도의 성장과 성공 특히 기독교 교파 통합 회의의 성장과 성공이 내 눈에는 거기서 우리가 길을 잃고 방황하는 '하나님과의 단절'의 터질듯하고 비극적이며 타오르는 징조이다.[143] 그런 종류의 진보를 위해 성령에게 간절히 구하는 것이나 또한 그 회의의 성공이 교회 안에서 하나님의 활동에 기인한다고

---

142) 유감스럽게도 『소망의 정치 Une politique de l'espérance』에 대한 빌러(Bieler)의 책은 대단한 것을 나에게는 설득하지 못했다. 나는 그의 다른 책들을 좋아한다. 그러나 그것은….

143) 내가 말하는 것이 기독교 교파 통합과 기독교 교파 통합 운동의 적들을 조금도 이롭게 해 줄 수 없음은 아주 분명하다. 완강히 저항하는 위그노들(huguenots), 교황 지상권론(至上權論)의

생각하는 것은 나에게는 여전히 하나님을 모독하는 것처럼 보인다. 기독교 교파 통합 회의가 존재하는 역사적 상황 속에서 운영되듯이, 운영되는 어떠한 조직일지라도 같은 결과를 얻게 될 것이다. 하나님에게 간절히 구하는 것도, 어떠한 진보를 하나님의 덕분으로 여기는 것도 필요하지 않다.

기독교 교파 통합 회의의 성장은 제도적인 당연한 성장이다. 또한, 교회 사이에 장벽을 낮추는 것은, 신학적인 논쟁에 대한 일반인과 지식인의 이해관계 상실로부터 단지 나오는 결과이다. 아무도 칼뱅주의자들로부터 침례교인들을 분리하는 것에 더는 대단한 중요성을 부여하지 않고, 그들이 가까워지는 것은 당연한 일이 된다. 하지만, 그러한 가까워짐조차 대단한 중요성이 없다. 그리고 그 차이들은 습관과 조직과 전통으로부터 단지 나오기 때문에, 사람들이 그 차이들을 줄이고 통일성에 실제로 힘을 기울일 수 있는 것은 제도적인 측면에서인 것은 분명하다. 하지만, 그것은 사회적 흐름의 문제이다. 그런 절차와 결과의 존재처럼 그런 종류 장애물의 존재를 통해, 교회 안에서 제도의 승리 및 비非영적인 체계의 엄청난 무게가 단지 입증된다.

하지만, 다음과 같이 내가 주장할 것이라고 그것으로부터 결론짓지 말아야 한다. 즉 제도에 반대하는 것이 그 자체로 하나님의 뜻에 일치한다는 것이고, 또한 어떤 제도라도 파괴하는 쪽으로의 방향설정이 하나님의 뜻에 일치한다는 것이다. 이것은 극도의 순수주의에 속하는데(교회 안에서 어떤 현대적인 혁명가들의 자세이다!), 우리는 아직 하나님나라에 있지 않다. 그러나 교회 안에서 제도는 하나님의 간섭과 충격과 뒤집음과 주도권이 있을 때에만이 유효할 수 있고, 또한 사건144)이 있을 때에 만이 유효할 수 있다.

성령의 그런 개입이 없이는 교회 제도는 모든 제도의 법칙을 정확히 따른다.

가톨릭교도들, 성경적 문자주의자들, 온갖 종류의 도전자들은 나에게는 너무도 구식이고 시대에 뒤지며 보잘것없는 태도들을 나타내는 것처럼 보여서 그것들을 언급할 가치조차 없다.
144) [역주] 여기서 '사건'은 하나님의 활동으로서 하나님의 계시 같은 결정적 사건으로, 구체적으로는 예수 그리스도 안에 하나님이 성육신한 사건을 가리킨다고 볼 수 있다.

교회는 순순하게 사회적인 단체가 되는 것이다. 그래서 우리가 교회와 기독교 교파 통합 회의와 개신교 연합회와 대규모 조직의 실제적인 작용을 볼 때, 또한 그것이 아무 제도에나 정확히 들어맞을 때, 우리가 완전히 영감에 메말라 있고 성령의 부재 속에 있다고 말할 수밖에 없다. 그러나 그것이 무엇이든 간에 거기서 변하게 되는 것은 행정적인 재조직도 아니고 정치적인 방향의 재설정도 아니다.

3. 메마름

세 번째 명백한 확인 사실은 증언의 효력이 없다는 것과 기독교적인 메시지가 전달되지 않는다는 것이다. 그래서 **복음화**와 **선교**의 그런 불가능성 앞에서, 엄청나게 많은 문학 작품이 출간되었다. 그것은 종교와 무관한 세속화된 세상이며, 현대적인 과학적 사고방식이다. 나는 이미 나왔던 백여 개의 설명을 다시 언급하지 않겠는데, 그것은 이미 잘 알려진 것이다. 나는 "하나님이 말하지 않는다면 누가 자신의 말을 들리게 할까?"라는 말 한마디만 하겠다. 현대의 연구들에도 불구하고, 나는 귀를 열어 들리게 하고 의미를 부여하며 그 **말**을 받아들이게 하는 것이 성령의 활동임을 계속 굳게 믿는다. 물론 설교와 복음적 선포가 이루어지기 위해 필요했던 모든 것을 인간이 한번 행했기만 하면 말이다. 성령은 더는 말하지 않는다. 나에게 그 증거가 되는 것은 복음에 대한 일반적인 무관심이라고 지적된 그 사실일 뿐 아니라, 그 사실과 다른 두 사실이 함께 연결된 것이다.

성서해석학의 문제점

첫째 종교적 정신의 증가이다. 즉 복음이 배척받고 우롱당하며 조롱받는 동시에, 현대인은 종교적 문제에 열중한다는 것이다. 하나님에 대한 문학은 그것이 명백하게 기독교적이 아니라 할지라도 관능적인 문학의 여세를 몰아서 성공한다. 바아니앙은 현재 미국에서 "기독교"의 "성공"이 종교적인 범주에 속하는 것으로서 기독교적인 범주에 속하는 것이 전혀 아님을 잘 파악한 유일한 사람이었던 듯이 보인다. 인간이 하나님과 예수 그리스도의 **계시**를 거부하는 동시에 **종교**에 빠지는 것은, 그런 하나님이 엄밀히 말해 숨겨져 있음을 분명히 드러낸다.

두 번째 사실은 하나님의 계시적 개입이 필요하지 않은 채, 메시지를 단순히 자연적인 측면에서 들려지고 이해되며 받아들일 수 있게 하려는 기독교 지식인들의 노력이다. 그것은 언어와 성서해석학에 대해 시도된 연구의 깊은 의미이기도 하다. 인간으로 하여금 복음서의 말을 이해하는 것을 방해하는 장애물이 밝혀진다면, 그런 언어가 직접적으로 이해될 수 있는 언어적인 분석에 도달한다면, 반복을 가능하게 할 수도 있는 의미를 발견한다면, 계시가 된 말은 결국 스스로 통용될 수도 있다. 언어 분석에 대한 열정 및 성서해석학에 대한 열정은 무의식적으로는 하나님 침묵의 표현이다.

"하나님은 부재不在한다(물론 우리는 그렇게 말하지는 않을 것이다!). 따라서 우리는 하나님 없이도 지낼 수 있을 것이다. 증언이 이해되고 받아들여지려고, '여기서 또한 지금'hic et nunc 하나님이 말하는 것이 절대 필요하지 않음을 우리는 보여줄 것이다. 우리는 그것을 마기교로 단정하든지 아니면 부적합한 쉬운 해결책으로 단정할 것이다. 성령은 사람들이 생각했던 존재와는 전혀 다르다. 왜냐하면, 성령은 전통적인 신학 방식과는 아주 다르게 나타나기 때문이다. 우리는 스스로 그 상황을 만들 것이다. 우리는 언어 속에서 전달에 장애가 되는 것을 발견할 것이다. 즉 적합한 언어와 함께 그것은 통용되어야 한다. 우리는 어떻게 본문의 실제적 의미가 모든 기적 밖으로 또한 하나님의 행위에 의한 모든 의미부여 밖으로 옮겨질 수 있는지 연구할 것이다. 우리는 인간의 한계 속에 갇혀 있을 것이다. 우리가 헤쳐나가야 하는 곳은 바로 거기이다." 실제로 그런 스토아적인 포기는 "나쁜 운과 착한 마음에 대항하는 용감한 행위"이다. 그것은 하나님이 말하지 않는다는 증거이다. 그래서 이것은 아주 명백한 표현들로 귀결된다.

그것은 한편으로 본문에 대한 압축과 왜곡의 주석이다. 그것이 시작된 것이 오늘날은 아니지만, 우리는 성경적 구조주의와 레닥치온즈게시크테[145]와 함께 의미의 가능성을 점차 소멸시키는 과도함에 이른다. 본문이 구조로 환원되면 분리되었던 요소들을 가지고 놀이를 하는 것은 아주 재미있다. 하지만, 그것은 거기로부터 어떠한 메시지도 나오지 않는-게다가 나오지 말아야 하는-놀이이다. 그렇지 않으면 그것은 교회가 다른 조각들의 조립에 의해서만 기표signifiant로 간주했던 것을 산산조각 내는 것이다. 나에게 본질적인 듯이 보이는 것은 바로 그것이다.

저자와 유파와 문학적인 형태의 다양성 저편에는 처음부터 끝까지 성서에 따른 사상의 근본적인 통일성에 대한 거부가 존재한다. 그것은 각각의 언어 단위[146]에서와 문서 작성에서 특수한 것을 연구하려는 것이다. 그런데 그것을 통해한 절에 대한 형식적인 이해는 아마도 가능하다. 그것을 통해 그러한 유파에 대한 역사적인 혹은 문화적인 더 나은 파악이 아마도 가능하겠지만, 그것은 엄격히 구분되고 명확하게 한정된 그런 본문을 계시의 의미로부터 근본적으로 떼어 놓는다. 왜냐하면, 한 본문이 그런 식으로 더 잘게 잘라질수록, 그 본문은 근본적인 이해에 덜 적합해 지기 때문이다.

로마의 제도에 대한 본문들과 같은 다른 분야에서 20년간 행해진 그런 종류의 주석에 대한 경험을 통해서, 나는 본문에 대한 형식적인 지식이 더 나아지면 나아질수록 그 본문의 근본 의미는 더 사라짐을 터득했다. 성서에 따른 주석에서 우리는 의미의 결정적인 해체인 본문의 근본적인 형식화에 실제로 도달한다. 그 때부터 고전적이 되는 그런 표현방식에 따라, 본문에서 형식과 토대를 실험적으로 구분하지 말아야 한다. 형식에 대한 완전한 분석으로부터 의미가 나온다는 것

---

145) [역주] 레닥치온즈게시크테(Redaktiongeschite)는 성서 주석에 있어서 역사적?비판적 방법의 한 요소이다.
146) [역주] '언어 단위'(séquence)는 언어학 용어인 '사열'(辭列)로 옮길 수도 있는데, 그것은 통사적인 축을 따라 왼쪽으로부터 오른쪽으로 배열되고 본문 단위를 구성하는 언어 단위의 연속을 가리킨다.

은 다음과 같은 시도에 대한 단순한 합리화이다. 그것은 비의미화의 시도에 대한 합리화이고, 언뜻 보아 과학적인 축소의 시도에 대한 합리화이며, 여기서는 영적인 빈곤의 시도에 대한 합리화이다. 부재하는 하나님은 우리의 실제적인 영적 빈곤상태에서 우리에게 남아 있는 전부인데, 그 하나님은 본문의 외피에 대한 끝없는 벗기기라는 것은 분명히 사실이다. 그러나 우리는 그것이 어느 곳으로도 통하지 않으며 우리의 불모상태를 더 명백하게 만들고 확인하게 해 줄 따름임을 확신할 수 있다.

물론 앞의 질문에서처럼 반대되는 뜻이 좋을 수도 있다는 다음 같은 결론에 도달할 필요는 없다. 즉 "더는 주석을 달지 말고 구조적이며 문화적인 분석을 그만두자. 그러면 그런 방법으로 곧 고지식한 해석방식 혹은 기초학 연구적인 해석방식 쪽으로 역행함으로써, 우리는 성경의 진정한 의미를 발견할 것이고, 그 의미를 이해하고 전달하는 일이 가능할 것이다."라는 결론이다. 이것은 불합리할 수도 있다. 하나님은 자신이 계시가 되는 것을 주석 때문에 방해받지 않을 뿐 아니라, 단순성과 혼동된 지나친 단순화와 어린 아이 기질과 혼동된 유치함으로 인해 다시 개입할 수밖에 없다. 하나님이 침묵할 때, 진실로 가능한 해석방식은 없다. 현대적인 주석이 나아가는 길이 하나님의 그런 침묵에 대한 우리의 반발을 입증하는 것임을 의식해야 한다. 그 반발은 모든 것이 전처럼 계속된다는 맹신보다는 분명히 낫다. 하지만, 우리가 주석에 의해 곤경을 벗어난다고 주장할 때, 또한 같은 결과를 얻음으로써 성령이 없이도 지낼 수 있다고 주장할 때, 그 반발은 불길한 것이 된다. 성서해석학은 그것을 극단으로 내몰았다.

성서해석학에서의 무모한 시도

나는 성서해석학적인 문제의 깊이를 살펴보았다거나, 그 문제에 대해 충분한 인식을 하고 있다거나, 글로 쓰였던 모든 것의 복잡함을 이해했다고 주장하지 않는다. 나는 그것에 대해 조금 알고 있고 약간 이해했으며, 그 움직이는 모래 한가운데서 오랫동안 발버둥쳤다. 나는 "의미에 대한 의미의" 회복 시도가 성령의 부재를 메우려는 절망적인 시도라고 마침내 말할 수 있다.

한편으로 우리는 성서에 따른 **메시지**의 효력을 메시지의 모든 측면에서와 겉모습 뒤에서 포착하려고 하는 거대하고 강한 노력 앞에 있다. 그것은 다른 어떤 무엇보다 복음적인 선포를 더 심하게 공격하는 의심의 시대에서 행해지는 노력이다. 그것은 현대 과학 및 철학적 이해의 문제점을 전적으로 중시하면서, 또한 문제를 제기하는 현재의 방식을 전적으로 중시하면서 행해지는 노력이다. 결국, 그것은 무의미의 세계 속에 있으려고 애쓰면서, 또한 우리 사회 의사소통의 불가능성 속에 있으려고 애쓰면서 행해지는 노력이다. 따라서 우리는 알고 있었던 것은 가장 중요하고 깊은 난제와 맞서는 가장 용감한 결정이다.

그렇지만, 다른 측면에서 우리는 바로 프로메테우스적이고 바벨탑 같은 시도 147) 앞에 있다. 게다가 어떤 성서 해석학자들에게 있어 프로메테우스적인 무모한 시도가 다시 생겨남을 목격하는 것은 아주 놀라운 일이다!148) 즉 가능한 의사소통의 신비 및 **의미**의 회복이 성서해석학적 시도를 통해 꾸준히 항상 더 깊이 검토된다. 현기증을 일으키는 그 시도는 고대의 형이상학과는 완전히 뒤바뀐 것이다. 하늘로 올라가 **존재**의 신비를 차지하려고 애쓰는 대신에, 또한 완전한 허무로까지 **이성**의 **상승** 대신에, 그 시도는 마지막 단어를 포착하려는 의지와 함께 의사소통의 신비 속에 빠지고 거기에 무한히 깊이 파고든다. 그 시도는 근본적인 질문이란 이미지들을 무한히 반사하는 거울의 복잡한 작용에 의해 환각적인 방법으로부터 생긴다. 그런데 그 이미지들은 언제나 형태가 더 축소되면서도 수는 더 많아진다. 그런데 우리는 과학의 현재 상태에 대한 주장들 곧 결정적인 결론

---

147) [역주] '프로메테우스적이고 바벨탑 같은 시도'(entreprise babélienne et prométhénne)는 결과가 없는 무모한 시도를 가리킨다.

148) 여전히 성서해석가들 가운데서 구분할 필요가 있다. 즉 나는 여기서 카스텔리도 리쾨르도 로빈슨(J.-M. Robinson)도 겨냥하는 것이 아니라, 그 연구들의 의미를 알아야 하는 그토록 많은 부차적인 연구들과 함께 발달했던 더 총괄적인 흐름을 겨냥하는 것이다!

으로서 또한 근본적인 질문으로서 받아들여진 주장들이 '궁극적' 가치로서 중시 됨으로써 거기로 이끌려 간다.

예수 그리스도의 낮아짐이라는 관점에서(마태복음 25장과 함께 현대 신학 전체에 영감을 주는 본문인 빌립보서 2장의 탁월한 본문!) 우리는 과학의 지고한 권위 앞에 우리 자신을 낮추는 것을 받아들이지만, 사실상 우리를 낮추는 것은 하나님의 권위이다! 나는 "역사학은 우리에게 다음 같이 가르친다."라는 식의 단호한 주장에 쉽사리 동조할 수 없다. 유감스럽게도 나는 40여 년 전부터 역사를 연구하고 있기 때문에, 역사학이 가르치는 바가 거의 결정적인 영향을 미치지도 않고 거의 결정적이지도 않음을 어느 정도 안다. 그런 결과에 대한 철학 혹은 신학을 수립하는 것은 모래 위의 모래처럼 얼마나 취약한 것인가!

그러나 왜 아무런 반박도 없이 프로이트가 권위로서 여겨져야 하는지, 왜 그의 말이 결정적이며 어떤 성서해석학을 포함하는 것으로 신학자들에 의해 받아들여져야 하는지 나는 파악할 수 없다.[149] 달리 말하면, **계시**에 따라 그런 체계와 방법과 결론에 대한 문제 제기를 포기하면서, 다양한 관점에서 다소 유효한 방식으로 **계시**에 대해 행해진 온갖 문제 제기를 당연한 것으로 받아들이는 태도가 어떻게 정당화되는지 나는 알 수 없다. 한쪽이 다른 쪽만큼 필수적인 듯이 나에게 보이지만 그 이상은 아니다.

그래서 상당히 많은 점에서 성서해석학은 가능한 어떠한 해결책이 없는 길에 접어드는 것처럼 보인다. 또한, 그 대부분이 거짓된 수많은 문제를 제기하는 것처럼 보인다. '해석의 비극'이 비극이 되는 것은 과학적인 해석이 전통적인 기독

---

149) 나는 프로이드가 어떤 점에서 인간 현상에 대한 "해석방식" 혹은 성서해석학을 제시하는지 거의 이해한다고 생각하고, 사람들이 그런 관점으로 들어가는 것을 아주 잘 이해하고 있다. 하지만 내가 이해하지 못한 것은 분석과 기독교를 기어코 "양립시키는" 기독교 철학자들에 의해 체험된 필요성이다. 주어진 기지사항들이 양립되지 않는다면, 아무도 설득하지 못하는 왜곡된 논증들을 수행하는 대신에 아주 단순히 다음 같이 말해야 한다. 즉 그런 시도들은 일반적으로 또한 근본적으로 정통적인 정신분석학자들에 의해 인정되지 않는다는 것이다. 「대위법(對位法) 1번」에서 정신분석학자 앙드레 스떼판느(André Stephane)의 훌륭한 비평을 보는 것이 필요하다.

교적 해석을 뒤집기 때문이 아니다. 혹은 그 방법이 놀랍게 세련되었기 때문도 아니다. 그것은 하나님이 침묵하고 있기 때문이다. 마치 하나님이 말하는 것처럼 의미를 발견한다고 주장하는 것이 바로 성서해석학의 프로메테우스주의자이다. 그것은 바로 하나님의 결정을 대체하는 것이며, 하나님이 성서를 살아 있고 의미 있는 것으로 만들지 않는데도 성서를 살아 있고 의미 있는 것으로 만드는 것이다. 그것은 성서로부터 **말**로의 이행을 시도하는 것이거나 혹은 성령을 제쳐 놓고 아주 세련된 인간의 수단 전체에 의해 언어와 말을 표현하는 것이다. 성서 해석학은 계시가 없는 계시에 대한 해석의 시도이다.

'하나님과의 단절'의 성서해석학

물론 내가 아는 많은 사람은 다음과 같이 말할 것이다. 즉 종국적으로 마지막 한계에서 정반대로 모든 것이 성령의 빛이라는 확실성에 근거하지만, 마지막 한계 이전에는 성령에 의뢰하지 말아야 하며 성령이 말하는 것은 바로 성서해석학을 통해서라고 말이다. 다시 말해 마지막 한계에 도달하려고 인간의 모든 가능성과 도구를 사용하는 것과 하나님의 기적적인 개입에 안일하게 의지하지 않는 것은, 하나님 앞에서 인간의 존엄과 진지함과 진정성에 달렸다는 것이다. 또한, 인간은 자신의 책임을 떠맡고 행동해야 하며, 게다가 그것은 하나님이 인간에게 요구하는 것이라고 말이다. 따라서 인간이 이루어낼 수 있는 것이면, 우리는 그것을 하나님에게 요구하지 말아야 한다는 것이다.

그런 태도가 성서해석학적 연구의 대단한 심오함으로 귀결된다면, 그 태도를 통해 빌리 그래함Billy Graham이 연루된다는 사실을 잊지 하지 말아야 한다. 빌리 그래함의 선전 방법은 선전의 측면에서 성서해석학적인 사상의 정확한 대응물이다. 그것은 성령이 더는 부여하지 않는 결과를 얻으려고 극단적인 수단을 사용하는 것이다. 성서해석학을 통해 의미를 얻듯이, 선전을 통해 하나님의 활동을 제쳐놓고 사람들을 회심시킬 수 있다.

나는 그런 비교가 진지한 연구자들을 격분시킬 것임을 잘 알지만, 그 비교는 "사물들의 당연한 이치"에 의해 불가피한 것이다. 그런데 사실상 수단들이 증가할수록 하나님의 개입은 의미를 덜 가지게 된다. 그런 수단들에 대해 어떠한 비판도 가해지지 않는 한, 그와 반대로 선험적으로 그 수단들이 인정되는 한, 억제되는 것은 무엇인가를 강요하지 않는 신중한 하나님의 활동이다. 근원적인 순간이란 성령에 의해 우리의 지성이 열리는 것이 아닌지 아마 자문해 볼 필요가 있다. 그다음에 성서해석학적 가능성이 거기서부터 나올 것이다.

그러나 지식인과 신학자들은 일부러 반대되는 길을 택했다. 그리고 즉시 그것은 다음과 같은 더 근본적인 자세에 이른다. 즉 우리가 본문에 대한 주석 및 현대적인 조작操作에 대해 우리가 말했던 바와 함께 이것을 결합시킨다면, 하나님은 그런 "학문"과 주석과 성서해석학을 위해 우리가 자유롭고 독립적이도록 내버려 두어야 한다는 것이다. 강력한 성령의 발현에 의해 그런 학문을 억누르면서 선지자가 나타난다면, 그 얼마나 비난받을 일인가. 따라서 하나님은 말하는 것이 금지되어 있다는 것이다. 하나님은 그런 역사 속에서 말하지 말아야 하고, 하나님을 말하게 하는 것을 우리라는 것이다. 우리는 말에 대한 우리의 성서해석학으로 하나님의 말을 대체해야 한다는 것이다. 하나님의 말은 우리의 재창조와 우리의 소생을 통해서만이 개입할 수 있다는 것이다. 그리고 하나님은 자신의 **말씀** Verbe,150)으로 사람들이 만드는 것에 대한 부동不動의 증인으로 남아 있어야 한다는 것이다. 우리의 학문과 전혀 다른 길은 하나님에게는 금지되어 있고, 그 길은 우리에게 수상히 여겨진다는 것이다.

그것은 체계의 엄밀한 논리이다. 그러나 그러한 자세와 사상과 명백하거나 혹은 함축적인 거부가 '하나님과의 단절'이 이미 일어났던 한에서만 일어날 수 있음을 이해해야 한다. 하나님이 떠났기 때문에, 사람들은 하나님에게 문을 닫는

---

150) [역주] 말씀(Verbe)은 삼위일체의 제 2위인 그리스도를 가리킨다고 볼 수 있다. 신약성서 요한복음 1장 1절의 내용 참조.

다. 하나님이 더는 말하지 않기 때문에, 사람들은 하나님에게 말하는 것을 금지한다. 사람들이 의미를 재발견한다고 주장하는 것은, 오직 성령이 더는 의미를 부여하지 않기 때문이다. 그러한 신학적 입장은 '하나님과의 단절' 이후에만 가능하고, 또한 '하나님과의 단절'로부터 만이 가능하다. 일반적인 해석학 연구는 하나님의 침묵에 근거를 두는데, 그 중 성서의 해석학은 특별한 경우가 될 수도 있다. 그리고 결국 하나님의 존재 조건인 것은 그와 동시에 하나님에 대한 부정이 된다. 왜냐하면, 하나님의 침묵 속에서 발견되는 의미는 그 어떤 것이든 거짓 의미일 뿐일 수도 있기 때문이다.

4. 추종追從

마지막으로, 늘 그렇듯이 그것은 잘 알려진 징조 중 하나이다. 교회가 그토록 세상을 추종한다면, 그것은 바로 교회가 자신의 **주**主에 의해 홀로 내버려져 있는 한에서 그렇다는 것을 기억하자. 교회를 구별시키고 교회가 추종하지 않도록 할 수도 있는 것은, 아마 **전적 타자**他者의 존재함 뿐이라는 것은 확실하다.[151] **전적 타자** 없이는 교회는 자신의 케리그마[152]에도 불구하고, 불가피하게 그저 어떤 조직체가 될 것이다. 세상에 대한 추종이 오늘날 너무 멀리 진행된 나머지, 사람들은 세상에 대한 가치 부여를 위해 단순히 교회를 부정하기에 이른다. 나는 극히 낡아 빠진 그 토론을 다시 하지 않겠다. 나는 세상에 대한 그런 가치 부여가, 세상을

---

151) 그런데 나는 유일하게 적합한 그런 지칭을 간직하는데 얼마나 집착하는가! 그 지칭은 낡아 빠진 언어들의 빈약함 속으로 빠져드는 우리의 신학자들의 귀를 오늘날 그렇게 불쾌하게 간지럽게 하는 것인데 말이다.

152) [역주] 케리그마(Kerygma)는 기독교 신학에서 세례를 받기 원하는 사람들에게 세례를 받기 전에 행하는 복음의 선포를 가리킨다. 케리그마는 원래 신약성서에 기록된 사도들의 설교를 지칭한다. 그들의 메시지는 "구약성서의 예언을 완성하기 위해 하나님이 예수 그리스도를 보냈다. 예수는 하늘나라가 가까이 왔음을 선포하고 죽었고 묻혔으며 죽은 자들 가운데서 부활하여 하늘에서 하나님의 오른쪽에 앉아 있다"는 내용으로 되어 있다.

그토록 사랑했던 동시에(그러나 그 문맥에서 사람들은 그 성경 구절153)의 끝 부분을 인용하기를 항상 게을리한다.) 세상을 돌이킬 수 없이 심판하는 자의 부재에 의해서만이 이루어질 수 있다고 단지 말하겠다. 그런데 우리는 우리 자신의 진단에만 의거할 수 있기 때문에, 또한 더는 현실화 될 수 없는 하나님의 말에만 의거할 수 있기 때문에, '하나님과의 단절' 속에서 세상에 대한 가치 부여는 정확히 말해 아무것도 의미하지 않는다.

다수에 대한 집착

교회가 세상을 추종하는 명백한 징조들을 재론하는 것은 무의미하다. 그것은 이미 자주 폭로되었고 그런 징조들은 곳곳에 있다. 즉 소위 연구 센터의 "연구"가 어떠한 것이든 간에, 재조직의 노력과 기술적인 활동 방법과 세상에서 존재함의 편입 지점 등 그 모든 것은 사회학적인 것에 완전히 일치한다. 특히 그것은 '다중 多衆 교회'의 가장假裝으로 가려진 늘 새로워지는 다음과 같은 주장이다. 즉 그것은 개인적인 것의 소멸과 홀로 있는 것의 거부를 통해 모든 것이 집단과 전체와 팀으로 이루어져야 한다는 주장이고, 전체와 연대적連帶的인 것이 큰 미덕이라고 주장한다. 키르케고르가 새롭게 자주 언급되기는 하지만, 우리는 그의 입장과 꽤 멀리 떨어져 있다.

"…그리스도가 인류라는 종種을 구원한다고 주장하는 터무니없는 독단을 오늘날 사람들은 만들어 냈다. 그것은 쓸데없는 이야기이다. 그리스도가 그것을 원했을지라도, 그리스도는 그것을 못할 수도 있다. 왜냐하면, 인류라는 종種은 바로 멸망이라는 범주에 속하고, 구원은 바로 인류라는 종種에서 벗어남이기 때문이라고 심지어 나는 말하겠다. 그 종에 의해 우리의 타락한 종에 나는 속할 수 있지만, 그 종의 힘으로 나는 구원받을 수 없다. 그러나 사람들은 그리스도인이 되는

---

153) [역주] 여기서 그 성경 구절은 신약성서 요한복음 3장 16절을 가리키는 것으로 보인다.

것과 인간이 되는 것을 오늘날 거의 동일시하기에 이른다."

"…군중이 존재한 이후부터 하나님은 보이지 않게 된다. 전능한 군중은 자기 바로 가까이서 실망할 수도 있으나, 더 멀리 나아가지 않는다. 왜냐하면, 하나님은 개인을 위해서만 존재하기 때문이다. 그것이 바로 하나님의 절대적인 힘이다."

"우리 시대에 악의 원리인 대중은 정말 지고하게 높여져 있다."

"숫자는 생각에 대한 가장 우스꽝스러운 모방이다. 즉 수를 더하면서 사람들은 더하기가 빼기와 마찬가지인 부조리한 세상으로 들어간다. 그러나 물론 짐승처럼 숫자에는 힘이 있다."

"…평범함은 인류라는 조밀한 대중의 구성 원리이다. 인간들과 관계를 맺기 위한 첫 조건으로서 절대가 요구해야 하는 것 따라서 하나님도 요구해야 하는 것은 인간들을 분산시키는 것이다."

"…사람들이 휴식 없는 일을 참지 못하듯이, 사람들은 기본전환이 필요할 것이다. 마찬가지로 숫자는 우리의 기분을 전환해주고, 우리의 근심을 덜어 준다(우리를 안심시킨다.). 잘못이란 기분 전환을 했던 것으로…. 그것은 심각한 것이다."

"…중요해지려고 숫자를 요구하는 모든 것이 바로 그 자체로서 시시한 것이 되게끔 하는 그 법칙은 얼마나 아이러니인가. 그럴수록 더욱더 사람들은 더 큰 숫자를 원한다. 큰 숫자를 사용함으로써 실행되고 조정되며 이루어지는 모든 것은, 마치 그것이 중요한 것인 듯이 사람들의 놀라운 감탄을 불러일으킨다. 진정한 중요성은 성취되기 위해서 언제나 점점 더 적게 숫자를 요구하는 반비례. 다른 무엇보다 중요한 것에 있어서는, 또한 하늘과 땅을 움직이는 것에 있어서는 단 한 사람만 필요하다. 즉 몇 가지가 필요하다면 그것은 빼야 한다. 전쟁과 혁명과 예술 전시회와 굉장한 신문 등, 그 모든 것은 분명히 단 한 사람에 의해서는 조정될 수 없다. 그래서 사람들은 그런 종류의 것들이 중요한 것으로 생각한다. 군중이 거기에 필요하게끔 하는 것은 바로 그것들의 무의미이다. 또한, 그것들에게 중요성을 부여하려고 숫자를 채우는 것은 바로 그것들의 중요성의 부족이다. 그러나 무엇보다 중요하고 천사와 악마들을 열광시키는 것은, 한 인간과 하나님과의 실제적인 교제이다."^{신문의 발췌들}

오늘날 그리스도인들은 아주 적은 숫자이기는 하지만, 그들은 바로 숫자와 다수에 사로잡혀 있다. 또한, 그들은 대중과 계급과 정당의 관심사에 사로잡혀 있다. 그리고 그들은 신앙을 포함해 모든 것을 복수複數로만 이해한다. 그것은 '하나님과의 단절'의 분명한 징조이다. 실제로 다수에 대한 필요는 하나님의 침묵과 돌아섬에 의해 유발된 막연한 감정과 불편함과 불확실성에 대항하는 도피이다.

교회의 정치화와 정치적 열광

세상에 대한 추종은 정치에 대한 열광으로 나타나는 동시에, 생각과 품성과 기독교적 활동의 정치화로 나타난다. 그리스도인들은 "모든 것이 정치적이다."라는 가장 사회학적인 구호를 오늘날 택했다. 게다가 성서가 정치적이지 않은가! 따라서 도덕도 그렇다! 민족의 미래와 정의의 구현도 그러하다. 그것은 정치적 환상과 정치적 거짓에 대한 전적인 무분별이다. 그것은 또한 인간의 도성都城을 실현하려는 정치의 궁극적 비효율성에 대한 전적인 무분별이다.

평범한 의견에 맞는 견실함밖에 없는 그런 자세의 성서적이고 신학적이며 사회학적인 오류에 대해 내가 행한 논증을 재론하지 않겠다. 그 논증이 무엇이든 간에 그것은 아무 소용이 없다. 또한, 어쩔 수 없이 그리스도인들로 하여금 모든 사람이 행하는 것을 행하게 하고 모든 사람이 생각하는 것을 생각하게 하는 사회학적 흐름 앞에서, 그 논증을 통해 아무도 설득될 수 없다. 그러나 진정한 기준점이 그러할 때에, 숨겨져 있을지라도 그것은 우리의 '하나님과의 단절'의 얼마나 끔찍한 징조인가.

게다가 이것은 즉시 나타난다. 정치적 열정을 통해 기독교 지식인들은 같은 정책들을 시행하기에 이르렀는데, 그 정책들에 들어 있는 더 저급한 것 속에서 또한 교회의 삶 속에서 그 정책들은 시행되었다. 교계敎階제도, 감독제, 권위의 단일성, 통제되지 않는 권력, 단순히 원격 조종되는 익명의 대중 같은 군주 정치를 본뜬 관행을 가지고 있다고 이전의 그리스도인들은 충분히 비난받았다. 그런데 오늘날 우리는 한 술 더 뜨고 있다. 정당이나 혹은 조합이라는 모태 속에 형성된 우리 기독교 지도자들은 교회 안에 정치적 행태를 도입한다. 그 행태는 속임수, 사력을 다하는 투표, 핵심 지위에 대한 은근한 장악, 도당과 압력 집단의 형성, 모호한 표현방식으로 속마음을 숨긴 불분명한 발의를 통한 망설이는 자들의 결집, 성공의 순간에만 드러나는 장기 전략, 반대자들에 대한 공개 비난, 간단히 입증된 여론의 압력 사용, 서로 다른 의견을 가진 자들에 대한 격리, 정치적 정통성에 대한 우선적 고려이다. 그 나머지는 잊힌다. 한 교회가 그렇게 시행할 때 그 교회는 자신의 사회적 차원의 배타성을 드러낸다. 교회는 완전히 평범해진다. 수평적인 관계가 오늘날 신학적으로 받아들여질 수 있는 유일한 것이라고 선포될 때, 사실상 관계의 정치화는 정당화된다.

세상과 인간의 일에 대한 정당화

그러나 물론 세상의 모방에서 늘 교회의 큰 걱정거리는 인간이 하는 것에 대한 정당화와 세상154)이다. 예전처럼 그렇다. 그러나 그것은 사람들이 정당화하는 것과 같은 것이 더는 아니다. 그것은 다시는 왕권도 아니고 족장 체제의 가족도 아니며, 여성의 예속도 아니고 사교계의 도덕도 아니다. 그것은 과학과 기술이며 세상의 활용과 정치와 대도시이다. 정당화의 찬란한 마지막 예는 콕스H. Cox의 유명한 책 『세속도시』La Cité séculière이다.

---

154) 여기서 여전히 나는 정당화의 기능에 대한 단죄가 내 생각으로는 사회 속에서 이루어지는 것인 과학과 기술에 대한 단죄에 일치하지 않음을 무수히 떠올리는데, 나는 그것들을 결코 단죄한 적이 없다.

그토록 빈약하게 구상되고 역사적 오류로 가득하며 신학적으로도 사회학적으로도 피상적인 그토록 평범한 책이, 또한 세속화와 세속성에 대한 온갖 케케묵은 이야기가 되풀이되고 그런 주제에 대한 어떠한 깊이도 없는 책이, 또한 사회학에서도 간략한 만큼이나 역사적 분석에 대해서도 의심스러운 책이 그러한 성공을 거둔다는 것이 믿기 어렵다. 그 점은 그 책이 세상에서 일어나는 것과 인간이 지금 하는 것에 대한 정당화를 대중에게 부여한다는 사실에 의해서만 설명된다. 그것이 바로 현대인이 가장 실망스러운 자신의 모습 속에서 무엇보다 바라는 것임은 사실이다. 사람들이 현대인이 행하는 바를 하면서 그가 옳다고 말하러 다가오는 것, 그것은 온갖 선전의 원동력이었다. 이념적이고 선전적인 관점에서 『세속 도시』는 대단한 책이다. 왜냐하면, 그 책은 바로 "성대한 보완"solennel complément을 가져오기 때문이다.(당연히 마르크스는 그것을 종교가 가져온다고 비난한다!)

　도시의 익명성인가? 그것은 신기하고, 그것은 자유이다. 도시의 이동성은 놀랍고, 그것은 진보의 조건이다. 실용주의는 하나님의 활동 방식에 들어맞는다. 세속성은 하나님의 뜻에 따른다. 『세속 도시』는 인간과 하나님의 연합 장소이다. 인간의 기술력은 끊임없이 증가하기 때문에 교회의 설교 주제는 인간의 힘이어야 하고, 교회의 메시지는 인간 자신의 운명을 떠맡아야 하는 것이 바로 인간임을 확신시키는 데 있다. 그 모두가 완전히 비성경적이고 현대 사회의 가상적인 실재 속에 뿌리박힌 진부한 이야기로 짜인 것이다. 신학이 완벽하고 헛된 상부구조가 되는 것이 바로 여기이다. 그러나 그것에 대해 마르크스가 다음과 같이 말한 것은 백번이나 옳다. 즉 그 상부구조가 아무리 헛되고 무미건조할지라도, 그것이 인간으로 하여금 실제로 존재하는 것을 보지 못하게 하고, 인간을 환상 속에서 살게 하며, 인간을 현실로부터 돌아서게 한다는 점에서 맹독猛毒이 된다는 것이다. 『세속 도시』는 우리 현대 사회에 있어서 민중의 아편과 같은 유형의 책이다.

교회가 인간들의 구체적인 활동을 축복하느라 시간을 보낼 때, 또한 교회가 인간들이 올바른 길에 있으며 지금 일어나는 일이 하나님의 뜻이라고 그들에게 단지 입증하러 다가갈 때가 바로 교회가 계시로부터 크게 벗어나고 협잡을 하는 때이다. 그러나 그것은 하나님이 자신의 교회로부터 돌아선 한에서만 가능하다. 그래서 극도의 빈곤과 결핍을 느끼는 교회는 이스라엘의 요새[155]를 더는 준거로 삼지 않기 때문에, 그 이후로는 불안정 속에서 삶을 유지하지 못한다. 그래서 교회는 세상에 매달리고 사회의 인정을 통해 자신이 확고함을 느끼며 숫자와 힘 다수를 믿는 것을 필요로 한다. 그것을 위하여 교회는 다음 같은 유일한 길만을 택한다. 즉 사람들이 지금 하는 바가 정당하고 올바르다고 믿는 근거와 정당화를 세상에 가져오는 것이다.

길을 잃은 교회는 자신도 더는 믿지 않는 것을 강하기는 하나 자신의 목적에 대한 확신이 없는 세상에 입증하러 다가온다. 맹인을 인도하는 맹인이다. 그 대단한 도전은 그러하다. 그것은 교회와 사회 서로 간의 이중적인 만족이다. 교회는 진보의 힘과 사회의 힘과 인간의 힘에 매달린다. 사회는 "도덕성-영성"의 훌륭한 보증인이자 가치로 남아 있는 교회로부터 보상을 받는다. 교회가 그러한 거짓을 전달할 때, 사실상 교회는 행해지는 것에 대한 비판적인 분석을 세상으로 하여금 수행할 수 없게 만들고, 결국 진정한 진보를 이룰 수 없게 만든다. 어떻게 그런 메커니즘 속에서 하나님의 침묵이라는 표현 자체를 보지 않을 수 있는가

인간에 대한 진단의 오류

그러나 '하나님과의 단절'의 교회에 의해 주어진 징조들에 대한 짧은 재검토를 끝내면서, 우리가 이미 앞에서 지적했던 것을 재론할 필요가 있다. 즉 현대 신학자들이 이루어낸 우리 사회의 인간에 대한 진단의 오류이다. 그런 진단의 오류

---

155) [역주] 이스라엘의 요새(Fort d'Israël)는 하나님을 지칭한다고 볼 수 있다.

를 통해 치료학에 관한 오류가 불가피하게 생겨난다. 다시 말해 사람들이 우리 사회와 이웃의 실재 자체에 대해 잘못 아는 그 순간부터, 해야 할 일에 대해서도 역시 잘못 생각한다는 것이다. 훌륭한 사마리아인[156]이 구덩이 속의 사람을 보고서 그가 편안히 잠을 자며 행복한 꿈을 꾸고 있다고 판단했다면, 자신이 베풀어야 할 자선은 가능한 한 소리를 적게 내면서 지극히 행복한 잠자는 자를 내버려두고 자신의 길을 계속 가는 것이었을 것이다.

대다수의 기독교 지식인들에 의해 인간에 대해 저질러진 현재의 오류는, 우리의 상황에서 절대 필요한 일을 사람들이 전혀 할 생각을 하지 않음을 의미한다. 우리가 또다시 조금 전 이야기했던 정당화의 메커니즘이 다시 존재하는 것이 물론 여기이다. 그러나 그런 결과들 이외에 오류라는 사실 자체는 결정적이다. 왜냐하면, 계시는 하나님의 활동에 대해 인간이 알 수 있거나 혹은 하나님의 결정에 따라 하나님의 활동에 대해 인간이 알아야 하는 것이 하나님에 의해 드러나는 것일 뿐만 아니라, 하나님 앞에 있는 인간의 존재가 드러나는 것이기 때문이다. 인간에 대한 그런 통찰력은 계시로부터 나온다. 그것은 영원 속에서가 아니라, 주어진 역사적 상황 속에서의 통찰력이다.

그런데 오늘날 우리는 그리스도인에게 통찰력이 없어졌음을 확인한다. 그리스도인은 완전히 몽롱한 상태에 있는데, 그 현상은 계시가 더는 드러나지 않을 때에만 생겨난다. 또한, 그 현상은 다음 같을 때 생겨난다. 즉 하나님의 말이 침묵할 때이고, 세상의 빛이 검은빛이 될 때이며, 무지개가 물리적 현상으로 국한될 때이다. 또한, **언약**의 **방주**가 흰개미의 먹이가 될 때이고, 빈 무덤이 우리의 성서해석학으로 가득 찰 때이다. 그리고 하나님나라가 정치의 산물이 될 때이고, 그리스도 안에서의 생명이 상징으로 한정될 때이며, 권력을 잃은 왕이 연설 속으로 도피했을 때이다. 그래서 극심한 어둠이 마음을 차지하고 눈을 어둡게 한다. 지

---

156) [역주] 여기서 사마리아인(Samaritain)은 신약성경 누가복음 10장 30-36절의 예수의 비유에 등장하는 사람으로서 길을 가다가 강도를 만나서 거의 죽게 된 자를 구해준다.

금은 극심한 어둠의 때이다.157)

---

157) '하나님과의 단절'의 징조들에 대한 그런 분석들에다 유대 민족의 분석을 분명히 덧붙여야
할 것 같은데, 그 분석은 모든 사람들에게 있어서 분명한 상징이다. 그런데 아우슈비츠와 트
레블린카(Treblinka) 이후에 또한 이스라엘이 그 희생자인 인종 집단 학살 이후에(그리고 그
홀로), 하나님이 우리로부터 돌아서지 않았다고 사람들은 생각할 수 있는가? 그러나 네헤르
가 자신의 훌륭한 『말의 유배 *Exil de la Parole*』에서 언급했고 내가 자주 인용했던 것을 나는
그토록 덜 잘 다시 언급할 수 있을 따름일 것이다.

간주곡, 자기비판

우리는 이 계획을 비판해야 하는 지점에 와 있다. 나는 지금 무엇을 하는가? 결국, 그러한 연구방식 속에 숨겨진 기독교 변증론적인 어떤 시도가 없기 때문인가? 세 단계로 된 어떤 기독교 변증론의 전통적인 움직임을 사람들은 다시 발견하지 않는가? 즉 그것은 불행하거나 나쁜 인간에 대한 것이다. 그것은 하나님으로부터의 분리로 말미암은 불행이나 혹은 악함에 대한 설명이다. 그것은 또한 하나님과의 화해 때문인 불행의 제거나 혹은 악함의 제거이다. 즉 그것은 잘못과 단절을 없애려고 하나님이 이루어낸 행위 안에 있는 신앙이다. 현대 신학 및 현대 신학이 펼치는 논증에도, 나는 다음과 같은 점을 시인할 것이다. 즉 내가 그러한 도식이 정확하다고 계속 생각한다는 점과, 우리가 아는 대로의 인간은 불행하고 악하다는 것이 분명히 사실이라는 점이다. 왜냐하면, 그 두 가지는 서로 연결되어 있고 서로 간의 산물이기 때문이다.

기독교 변증론적인 입증의 유혹

그런 상황이 하나님의 사랑을 거부하며 자신이 어른이자 성인成人이라고 자부하는 인간의 상황인 것은 분명히 사실이다. 예수 그리스도 안에서 하나님과의 평화를 통해 인간 속에 있는 악이 사라지고, 인간에게 삶의 가능성이 회복되는 것은 분명히 사실이다. 결국, 내가 소망과 관련하여 여기서 그런 움직임을 다시 시작할 때, 지나치게 단순한 듯이 보일지라도 그 점은 내가 믿기를 부끄럽게 여기지 않는 것에 일치하고 우리 시대에서는 비판을 당하는 것이다. 그러나 그 논쟁은 한편으로 세 가지 움직임으로 된 "추론"의 유효성에 근거를 두고, 다른 한편으로 그 "추론"의 사용에 근거를 둔다. 실제로 오류는 그 세 가지 확실한 사실을 그것들의 독단적인 메마름 속에서 사용하는 것, 곧 기독교 변증론적인 방식으로 사용하는 것이다. 예를 들어 오류는 인간이 그 자체로, 불가피하게, 전반적으로 악하다는 독단적인 생각에서 출발하는 것이었다.

　우리가 단지 할 수 있는 일이란, 인간이 해를 끼치는지 인간의 불행이 어떠한지 알아보려고, 주어진 환경과 시대에서 그러한 인간이나 혹은 집단의 실제적인 상황과 실재를 살피는 것이다. 악과 죄와 인간의 비참에 대해 "일괄적으로" 또한 형이상학적으로 이야기하는 것은 중요하지 않은 듯이 보인다. 그러나 내가 사는 도시와 내가 속한 시대의 부적응 청소년들이 근본적으로 불행하다는 것과 그런 비참이 그들이 저지를 수 있는 악을 훨씬 뛰어넘는다는 것을 나는 보여줄 수 있다. 그리고 1970년대의 서구인이 실제로 또한 구체적으로 소망이 없는 인간이며 미래가 없는 듯이 살아가는 인간이라는 것을 나는 보여줄 수 있는데, 그 점이 신학적 전제에 달려 있지는 않다. 나는 그것을 확인하고 묘사할 수 있다. 물론 심리학적이거나 혹은 사회학적인 측면에서 그런 상황의 근거와 동기와 요인을 찾아야 한다.

　내가 오직 말할 수 있는 바는, 내가 그것을 확인하고 분석할 때 그것이 실제로 하나님을 거부했던 인간에 대해 성서가 나에게 말하는 바와 일치한다는 것이다. 그러나 나는 그런 상황에 대한 이유를 발견할 수 없는 것과 마찬가지로, 원죄의 선포에 의해 형이상학적 이유를 인간에게 부여할 수 없다. 거기에는 인과성이 없다. 내가 두 가지 다른 측면에서 두 가지 다른 영역에서 작업하므로 더욱 그러하다. 하나는 현실에 대한 확인의 시도이자 가능한 한 합리적인 설명의 시도이고, 다른 하나는 신앙의 영역이자 근거 없는 주장의 영역이자 선포의 영역이다. 그 두 가지 측면은 서로 배합되지 않고, 자연적으로도 객관적으로도 결합하지 않는다. 즉 그 두 가지 연구방식은 그 두 측면 위에서 살아가는 사람에게 있어서는 일관성이 있다. 나는 사회학자로서 또한 그리스도인으로서 그러한 이중적인 연구를 수행할 수 있다.

나는 인간이 악을 행한다는 것과 죄인이라는 것을 말할 수 있다. 또한, 인간이 불행하다는 것과 하나님으로부터 분리되어 있다는 것을 말할 수 있다. 그러나 그것은 내 생각 속에서 나의 체험에 의해 정립된 객관적이지는 않으나 전달될 수는 있는 상관관계이다. 나와 같은 신앙을 공유하는 어떤 사람에게 있어서 그것은 의미가 있을 수 있지만, 그렇지 않다면 그것은 의미가 없다. 마찬가지로 내가 하나님과의 화해에 대해 증언할 때, 새로운 상황에 대한 입증은 전혀 문제가 되지 않는다.

나는 인간이 더는 악하거나 불행해지지 않을 것이라는 객관적인 증거를 신앙으로부터 끌어낼 수 없다. 그런 일이 일어난다면(왜냐하면 비그리스도인들보다 덜 악하거나 혹은 덜 불행한 그리스도인들이 역시 있기 때문이다. 하지만, 그것은 반드시 그렇지는 않다.), 나는 신앙의 유효성과 계시의 정확성을 입증하기 위한 어떠한 논증도 그것에서 끌어낼 수 없다. 달리 말해 객관화될 수 있는 어떠한 확실한 사실도 그리스도를 향해 나아가거나 혹은 그리스도 안에서 나아가는 데 있어서 소용될 리 없다.

이런 식으로 말해진다면 여기서 시도된 그 작업으로부터 우리는 어디에 이르는가? 나에게는 아무런 의도도 어떠한 주장도 없다고 단언함으로써 기독교 변증론에 대한 연구를 나로 하여금 그만두게 하는 것은 분명히 충분한 근거가 없다. 하지만, 현대인에게 소망이 없다면 그 점이 원죄로부터 나온 것임을 입증하려는 의지가 여기서 나에게 없는 것은 분명히 확실하다. 또한, 회심할 수도 있는 자를 위한 소망이 다시 생겨난다고 약속하면서 덫을 놓으려는 의도도 나에게 없는 것은 분명히 확실하다. 그러나 좋은 의도는 충족될 수가 없다. 나는 그것을 모른 채 또한 그것을 원하지 않은 채, 기독교 변증론적인 입증의 유혹 속으로 다시 떨어질 수 있다. 나는 다음과 같은 네 가지 견해를 제시하고 싶을 따름이다.

기독교 변증론적인 입증의 불가능

우선 나는 소망이 없는 인간의 상황과 하나님과의 결별 사이에 논리적 관계를 내세우지 않겠다. 그것은 확실한 듯이 보이지만 입증될 수 없는 동시에 입증되더라도 쓸모없고 소용없어지는 관계이다. 왜냐하면, 내가 알아야 하는 바를 입증할 수 있다면, 내가 이야기하는 소망이 내용도 진리도 없는 죽은 대상일 것이기 때문이다. 또한, 내가 이야기하는 하나님 역시 성서를 통해 계시되는 자와 아무런 관계가 없을 것이기 때문이다. 나의 입증이 그 자체로서 더 엄밀하고 논증적이 될수록, 그 입증이 근거로 삼을 수도 있는 것은 더 가짜이고 거짓이 될 수도 있다. 따라서 여기서 관계되는 것은 하나의 증언일 수밖에 없다.

나는 인간이 누구보다 더 잘 아는 것을 인간에게 보여줄 수 있다. 즉 얼마나 인간이 여기에서 또한 지금 해결책 없는 상황 속에 살고 있는지, 또한 얼마나 심각하게 인간에게 소망이 없는지 보여줄 수 있다는 것이다. 그러나 내가 인간에게 아무것도 드러내지 않는다는 것을 인간은 알고 체험한다. 나는 소망이 예수 그리스도에 의해 하나님 안에 있음을, 근거 없는 방식으로도 또한 증거 없이도 단언할 수 있다. 그러나 나는 아무것도 보장할 수 없다. 그리고 나는 거기에 어떠한 자동성도 어떠한 확실함도 없음을 내가 말을 하는 인간에게 알려줄 수밖에 없다. 소망은 하나님 안에 있다. 그러나 그런 인간은 소망을 체험할 것인가? 나는 모른다. 하나님에 대한 신앙은 절망적일 수도 있고 비극적일 수도 있다. 나는 그것을 충분히 안다. 그런데 나는 어떠한 순간에 소망이 생겨날지를 모른다. 그러나 내가 역시 입증할 수 있는 바는 소망이 생겨난다는 것이다.

게다가 나는 소망의 더 많은 다른 요인을 배제할 수 없다. 다른 종교와 다른 사상도 인간에게 소망을 줄 수 있다. 나는 그것을 부정하지 말아야 한다. 혹은 기독교적 소망이 뛰어나다거나 아니면 그것들은 거짓된 가짜 소망이라고 입증하지 말아야 한다. 내가 해야 할 일은 바로 다음과 같은 것이다. 즉 예전에 있던 모든 것보다 더 나쁜 악과 불행과 비참이 그런 소망에 의해 유발될 때, 내가 그것을 보고 알게 되면 경고하는 것이다. 독일인이 히틀러에게서 발견했던 소망과 스탈린주의 안에서 입을모아 칭송하던 미래에 대한 소망이 인류 전체에게 있어 거짓일 뿐만 아니라 끔찍하다는 것을 알릴 의무가 나에게 있었다. 모택동의 붉은 태양이라는 소망이 가장 큰 위험이자 우리가 결코 그 속에 내던져진 적이 없었던 가장 잔혹하고 소름끼치는 정신착란임을 말할 의무가 나에게 있다.

하지만, 참되고 심오하며 분별 있는 소망 곧 간디에 의해 혹은 루터 킹에 의해 유발된 소망 및 『섬』*L'lle*에서 헉슬리Huxley, 158)에 의해 묘사된 소망에 반대해 말할 것은 나에게 아무것도 없다. 그리스도인으로서 내가 말할 수 있는 것은 바로 그 순간인가? 자신들의 소망이 있는 사람들은 자신들이 그리스도인이 아니면 그리스도 안에 있는 소망이 필요하지 않을 따름이다. 그런 사실로부터 그들의 소망을 소멸시키는 것은 악마 같은 짓이고 그들에게 예수 그리스도의 소망을 설교하는 것은 헛된 일이라는 것이다.

그러나 아마도 그들은 복음의 다른 측면을 역시 필요로 한다. 그래서 나는 그것을 찾아야 한다. 소망이 그 자체로 심리학적인 혹은 사회학적인 어떠한 분석의 영역에도 속하지 않는 범주일수록, 1970년대 서구인의 소망 결핍과 예수 안에 있는 소망 사이에 논리적이고 과학적인 상관관계의 부재는 더욱 명백하고 확실하다. 그런 영역에서 과학적인 방법에 의해 포착된 모든 것은 소망과 다른 것이다. 그것은 신앙에 대한 신심 처럼 모사模寫이고, 외부적인 징조이며 꾸며낸 객관화이지만, 실재 그 자체는 결코 아니다. 내가 "본래" 말하듯이 결국 지적으로 이

---

158) [역주] Leonard Huxley(1894-1963). 영국의 소설가이자 비평가로서 자신의 작품들을 통해 20세기의 정치와 과학기술에 대한 깊은 불신감을 드러낸다. 또한 과학문명에 대한 맹목적인 신뢰에 바탕을 둔 변하지 않는 신분제도를 지닌 악몽 같은 미래 사회의 모습을 표현하고, 당시 사회의 공허함과 무(無)목적성을 신랄하게 비판한다.

해시키는 어떠한 입증도 있을 수 없어서, 어떠한 기독교 변증론도 있을 수 없다.

기독교 변증론적인 입증의 무의미

내가 제시하는 두 번째 견해는 논증이 설득력이 있을지라도 그것은 아무 의미가 없어서 기독교 변증론은 있을 수 없다는 것이다. 우선 "회심-은총으로 회귀"에는 자동성이 전혀 없음을 늘 기억해야 한다. 하나님이 돌아서는 시대에는 자동으로 하나님이 또다시 거기에 있게 하려고 회심만으로는 절대 충분하지 않다. 하나님의 은총은 상실되지는 않지만, 멀리 떨어진 하나님은 우리 마음의 움직임에 다시는 좌우되지 않는다. 더욱이 다음과 같은 점을 떠올리게 하는 것이 절대 필요하다(얼마나 수없이 같은 것을 다시 말해야 하는가!). 즉 결점이 없고 반박할 수 없는 논증을 제시할 수 있더라도, 절대적이고 엄밀한 논증을 제시할 수 있더라도, 지적으로나 과학적으로 나무랄 데 없는 논증을 제시할 수 있더라도, 아마도 나는 결국 지적인 집착을 가져올 수도 있다는 점이다. 하지만, 그것은 신앙도 소망도 생겨나게 하지 않는다.

인간이 실존적 단계로 옮겨 가는 것은 인간이 지적으로 이해되었기 때문은 결코 아니다. 그런데 소망과 관련하여 신앙을 위해 사람들이 알 수 있는 중간 과정은 없다. 여기서 신앙이 명료하고 표명되는 내용을 포함하는 한에서, 소홀히 할 수 없는 지성의 부분이 있다. 즉 지적인 집착의 단계가 있을 수 있다. 그것은 신앙은 아니지만, 신앙에 대한 마음의 준비를 하거나 혹은 신앙의 곁에 있는 것이다. 그것은 기대하거나 혹은 절망하는 존재 전체이다. 어떠한 논리적인 이성도 어떠한 입증된 진리도 당신들을 공허로부터 소망으로 조금도 옮겨 가게 할 수 없다. 따라서 기독교 변증론은 신앙의 영역에서보다 여기서 더욱더 헛되다.

결국, 나는 예수 그리스도에 의한 하나님에게로 귀의와 회심과 신앙이 전혀 '해결책'이 아니라는 사실을 주장해야 한다. 그것은 신학자들이 흔히 저지른 오류였다. "하나님에게 돌아가시오, 회심하시오, 그러면 당신의 문제와 어려움은 해결될 것입니다."라는 것이다. 그런데 성서에 따른 **계시**는 그런 '표현 형식'을 절대 취하지 않는다. 그와 반대로 그 계시는 다음 같은 것을 보여준다. 즉 이전의 어려움이 자동으로 전혀 해결되지 않은 채, 그리스도에 대한 신앙을 통해 믿기 힘든 어려움 속으로 접어든다는 것이다. 나는 그런 인간적 어려움이 해결된다면, 그것이 순수한 환상에 의한 것이라고 주저 없이 말할 것이다. 왜냐하면, 성서적으로 삶은 확실한 표명과 완전하고 특별한 서술을 통해 그 해결책을 찾을 수 있는 문제가 아니기 때문이다. 그런데 그런 종류의 문제가 있다는 조건에서만 해결책은 있다.

성서는 죄의 해결책에 대해서도 말하지 않고, 죽음의 문제나 혹은 집단적인 악의 문제를 위한 해결책에 대해서도 말하지 않는다. 한편으로 성서는 모든 것이 그리스도 안에서 변했다고 우리에게 말하고, 다른 한편으로 성서는 우리의 결정에 호소하는데 그것은 전혀 다른 것이다. '신앙을 갖는다'croire는 것은 신앙의 내용과 수단을 시행하는 것일 수도 있다. 그것은 소망에 대해서도 마찬가지이다. 즉 소망은 절망에 대한 해결책이 아니다. 오늘날 우리는 소망의 소멸이 있음을 안다. 하지만, 우리는 기독교적 소망이라는 우리의 만병통치약을 내세울 수 없다. 즉 소망이 없다면 기독교적이건 혹은 기독교적이 아니건 소망이 없다는 것이다. 따라서 이것은 기독교 변증론에 속하지 않는다.

소망의 식별과 전달

나의 세 번째 견해는 살아 있는 소망 및 소망을 생겨나게 하는 힘이 그리스도 안에 있음을 우리가 알 때 우리는 침묵할 수 없다는 사실에 근거할 것이다. 우리가 기독교 변증론을 펼 위험성이 있을 수도 있다는 핑계로, 또한 우리가 인간에게 영향을 줄 권리가 없다는 핑계로, 우리가 그 사실을 숨기거나 은폐할 권리는 없다. 그 사람이 불행할 때, 나는 왜 그를 도우러 가지 않는 것일까? 그가 요구하는 바를 왜 가져다주지 않는가? 나는 이미 그것에 대해 이미 말했고, 또한 그리스도인이 자신에게 전달되었던 것과 타인이 요구하는 것을 그에게 가져다줄 필요성에 대해 말했다.

"나는 신앙을 가졌고 그것이 내가 말했던 이유이다." 이것은 첫 번째 움직임으로서, 그 움직임은 내 존재의 중심으로부터 출발한다. 그 움직임은 그리스도이며, 그 움직임은 소망이 존재하는 것을 입증한다. 그러나 단지 내가 그것을 체험했고 그것이 이론적인 "진리"가 아니라는 조건에서이다. "그가 나에게 빵을 요구하면 내가 그에게 돌을 줄 것인가?"라는 것은 타인으로부터의 두 번째 움직임이다. 그러나 "타인이 그리스도인에게 아무것도 요구하지 않으며, 타인은 너무 자주 실망했다."라고 말할 수도 있다. 이것은 부분적으로는 정확하다. 아주 부분적으로 말이다.

또다시 그리고 이해할 수 없는 리듬에 따라, 그리스도인들에게 제기된 질문들이 있다. 일반적인 정신적 혼란 속에서 사람들은 역시 그리스도인들을 향해 돌아서는데(아주 우연히 아마도 그들은 말할 것이 있을 것이다.), 최악의 것은 바로 가장 현실적인 우리의 상황이다. 그 상황 속에서 사람들은 우리에게 질문하고, 우리는 무엇을 말해야 할지 더는 모른다. 왜냐하면, 그 질문들이 2천 년 역사의 기독교가 우리에게 그 대답에 대해 준비를 시켰던 질문들이 아니기 때문이다. 그다음으로는 그 질문들이 말로 표현되지 않고 확실히 표명되지 않을지라도, 우리는 표현되지 않은 비극이 가장 깊은 곳에 연결되어 있음을 간혹 식별할 수 있다.

다친 사람이 늘 구조를 요청하는 것은 아니다. 그는 아주 단순히 혼수상태에 있을 수도 있다. 우리는 그를 향해 가지 않을 것인가? 여리고의 사마리아인은 부름을 받았던 것은 아니었으나, 그는 보았으며 보살펴 주었다. 그래서 우리는 자신의 소망이 소멸하였기에 자신을 위해 가능한 소망이 아직 존재할 수 있는지조차 모르는 사람의 이웃이 되어야 한다. 심지어 그 사람은 소망이라는 단어의 의미도 이제는 모르고, 아마도 그 단어 자체도 다시는 모른다. 그러나 직접적으로 전달될 수 있는 것 너머에, 그렇지 않으면 말에 종속된 메시지 너머에 우리가 불가피하게 자리 잡고 있음을 사람들은 그 순간 이해한다.

지적인 논증이 아무런 의미가 없어서 여기에 기독교 변증론이 없을 수도 있음을 그와 같이 우리는 첫 번째로 보여주려고 애썼다. 그리고 두 번째로 우리는 소망이 없는 사람에게 소망에 대해 전혀 말할 수 없다는 확신에 이르렀다. 결국, 기독교 변증론이 훨씬 덜 문제가 된다. 물론 나에게 있어 우연한 일은 성령의 개입이지만, 체험된 소망의 실제적인 존재함만이 경우에 따라서는 의미가 있을 수도 있다. 그것은 인간의 곁에서 소망의 전달자로 살아가는 나에게, 그 인간으로 하여금 다음 같은 질문을 던지게 하는 것으로서 의미이다. 즉 그것은 "우리 안에 있는 소망에 대해 설명하면서"벧전 3:15 내가 대답할 수밖에 없는 질문이다. 그래서 그런 소망은 표현될 수 있고, 말에 종속될 수 있으며, 분명히 표명될 수 있다. 그전에는 아니다. 그리하여 꼭 필요한 담화에 의해 소망의 기적이 전달될 수 있다. 하지만, 그전에는 아니다.

신앙과 소망 사이의 관계

그러나 우리가 모든 경로를 닫아 버렸다면, 그런 시도는 과연 무엇을 의미할까? 그것은 "그리스도인들"에게 전해지고 다음 같은 이들에게 전해진 한 담화에만 단지 관계되는 것이다. 즉 그들은 예수를 그리스도로 인정하는 이들이고, 그들에게 있어 하나님이 실제로 계시되었고 하나님이 자신의 성자인 그 사람 안에서 모든 것을 실제로 성취했다는 이들이다. 또한, 걸림돌에도 불구하고 바로 하나님 자신인 예수 그리스도가 그들에게 있어 완전히 부활한 것으로 남아있는 이들이다. 또한, 자신을 낮추었고 자신을 바쳤으며 자신을 버렸던 **주**主가 그 사람이기 때문에, 그들에게 있어 그 사람은 그들을 영원히 구원했고 그들을 현재 구원하고 있으며 하나님과 인간이 마지막에 가서 대면할 때에 그들을 구원할 것이라는 이들이다. 그렇게 인정하는 것 외에는 그런 고찰에는 어떠한 종류의 효력도 없다. 그런 담화는 그 자체로 의미가 없으나, 선행되는 식별에 의해서만 의미가 있다. 그러나 그 점에서 우리는 같지만, 반대되는 질문을 다시 제기할 수밖에 없다. 즉 "독자가 이미 신앙 속에 있다면, 또한 그가 그 모든 것을 이미 안다면, 그런 담화는 무슨 소용이 있을까?"라는 질문이다.

그런데 오늘날 나를 포함하여 많은 그리스도인이 신앙 안에서 이지만 소망이 없이 살아갈 줄도 알고 또한 그렇게 살려고 할 수도 있다는 점을 나는 확인한다. 그런 세상 가운데서 또한 서구에서 그들은 다른 모든 인간처럼 역시 절망하고 낙담하며 확신이 없고 두려워하며 고뇌에 빠져 있다. 그래서 소망이 신앙으로부터 생겨난다는 것은 자명한 일이 아니다. 또한, 그것은 자동적이지도 명백하지도 당연하지도 않다. 그와 마찬가지로 소망이 아가페 안에 나타난다는 것 역시 명백하지도 자동적이지도 당연하지도 않다고 우리는 이미 말했다.

따라서 우리의 고찰은 신앙을 소망으로부터 떼어놓는 그런 간격 속에 위치한다. 그 고찰은 그 간격을 채우고 그리스도인에게 소망을 유발하는 것을 목적으로 한다. 물론 그 고찰은 비그리스도인들에 의해 받아들여질 수도 있고 이해될 수도 있다. 나는 여기서 장벽이 세워지고 일종의 사전 조건이 수립되는 것을 바라지 않는다. 그러나 오로지 나는 다음과 같은 점을 꼭 강조하고 싶다. 즉 소망을 유발하기 위한 비결과 요령이 존재하지 않는다는 점이다. 또한, 내가 독자에게 그런 소망을 "가지도록" 설득하기를 기대할 수 없다는 점과 마찬가지로, 독자 역시 소망에 대한 심사숙고로부터 그런 소망을 지니고서 나오기를 기대할 수 없다는 점이다.

오로지 나에게 불안한 듯이 보이는 것은 소망이 없는 - 혹은 예를 들어 흔한 것이기도 하면서 그것을 가지지 않는 것보다 더 심각한 것인 정치 외에는 다른 소망이 없는!! - 그리스도인들 세대가 생겨난다는 것이다. 그러나 이것은 그럼에도 다른 차원을 포함한다. 우리는 다음 같은 소망으로부터가 아니라면, 아무런 소망도 생겨날 수 없음을 보여주려고 애썼다. 즉 타인에 의해 체험되고, 체험된 것으로서 입증되며, 그런 측면에서 감지되는 소망이다. 다른 식으로는 아니다. 그러므로 소망이 없는 세대에서 그리스도인들은 그런 소망을 체험하지 않으면, 그들은 자신들의 신앙의 의미를 심각히 저버리게 될 수도 있다.

소망은 그리스도인들을 위해서 특별히 그들에게 주어지는 것은 아니다. 소망은 타인들 가운데에 또한 타인들과 함께 있는 그리스도인들을 위한 것이다. 그러나 그리스도인들이 소망을 체험하지 않으면 아무것도 없다. 그리스도인들은 타인들을 조금도 도울 수 없고, 마찬가지로 예수 그리스도를 증언할 수도 없다. 체험되고 살아 있는 소망은 증언의 조건이다. 그리고 예수 그리스도에 대한 신앙 안에 있기 때문에 우리는 예수 그리스도가 살아 있는 소망이라고 생각한다. 그러므로 우리가 그런 소망을 체험하지 못함으로써 다른 사람들에게 있어 소망하는 가능성을 그와 같이 없앤다면, 우리는 그 사람들에게 정말 심한 모욕을 주는 것이다.

그것과 관련하여 사람들이 내놓을 수 있는 다양한 도움 곧 경제 원조와 제도 개혁과 정치 활동과 같은 그 모든 것에는, 그리스도인들이 몇 세기 동안 헌신했던 예전의 자선 사업이란 가치 외에는 더는 가치가 없다. 그것은 더 이상도 아니지만 물론 더 이하도 아니다. 역시 그 일을 해야 하지만, 오늘날 불의, 굶주림, 박해, 압제, 억압, 전쟁, 고문이 워낙 명백하므로, 현대인의 중심적인 재난이 자리 잡는 것은 거기가 아니다. 우리는 재난의 결과나 혹은 재난의 주변을 향하는 것이 아니라, 재난의 중심을 향해야 한다.

삶을 위한 소망이 있어야 하기 때문에, 우리는 삶의 가능성을 인간에게 회복시켜야 한다. 우리는 우리 자신이 소망을 체험함으로써 그 일을 할 수 있다. 그리고 우리가 그 일을 하도록 권고받을 때에만이, 또한 우리가 그런 소망의 가능한 구현을 식별할 때에만이, 우리는 소망을 체험할 수 있다. 우리가 연계와 연결을 알아볼 때에 만이, 우리는 소망에 도달할 수 있다. 또한, 우리가 받아들였던 신앙과 우리가 부름을 받은 소망 사이에 존재하는 관계를 알아볼 때에 만이, 우리는 소망에 도달할 수 있다.

제3장, '하나님과의 단절' 시대에서 소망

그렇지 않다! 익히 알려진 나의 비관주의에도 불구하고, 내가 할 수 있었던 사회학적 분석 곧 체계의 전개라는 가차없는 성격을 드러내는 사회학적 분석에도 불구하고, 내가 도처에서 보는 자유의 부재에도 불구하고, 참된 질문에 답하기 위한 인간적인 수단들의 힘의 비효율성에도 불구하고, 서로 연결되는 숙명성에도 불구하고, 하나님으로부터의 그런 단절에도 불구하고, 나는 전혀 절망하지 않는다. 지금은 그와 반대이다. 소망이 생기는 것은 지금 그런 조건과 상황에서이다. 그렇지 않다면 소망은 소스의 맛을 다시 나게 하려는 피상적이고 하찮은 양념일 따름이다. 소망이 꼭 필요한 힘이 되고 존재 이유를 가지는 것은 또한 소망이 진정한 양식이 되고 빵과 포도주에 의미를 채워 넣는 것은, 바로 지금이고 그런 조건에서이다.

소망, 우리는 그것이 무엇과 관계되는 것인지 너무도 잘 알고 있을 따름이다. 예수 그리스도가 부활했고 하나님의 약속이 있기 때문에, 또한 몰트만[159]이 우리

---

159) [역주] Jürgen Moltmann(1926-). 독일의 신학자로서 그의 초기는 『소망의 신학』과 『십자가에 못 박힌 하나님』 등과 같은 저서들로 특징지어 진다. 『소망의 신학』은 마르크스주의 철학자 에른스트 블로흐(Ernst Bloch)의 저서인 『소망의 원리』의 종말론적 방향에 의해 강한 영향을 받았으며, 『십자가에 못 박힌 하나님』에서는 하나님의 무감성(無感性)의 문제를 제기하면서 하나님은 십자가에서 죽었다고 가정했다. 따라서 초기의 몰트만은 그 당시 라틴 아메리카에서 주로 발견되었던 해방 신학에 비교되었다. 후기의 몰트만은 신학에 더 체계적으로 접근했으므로 어떤 사람들에게는 덜 급진적이고 덜 도전적인 것으로 비추어 졌다.

가 약속에서 약속으로 건너간다는 것을 놀랍도록 잘 나타냈기 때문에, 물론 우리에게는 아주 정통적인 의미에서 소망이 있다.[160] 성취된 각각의 약속은 성취해야 할 새로운 약속 안에서 소망을 풍성하게 한다. 우리는 그것이 이 약속의 성취라는 소망과 관계되는 것임을 잘 안다. 우리는 하나님 나라의 도래와 예수 그리스도의 재림과 우리의 용서와 **부활**을 소망한다….

---

160) 나는 몰트만의 주된 저서와 리꾀르의 주된 저서를 이미 인용했다. 그러나 근년(近年)에 있어 소망에 관한 많은 다른 작품들이 있다. 참고로 나는 슈츠(P. Schutz)의 학술적인 연구 곧 개신교적 성향의 『재림-소망과 예언 *Parousie-Hoffnung und Prophétie*, 1960』과 에른스트 블로흐의 마르크스주의적 성향의 『소망의 원리 *Das Prinzip Hoffnung* 2권, 1958』 그리고 플레그(E. Fleg)의 놀라운 명상인 『소망의 우리 *Nous de l'espérance*, 1949』를 인용하겠다. 나는 앞의 두 저서들의 요약서만 읽었음을 고백한다. 게다가 네헤르의 성서적 신학의 천재적인 연구인 『말의 유배 *L'exil de la Parole*, 1970』를 분명히 인용해야 한다. '하나님과의 단절'과 하나님의 침묵에 대한 그런 연구는 내가 이 작품의 저술을 마무리하고 있었던 동안 출판되었다. 네헤르의 작업은 내가 하고자 했던 것을 몇 가지 점들로 다시 구분한다. 따라서 나는 이미 연구된 성서적인 측면들의 부분을 포기했다. 왜냐하면 사람들은 욥과 에스겔과 아브라함에 대한 나의 분석보다 더 학술적인 분석을 발견할 것이기 때문이다. 그러나 하나님의 침묵을 결국 규범화된 일반적인 상황으로 결국 만들면서, 또한 무언(無言)의 비극을 제거하면서, 그리고 하나님과의 결별 속에서 결국 상실되지 않은 것으로서의 자유를 인간에게 주면서, 나는 네헤르의 의견에 동의하지 않는다. 하지만 그 자유는 하나님이 존재하거나 혹은 존재하지 않음은 별로 중요하지 않다는 인상을 주는 것이다. 마이요(A. Maillot)의 『소망의 서신 *Epître de l'espérance*, 1970』과 빌러(A. Bieler)의 『소망의 정치 *Une politique de l'espérance*, 1970』를 역시 보아야 한다. 결국 내가 프랑스 꿰레(France Quéré)의 책 『소망의 빈곤 *Dénuement de l'espérance*, 1972』을 알았을 때인 오래 전부터 이 책은 완성되어지고 있었다. 나는 성서적인 사고 전체에 있어서 그녀와 의견이 쉽게 일치한다. 그러나 세상과 관계의 우위성이라는 일반적인 자세와 관계하여 또한 중심 문제에 접근하는 방법과 관계해서는 의견이 일치하지 않는다..

그런데 무엇보다 소망의 그런 여러 가지 주제들 사이에 분리 작업을 하지 말아야 한다. 또한, 그 주제들을 나누지 말아야 하며, 소망에 대한 "내용 분석"을 하지 말아야 한다. 그것은 소망을 파괴하고 변형시키는 것일 수도 있으며, 소망에 없는 의미를 소망에 부여하고 소망을 소멸시키는 것일 수도 있다. 다시 말해 우리가 소망의 대상을 통해 소망을 파악한다고 주장하면, 우리는 아무것도 정확히 파악하지 못한다는 것이다. 왜냐하면, 소망은 단지 움직임이고 생명이기 때문이다. 그러나 일단 한번 그런 것을 말하게 되면, **모든 것**을 말하는 것이기도 하고 **아무 것**도 말하지 않는 것이기도 하다. 그 모든 것은 신학적으로나 성경적으로 분명히 정확하지만, 오늘날 그것은 소망을 나타낼 수 없다. 즉 우리가 소망하는 대상은 더는 우리 안에 그런 움직임을 생기게 할 수 없다.

그래서 하나님 나라와 예수 그리스도의 재림이 완전한 중요성을 띠는 것은 소망이 존재할 때이다. 그 실재들 속에서 신앙의 힘은 우리의 소망을 자양분으로 취한다. 그러나 소망이 생겨나고 솟아나는 것은, 이제는 현대인의 현재 상황에서도 아니고 그 시각에 근거해서도 아니며 그 관점에서도 아니고 그 실재들에 대한 신앙 속에서도 아니다. 신앙이 하나님이 믿도록 객관적으로 부여한 것을 주관적으로 자기 것으로 삼는 것일 수도 있다면, 소망에는 그와 같지 않다. 소망이 현대인 속에 생겨나도록, 현대인에게 부활의 실재를 알리는 것으로 충분하지 않다.

소망의 의미 전체는 언제나 진실하지만, 소망은 우리가 보고 믿는 것 때문에 확고한 소망이 되기에는 너무 약한 동시에 너무 활기가 없다. 지상의 예루살렘161) 을 해방하려고 민족들이 움직이는 것과 같은 엄청난 소망이, 천상의 예루살렘에 대한 시각을 통해 생겨나는 시대에 우리는 다시는 있지 않다.

그와 같이 신학적 관점에서 나는 소망의 내용에 대해 논의하지 않겠는데, 그것은 잘 알려진 진리들이다. 그리고 나는 **"하나님 나라"**와 **"부활"**과 같은 단어 아래 놓이는 것과 놓일 수 있는 것을 더는 찾지 않겠다. 해결되지 않는 열정적인 논쟁을 통해서는, 소망의 가능성과 불가능성에 대해서 및 소망의 진리와 활력에 대해서 조금도 밝혀지지 않는다. 나는 '소망의 신학'을 공들여서 만들어 낸다는 주장을 펴지 않겠다. 나는 훨씬 더 겸허한 수준에 - 소망 없이 신앙을 체험했고 어느 날 소망이 주어졌을 인간의 수준에 - 자리 잡고 있고, 더 약한 순간에 - 소망이 생겨나는 순간에 - 있다. 또한, 나는 덜 전적인 관점에 있는데, 즉 소망이 생겨났을 때 그 소망의 의미는 무엇인가 라는 것이다.

---

161) [역주] 예루살렘(Jérusalem)은 여호와의 기름부음을 받은 다윗 왕의 보좌가 있고 하나님의 지상의 거처가 되는 성막과 성전이 존재함으로, 때때로 하나님나라와 백성을 상징한다. 따라서 '지상의 예루살렘'(Jérusalem terrestre)이란 하나님 나라를 상징하는 '천상의 예루살렘'(Jérusalem céleste)과 대비되어, 지상에서 하나님나라를 나타내는 이상적인 수도를 상징하는 것으로 볼 수 있다.

I. 하나님의 침묵에 대한 대답

그러나 소망에 대한 가능한 신학이나 혹은 철학은 없다. 아주 명백하면서도 근래에 훌륭하게 시도된 그런 신학은 어떤 면에서 "소망을 구성하는데" 목적이 있다. 즉 성서에 따른 기지旣知 사항이 다시 취해지고, 소망에 골격과 의미와 존재 이유와 토대가 부여된다. 그와 같이 몰트만과 함께 사람들은 계시 전체가 약속에 따라 구조화됨을 알아차리고, 또한 소망과 약속 사이의 관계가 확고하기 때문에 소망이 기독교적인 삶의 본질적인 부분이 됨을 알아차린다. 그런 식으로 사람들은 자신들의 신학적 틀 속에 소망을 다시 위치시키고, 소망을 성서적으로 정당화하며, 신학의 다른 요소들과 소망의 관계를 보여준다. 소망은 떠도는 고립된 현상도, 다소 덧없는 감정도, 기독교적인 삶의 부가물도 절대 아니다. 그와 반대로 소망은 빛나는 중심이 된다. 나는 소망의 중심적인 그런 실재에 대해 전적으로 동의한다.

종말론적인 관점에서 소망

1948년 『세상속의 그리스도인』*Présence au monde moderne:*현대 세상에 존재함에서 내가 드러내려고 애썼듯이, 종말론적 실재가 정치적으로 역시 결정적이라는 것이 명백한 듯하다. 또한, 계시의 나머지 전체를 이해하고 윤리를 세우려는 동시에 우리가 속한 세상의 실재를 파악하려면, 거기서부터 출발했어야 한다는 것도 명백한 듯하다. 예수의 설교가 종말론적 근원으로부터 나왔다는 것은 이제 잘 받아들여지고 있다. 종말론은 '**계시**의 신학'에 덧붙여지는 것도 아니고, 당연한 결론도 아니며(그러나 그 책의 나머지 부분이나 혹은 그 활동의 나머지 부분보다 당연히 덜 중요한 결론으로서), 사람들이 그것을 향해 나아가는 종점도 아니다. 그와 반대로 그것은 우리를 향해 다가오는 힘이다.

우리는 하나님 나라를 향해 행진하는 중이 아니다. 그러나 하나님 나라는 우리 시대와 환경 속에서 격렬하게 분출하고, 균형과 진행 질서와 일정과 조직을 깨뜨리며, 우리 가운데 살아 있다. 따라서 궁극적인 실재들이 명백히 존재하지만, 그 존재함은 소망에 의해서만이 또한 소망 안에서만이 파악되고 도발적이 된다. 나는 그 모든 것을 나의 성서적이고 정치적인 해석의 중심으로 삼았다. 신약 성서의 신학적 개념들이 장차 도래할 다가오는 **하나님 나라**에 대한 설교에 집중됨을 보여주는 신학자들과 성경 주석학자들에 의해 그 모든 것은 이제 점점 더 확인되고 있다.

그와 동시에 다음과 같은 점이 강조된다. 즉 부버162)에게 있어 이스라엘의 하나님과 다른 모든 신 사이에 커다란 대립은, 약속과 나타남épiphanie, 163)사이에 대립이라는 점이다. 변함없이 모든 신은 자신을 드러내고 어떤 한순간 보이는 신들이다. 그 신들은 현재와 현실에 개입하고 "거기에" 존재한다. 그것들은 정확히 말해 "우상들"즉 형상들 이다. '**신의 나타남**'Théophanie이란 현재 속에서 한순간 존재하며 신으로서 자신을 나타내는 신의 행위이다.

결국, 이스라엘의 하나님은 절대 드러나지 않지만, 그는 말하는 하나님이다. 그의 말은 약속인데, 그것은 지금 이루어지는 것이 아니다.164) 하나님은 이름만

---

162) [역주] Martin Buber(1878-1965). 오스트리아 출신의 유대인 철학자이자 교육자로서 그에게 있어 인간 존재는 본질적으로 '대화하는 인간'(homo dialogue)이다. 즉 인간 존재는 인류와 창조주와 공감함으로써 완성될 수 있다는 것이다. 그의 가장 유명한 저서인 『나와 너』에서 '나-너'의 관계와 '나-그것'의 관계인 세상에 대한 이원적인 자세를 강조한다.

163) [역주] épiphanie를 대문자로 쓴 Epiphanie는 가톨릭교회에서 예수를 경배하러 온 동방 박사들에게 예수 그리스도의 나타남 즉 '예수의 공현(公顯)'을 가리키거나, 그것을 특별히 기념하는 종교적 절기 즉 공현절(公顯節)을 가리킨다. 따라서 épiphanie를 '나타남'으로, Epiphanie는 '예수의 공현(公顯)'으로 옮기기로 한다.

164) 하나님이 자신을 전체로 드러내는 것도 권한이 없음을 스스로 선언하는 것도 별로 중요하지 않고, 우리가 단지 하나님의 존재와는 다른 하나님의 **나타남**을 아는 것도 별로 중요하지 않다. 분명히 우리는 하나님의 존재에 대해 아무 것도 말할 수 없다. 그러나 우리는 나타남의

을 내어주기 때문에, 하나님은 우상이 될 리 없다. 모세에게 하나님은 자신의 이름을 주지만, 하나님은 드러나지 않는다. 모세는 하나님이 지나가고 하나님의 흔적만을 볼 수 있게 된다. 하나님은 절대 드러나지 않는다. 하나님으로부터 보였던 것은 반영과 흔적과 상징이다. 하나님은 징조를 주는데, 그것은 불타는 덤불이다.[165] 하나님은 중개자를 주는데, 그것은 야곱의 천사이다. 하나님이 예수 그리스도 안에 있을 때, 드러나는 것은 하나님이 아니라 우리가 보는 한 인간이다. 우리가 '예수의 공현'公顯, Epiphanie을 받아들일 수 있다 하더라도, 예수는 '**신의 나타남**'이 아니다. 하나님은 더 큰 미래의 실재를 참조하게 하는 존재이기 때문에, 성서의 하나님에 대한 '신의 나타남'은 없다. 그래서 하나님은 '**우상**들의 종교들'에 대립하는 "**이름의 종교**"를 개입시킨다.

부버의 생각을 종합하면서 리쾨르가 아주 정확히 표현하듯이, '이름의 종교'는 역사를 만들고 '우상들의 종교'는 신들로 가득한 자연을 만든다. 그러나 그러하다면 우리는 소망이 바로 그런 하나님의 뜻을 가장 완전히 표현하는 것임을 안다. "역사는 '역사의 소망' 이다." 우리는 약속을 받아들이고 파악하지만, 그 약속은 가능한 역사 속으로 들어간다. 왜냐하면, 성취에 대한 우리의 기다림에 의해, 우리가 어떠한 실재이든 그 실재 안에서 긴장을 유발하기 때문이다.

우리는 기존의 확립된 상황을 받아들일 수 없다. 우리는 성취되어야 할 약속으로 살아가고(그 약속을 위해 우리는 성취의 노력을 해야 한다.), 우리의 체험 속에서 궁극적인 것들의 예기치 않은 뒤집어엎는 분출로 살아간다. 따라서 아무것도

궁극적인 중대성을 고려할 수밖에 없는데, 그런 나타남 아래에서 하나님이 드러난다. 그리고 사실상 하나님이 그런 나타남을 택한다면 그런 나타남이 하나님의 존재임을 그런 것을 통해 그 자체로 입증된다. 그러나 그 너머에는 가능한 어떠한 사변(思辨)도 없다. 그리고 단지 하나님이 말하기를 그만 둘 때에 기억으로 남아 있는 나타남은 우리를 충족시킬 수 없다. 즉 모르핀 중독자가 자신의 환상적인 세계 속에 살 때 나머지 모든 것보다 더 진실하고 바람직한 듯이 자기에게 보이는 것은 나타남인데, 그 나머지 모든 것을 위해 그는 자신을 위태롭게 함을 감수한다. 그리고 자기에게 더 이상 모르핀이 없을 때 그는 자신의 모든 삶을 위태롭게 하는 결핍을 경험한다.

165) 모세가 서로 마주 대면하여 하나님을 보았다고는 결코 표현되는 것이 아니라, 하나님이 서로 마주 대면하여 모세에게 말을 했다고 표현되는 것을 되새겨야 한다.

만족할 만한 방식으로 안정되거나 조직되지 않는다. 이미 받은 약속의 성취가 일어날 때마다, 당연히 그 성취는 예고되었던 것에 대한 확인으로서, 다가오는 것에 대한 가장 완전한 성취를 위한 담보로서, 그런 실재를 자양분으로 취하는 소망의 재기로서 체험된다.

신학적 구조화의 대상이 아닌 소망

그와 같이 우리는 "이미 일어난 것"déjà으로부터 "아직 일어나지 않은 것"pas encore으로의 움직임을 다시 발견한다. 또한 "이미 일어난 것"에 의해 역사 속에 견고하게 삽입된 그런 "아직 일어나지 않은 것"의 자양분을 다시 발견한다. "이미 일어난 것"은 그 진정한 의미가 우리로 하여금 "아직 일어나지 않은 것"의 충족함을 참조하게 하는 것이기 때문에, 그 중요성을 자체로서 상실한다. 그렇게 '소망의 신학'은 아주 간단하게 스스로 세워진다. 그 모든 것은 아마도 정확하고 말하기에도 좋으며 중요하기도 하다. 그러나 결국 그것이 가능한가? 소망이 그 동기가 밝혀지고 소망을 정당화하는 지적인 체계 속으로 끼워 넣어지며 설명되는 즉시, 소망은 여전히 소망인가?

신앙과 신앙의 대상 사이에 확고한 관계가 있는 듯이 보인다고 가정하자. 그래서 사람들은 신앙의 대상에 대해 이야기하면서 신앙 그 자체에 대해 이야기하는데, 소망에는 그렇지 않다. 사람들이 소망하는 바를 통해서는 소망이 조금도 규정되지 않고 촉발되지도 않으며 그 윤곽이 그려지지도 않는다. 신학적 통일성 위에 세워진 채로 소망을 나타내는 것은 소망을 나타내는 것이 아니다. 더 정확히 말해 그것은 반反체계를 체계 속에 포함하려고 애쓰는 것이다. 그것은 모든 상황과 설명이 드러나게 하는 것이다. 실제로 '소망의 신학' 혹은 '소망의 철학'을 하기를 원하는 것은, 소망을 소망 그 자체와 반대되는 것으로 변형하는 것이다. 즉 사람들은 소망을 대상으로 간주할 수밖에 없다는 것이다. 지적인 신중함이 취해질지라도 소망은 객관화된다. 즉 소망은 더는 소망이 전혀 아니다.

소망은 포착될 수도 없고, 결국 소망에 관한 담화를 통해서도 소망 자체는 설명되지 않는다. 마찬가지로 소망은 대상으로 간주할 수도 없고, 수립되거나 정당화되거나 설명될 수도 없으며, 신학의 다른 기지旣知 사항과 관계가 설정될 수도 없다. 왜냐하면, 그런 방식으로 조작된 것은 소망 그 자체에 반대되는 것이기 때문이다. 소망은 그것이 반反담화인 것처럼 반反대상이다. 따라서 소망은 명시될 수도 규정될 수도 없다. 어떠한 '소망의 신학'이든 불가피하고 유용한 것이다. 몰트만이 자기가 글로 썼던 바를 썼다는 것과 리꾀르가 몰트만을 따라간 것은 훌륭하다. 그것은 소망에 대한 하나의 개념을 표현한 것이다. 그렇지만, 교회를 **소망**으로 오게 하는 그런 저서들에 대해 기뻐할 필요가 있다. 왜냐하면, 그 저서들은 지금 택해야 할 삶의 길을 잘 가리키기 때문이다.

그러나 오늘날 그토록 많은 삶의 길이 있다면, 그것은 분명히 우연이 아니다. 기독교적인 핵심 주제에 대한 그런 재발견들은 결코 우연히 이루어지지 않는다. 한 측면에서는 거기까지 이끌고 온 것이 사회학적 필요성이라고 사람들은 말할 수 있다. 그래서 나는 우리를 소망으로 부추긴 것이 '하나님과 단절'이라고 말하겠다. 또한, 다른 측면에서는 소망으로 오게 하면서 여전히 이야기하는 하나님의 은밀한 일을 사람들은 거기서 역시 구분할 수도 있을 것이다.

그러나 비판의 여지가 있는 듯이 보이는 것은 신학적 구조화이다. 독단론자들은 산 것을 해부된 시체로, 주체를 대상으로, 말하는 자를 언급된 자로, 파악되지 않는 것을 범주로 변형시켰다는 비난을 사람들로부터 받았다. 그런데 독단론자들이 하나님과 더불어 행했다고 그토록 비난받았던 바가 소망과 함께 실제로 여기서 시행된다. 소망이 존재한다면, 소망이 어떠한 신학에서도 한정될 수 없다는 하나님의 진리와 아주 가까운 것이 소망이다. 우리가 여기서 시도하는 것은 '소망의 신학'도 '소망의 철학'도 전혀 아니지만(게다가 내가 하지 못할 수도 있는 것), 나는 일종의 근원적인 것을 언급하고 싶다.

1. 서로 이해하기….

내가 "정의"를 내린다면, 소망은 하나님의 침묵에 대한 인간의 대답이라고 하겠다. 하나님이 말을 할 때, 소망은 무슨 소용이 있고 그런데도 소망은 무엇을 의미할 수 있을까? "현재 우리가 거울 속에서처럼 흐리고 변형된 모습을 보지만, 우리는 서로 얼굴을 맞대고 볼 것이다. 오늘날 우리는 섬광으로 또한 그림자를 통해 안다. 그래서 우리는 우리가 알려졌듯이 알게 될 것이다."(고린도전서 13장 본문의 주석) 라는 신앙에 대한 바울의 본문이 역시 적용되는 것은 여기서인데, 그것은 다음 같은 때이다. 즉 하나님의 **말**이 자신의 영감으로 우리를 사로잡을 때이고, 하나님의 **말**이 우리 삶 속에서 혹은 세상 속에서 폭발할 때이다. 또한, 하나님의 **말**이 죽은 기록écriture에서 살아 있는 뒤엎음으로 변형될 때이고, 그 뒤엎음이 일과 기록 속에 다시 나타날 때이다. 그렇다면, 소망은 무슨 소용이 있는가

침묵하는 하나님에 대한 도발로서 소망

그 말이 약속의 말이고 후일을 지칭하는 말이며 도래해야 할 것을 향한 참조의 말일지라도, 그 말이 하나님의 말이라는 사실을 통해 그 말에는 그토록 풍성함과 존재함과 충족함이 주어진다. 그러므로 인간은 소망 안에 위치된 것이 아니라, 확신과 힘의 정신과 담대함의 정신 안에 위치되어 있으며, 흔들리지 않는 순교자의 기쁜 활동 속에 위치되어 있다.

하나님이 말을 할 때, 소망에는 여전히 어떠한 의미가 있을 수 있을까? 하나님 나라가 거기에 있고 부활이 성취되며 종말론이 실현될 때, 소망에는 여전히 어떠한 의미가 있을 수 있을까? 아마도 그것이 왜 우리가 교회의 흐름 속에서 그런 무의식적인 움직임을 발견하는가 하는 이유이다. 또한, 그것은 왜 우리가 '약속의 신학'에 대해 '존재함의 신학'이 그렇게 균형을 이루고 그 반대로도 균형을 이루는 것을 발견하는가 하는 이유이다. 하나님의 **말**이 명백하고 확실한 방식으로 존재할 때, '약속의 신학'에 대한 어떤 필요가 느껴질 수 있을까? 중요한 것은 미래

의 '가능한 것'이 아니라 구현된 현실이다. 교회는 결정적인 종말론을 조금씩 잊어버리면서, '존재함의 신학'을 표명한다.

우리가 침묵과 불모상태의 시대에 있을 때, 또한 하나님의 **말**이 드물어지고 전달되지 않으며 이해되지 않을 때, 사람들은 종말을 향해 내던져지고 '소망의 신학'은 본질적이 된다. '존재함의 신학'이 '소망의 신학'보다 더 진실한 것은 아니다. 하지만, 모든 것은 시대에 달렸다. 소망은 하나님의 침울한 침묵 속에서만이, 닫힌 하늘 앞에서 우리의 고독 속에서만이, 우리의 '하나님과의 단절' 속에서만이 깨어난다.

하나님은 침묵하는데도, 말을 하려는 것은 인간이다. 그러나 그것은 하나님을 대신해서도 아니고, 침묵을 채우기 위해서도 아니며, 자신의 말을 하나님의 말로 여기기 때문도 아니다. 인간은 다음 같은 자신의 소망을 이야기하려고 한다. 그 것은 하나님의 침묵이 마지막도 끝도 아니라는 소망이고, 하나님의 침묵이 지금 닫혀 있는 하나님의 말에서 우리가 포착했던 것에 대한 취소가 아니라는 소망이다. 그러나 그 말의 대상과 내용과 반영은 우리에게 늘 외교 각서 같은 것이다. 또한, 그 말을 받아 전했던 증인들이 신뢰할 만했기 때문에, 우리는 그 말에 대한 입증을 받아들인다. 우선 소망은 다음과 같이 우리에게 말했던 사람들을 신뢰하는 부조리한 행위이다. 그들은 자기들이 받았던(우리는 더는 받지 않는) 하나님의 **말**이 무엇인지 말했던 사람들이다. 또한, 그들은 우리가 그것을 절대 모를 때, 하나님의 **말**은 살아 있고 활동적이며 뒤엎는 것이라고 말했던 사람들이다.

소망은 하나님의 그러한 **말**이 여전히 말해질 수 있고 여전히 생겨나며 여전히 결정적일 수 있다는 것이다. 그러나 소망은 그것 이상으로서, 기다림이나 혹은 확신만이 아니라 요구이다. 하나님이 침묵할 때, 하나님이 말하도록 강요해야 한다. 하나님이 돌아설 때, 하나님이 돌아오도록 강요해야 한다. 하나님이 죽은 듯이 보일 때, 하나님이 존재하도록 강요해야 한다.

그것은 번민하는 호소, 하소연, 탄식, 회개기도 속에서 형태를 갖출 수 있을 것이다. 또한, 그것은 대담함, 항의, 하나님에 대항하는 맹렬함, 고발 속에서 형태를 갖출 수 있을 것이다. 그 모든 수단은 하나님이 부재한다는 하나님의 거부 속에서 소망에 적합하다. 모든 수단과 자세와 계교가 그렇다. 소망은 평온한 신뢰도 아니고, 소심하게 미래에 책임을 돌리는 것도 아니며, 메마른 희망espoir도 아니다. 실제로 소망은 하나님의 거부와 침묵과 돌아섬 앞에서, 전적이고 확고한 한 인간의 전적이고 완전하며 힘찬 대답이다. 소망은 하나님에게 전해지는 도발이다. 그래서 어떤 의미에서 소망은 하나님을 모독하는 것이라 말할 수도 있다.

실제로 소망은 하나님의 침묵의 결정을 거부한다.[166] 소망은 하나님이 인간에게 만든 새로운 상황에 순응하지 않고, 말이 과거에 속할 수도 있음을 받아들이지 않는다. 소망이 그런 하나님이 과거에 존재했고 현재에 존재하며 장차 오게 될 자임을 알 때, 소망은 돌아서는 하나님의 뜻을 인정하지 않는다. 소망은 하나님에게 대항하여 하나님에 대해 이의를 제기한다. 소망은 하나님이 그렇게 행동하기로 말했던 대로 혹은 그렇게 행동하기로 나타내었던 대로 행동하지 않는 하나님에게 책임을 따진다. 왜냐하면, 그런 것이 역시 존재하기 때문이다. 단지 소망은, 역시 그런 것일지라도 새로운 약속의 성취를 향해 우리를 떠미는 성취된 하나님의 약속의 튀어 오름이 아니다. 그것은 약속의 미성취에 대한 입증이자, 하나님으로 하여금 자신의 약속을 지키라는 요구이다.

---

166) 왜냐하면 다음과 같은 네헤르의 아주 아름다운 대목에도 불구하고 하나님의 침묵에 대한 진정한 대답인 것은 인간의 침묵이 아니라 소망이기 때문이다. "하나님은 인간을 피하기 위해서가 아니라 그와 반대로 인간을 만나기 위해 침묵 속으로 물러났다. 즉 그러나 그것은 침묵과의 만남인 것이다. 서로 마주 대면하는 환한 장소에서는 그 중 한 존재가 다른 존재를 피하려고 했던 두 존재는 얼굴들이 숨겨진 조용한 뒷면에서는 다시 만난다. 하나님을 인간에 연결하는 변증법이 더는 긍정적이지 않다. 그 변증법은 부정적인 변증법이다. 도피가 되기를 그만 두는 침묵은 '최상의 도발'의 장소이다. 자유를 통해 하나님과 인간은 어쩔 수 없는 만남에 이르지만, 그것은 침묵의 불투명한 세계 속에서의 만남이다." 그리고 아마도 그런 것은 그런 식일 수도 있다. 하지만 하나님을 아는 자가 그런 부재를 인정한다면 그런데도 죽음 외에는 또한 허무 속으로 돌아감 외에는 다른 해결방법이 없다.

하나님의 존재함을 꾸준히 요구하는 소망

소망의 비밀 전체 및 소망의 진정한 표현과 본질은 이사야에 의해 "야훼여, **구원자**인 당신은 숨는 하나님입니다!"사8:17와 "나는 야곱의 **집**에서 자신의 **얼굴**을 숨기는 하나님을 기다리고, 그만을 믿습니다."사14:15라고 표현된다. 소망은 실패에 대항하는 과시이자, 하나님의 거부에 대항하는 과시이다. 그것은 '**죽음**에 대항하는 자유의 과시'이다네헤르. 모든 것을 말한다는 것은, 침묵에 대한 확인이자 '하나님과의 단절'에 대한 확인이다. 그것은 하나님의 거부 앞에서 소망이 살아 있다는 인간의 요란한 주장이다. 그것은 하나님 자신을 묶는 "당신은 **구원자**입니다."라는 고백이다.

그리고 우리는 다니엘에게서단3:18 같은 선포를 정확히 다시 발견한다. 그것은 느부갓네살의 화로 속으로 던져지는 위협에 처한 다니엘의 세 친구의 끔찍한 이야기이다. 그들은 한편으로 "우리의 하나님이 우리를 구할 수 있고 실제로 그는 우리를 구할 것입니다"라고 단언한다. 그것은 인간적으로 감지할 수 있는 소망에 대한 첫 번째 단언이다. 그러나 가장 본질적인 것은 다음 구절로서, "그렇지 않을지라도 즉 하나님이 우리를 구하지 않을지라도, 왕이여, 모든 것에도 우리는 당신의 우상을 경배하지 않을 것입니다."라는 것은 소망에 대한 진정한 단언이다. 그것은 "하나님으로부터 아무것도 정말 아무것도 더는 오지 않을지라도, 나는 그런 하나님에게 충실 하겠다."는 이사야의 단언과 같은 것이다. 그러므로 더할 나위 없이 소망의 태도인 것은 욥의 태도이다.[167] 욥은 하나님이 자신이 말했던 모습대로 나타나지 않기 때문에, 하나님을 부당하다고 감히 주장하는 자이다. 예수 그리스도가 "세상의 끝날까지 우리와 함께 있겠다."라고 말할 때, 소망은 그와 같은 것이라고 요구하는 것이다. 또한, 사람들이 그런 것이 아니라고 분명히

---

167) 소망의 책은 무엇보다 나에게는 전도서(Ecclésiaste)인 듯이 보이지만, 그것에 대해서는 나중에 쓸 것이다.

[역주] 엘륄이 쓴 전도서에 대한 책은 『존재의 이유 *La raison d'être*』이다.

확인할 때, 소망은 하나님과 갈등을 일으키려고 마약이나 추상적 설명 속으로 도피하기를 거부하는 것이며, 그런 존재함을 꾸준히 요구하는 것이다.

기적이 우리 삶과 함께할 것이고 뱀이 물지 않을 것이며 독이 우리를 죽이지 못할 것이라고 우리에게 선포되었을 때, 소망은 그것이 자기 생각의 표현 방식임을 거부하는 것이고 순수하게 영적인 실재의 상징체계임을 거부하는 것이다. 또한, 기적에 대한 집착이 원시적이고 마법적이며 물질주의적인 정신상태를 여전히 따르는 것이라는 생각을 거부하는 것이 소망이다. 이 정신상태는 징표가 되는 것을 무시하면서 가장 덜 중요한 기적같은 것들을 간직하고, 극도로 영적인 기의signifié 다시 말해 관념적인 기의를 무시하면서 기표signifiant에 중요성을 부여한다. 그러한 신학과 설명을 통해 실제로 근본적인 절망과 체념이 덮어진다.

기적이 상대적으로 거의 중요하지 않더라도(기적은 그러하다.), 실제로 기적이 훨씬 더 큰 실재의 징표일 따름이더라도, 우리가 가장 중요한 것에 집착해야 하는 것이 사실이더라도, 그럼에도 기적은 영적일 뿐만 아니라 매우 구체적인 약속의 대상이 되었다. 특히, 징표가 없는 곳에는 기의도 역시 없다는 점을 '징표들-기표들-기의들'이라는 문제 속에서 잘 이해해야 한다. 만일 당신이 징표의 부재 속에 살고 있다면, 당신이 기의에 직접 의거한다고 절대 주장할 수 없음을 이해해야 한다는 것이다.

예수 그리스도 안에 드러난 영적 실재에 대해 분명하고 명백한 다른 징표들이 없다면, 나는 기의의 충족함이 없음을 엄밀히 받아들일 것이다. 하지만, 어떠한 징표이든 간에 그 징표의 그림자는 식별되지 않는다. 그래서 우리에게 보이고 복음서 속에서 설정된 징표와 같은 기적들은 우리가 하나님으로부터 청구하고 요구해야 한다. 왜냐하면, 약속되었던 바가 결국 그것이기 때문이다. 그리고 우리에게 그 약속의 어떠한 징표도 없을 때, 또한 외부의 기표가 존재하지 않음을 차라리 우리가 잘 알고 있을 때, 약속의 "나머지 부분"인 성령과 **하나님나라**가 실현되는 것을 우리가 어찌 알겠는가.

하나님에 대한 항변으로서 소망

소망은 기적도 회심도 없이 우리를 내버려둔 하나님 앞에서, 하나님이 자신의 약속을 지키지 않음을 항변하는 것이다. 따라서 그것은 사정이 나아지고 변할 것이라는 부드럽고 평온한 신뢰는 전혀 아니다. 그것은 하나님의 말의 이름으로 하나님을 진정으로 고소하는 것이다. 그리고 그것은 "하나님에게 대항하는 인간이 옳다고 하나님이 인정할 수 있다면"이라는 욥의 위대한 선포이다. 왜냐하면, 우리가 그런 실현과 성취를 기대하는 것은 어쨌든 하나님으로부터이지만, 그것은 인간을 위해 몸을 돌리는 어떤 하나님이기 때문이다.

그것은 예수 그리스도 안에서 결정적으로 이미 이루어졌다. "하나님은 인간 쪽으로 옮겨 갔다."라고 바르트가 말하듯이, 그것은 이루어지고 연합은 성취된 것이다. 물론 그러하다. 그런데 그것이 명백하다 할지라도, 또한 하나님이 실제로 우리를 옳다고 인정하고 우리와 함께 걸어가며 우리를 둘러싸고 우리보다 앞서 가는 것을 하나님이 보여준다 할지라도, 내가 아는 바는 우리가 하나님으로부터 버려져 있다는 것이다. 그런데 나는 **영원히** 그렇다고 말하지는 않겠다. 우리는 **구원**의 밖으로 내던져져 있다. 그러나 우리는 여기서 또한 지금 역사의 그 순간에 있으며, 아마도 빛을 몰아냈던 어둠이지만 실제로 아무 빛도 더는 비춰지지 않는 어둠 속에 있다.

하나님은 자신이 그와 같이 돌아섰던 것과 자신의 침묵 속에 갇혀 있는 것이 잘못된 일이라고 받아들여야 한다. 하나님은 인간의 항변을 들어야 한다. 욥의 그 말은 본질적으로 소망의 결정적인 말이다. 우리가 죄인일지라도(우리는 죄인이다.), 하나님이 우리를 버리는 것이 우리에게 아주 당연했다 할지라도(우리는 그렇게 되는 것이 당연했다.), 교회가 하나님을 받아들일 만한 자격 없는 교회의 우스꽝스러운 모방이더라도(교회는 그런 교회의 우스꽝스러운 모방이다.), 우리의 현대 신학이 담화들 위에 허영을 쌓고 오해 위에 담화들을 쌓은 것이더라도(그 신학은 그러하다.), 우리에게는 그렇게 말할 권리와 이 시대에서 그렇게 다시 말할 권리가 있다. 사람들이 그 모든 것을 겪었을 때 오히려 우리는 하나님이 우리를 내버려두고 더는 이야기하지 않는 것을 어쨌든 거부한다. 우리는 모세를 둘러쌌던 번쩍거리는 폭풍우를 향해 나아간다. 소망은 하나님의 침묵 속에서 곰팡이가 피도록 머무르는 것이라기보다는, 차라리 우리가 마주칠 위험성이 있는 하나님의 진노에 의해 실제로 벼락을 맞을 위험한 일을 하는 것이다.

그러나 그뿐만 아니라 소망은 침묵하는 하나님은 진정한 하나님이 될 수 없고 우리의 성부가 될 수 없다는 고발이다. 침묵하는 자는 우상들과 비슷하고, 그 우상들을 성서가 비웃는다는 것이다. 하나님의 **말**에 대한 소망은 더는 말을 하지 않는 하나님에게는 모욕적이다. **말**을 유발하기 위해 그 소망은 말 없는 하나님에게 "우상들만이 말이 없고 거짓 신들만이 이야기할 수 없습니다. 자신을 드러내고 나서 지금은 자신을 닫는 하나님 당신은 그와 같이 우상들 가운데 있습니다."라고 선언한다. 공정하지 못한 재판관을 향해 그가 재판관이기 때문에 부당하지 않도록 촉구하며 또한 사사가 되도록 촉구하는 여자처럼, 소망은 그런 하나님의 귀에 끊임없이 다음 같이 외친다. "나는 당신이 하나님임을 알기 때문에, 나는 당신이 우상이 되지 않도록 또한 거짓 신처럼 행동하지 않도록 촉구합니다. 즉 나는 당신이 **말씀**임을 알기 때문에, 당신이 말하도록 촉구합니다."라고 외친다.

그와 같이 소망은 자발적으로 우리가 택할 수도 있는 태도와 정확히 반대되는 태도를 유발한다. 왜냐하면, 경건하고 유순하며 착한 그리스도인으로서 우리는 항상 자책하고 겸손하게 행동할 태세가 되어 있기 때문이다. 우리가 하나님이 돌아섰다고 확인하면, 우리의 첫 움직임은 양심을 살피고 자기를 비난하는 것이다. 즉 하나님에게 어떤 "동기"가 있었다는 것이다. 그렇지만, 하나님은 모든 동기를 넘어서 행동의 이유 없이 행동하는 자이다! 우리가 아주 큰 죄를 범했다는 것은 확실하다. 그러나 그것은 1세기 혹은 16세기 죄들과 마찬가지이다. 그래서 우리는 회개해야 하고 겸손하게 행동해야 하며 우리의 죄를 고백해야 한다. 그렇게 하는 것은 아주 적절하다.

하지만, 사람들이 그렇게 했을 때에도, 사람들은 아무것도 한 일이 없다는 것이다. 하늘은 역시 비어 있고, **말**도 역시 존재하지 않는다. 사람들이 그렇게 했을 때에도(그리고 분명히 그렇게 해야 한다!), 사람들은 이어지지 않는 길 끝에서 멍한 채로 있다. 왜냐하면, 결국 하나님이 우리의 죄가 예수 그리스도 안에서 용서된다고 분명히 말했기 때문이다. 그런데 그렇게 되지 않으면, 우리의 죄 외에 다른 것이 있다는 것이다. 우리는 그것이 변하도록 기다리면서, 내버려진 채 그런 길가에 체념하고 앉아 있지 말아야 한다.

체념과 반대되는 맹렬함으로서 소망

소망은 체념에 반대되는 것이다. 그런데 체념에 반대되는 것으로는 혁명이 아니라 소망이 유일하다! 우리는 우리의 온갖 사소한 죄를 한데 모으더라도, 중요한 죄가 바로 그런 소망의 부재이고, 하나님이 길을 연다는 확신의 상실이며, 체념하여 앉아 있는 것임을 자각해야 할 것이다. "그것이 변할" 필요가 실제로 있다. 그러나 변해야 하는 것은 추상적으로 변하는 "상황"이 아니다. 우리 자신의 결정과 우리의 활동으로 사정을 변하게 하게끔 운명지어진 것은 우리가 아니다. 변해야 하는 것은 하나님이다. 자신의 교회에 영감을 주러 돌아와야 하고, 우리의 마음이 기쁨으로 외치도록 해야 하는 것은 하나님이다. 나머지 모든 것인 우리의 업적, 참여, 신학적 이론 수립, 정치적-사회적 활동은 바람 같은 것이다.

변해야 하는 것은 하나님이고, 소망은 하나님으로 하여금 변하게 하는 흔들리지 않는 의지이다. 왜냐하면, 하나님으로부터 출발하여 어떠한 구체적 상황이든 간에 변하기 때문이다. 그것은 "그런데 하나님이 뉘우쳐서."[168]라는 구약 성서의

---

168) 소망의 침묵에 대한 자신의 의미론적인 분석에서 네헤르는 다음 같은 주목할만한 주(註)를 단다. 즉 같은 단어가 '네헤마'(nehema) 하나님의 뉘우침과 후회와 권태와 하나님의 예상들의 빗나감을 지칭하고, 그와 동시에 일을 다시 시작하는 '실패-의지'(échec-Volonté) 앞에서 '자기 자신의 되찾기'인 위로를 지칭하며 그리고 소망을 지칭한다. 마찬가지로 아자브(Azav)라는 단어도 한편으로 버림을 의미하고 다른 한편으로 거두어들여진다는 사실을 의미한다. "하나님과의 단절'과 '곡간에 넣기'는 지나가며 치유하는 시대의 '보상 효과'에 의해서가 아니

놀라운 말의 실재를 또다시 얻는 것이다. 물론, 눈물을 흘리지도 않고 헛수고의 묵상도 없이 뉘우치는 것은 늘 우리 쪽에서 이다. 하지만, 소망은 비록 하나님이 돌아섰을 때에라도 예수 그리스도 안에서 하나님에게서 분리되지 않은 인간과 함께 하나님으로 하여금 뉘우치게 하는 것이다.

"하나님 나라는 하나님나라를 차지하는 맹렬한 자들의 것이다."라는 예수의 유명한 표현의 의미가 그것이다. 그렇다. 맹렬함은(사랑은 맹렬함이라고 흔히 말해진다.) 소망의 맹렬함이다. 하나님나라에 들어가려면 완강하게 하나님나라를 원해야 하고, 힘이 다할 때까지 문에서 두드려야 한다. 하나님나라의 문은 열려 있는가? 우리는 하나님나라에 초대받은 것인가? 물론 그렇다. 나는 영원 속에서 또한 하나님의 절대적인 계획 속에서 그러기를 기꺼이 원하지만, 구체적인 인간의 삶에서처럼 구체적인 교회사 기간에는 문이 굳게 닫혀 있고 차단되어 있으며 자물쇠로 채워져 있다.

소망은 예수 그리스도 안에 드러난 영원한 계획과 현재의 구체적 상황 사이에 그런 정확한 불일치를 받아들이지 않는 것이다. 또한, 소망은 초대받는 것이고, 닫힌 문을 찾는 것이며, 사정이 그러함에 대해 분노하는 것이고, 하나님이 자신이 말했던 바에 따라 문을 열기를 요구하는 것이며, 하나님나라 속으로 침투하기 위한 가장 격렬한 수단을 사용하는 것이다. 그 하나님나라는 우리의 열정과 예기치 않은 기쁨과 충족함과 행동 이유와 지속적인 숨결로서, 그것들은 우리 심장의 매번의 고동보다, 의에 대한 우리의 확신보다, 평화에 대한 우리의 영감보다 더 귀중하다. 하나님나라가 우리에게 있어 그런 것이라면, 이 순간 그 문이 닫혀 있는 것을 어떻게 우리가 받아들일 수 있을까?

소망은 하나님나라가 바로 그러하다는 것이다. 또한, 하나님나라가 그러하기 때문에, 소망은 하나님나라가 우리 가운데 있게 하기 위한 맹렬함이다. 우리에게

라, 그것들의 깨어질 수 없는 관계의 내적인 변증법에 의해 유지된다." 그렇게 소망은 성경적으로 '하나님과의 단절상태'에 연결되어 있다.

잊혀진 소망

있어 하나님나라가 그렇지 않다면, 하나님나라는 결국 우리의 관심을 끌지 못하기 때문에 닫혀 있을 수밖에 없다. 즉 우리에게 진정한 소망이 없다는 것이다. 또한, 빈약한 기도와 시시한 정치적 활동과 별 볼일 없는 신학과 기독교적으로 나약하고 사회 참여를 하는 하찮은 삶 속에서, 모든 것이 그렇게 남아 있을 수밖에 없다는 것이다. 하나님의 침묵 앞에서 인간적이고 영적인 맹렬함이 없는 곳에는 소망이 없다. 그래서 우리가 약속된 것에 대해 아무것도 소망할espérer 수 없고 하나님나라가 우리 가운데 있지도 않은데, 무슨 소용인가? 하지만, 누가 그런 "무슨 소용인가?"를 언급하는가? 결국, 하나님 자신이다. 소망은 하나님이 그런 "무슨 소용인가?"로 국한됨을 받아들이지 않는 것이고, 하나님이 아무 소용없이 자신의 성자를 주었음을 받아들이지 않는 것이다.

2. 흔들리지 않는 것

그러나 이것은 소망의 첫 번째 측면일 따름이다. 왜냐하면, 그와 동시에 소망은 사람들로부터 공격받고 해명을 요구받는 하나님을 향한 균열이 없고 궁극적이며 완전한 신뢰의 표현이기 때문이다. 그렇게 우리에게 다시 말하는 것은 여전히 우선적으로 욥이다. 즉 "나는 나의 고엘169)이 살아 있음을 안다. 그리고 그가 땅 위에서 마지막에 일어설 것임을 안다. 나의 피부가 썩을 때 그는 일어설 것이다. 나에게 더는 살이 남아 있지 않을 때, 나는 그를 볼 것이고 하나님을 볼 것이다. 나는 그를 볼 것이며 그는 나에게 호의적일 것이다. 다른 사람의 눈이 아니라 나의 눈이 그를 볼 것이다. 나의 영혼이 내 속에서 소망으로 번민한다."욥19:25-27 라고 욥은 말하는데, 그것은 소망의 다른 모습으로서 조급함으로 불타는 소망이다.

---

169) [역주] 고엘(go'el)은 친척이나 혈족이 과거에 상실한 토지를 다시 사서 회복시켜 주는 사람으로서 인간을 구원하는 구속자(救贖者)인 하나님 혹은 인간의 죄를 대속(代贖)한 예수 그리스도를 가리킨다. 따라서 고엘을 속죄자로 표현할 수도 있다.

하나님을 '나의 하나님'으로 삼는 소망

그러나 그 둘은 합쳐져 있다. 왜냐하면, 고엘 즉 '혈연血緣의 복수자'가 누구인가 이기 때문이다. 실제로 그것은 하나님과의 싸움에서 자신을 방어하고 자신의 자리를 지키려는 자이다. 그것은 자신의 원수를 갚으려는 자이다. 그러나 누구에게 자신의 원수를 갚는 것인가? 바로 하나님 자신으로부터이다. 왜냐하면, 욥이 자기를 극한으로 내몬 것과 자기를 못살게 굴고 악착같이 괴롭히며 조롱하고 버린 것을 고발한 대상이 하나님이기 때문이다. 욥은 실제로 자신의 원수가 갚아질 것이라는 절대적인 확신을 표명한다. 그러나 고엘은 하나님 자신일 수밖에 없다. 달리 말하면 "하나님이 인간에게 해명할 수 있다면…" 이라는 큰 외침과 결정적인 질문 이후에, "예. 그러합니다." 라는 대답이 옳다고 하는 마찬가지로 결정적인 신뢰의 단언이 이어진다.

하나님은 사탄에 대항하거나 혹은 인간의 적에 대항해서가 아니라 하나님 자신에 대항하는 인간의 복수자이다. 예수 그리스도를 떠올리거나 어떻게 모든 것이 실제로 성취되는지 떠올리는 것은 여기서 무의미하다. 현재의 그런 '하나님과의 단절' 속에서 우리는 소망에 도달해 있고 욥의 상황에 도달해 있다. 소망은 쓸쓸한 열성이나 헛된 반항이 아니라, 바로 그와 같이 일들이 일어나고 일어날 것이라는 신뢰이다. 흔들리지 않는 확신은 하나님의 온갖 부재와 명백한 저버림에도 그것이 정말 그렇지 않다는 것이다. 틀림없는 것은 바로 하나님이 마지막에 일어서고 우리에게 호의적일 것이라는 것이다.

그러나 다음 같은 세 양상은 분리될 수 없다. 즉 '하나님과의 단절'에 대한 확인, 하나님의 결정에 대한 거부 또는 하나님에게 대항해 벌어진 싸움, 하나님이 "**나의** 하나님"으로 남아 있다는 신뢰에 찬 확신이다. 그것은 바로 "**나의 하나님**, 왜 나를 버렸습니까?"라는 결정적인 말 속에서 우리가 재발견하는 같은 움직임이다. 왜냐하면, 그 말은 충족함 속에서 소망의 말이기 때문이다. 그런데 예수가 '하나님과의 단절'을 피하지 않았기 때문에, 우리는 그 말에서 각자와 교회에서 '하나님과의 단절'의 가능성을 보았다. 나를 버리는 하나님인 당신은 나의 하나님이다. 제거될 수 없는 실재이면서 내가 그 실재를 말하기 때문에 존재하는 실재가 있다. 그것은 바로 당신이 나의 하나님으로 남아 있다는 것이다.

욥이 "**나의** 고엘"이라 말할 수 있었듯이, 그는 '나의 것'이다. 그는 "**나의** 하나님"이라고 내가 말할 수 있도록, 기꺼이 자신의 몸을 바치는 자이다. 그는 나의 삶에 그토록 연결되었기에, "나의 것"이 되었던 자이다. 까다로운 형이상학자는 분명히 그것이 아무것도 의미하지 않고, '**존재자들** 중의 **존재**'Etre des Etants가 "나의 것"이 될 수 없다고 설명할 것이다. 물론 그렇기는 하지만, 우리는 여기서 어떠한 형이상학을 통해서도 포착될 수 없고 어떠한 합리성을 통해서도 설명될 수 없는 상황 속에 있다. 하나님은 자신을 나의 것으로 만들었으며, 그런 방식으로 나의 삶속에 있기를 원했다. 소망은 내가 하나님을 완전하고 솔직하게 **나의 것**인 자로서만 생각할 수 있는 그러한 방식으로 아는 것이다.

그런데 그런 하나님이 침묵하고, 우리를 버리는가? 그렇기는 하지만, 그 내버림과 '하나님과의 단절' 속에서, 나는 여전히 "**나의** 하나님"이라고 말할 수 있다. 아마도 지금 그런 말을 받아들이기 위한 아무것도 없고 아무 사람도 없다. 하지만, 내가 그 말을 하는 한, 그런 하나님이 관계를 깨뜨리지 않고 결정적으로 물러나지 않았음을 절대적인 확신으로 안다. 하나님이 침묵할 때 우리가 하나님의 말을 해야 한다. 하나님이 우리의 성부로서 더는 나타나지 않을 때, 우리는 **우리의** 성부로서 하나님을 요구해야 한다. 말에 의해 자신의 버려짐을 확인하는 예수는 그 말에 의해 다음같이 단언한다. 즉 하나님이 자신의 하나님이고, **자신의 말**이 하나님의 **말**이기 때문에 사정은 달라질 수 없으며, 이 **말**은 실재를 창조한다는 것이다. 우리의 말은 그렇지는 않지만, 그럼에도 그 말은 그런 실재에 대해 설명한다.

맹렬함과 전적인 신뢰를 동반하는 소망

그것이 왜 내가 완전하고 명확하고 집요하게 나의 온 존재를 다해 그런 단어들로 기도할 수 있는 한, '하나님과의 단절'은 닫혀 있지도 않고 결정적이지도 않으며 마무리되지 않는가 하는 이유이다. 그런데 어떠한 기도이든 마침내 그런 웅얼거림balbutiement으로 귀결된다. 그러나 어떠한 증거이든 추론이든 경험이든 간에, 그것들에 대항하는 신앙 고백의 표명을 다시 시작하고 또다시 시작하려는 소망의 용기가 필요하다. 그것은 어쨌든 하나님이 **나의** 하나님일 수밖에 없다는 유일한 증언으로써, 하나님에 의해 내버려진 공허를 채우는 것이다. 아마도 그것은 바로 하나님의 뉘우침을 유발하는 것일 수도 있다.

그러나 그런 기도의 중대성은 바로 다음 같은 사실 속에 있다. 즉 그 기도가 '하나님과의 단절'에 대한 자각을 동반하고, 하나님이 자신이 약속했던 자가 되도록 하나님에 대항하는 맹렬함을 동반한다는 사실이다. 그런 것 밖에서의 기도는 여전히 헛된 중언부언이 되고, 그런 기도는 실제로 아무에게도 속할 수 없는 자의 손쉬운 가로채기가 된다. 그런데 다음 같은 이중적 모습을 가지고 그런 싸움이 벌어지지 않는 한, 실제로 어떠한 소망도 없다. 즉 그것은 하나님나라의 문을 부수는 맹렬한 자의 모습과, 버려진 채 하나님이 자신의 하나님이라고 주장하는 신뢰하는 자의 모습이다.

기다릴 것도 믿을 것도 아무것이 없으므로, 예를 들어 약속의 실현을 소망할espérer 필요도 없다. 그런 식의 '약속의 신학'이 우리를 허위로 이끄는 것을 특히 막아야 한다. 우리는 소망의 진정한 신학이 없을 수도 있지만, 실제로 다른 가능한 것이 없다고 말했다. 하나님의 '약속의 종교'와 '존재함의 종교' 사이에서의 몰트만의 반反명제antithèse는 부버의 반명제에 상응하는데, '존재함의 신학'보다 차라리 '약속의 신학'을 하는 것이 '영원의 신학'에 있어서 더 진실하고 정확하다고 몰트만의 반反명제를 통해 말하지는 않게 된다. 하지만, 그것은 '하나님과의 단절'과 하나님의 부재의 시대에 사람들이 소망 외에 다른 가능한 태도가 없어서, '약속의 신학'이라는 시도밖에 할 수 없음을 단지 의미한다.

신앙이 마침내 불가능할 때, 삶과 윤리와 신학과 같은 모든 것은 그래서 소망 위에 기초하여야 한다. 그런 '약속의 신학'은 꼭 필요하지만, 그것은 위험하다. 나는 사람들이 소망을 대상으로 한정할-따라서 소망을 회피하게 내버려둘!-위험성이 늘 있다고 앞에서 말했다. 하지만 '소망과 약속을 넘나드는 신학'을 통해 우리는 약속이 결국 당연한 것으로 확실히 실현된다고, 다시 말해 약속은 **실현된다**고 생각하게 될 위험성이 있다.

말하자면 약속 안에는 약속을 불가피하게 성취로 이끌어오는 일종의 내재한 힘이 있다는 것이다. 그런데 우리는 다음 같은 점을 성경적으로 정확히 알아야 한다. 즉 약속은 임의적이고, 약속은 다양하고 모호한 형태로 이루어질 수 있으며, 약속의 실현은 훨씬 나중으로 옮겨질 수 있다는 점이다. 약속은 절대 실현되지 않는다. 즉 하나님은 약속을 성취하는데, 소망의 어렵고 힘든 싸움이 끝났을 때 그렇게 한다는 것이다. 소망은 잘 갖춰진 놀이의 한 단편이 아니라, **전능한 자**를 절대 놓아주지 않으려고 그 약속을 열성적으로 차지하는 맹렬함이다.

인간이 하나님으로 하여금 이야기하도록 강요하려고 말을 다시 시작할 때, 인간이 하나님의 침묵에 부딪혀도 지치지 않을 때, 인간이 **말**의 하나님이 배반하는 것을 참지 않을 때, 인간이 자신의 소망이 폭발하게 할 때, 인간은 아브라함에게 전해지고 네헤르가 "내 앞으로 오라"창17:1라고 옮기는 하나님의 **말**에 복종한다. 앞으로 나가고 나아가라. 그리고 길을 보여주라. "인간은 하나님에게로 나아가는 중이다." 하나님의 **말**의 길을 여는 것은 하나님의 침묵에 항의하는 소망이다.
170)

---

170) 그런 것이 "나에게 의거하지 말고 또한 내가 있든지 없든지 상관하지 말고, 세상으로 가서 너의 삶 속에서 나아가라."를 의미한다고 판단하는 네헤르처럼 하기 보다는 차라리 내가 그 것을 해석하는 것은 그런 식이다. 인간에게 그렇게 주어졌을 지도 모르는 그런 자유를 네헤르가 거리낌 없이 주장하는 것은 그 점들 중의 하나에서이다.

3. 인간의 능력

"그것은 인간 자신에 의한 약속의 실현과 관계되는 것이다."라고 말해야 하는 가. 곧 "실제로 그런 인간이 약속을 실행하는 자일 수도 있다."라고 말해야 하는 가. 하나님은 인간에게 상당수의 수단을 건네주고, 인간은 행동한다. 오늘날 아 주 유행하는 그런 신학은 명백히 반反성서적인 동시에, 우리가 다루는 분야에서 소망과 반대되는 것이다. 만일 인간이 하나님이 약속한 것을 스스로 성취할 수 있다면, 소망은 존재하지 않으며, 엄밀히 말해 소망은 아무것도 의미하지 않는 다. 사람들이 해낼 수 있는 것을 사람들은 소망할 수 있을까? 우리는 다음 절에서 그 점으로 돌아갈 것이다. 소망은 스스로에 의한 실현도 아니고, 자기 자신의 힘 에 의한 실현도 아니다. 소망은 인간과 인간의 능력에 관계되는 것이 아니라, 하 나님에 기반을 두고 정해져 있다. 소망은 "인간에 대한 내적 성찰"을 전적으로 거 부하는 것을 의미할 뿐 아니라, 인간의 능력에 주어진 신뢰를 전적으로 거부하는 것을 의미한다. 또한, 소망은 그것이 무엇이든 간에 인간 자신으로부터 소망하는 것을 전적으로 거부하는 것이다.

인간의 능력과 활동의 한계

소망은 오늘날 흔해 빠진 다음 같은 태도와 반대된다. 즉 그것은 하나님이 침 묵하기 때문에, 성인成人이 된 인간은 혼자서 잘 헤쳐나간다는 태도이다. 인간은 부정적인 만큼이나 긍정적인 엄청난 일을 할 수 있는 것은 분명하다. 그러나 인 간은 하나님의 물러남에 의해 만들어진 공허를 채울 수 없다. 그런 침묵 가운데 서 소망 외에는 어떠한 다른 대답도 가능하지 않다. 특히 '하나님의 죽음'의 신학 과 신학적인 "연구"와 질문하기와 같은 그런 것을 통해, 오늘날 우리는 가장하려 고 애쓰거나 혹은 침묵을 채우려고 애쓴다. 그것들은 다음 같은 점을 은폐하려 고, 인간이 배경으로 세우는 가장된 것들이다. 즉 일의 방향을 정하는 것이 항상 인간이고, 인간은 절대 버려지지 않으며, 하나님 **말**의 운명을 결정하는 것이 인간이라는 점이다. 하지만, 그것은 우스꽝스럽다. 그것은 신앙의 태도에 대체된 "봉사"의 태도와 마찬가지로, 수직적 관계의 공허에 대조되는 수평적 관계의 단일성을 주장하는 것이다. 그 모든 것은 '하나님과의 단절'을 심각하게 만들기만 할 따름이다.

정직하고 용기 있는 유일한 태도는 있는 그대로를 보는 것이고, 그다음에 하나님의 결정에 대해 소망을 통해 대답하는 것이다. 예를 들어 혁명적인 활동 같은 인간의 결정 속으로 소망을 개입시키면서 사람들이 그런 소망에다 구체적이고 윤리적인 형태를 결과로서 -게다가 정말 부차적인 결과로서- 부여할 수 있는 것은, 그런 결정적인 돌아옴 이후이고 하나님과의 싸움을 개시 한 이후이며 하나님 나라의 문을 억지로 열려고 시도한 이후일 따름이다. 왜냐하면, 그 자체로 효과적인 "혁명의 신학"이 물론 없다면, 혁명적인 참여는 체험된 소망의 한 형태일 수 있기 때문이다. 그러나 소망이 인간의 능력과 위대함과 유능함 및 잘못 이해된 시편 8장으로부터 나온 인간의 소위 조물주적인 소명171)에 대한 내적 성찰과 아무런 관계가 없음을 우리가 굳게 확신한다면, 우리는 소망이 '하나님과의 단절'에 대한 유일한 대답일 뿐 아니라 더욱이 소망은 절망적인 시대에만 생겨날 수 있음을 이해해야 한다.

몽떼이예172)는 자신의 훌륭한 소설들 - 형태에서 탐정 소설 - 중 하나에서 난폭한 사람에 의해 잔인하게 두들겨 맞고 있던 아이에 대해 이야기한다. "나는 아직도 그 아이의 비명을 듣고 있다. 그것은 도저히 참을 수 없다. 하나님을 믿어야 할 텐데. 이런 비명은 세상의 행복 전체보다 확실하게 목숨을 구해 달라고 하나

---

171) [역주] '조물주적인 소명'(vocation démiurgique)에서 'démiurgique'의 명사형인 'démiurge'는 이집트 신화 속의 눈(Noun)으로부터 나온 창조의 실체를 말하는데, 그것은 말과 생각에 의해 만물을 창조한다. 이집트 신화에서 원초적인 대양(大洋)은 '눈'이라 불리는데, 신이라기보다는 하나의 개념으로서 간주될 수 있는 '눈'은 생명을 만들었고 죽음을 만들게 되는 대양이다. 자신을 만든 창조자 없이 '눈'은 세상에 퍼져 있고, 모든 창조 신화에 공통으로 있는 것으로서 그런 '눈'으로부터 창조의 신이 태어났다는 것이다.

172) [역주] Hubert Monteilhet(1928-). 프랑스의 작가로서 탐정 소설로 시작하여 공상과학 소설과 역사 소설을 썼다. 대표작으로는 탐정 문학 대상을 받은 초기작 『사마귀들』이 있다.

님을 부르는 듯이 보인다. 어떤 잔혹함의 주위에는 침묵의 드문 특성으로서 세상 끝의 침묵이 있는데, 그것은 곧 다가올 정의正義보다 더 두려운 것이다. 사람들은 언젠가 모든 것을 채울 수 있는 존재함이 물러났다는 느낌이 있다. 자비의 절대적 공허는 폭풍우를 부르는 저기압의 모습을 하고 있다."

나는 소망의 감정을 그보다 더 명확히 묘사한 글을 보지 못했다. 우리의 선한 그리스도인들이 소망으로부터 또한 소망 안에서 세상의 사건들을 알아볼 수 있다면, 그들은 불의, 치욕, 비인간성, 제국주의, 착취 등을 규탄하기를 그만둘 것이다. 그 규탄은 죄에 대한 도덕적이면서도 헛된 항의의 새로운 형태들이다. 그들은 우리 시대의 잔혹함 속에서 몽떼이예가 볼 수 있었던 바를 볼 수도 있을 것이다. 그것은 물러나 버린 존재함, 무無에 의해 채워진 진공, 희생자들의 비명 아래에 있는 침묵이다. 그들은 신앙을 향한 거대한 추진력을 거기서 볼 수도 있다. 왜냐하면 '목숨을 구해달라고 하나님을 부를' 수 있는 것은, 텅 빈 하늘에 외치는 인간의 그런 비참이기 때문이다. 다시 말해 그것은 하나님이 다시는 우리를 버리지 않도록 하나님의 마음을 움직이는 것이다. 하지만, 그날에 실제로 그것은 사랑의 절대적 공허에 의해 초래되는 태풍일 것이다. 그 모든 것은 소망 안에서 정해지고 경험될 수 있다. 소망 밖에서는 유치한 분노와 과장된 선포와 메마른 동요動搖만이 남아 있을 따름이다.

잊혀진 소망

II. 절망적인 시대에서

1. 소망과 희망

소망espérance이 하나님의 침묵에 대한 대답인 것과 마찬가지로, 소망은 절망적인 시대에서 생겨난다. 여기서 우리는 소망과 희망espoir을 구별하고 심지어는 대립시킬 수밖에 없다. 그것은 『절망한 자들의 희망』L'espoir des désespérés을 쓴 무니에[173]와 같이 내가 사건들에 대한 태도나 해석방식을 전혀 취하지 않음을 물론 전제한다. 희망은 가능한 해결 방도가 아직 있을 때에 만이 의미가 있다. 그러나 신중할 필요가 있다. 우리는 해결 방도가 없고 절망적이라고 판단하는 상황 속에 산다. 우리는 실제로 두 가능성 앞에 있다. 즉 우리는 어떠한 해결 방도도 알지 못하고 모든 것이 전적으로 불확실하므로 우리가 어떠한 성공의 기회도 따져볼 수 없거나, 그렇지 않으면 성공과 실패의 기회가 같아 우리가 "그것"이 성공하고 상황이 호전될 것으로 기대한다고 말할 수밖에 없다는 것이다. 그런데 너무나 자주 사람들이 소망을 위치시키는 것이 불행히도 바로 여기이다. 그것은 성공과 이득과 성과에 대한 비합리적인 태도 속에서의 부조리하고 유치한 작은 도약이다. 소망이 좋

---

173) [역주] Emmanuel Mounier(1905-1950). 프랑스 철학자로서 인격주의(personnalisme) 운동의 창시자이다. 인격주의는 자유주의적 자본주의와 공산주의 사이에서 인본주의적인 제 3의 길을 모색하는 사상의 흐름을 가리키는데, 1930년대와 1950년대 사이에 프랑스의 지성 사회와 정치계에 중요한 영향을 끼치게 된다.

은 평판을 얻지 못하는 것, 소망으로 무엇을 해야 할지 잘 모르는 것, 소망을 행동으로 대체하기를 원하는 것을 사람들은 당연하다고 생각한다.

인간의 거짓된 희망

희망은 "그것이 잘 될 것이다."라는 일관성 없는 단정이 되고 말았다. 대중은 "생명이 있는 한 희망은 있다."라는 격언으로 희망을 한정시킨다. 달리 말해 자기 앞에 약간의 시간이 아직도 있다면 기회는 다시 온다는 것이다. 지식인들은 최근 몇 년 전부터 "가장 나쁜 것이라도 늘 확실한 것은 아니다."라고 말한다. 사람들이 무엇이나 비관적으로 보더라도, 해결 방도가 파국적이지 않을 수도 있다. 폭풍우가 올라오는 것이 보이더라도, 그 폭풍우는 쏟아지지 않을 수도 있다.

스타이너가 『트레블린카』*Treblinka*에서 아주 잘 보여주었듯이, 유대인들에 대한 집단 학살을 가능하게 했던 것은 그런 희망이다. 유대인들은 희망을 간직하고 있었기 때문에 학살을 당했다. 그것은 죄수들이 죽음으로가 아닌 감옥으로 끌려 왔다는 희망이고, 트레블린카에 도착하면서 작은 기차역에서의 따뜻한 환대에 의해 유지된 희망이며, 거기에서 빠져나오기 위한 계략을 찾을 수도 있었다는 희망이다. 또한, 그것은 자기가 지적당하지 않으면 "그물 코"를 빠져나갈 것이라는 희망이고, 반항을 하다가 갑작스럽게 곧 생명을 위태롭게 하기보다 생명을 유지한다는 희망이다. 왜냐하면, 생명이 있는 한 희망이 있기 때문이다!

희망은 인간에 대한 저주이다. 왜냐하면, 인간은 자신에게 주어진 해결 방도가 있을 수 있다고 믿는 한, 아무것도 하지 않기 때문이다. 끔찍한 상황 속에서도 나가는 문이 있다고 생각하는 한, 인간은 상황을 변화시키기 위한 아무 일도 하지 않는다. 그것이 왜 그토록 여러 해 전부터 내가 인간의 거짓된 희망의 잘못된 해결 방도를 차단하려고 애쓰는가 하는 이유인데, 사람들은 그것을 비관주의로 간주한다. 하지만, 그런 희망을 품고 사는 것은 실제로 해결 방도가 없게 되기까지 악화하도록 상황을 내버려 두는 것이다.

그것은 역사는 필연적으로 사회주의 혹은 공산주의 사회로 귀결되는 흐름이 있다는 마르크스주의에 의해 정제된 끔찍한 희망이다. 또한, 그것은 알제리 전쟁 초기에 그것이 상상했던 것보다는 그렇게 비극적이거나 중대하지 않게 잘 해결될 것이라는 희망이다. 또한, 그것은 대기오염에 대해 이야기된 30여 년 전부터 대기오염이 사람들이 말하는 것보다는 그렇게 심각하지 않다는 희망이다. "가장 나쁜 것이라도 늘 확실한 것은 아니다."라는 말은, 가장 나쁜 것이 확실히 발전할 수 있게 하는 놀라운 표현방식이다.

그와 반대로 가장 나쁜 것이 확실한 것으로 간주할 때에만이, 소망은 관계와 의미와 이유를 가질 따름이다. 게다가 대수롭지 않은 상황을 본질적인 것으로 여기지 말아야 한다. 또한, 해결될 수 없는 비극적인 문제를 위해 잠재적으로 해결된 문제를 본질적인 것으로 간주하지 말아야 한다. 절망이 뿌리내리게 되어 있는 그 "무엇"에 대한 오해는, 절망한 자들로서 행동하지만, 전혀 절망적이지 않은 상황에 공교롭게 호소하는 모택동주의자들과 다양한 좌파들에게서 내가 가장 단죄하는 것이다. 단지 바보이더라도(국제적일지라도 바보는 바보다.), 또한 진정한 절망을 불러일으킬 수 있는 것이 다른 데로 퍼져 나가게 내버려 둔 채 대상을 착각하더라도, 그는 그 싸움이 절망적이라는 확신을 하고서도 풍차에 대항하여 사투를 벌이는 진실하고 진정한 돈키호테이다. 그럼에도, 그들이 에너지를 가지고 행동한다면, 그것은 바로 그들이 진정으로 절망해 있기 때문이고 진단에서 단지 착각하고 있기 때문이다.[174]

'가능한 것들에' 의거하는 희망

희망은 다른 측면에서도 역시 나타난다. 희망은 '가능한 것'의 카드놀이다. 행

---

174) 현재의 인간의 문제들에 대한 해결을 탐구하는데 물론 귀착하는 『소망으로부터 분노로 *De la colère à l'espérance*』라는 아주 동조적인 책에서 이야기되는 것은 유일하게도 여전히 소망에 대해서이다.

동하는 것과 적합한 대답을 찾는 것이 어떤 상황에서는 가능한 듯이 보인다. 소망은 그런 방향으로 접어드는 것일 수도 있다. 그러나 여기서 여전히 혼동하지 말아야 한다. 우리가 기회들을 따져본다면, 또한 발전의 합리성이 있기 때문에 성공의 합리성이 있다면, 나는 그것이 성공하리라는 희망을 품을 수 있다. 그러나 소망은 그것과 아무런 관계가 없다. 해결 방도의 합리성을 통해 합리적인 희망이 생겨난다. 어쨌든 사람들이 결코 확신하지는 못하지만 사고事故는 늘 있을 수 있기 때문에 그것은 희망이다.

여행을 하려고 자동차에 올라탈 때, 나는 자동차는 갈 것이고 여행할 수 있다는 등의 사실 및 우리는 도착할 것이라는 사실에 합리적으로 기대를 걸 수 있다. 그것은 희망에 속하는 것인가? 겨우 그렇기는 하다. 그것이 나에게는 닥치지 않으리라고 기대하면서도 즉 운행되는 자동차 수에 대비한 사고 통계 율이 나를 포함하지 않으리라고 기대하면서도, 내가 즉시 떨쳐버리는 이미지가 나를 스치는 것은 내가 사고의 가능성이 있다고 생각할 때뿐이다. 희망이 자리 잡는 것은 여기이다. 하지만, 희망은 마법적 정신상태에 조금이나마 영향을 받는 소망과 아무런 관계없는 아주 피상적이고 쓸데없는 막연한 감정이다.

해결 방도의 합리성에 의해 부여되는 준準확신 위에 보완적인 감정을 이식하는 것이 헛되다고 우리는 말할 수 있다. 또한, 사건의 전개를 혼란케 할 위험성이 있는 사고事故와 관계되어 희망이 준準확신에 덧붙여진다고 우리는 말할 수 있다.

---

175) 그런 표현방식은 키르케고르에 의해서 다시 취해졌다. 그러나 어떤 오해가 있는 듯이 보인다. 실제로 키르케고르가 소망의 그런 "정의(定義)"를 부여할 때 **양자택일** 속에서 그렇게 하지만, 사람들이 알고 있듯이 미학적 입장을 명시하는 첫 부분에서 그는 그런 정의를 부여하는데, 소망의 범위를 정하고 소망을 명확하게 규정하는 '가능한 것'에 대한 집착이 있다. 그러나 정반대로 기독교 신앙의 표현을 거기에서 절대 볼 수 없다. 모든 '가능한 것들'에 대한 탐구는 윤리적인 연구방식도 아니고 신앙의 연구방식도 더욱 아닌 미학적인 연구방식의 요점이다. 그런 '가능한 것'이 현재의 복제일 따름이라는 바로 그 이유 때문에, '가능한 것'을 실현하려는 결단은 소망이 없는 인간의 태도이다. 아주 명확히 **양자택일**의 끝에서 또한 **궁극** 속에서 키르케고르는 힘자라는 데까지 노력하는 것이 바로 신앙에 반대되는 것임을 입증한다. 즉 그는 첫 부분에서 주장했던 바에 대해 윤리적인 단계에서 반대한다는 것이다. 그리고 그는 그런 표현방식을 심지어 사용하지 않고서 예수 그리스도에 대한 신앙이 '불가능한 것'에 대한 집착을 전제함을 드러낸다. 따라서 오해의 원천이 되는 것을 명확히 밝힐 필요가 있다.

따라서 소망이 "가능한 것들에 대한 집착"[175]으로 정의될 수 있는 것 같지 않다. 그것들이 그러한 것으로서 실제로 알려지고 식별되며 예측된 '가능한 것들'이라면, 사람들은 적합한 수단을 가지고 '가능한 것들'을 실현하는데 집착할 수도 있다. 그런데 그것은 엄밀히 말해 소망과 아무런 관계가 없다.

예를 들어 기술적인 체계의 전개를 통해 소망은 배제된다. 외과 수술을 하는 것은 가능하거나 혹은 가능하지 않을 수 있다. 소망에 의거하여 사람들은 외과 수술을 시행하지 않지만, 세세한 경험과 엄밀한 기술적인 발전 이후에 그것을 시행한다. 모든 도구를 사용하기 원하는 것, 지금은 우주여행으로 대표되는 굉장한 여행에 취미를 가지는 것, 정치적 상황의 '가능한 것들'을 탐색하는 것, 그 모든 것은 소망에 반대된다.

나는 물론 어떤 사람들이 그것을 통해 말하고자 하는 바를 잘 이해한다. 즉 소망은 우리를 가능한 모든 방향에서 활동하게 하고, 그 자리에 머무르지 않게 한다는 것이다. 또한, 소망은 우리를 잠들지 않게 하고, 현실에 만족하지 않게 하며, 평범함 속에서 살지 않게 한다는 것이다. 그러나 그 모든 것을 위해 힘을 중시하는 풍조와 이해관계와 지배의지와 실험적인 열정과 이상에 대한 찬양과 신화에 대한 열광에 의뢰한다면, 그것은 온갖 '가능한 것들' 속으로 인간을 밀어 넣을 만하다. 소망은 여기서 아무 데도 없다.

내가 여기서 부여하는 해석은 **"두려움과 떨림"** 속에서 글을 쓰는 키르케고르 자신에 의해 전부 확인된다. 즉 "한 사람은 '가능한 것'을 기다리는 희망 속에서 위대했고 다른 한 사람은 영원한 찬사들의 희망 속에서 위대했지만, '불가능한 것'을 기다리기를 원했던 자는 모든 사람들 중 가장 위대했다."

소망을 '가능한 것'으로 귀결시킨다면, 소망 그 자체의 형상이 되는 것은 바로 컴퓨터이다. 왜냐하면 컴퓨터는 각 섹터(secteur)에서 '가능한 것들'의 전체를 담고 있기 때문이다. 컴퓨터는 모든 가능성들의 보유체이다. 컴퓨터에 프로그램으로 짜여진 주어진 상황에 입각하여서는 아무 것도 컴퓨터를 벗어나지 못한다. 그러나 소망은 그런 한정을 바로 벗어나는 것임을 따라서 '가능한 것들'의 장을 벗어나는 것임을 사람들은 분명히 알고 있는가? 선택은 근본적이다. 즉 컴퓨터는 우리를 막다른 골목에 둔다.

'불가능한 것'에 대한 집착으로서 소망

그것은 소망이 '불가능한 것'에 대한 집착이기 때문이다. 실제로 아무것도 더는 가능하지 않은 곳에서만이, 소망은 의미와 근거와 존재 이유를 가진다. 또한, 소망이 인간의 마지막 원천이나 혹은 어떤 원기회복에 호소하는 것이 아니라 모든 것을 변화시킬 수 있는 외재적인 결단에 호소할 때에만이, 소망은 의미와 근거와 존재 이유를 가진다. 소망은 출구 없는 벽이자 궁극적인 부조리이자 회복될 수 없는 비참인 것과 마주칠 때 존재한다.

따라서 소망은 수단들의 경쟁에 의해서 결코 표현되는 것이 아니라, 수단들의 부재에 의해서 표현된다. 그 수단들이 완전히 다르고 힘에 있어서 같지 않다 하더라도 같은 유형과 같은 범주의 수단들을 사용할 가능성이 있는 한, 소망은 그런 모험 속에서 아무런 할 일이 없다. 그와 같이 폭력의 상황에서 폭력의 수단을 쓸 때, 선전 앞에서 "역선전"을 사용할 때, 실제로 그 모든 것에는 어떠한 소망도 없다. 그것은 용량의 문제이거나 혹은 효율성의 문제이다.

여기서 인간이 관여한다면, 그것은 인간이 해결 방도를 찾는데 절망하여 반항하기 때문이다. 혹은 그와 반대로 인간이 이긴다는 희망을 품고 있기 때문이다. 반항은 소망의 표현이 아니라 절망의 표현이다. 반항은 과도한 고통과 비참 속에서 생기고, '가능한 것'에 대한 환상을 자신에게 부여한다. 그러나 그 역시 호전되는 상황 속에서, 약화하는 국가 앞에서, 완화되는 계급의 지배 앞에서, 피 압제자가 자기에게 유리하도록 근본적으로 상황을 변화시킬 수 있다고 기대할 때이다. 그 순간 합리적인 희망은 존재한다. 피 압제자는 연합과 무기와 적의 약함에 기대를 걸 수 있다. 즉 이길 가능성은 있으나, 여기서는 소망이 차지할 어떠한 자리도 없다. 소망이 그 상황에서 근본적으로 다른 요인을 불러일으키고 나타나게 할 때, 소망은 생긴다. 폭력과 압제 혹은 억압 앞에서, 소망은 비폭력이다. 비폭력은 조금도 수동성과 포기와 약함이 아니라, 유죄 선고를 받은 사람이 재판관과 형 집행자를 비판할 때와 같은 인간의 다른 차원에 대한 확신이자 더 높은 요구에 대한 확신임을 기억해야 한다.

그 예는 잘 알려졌고, 그 논쟁은 종결된 것이 아니다. 즉각적인 결과에 집착하는 사람들에게 있어서는 폭력만이 손해를 보지 않는 듯이 보인다. 물론 폭력은 손해를 보지 않게 해주지만, 그것은 고지식한 살인자가 되게 하고 세상의 폭력 전체의 공범자가 되게 함으로써 이다. 그래서 "누가 시작했는가?"를 알려는 질문은 전적으로 근본적으로 불합리해진다. '정당한' 폭력의 길에 관여하는 모든 사람의 현재 핑계 및 정당화라는 사소한 놀음에 의해 사람들은 물론 화가 날 수 있다. "내가 경찰관이나 혹은 대사를 살해한다면, 내가 백화점에 불을 지른다면, 그것은 바로 내가 아니라 억압적인 사회이고 자본주의적 압제이며 먼저 시작했던 것은 경찰이다."라고 하는 것은, 어머니가 아이를 야단칠 때 "엄마, 내가 아니에요, 시작한 것은 저 애예요."라는 아이들의 논쟁 수준에 있는 것이다. 그 속에는 어떠한 소망도 없지만, 초라한 정당화는 존재한다.

소망과 반대되는 선전과 문화 혁명

다른 예를 들어 보자. 선전이 사방에서 터져 나온다. 유사 현실주의자들과 공리주의자들과 "충동주의자들"처럼 진리를 보유하고 있다고 믿는 자들은 역선전이라 불리는 또 다른 선전으로서 만이 적의 선전에 대항하는 투쟁을 구상할 수 있다. 그러나 실제로 내가 다른 곳에서 제시했듯이[176] 그것 역시 선전일 따름이다. 즉 그 효과가 누적되어 인간은 두 개의 적대적인 선전에 의해 더욱더 사로잡히고 조종되며 소외된다는 것이다. 소망은 벗어남[177]의 작업이다. 그 취지가 무엇이든지 간에 어떠한 선전과도 그것은 반대되는 것이다. 소망은 행동하는 인간으로 하여금 수단으로서의 선전을 인정하지 않게끔 한다. 왜냐하면, 과거의 온갖

---

176) [역주] 선전에 관한 엘륄의 저서로는 『선전 *Propagandes*』과 『선전의 역사*Histoire de la propagande*』가 있다.

177) [역주] 벗어남(déconditionnement)은 어떤 종류의 선전에 억제되어 있고 매여 있던 조건과 상태로부터 떼어 놓거나 벗어나게 하는 것을 말한다.

경험에도 진정성과 자유만이 유일하게 살아서 터져 나온다는 소망이 있기 때문이다.

소망은 굴종하는 인간으로 하여금 인간 자신에게 다가오는 모든 것을 까다로운 비판으로 세밀히 검토하게 한다. 그러나 우리가 비판을 소망의 표현으로서 떠올리면, 문화 혁명은 모든 소망에 대한 부정이라고 할 수 있다. 왜냐하면, 그 혁명의 동기와 목적이 인간에 대한 더 큰 결정지음이기 때문이다. 소망 안에서 살고 자신의 삶 속에 그런 힘을 뜨겁게 가지고 있으며 소망이 진정 무엇일 수 있는지 어렴풋이 보았던 사람은, 우리 시대의 문화 혁명을 조금도 믿을 수 없으며 그 혁명에 전혀 참여할 수도 없다.

그런 이름 아래 중국에서 일어났던 것은 근본적으로 조작操作과 선전과 적의 제거라는 정치적 술책이다. 그것은 추종의 냉혹한 메커니즘이다. 우리는 부르주아적 자유주의 문화에 대한 배척, 책을 불태우기, 교수에 대한 비하, 정당에 의해 틀이 잡힌 것은 사실인 학생들에 의한 자율 운영으로 이루어진 나치주의의 문화 혁명을 경험했다. 그 문화 혁명은 특이하게도 젊음의 봄날과 닮았다. 그것은 사실상 이전의 정통성을 또 하나의 정통성으로 대체하는 것과 관계되는 것이다.

1968년 5월, 내가 위기에 빠진 대학의 계획에 대해 학생들과 토론했을 때, 우리는 그런 단어 속에 같은 내용을 분명히 부여하지 않았다. 그들에게 있어서는 정통적이고 부르주아적이며 교조적이라고 자신들이 비난하는 교육과는 다른 정통적이고 교조적인 교육이 이루어지는 마르크스주의적 대학이 관심거리였다. 그러나 그런 시도에서 비판적 사고는 그림자도 없었다. 문화 혁명은 자유의 징표도 아니고 자유의 창조체도 아니다. 문화혁명은 자기에게 복종하는 자들을 더욱 예속하기 위한 힘의 수단이다.

그런 의미에서 문화 혁명은 소망에 분명히 반대되는 것이다. 다시 말해 소망은 문화 혁명을 파괴하려고 들 수밖에 없는데, 그것은 간직해야 할 과거를 위해서가 아니라 열어야 할 미래를 위해서이고, 문화 혁명이 결정적으로 막히고 닫히게 하기 위해서이다. 역선전과 참여 정치와 문화 혁명의 온갖 활동은 그것 나름대로 희망의 분량을 담고 있다. '가능한 것'에 대한 집착으로 규정될 수 있는 것이 바로 인간적인 희망이다. 하지만, 그것은 고집스러운 이상주의와 현실에 대한 무분별에 근거해 있고, 가장 평범한 변증법적 움직임을 뛰어넘을 수 없는 무력함에 근거해 있다. 그런데 그것이 언뜻 보인 '가능한 것들'과 관계되는 한, 소망은 '가능한 것들'에 대한 예측 및 예상에 아무것도 덧붙이지 않는다.

2. 소망의 묘미

그런데 우리는 소망에 대해 또 다른 잘못인 듯이 보이는 것과 마주친다. "소망은 '아는 것'과 '행동하는 것'과 비교할 때 과도함 속에 있다. 더는 개념이 존재하지 않고 표상만이 늘 존재하는 것은, 그런 과도함으로부터 나온다."[178] 달리 말해 소망은 추가되는 분량을 우리에게 가져오는데, 사람들은 인식에 의해 어떤 현실을 명확히 구분할 수도 있고, 행동에 의해 어떤 단계에서 일의 흐름에 영향을 미칠 수 있다. 소망은 그 모든 것에 '더 많은 것'을 추가한다. 그것은 엄밀하고 정확하게 규정되고 개념화될 수 없지만, 사람들이 마음속에 그려보는 '더 많은 것'이다. 신화는 목적에 대해 풍부하고 총괄적인 이미지이기 때문에, 우리를 행동하도록 부추기는 것은 소렐적인[179] 의미에서 신화이다. 그런데 그 점은 소망이 '아는 것'과 '행동하는 것'과 같은 종류이고, 같은 측면에 있으며, 같은 목록에 속한다는

---

178) 리쾨르여, 어쨌든 내가 그것을 잘 이해했다면!

179) [역주] 소렐적인(sorélien)이라는 표현은 『폭력에 대한 성찰 *Réflexions sur la violence*』을 쓴 프랑스의 사상가 조르쥬 소렐(Georges Sorel, 1847-1922)과 관계가 있다. 좌익 혁명가들과 극우 혁명가들뿐만 아니라 많은 정치가들과 사상가들에게 영향을 끼친 이 책의 내용은 다음 같은 두 가지 요소로 특징지어진다. 하나는 유보 없는 대담으로 폭력을 찬미하는 것으로서 극좌 혁명주의에 몰입해 있던 소렐은 이 책에서 부르주아 지배체제와 자본주의 경제체제를 끝장낼 힘은 혁명적 프롤레타리아의 폭력 밖에 없다고 단언한다. 즉, 폭력만이 역사 진보의 원동력이기 때문에 폭력을 약화시키려는 모든 시도는 평화주의든 타협주의든 일종의 범죄가 된다는 것이다. 다른 하나는 '신화'로서 마르크스주의가 사회주의 운동에 부여했던 '과학'의 지위를 소렐은 '신화'로 대체한다. 그에 따르면 과학적 법칙을 따르는 역사 발전의 자동적 경로

것을 의미한다. 소망은 단지 '더 많은 것'이다.

망상과 의미 사이의 매개 행위로서 소망

그러나 우리가 소망에 대해 말할 수 있었던 모든 것을 통해, 소망이 그와 다른 것임이 결국 드러나게 된다. 또한, 소망이 이해를 보완할 수도 있고 다른 곳에서 시도된 활동을 보완할 수도 있는 사소한 어떤 것이 아니라, 다른 인식과 다른 활동의 원천임이 그 모든 것을 통해 드러나게 된다. 소망이 거기 없다면 존재할 수도 있는 에토스[180]와는 다른 에토스를 소망은 생겨나게 한다. 기호의 실재를 변화시키는 소망은 "과도함 속에" 있지 않고 그 자체로 충족되며 다른 작업을 파괴한다. 언뜻 보아 가능한 '아는 것'과 '행동하는 것'이 다시는 없을 때, 소망은 생겨난다. 또한, 소망은 명백하게 실제로 불가능한 또 다른 '아는 것'과 '행동하는 것'을 불러일으킨다. 그러나 소망은 그런 것이 아니면, 아무것도 아니다. 다시 말해 소망이 '가능한 것'의 과도함이 되는 것에 그친다면, 소망은 활동의 한 가운데서 몽상의 부분이 되고 효과 없는 놀이가 된다는 것이다.

소망이 '불가능한 것'을 터지게 하고 한정하며 부정하려는 군은 의지를 갖추고서 '불가능한 것'에 관여하는 그때 소망은 실재에 관여한다. 나는 정상적인 감정이 내가 글로 쓰는 바와 반대되는 것임을 잘 안다. 즉 '불가능한 것'에 대한 집착이 있으면, 그것은 몽상가가 되는 것이다. 덤으로 나온 약간의 희망이 사람들이 만든 것에 어떤 맛을 첨가하는 약간의 후추와 겨자가 되는 것은, 사람들이 자기

는 없고 역사가 혁명적으로 비약하려면 그 역사를 만드는 대중이 하나의 거대한 '신화' 속에서 뭉쳐야 한다는 것이다. 또한 그는 '신화'가 근본적으로 한 집단의 신념체계와 같은 것이고 이 신념을 운동의 언어로 표현한 것이라고 주장한다. 그것은 논리적 구성물이 아니라 이미지인데, 소렐이 그 '신화'의 가장 핵심적인 이미지로 제시하는 것이 '총파업'이다. '신화'가 없으면 총체적 봉기도 없고 폭력도 없으며 완전한 혁명도 없다는 소렐의 주장은 거의 비관주의적인 현실 부정의 세계관을 품고 있다.

180) [역주] 에토스(éthos)는 그리스어에서 유래된 표현으로 수사학에서 품성을 다루는 부분을 말하는데, 청중을 감동시키기에 적합한 수단들을 다루었던 수사학의 부분인 파토스(pathos) 와 대조된다.

들 쪽에서 성공의 온갖 기술적인 이유를 제시했던 구체적인 활동에 참여할 때이다. 그런데 그렇지 않다! 예수 그리스도의 소망은 약간의 후추도 아니고 약간의 겨자도 아니다. 그것은 빵과 포도주이다. 그것은 본질적이고 근본적인 음식 자체인데, 그 음식 없이는 인식의 망상과 활동의 환상만이 있을 따름이다. 그러나 바로 소망이 **전체**가 되어야 한다. 소망은 유일하게 합리적인 미친 활동 속으로, 유일하게 건설적인 비판적 인식 속으로, 유일한 현실주의인 현실에 대한 사정없는 벗겨 냄 속으로, 우리를 끌어넣는 것이어야 한다.

  의미에서도 마찬가지이다. 소망이 활동할 수 있는 것은, 의미가 존재하지 않을 때이고 모든 것이 부조리하고 가치가 없는 듯이 보일 때이다. 주어지고 받아들여지고 공통되고 교환되고 믿어지는 의미가 이미 존재할 때, 소망은 아무 소용이 없다. 또한, 사회, "집단적인 무의식", 공통된 견해가 되는 사상, 이해되고 받아들여진 계시, 진리로 간주한 정치적 참여, 혁명 등 그 의미가 어디서 나오든지 간에 **의미**가 존재할 때, 소망은 아무 소용이 없다. 여기서 여전히 소망은 근거 없는 하찮은 보완일 수도 있다.

  소망이 힘과 가치와 의미가 있는 것은, 개인이 자신의 삶에서 더는 의미를 발견하지 못하는 그 때고 집단에 공통된 의미가 더는 없는 그 때다. 소망은 바로 망상과 의미 사이의 매개 행위이다. 그 접합점에 있는 소망은 서로에게 창구를 만들어주는 힘이다. 혹은 부조리한 망상이자 쓰라림일 따름이라고 여겨졌던 것 속에서의 의미의 발견이 소망이다. 그와 같이 우리 시대에 곧 '하나님과의 단절' 시대에서 의미의 발견은, 철학으로부터도 정치적 활동으로부터도 인간의 학문으로부터도 집단적인 이상으로부터도 갑자기 생겨날 수 없다. 우리에게 주어진 의미가 아직도 있다면, 우리가 그 의미를 받는 것은 소망 안에서이고 소망에 의해서이다. 그러나 사정없이 거기에서 그쳐야 한다. 말하자면 다른 경로를 통해 시도하자마자, 모든 것이 빠져나감을 알아야 한다는 것이다.

비판적인 힘과 거부하는 능력으로서 소망

우리가 소망을 약속에 결부시켜야 하는 것은 여기이다. 하나님의 약속에 대한 신뢰는 배타적이다. 하지만, 그것은 두 가지 움직임에서 윤곽이 뚜렷해진다. 한편으로 약속과 역사와 역사의 가능성 곧 우리에게 단지 입증되고 주어졌으나 합리적으로 예측되지 않은 가능성이 있기 때문이며, 따라서 활동의 가능성이 있기 때문이다. 그러나 그것이 인간적으로 불가능하다고 간주되는 것의 가능성임을 늘 기억하자! 그러므로 어떤 대가를 치르더라도 그 역사를 만들고 열며 "도구화하려는" 참여가 있다.[181] 그러나 그와 반대로, "결정적이면서 결정짓는 유일한 실재가 그 약속이다."라는 유일하고 배타적인 약속 안에 모든 것이 포함될 수 있기 때문에, 그 역사에는 이미 의미가 존재하고 우리를 향해 오는 확고하고 확실한 목적이 있다. 그 순간, 꼭 필요한 인간의 일은 그와 동시에 쓸모가 없어진다. 복음서에서처럼 역사 속에서 인간은, 쓸모없지만 필요하고 요구되는 하인으로 남아 있다. 왜냐하면, 약속의 실현은 인간의 일을 포괄하면서도 인간의 일을 배제하기 때문이다. 소망을 배제하는 '가능한 것'과 진정한 역사를 창조하는 유일한 '불가능한 것'이 무엇인지 우리가 아는 것은 여기서이다.

하나님의 '불가능한 것'은 유일한 현실이다. 인간적인 수단들이라는 '가능한 것'은 그것이 실제로는 비현실적이기 때문에, 언제나 관심 밖이다. 다른 표현으로 하면 '가능한 것'은 제시된 의도와 목표에 반대되는 것을 언제나 달성하고 언제나 실현한다. 그런 의미에서 그것은 비현실적이고 우둔하다. 즉 우둔함에 사로잡혀 있다. 그런 인간의 역사는 "죽을 운명"의 역사이다. 그러나 소망은 우리가 다른 역사를 쓰기를 원한다. 그것은 불가능한 삶의 역사이자, 인간 정신이 결코 품을 수 없었던 진정한 삶의 역사이다. 우리가 "신성한 역사"를 발견하는 것은 여기이다. 그러므로 메시아에 대한 소망은 역사를 창조하는 동시에, 항상 틀리고

---

181) 나는 카스텔리의 『틀 잡히지 않은 시간 *Le Temps invertébre*』 그 구절 전체에서 착상을 얻는다.

불충분한 이성의 수단들을 가지고 낙원을 건설하려는 인간의 모든 시도를 거부한다. 그러나 그것은 우리 마음대로 사용할 수 있도록 우리가 가진 유일한 것이다. 그런데 그 소망은 계급투쟁 혹은 혁명적인 계획 혹은 기술적인 계획과 전혀 혼동되지 않는다. 그와 같이 본질적으로 역사를 만들어 내는 소망은 비판적인 힘인 동시에 거부하는 능력이다. 또한, 소망은 해결방도를 역시 차단한다.

소망의 존재 이유

우리는 두 가지 요점으로 우리의 말을 요약할 것이다. '하나님과의 단절'의 이 시대에 인간과 이 세상은 절망적이다. 소망이 중요하고 긴급하며 필요할 뿐 아니라 소망이 진정으로 가능하고 존재 이유를 가지는 것은, 상황이 절망적이기 때문이고 또한 상황이 절망적일 때이다. 나는 개인적인 측면과 집단적인 측면에서 그렇게 다시 말할 것이다. 그런 상황 밖에서는 소망은 소망이 아니라 수단들의 탐구이고 문제의 해결이며 합리적인 결정이고 열정적인 참여로서, 그것은 전혀 다른 것이다. 지금 나는 "…에도 불구하고"와 함께 리꾀르와 완전히 비슷해진다. 소망은 명백하고 확실하다고 여겨지는 구체적인 상황에 대한 항의이고, 온갖 닫힘에도 불구하고 출구를 확인하는 것이다.

"십자가와 부활의 연결이 역설에 속하고 논리적인 매개에 속하지 않는다면, 소망에 따라 자유는 이제는 '가능한 것'을 위한 자유만이 되지 않는다. 그 자유는 더욱더 근본적으로 죽음에 대한 거부를 위한 자유 곧 죽음과 상반된 모습을 띤 부활의 징표를 해독하기 위한 자유가 된다." 소망은 늘 그와 같이 "죽음에도 불구하고"가 되고, "현실에서 죽음에 대한 거부"가 된다. 어떠한 소망이든 늘 그런 범주 안에 있다. 소망이 어떤 측면에 있든지 항상 소망은 인간이 부인할 수 없다고 여기는 명백함에 대한 그런 반박이며, 인간이 그 앞에서 굴종하는 숙명에 대한 그런 반박이다. 소망은 인간을 선동하여 그 너머로 지나가게 한다. 그것이 바로 소망이 절망적인 상황에서 생겨날 수밖에 없는 이유이다.

결국, 소망은 절망적인 인간을 위해서나 혹은 근본적으로 문제시 되는 인간을 위해 존재 하는데 그것이 두 번째 요점이다. 하나님이 침묵하는 그 때, '하나님과의 단절'보다 얼마든지 더 큰 하나님에 의한 '문제 삼기'가 사실상 있을 수도 있지만, 그것은 다른 모든 것과도 관계된 것이다. 인간에게 더는 정당화도 "이유"도 보호도 없어지는 것과 소망이 생겨나는 것은 바로 인간이 소추訴追를 당할 때이다. 성서 전체를 통해 새로워지는 것이 "사십"의 - 사십 일 혹은 사십 년의 - 의미인데,[182] 거기서 인간은 자신의 모든 안전을 박탈당하는 동시에 소망의 실재가 자신에게 아주 크게 열려 있다. 히브리적인 사상의 양면성에 따라 단 하나의 표현으로 죽음과 소망을 지칭하는 것이 바로 "지상 전체의 길"이다. 인간이 소망을 체험하게 되는 것은 그와 같이 의심 속에서일 것이다.

믿음이 있다면 소망과 사랑charité,[183]은 겹쳐 놓을 수 있는 세 실재가 아니고, 심지어는 직접적으로 보완적인 세 실재도 아니다. 우리는 소망과 믿음이 서로 겹치지 않음을 이미 살펴보았다. 여기서 더 멀리 나아가야 한다. 내가 앞에서 이야기했던 비판의 실존적인 양상인 내가 앞에서 이야기했던 비판의 실존적인 양상인 의심은 소망의 가능성이자 형태이다. 의심 속에 빠진 자는 의심 많은 사람이 아니라, 소망 외에는 다른 소망을 갖고 있지 않은 자이다.

그리고 다른 관점에서 카스텔리는 감탄할 만한 표현방식으로 우리에게 같은 관계를 보여준다. "에덴의 신화는 치명적인 공간이 된 낙원이다. 본질과 순수한 형태의 낙원, 그것은 **지옥**이다. 낙원이 **지옥**이라는 의심은 반대로 판단을 내릴 수 있다는 것이고, 실존적인 접촉을 통해 존재를 다시 정복할 수 있다는 것이다. 그런데 그 실존적인 접촉 속에서 '말하는 능력'은 의사소통이 아니라 의사소통

---

182) [역주] 여기서 사십(quarante)이라는 숫자는 구약성서 요나서 3장 4절의 내용과 관계가 있다고 볼 수 있다. 엘륄은 자신의 저서 『의심을 거친 신앙 *La foi au prix du doute*』의 제3부 「"아직도 사십일..." 이라고 요나는 말한다 'Encore quarante jours..' dit Jonas」에서 그런 종말적인 상황에 대해 설명한다.

183) [역주] 프랑스어 성서에는 우리말의 사랑에 해당하는 표현으로서 'amour'와 'charité'두 가지가 쓰이고 있다.

의 도구가 된다. 의심은 소망이다." 이 글은 의심이 지옥과 관계되는 동시에, 소망 안에서 "결정을 내리는" 중요성과 관계된다는 것을 밝혀 준다. 그것을 우리는 나중에 다시 발견할 것이다. 자기 자신을 박탈당한 인간 곧 정당화도 더는 없고 무기도 갑옷도 없는 인간, 즉 의심 속에 빠진 인간이 여전히 소망하기란espérer 분명히 어렵다. 하지만, 인간은 그런 상황 속에서와 다른 어떤 상황 속에서, 소망을 책임지는 것이 자신임을 알아야 한다. 왜냐하면, 인간에게 있어서 소망 외에는 다른 가능성이 더는 없기 때문이다.

III. 질문하기

1. 소망과 요한 계시록 [184)]

소망이 바로 하나님의 침묵에 대한 인간의 대답이라면, 또한 상황이 실제로 절망적일 때에만 소망이 근거와 이유를 가진다면, 다른 식으로 단죄되고 거부되어 있으며 죽음을 쫓아가는 세상에 대해 하나님에 의해 표명된 "긍정의 표현"이 소망이라고 할 수도 있다.

하나님이 돌아서서 침묵하고 있더라도, 그것은 하나님에 의해 표명된 '긍정의 표현'이다. 또한, 그것은 소망을 지닌 자가 실제로 하나님으로 하여금 표명하게끔 하는 '긍정의 표현'이고, 그가 하나님의 이름으로 표명하는 '긍정의 표현'이다. 그리고 그는 그런 위험을 무릅쓰면서 하나님의 약속에 따라 하나님을 실제로 끌어들인다.

종말론적 사고와 소망

그러나 "상황이 좋아질 것이다."라거나, "어떤 정치적이고 제도적인 조정에 의해 아주 정상적으로 평화와 정의가 지상에 정착되어야 한다."라고 소망에 의해 결론이 날 수는 없다. 소망이 **역사**의 미덕에 대한 신뢰가 아닌 것과 마찬가지로, 착한 **미개인**[185)]의 미덕이나 혹은 인간 **본성**의 미덕에 대한 신뢰도 아니었다. 소

---

184) [역주] 요한계시록에 대한 엘륄의 저서로는 『요한계시록, 움직이는 건축물 *L'Apocalypse, Arichitecture en mouvement*』이 있다.

망이 그와 같이 한정되는 한, 소망은 아무것도 나타내지 않는다. 그런 종류의 신심에 관심을 쏟는 자는 이상주의자일 따름이고, 소망은 호감을 주는 막연한 감정이 된다. 소망은 행위인데 그 행위를 통해 사람들은 **하나님나라**의 간격을 의식하고, 그 행위는 종말론적인 사상에 결부되어 있다. **하나님나라**가 거기 있고 내 손이 미치는 데 있다면, 또한 **하나님나라**가 너무도 당연히 우리 안에 우리 가운데 있다면, 소망은 필요 없다. 소망은 우리가 멀리 떨어져 있음을 재는 척도이다.

물론, "**하나님나라**가 당신들에게 다가왔다."라거나 "**하나님나라**가 당신들 가운데 있다."라고 증언하는 말은 진실하다. 그러나 그 말은 소망의 말로서 진실하다. 그 말은 관찰할 수 있고 잴 수 있는 실재에 대한 확증도 아니며, 감지할 수 있는 결과로 가득한 실재에 대한 확증도 아니다. 그 말은 반反실재에 대한 단언이다. **하나님나라**가 거기에 있다는 것은 인간적으로는 정확하지 않다. 그것은 "이천 년 전부터 기독교는 사회의 문제를 해결하려고 애썼으나 실패했다. 기독교는 평화와 정의가 지배하게끔 하지 못했다."라는 식으로 아주 숱하게 들은 비난이다. 단순히 첫 번째 오해는 기독교가 평화와 정치적 정의 혹은 사회적 정의를 확고히 하려고 만들어졌는지를 아는 질문과 기독교가 사회를 조직하는 요인이었던 지를 아는 질문에 있다. 이것은 기독교 국가의 중세 때 태도이다.

나는 하나님나라와 만족스러운 정치·사회적 체계 사이에 혼동이 있었고, 그 혼동을 다시 저지르지 말아야 하며, 어쨌든 그 혼동이 소망에 관한 잘못을 드러낸다고 생각한다. 왜냐하면, 소망이 존재한다면, 우리가 기다리고 힘을 기울이는 하나님나라로부터, 또한 은밀하고 숨겨져 있으며 신비스럽게 남아 있는 하나님나라로부터, 우리가 얼마나 멀리 떨어져 있는지 소망만이 드러낼 수도 있기 때문

---

185) [역주] '착한 미개인'(bon Sauvage)은 자연과 접촉하며 살아가는 사람들을 이상화하는 표현으로서, 16세기 프랑스의 사상가 몽떼뉴(Montaigne)가 그가 듣고 읽은 것을 토대로 하여 자신의 저서 『수상록 *Les Essais*』에서 아메리카 인디언들의 삶을 이상화한데서 나온 것이다. "자연적으로" 살아가는 사람들에 대한 그의 묘사는 식민지에서 유럽 인들의 개화 의지와 파괴 활동을 종식시키려는 목적에서 나온 것이다.

이다. 소망은 실제로 활동 중인 하나님나라의 보이지 않는 징표들을 구분할 수 있지만, 그 징표들은 소망을 위해서만 보일 따름이다. 그것들은 소망을 위해서만 이 징표가 되고 미래의 전달체가 된다. 그런데 **하나님나라**와 정의롭고 평화로운 정치·사회적 체계 사이에 혼동이 생기는 즉시, 소망은 다시는 없다. 왜냐하면, 사람들은 목적과 구체적인 실현과 명백함에 의해 나아가기 때문이다. 그러나 소망은 그런 명백함들 너머에 바로 위치한다.

소망이 은밀한 징표들을 식별한다면, 소망은 **하나님나라**가 존재하게 될 때 자신이 폐기될 것임을 역시 알고 있다. 하지만, 그 징표들만이 존재하는 한, 소망은 삶의 유일한 이유이자 지속의 유일한 이유가 된다. 왜냐하면, 그리스도인은 소망 속에서 살도록 부름을 받은 동시에, 그리스도의 통치가 거기에 없음을 단언하도록 부름을 받았기 때문이다. 그리스도인은 그리스도를 위하여 위치한다. 하나님의 침묵을 위해서, 또한 '하나님과의 단절'을 위해서처럼, 소망은 자신이 헤아려보고 경험하는 부재 앞에서 적극적인 행위가 된다.

하나님 영광의 표현인 요한계시록

그런데 소망은 종말론적인 사고 속에서만 위치할 수 있다. 사람들이 역사에 대한 종말론적 개념을 가지고 있기 때문에 소망이 존재하는 것이 아니라, 사람들이 소망 속에서 살기 때문에 요한 계시록이 존재한다. 역사의 새로운 창조와 역사의 부활과 역사에 대한 재검토récapitulation로 이행되려면 세상 자체가 파괴되면서 세상의 근본적인 심판과 붕괴가 이루어진다는 역사 해석 방식 및 시각을 인정하지 않는 사람들이 있다. 그 사람들은 자신들에게 소망이 없음을 드러내고 무엇이 관계된 것인지를 모른다. 왜냐하면, 소망에 의해 요구되는 두 전선에서 싸우는 것 곧 한편으로 하나님의 침묵 앞에서 다른 한편으로 세상 속에 군림하는 악 앞에서 싸우는 것은, 소망이 존재한다는 바로 그 이유에서 다음과 같은 점을 의미하기 때문이다. 즉 하나님의 돌입이 도둑처럼 예기치 않은 방식인 동시에 저기압에 이끌린 사이클론처럼 폭발적인 방식으로 일어날 것이라는 점과, 이것이 실제로 모든 것을 다시 문제 삼을 것이라는 점이다.

사람들이 원하든 원하지 않든지 간에, 기껏해야 정치적이고 사회적인 혁명에 의해서 진보를 거듭하여 하나님나라를 향해 거기에 도달하려고 인간의 놀라운 업적에 의해 세상이 발전한다는 생각을 품는다면, 또한 이 세상의 역사와 하나님나라 사이에 위기가 없는 연속성이 있다면, 또한 정치적이고 기술적이며 과학적인 활동으로 하나님나라의 준비가 이루어진다면, 사람들은 하나의 대상으로서 움직이지 않는 하나님 곧 임시변통의 것은 아니지만, 구석에 놓이는 뽀띠슈^{Potiche}로서 하나님과 관여한다. 그것은 "우리를 기다려주고 우리가 하는 대로 내버려 두라."라고 하는 것이다.

요한 계시록은 역사 속에 개입하고 자기 자신을 결정하며 주권자로서 행동하고 전능한 말로 자신이 원하는 세상을 창조하는 하나님에 대한 개념과 연결되어 있다. 그와 동시에 요한 계시록은 불타오르는 접근을 통해 산들이 녹게 하고 인간과 그의 업적이 무너지게 하는 하나님에 대한 개념과 연결되어 있다. 그것은 살아 있는 하나님을 진지하게 받아들이는 것이다. 그런데 소망은 살아 있는 하나님을 오도록 부추기고, 자신의 조심성과 약함과 낮아짐 속에서뿐만 아니라 자신의 영광 속에서 드러내도록 부추기는 바로 그런 작업이다. 요한 계시록은 하나님 영광의 표현인데, 사람들이 하나님의 영광을 소망하지 않으면 소망은 존재하지 않는다. 인간의 진보만이 있을 따름이고, 그 진보를 방해하는 자들에 대한 증오만이 존재할 따름이다. 그런데 그 증오는 **사랑**의 이름으로 나온 것이다.

2. 성령을 거스르는 죄

소망이 바로 하나님의 침묵에 대한 대답이라면, 소망이 절망적인 시대에서 자신의 근거와 이유를 찾는다면, 나는 우리 시대에서 성령을 거스르는 죄가 바로 소망에 대한 거부가 아닌지 혹은 소망으로 살지 못하고 다른 것을 원하는 요구가 아닌지 자문해 볼 수도 있다. 나는 '이 시대에서'라고 분명히 못 박는다. 왜냐하면, 그토록 많은 잉크를 소모시켰고 그토록 많은 다른 방식으로 해석되었던 성령을 거스르는 죄가 정해진 범주인 것만은 아닌 듯이 보이기 때문이다. 또한, 그 죄가 단순하고 단일한 기지사항으로서 제시되지 않은 듯이 보이기 때문이다.

성령을 거스르는 죄는 시대와 시기와 영적인 사건에 따라 그 실재 속에서 변한다. 그 죄는 주어진 문화적 맥락 속에서 하나님과의 가능한 관계와 연관이 있다. 우리가 하나님에 대한 종교적인 형태 혹은 형이상학적인 해석을 바꿀 때, 그런 죄가 어떠한 것인지 식별해 내려면 우리는 여기서 우리에게 제기된 질문을 계속 되찾아야 한다.

우리 시대에서 우리가 어렴풋이 보려고 애썼던 바가 정확하다면, 성령을 거스르는 죄는 비관주의와 고뇌이다. 또한, 그것은 '하나님의 죽음'의 신학이며, 하나님이 돌아섰음을 음울하게 혹은 즐겁게 받아들이는 것이다. 그리고 그것은 하나님이 없는 그리스도인의 상황에 대한 스토아주의이며, 침묵하는 하나님 앞에서의 숙명이다. 성령은 하나님의 결정으로부터 기성질서에 항거하는 소망으로 우리를 이끌어가는 것인 동시에, 소망 그 자체에 의해 온갖 사물들에 주어진 의미의 발견으로 우리를 이끌어가는 것이다. 그것을 거부하는 것은 성령의 일에 대항하는 것이다.

3. 인간의 힘

활동 중인 소망은 '하나님의 **죽음**'의 신학에 반대되는 것이다. 소망이 '하나님의 **죽음**'의 신학적인 맥락에서 생겨나는 것인데도, 또한 내가 지금 여기서 소망에 대해 쓰는 것과 '하나님의 **죽음**'의 신학은 외관상 같은데도 그러하다. 우리는 여기서 소망에 더욱 가까이 근접하지 않을 수 없다. 하나님이 인간에게 자리를 내줄 때, 소망은 인간이 얻은 것인가? 소망은 그런 하나님이 인간에게 자리를 내주도록 하기 위한 인간의 긴장인가? 문제는 그러하다. 사람들은 다음같이 말하면서, '하나님의 **죽음**'의 신학을 조잡하게 도식화할 수는 있다. 즉 "인간이 더 나아갈수록 인간은 영역을 차지하고, 인간이 자기 스스로 더 행할 줄 알수록 하나님은 더 비워지거나 혹은 더 물러난다. 그렇지 않으면 다양한 방향에 따라 하나님에 대해 품었던 이미지는 더 무너진다."라고 말하는 것이다. 그런데 '하나님과의 단절' 시대에서 소망은 하나님이 물러났기 때문에 앞으로 나아갈 뿐이다.

하나님을 대적하는 인간의 힘

그러나 한편으로 하나님은 자신의 무력無力을 결정하고 그때부터 하나님은 무력하다는 말을 우리는 듣는다. 다른 한편으로 자신의 잠행潛行,186)속으로 물러나 우리를 버린 것이 높은 요새이자 **전능한 자**인187) 은밀하고 대적할 수 없는 하나님이라는 말을 우리는 듣는다. 한편으로 하나님의 무력無力을 통해 인간의 자신만만한 즐거운 자유와 영예로운 자율성이 유발된다는 주장을 우리는 듣는다. 하지만, 다른 한편으로 나는 '하나님과의 단절'이 의기소침과 고뇌와 버림받은 감정을(가끔 나는 어머니 없는 아이와 같다.) 유발한다고 말하겠다.

한편으로 사람들은 두 번째 계명을 첫 번째 계명으로 순서를 바꾸는 일을 하면서도,188) "인간과 역사에 충실하면서 인간은 하나님에게 충실히 하다."라고 우리

---

186) [역주] 잠행(潛行 incognito)은 인식되지 않은 또한 인식되지 않으려고 애쓰는 개인의 상태를 가리키는데, 우리말로 '익명성(匿名性)'으로도 옮길 수 있다.

187) 자신을 무력(無力)으로 한정하면서 자신의 사랑을 예수 그리스도 안에서 나타내기로 결심했던 어느 누구가 그렇게 남아 있을 수 있을까? 빌립보서 2장에서 "왜 하나님이 그를 지극히 높였던 것인가"라며 9절부터 11절까지를 거부하려고 7절과 8절을 선택하면서 어떠한 권리로 사람들은 또 다시 그 글들 속에서 이분법을 수행하는가? 왜 바울은 이어지는 구절들 속에서 하나님의 문화적인 형상들에 연결된 초라한 바보가 다시 되려고 그런 7절과 8절에서 드러난 진리를 볼 수도 있었던 것일까?

188) [역주] 첫 번째 계명과 두 번째 계명이란 신약성서 마태복음 22장 36-40절에 나오는 내용과

에게 선언한다. 다른 한편으로 나는 하나님에게 우선되는 충실함에 의해서만이, 그 충실함을 통해서만이, 그 충실함 속에서만이, 다시 말해 우선으로 하나님과의 관계인 소망 속에서만이, 사람들은 인간과 역사에 충실할 수 있다고 말하겠다. 그다음으로 인간과 관련되는 것이 그런 소망이다.

한편으로 사람들은 우리가 인간의 힘에 대한 정당화 앞에 있다고 주장한다. 다른 한편으로 나는 인간의 힘은 진보만큼의 재난을 쌓고 자체의 본질 속에서 결국 부당한 것으로 드러남을 자연과의 관계에서 확인해 보이겠다. 분명히 만시니 Mancini는 인간의 힘에 대해 이야기할 때 아주 모호하다. 즉 그가 그것이 제한도 없고 모든 것을 대상으로 하는 힘이라고 우리에게 말한다면, 그 힘이 "타인을 위한 존재"의 힘이라고 우리에게 말하는 것이다. 인간이 강해지면 그것이 '하나님과의 단절' 속에서인 것이 그 신학자에 있어서는 자명한 듯하다. 하나님의 힘 자체가 머무는 것은 거기이고 그런 방식으로 이다. 즉 '하나님이 '타인을 위한 존재'라는 신적인 하강을 성취하도록, 세상에서의 하나님의 존재는 인간에게 부여된 인간의 전권으로 귀결된다."라는 것이다. 실제로 그런 이상적인 시각은 아무것에도 일치하지 않는다.

우리 시대에서 힘에 대해 이야기할 때, 사람들은 그것이 무엇인지 안다. 만시니에 의해 "힘"에 의미가 부여되고 그 뜻이 한정되는 것은, 사실상 사고思考의 단순하고도 점진적인 변화이자 오류이다. 또 다시 그 신학자는 교묘하게 논리적으로 자신의 체계를 수립하지만, 현실을 전혀 고려하지 않는다. 그것이 하나님의 뜻에 부합할 수도 있다는 유일하고도 사소한 '보완적인 능숙함'habileté supplémentaire과 더불어, 사실상 우리는 여기서 '하나님의 죽음'의 가장 낡은 신학과 같은 움직임 속에 있다. 하나님이 자신의 침묵에 의해 버린 듯이 보이는 모든 영역에서 소망

연관되어 있다. "선생님, 율법 중 가장 큰 계명이 무엇입니까? 예수는 다음 같이 대답했다. 너의 온 마음과 혼과 생각을 다해 주 너의 하나님을 사랑하라. 그것이 첫 번째 가장 큰 계명이다. 그리고 두 번째 계명은 그것과 비슷한데, 너의 이웃을 너 자신처럼 사랑하라는 것이다. 그 두 계명에 율법 전체와 선지자들이 달려 있다."

에 의해 인간이 나아간다고 내가 말할 때, 그것은 바로 반대되는 것을 전제한다.

그것은 힘과 효율성의 어떠한 영역과도 관계된 것이 아니다. 힘과 관련된 문제는 구약성서 창세기 이후로 엄밀히 말해 변하지 않았다. 우리가 인간의 힘의 실제적인 실재를 살펴볼 때, 어떻게 사람들은 성경적 신화를 뒤집어 놓는 반대의 뜻으로 해석할 수 있을까? 인간의 힘은 늘 가인과 바벨과 니므롯[189]과 맘몬[190]의 행위이다. 다른 것은 없다. 인간의 힘은 하나님의 자리에 있고 하나님을 쫓아내며 하나님을 이기려는 악마의 오만이다. 인간의 힘은 항상 피, 살인, 여자에 대한 비하, 돈이나 혹은 권력의 승리로 특징지어진다. 이런 것을 글로 쓰면서 내가 현대인의 "위대함"을 정당화하는 가르랑거리는 소리에 반대한다는 것을 나는 알고 있다. 그러나 내가 거기에서 무엇을 할 수 있는가?

인간의 힘을 문제 삼는 소망

인간의 힘의 본질은 고문과 착취와 독재와 자연의 전체적인 파괴이다. 맹목적인 아첨꾼들은 그 사실을 모른다. 그들은 현상의 내적 구조를 모르는 만큼, 사실들의 물성物性을 모른다. 그들이 하나님을 대체하는 인간의 당연한 전진에 대해 이야기할 때, 그들은 일어나는 일에 대해 아무것도 이해하지 못한다. 곧 그들은 앞으로 나아가는 것이 결코 인간이 아니라는 점을 이해하지 못한다. 또한, 독자적인 방식으로 그 자체의 증가 법칙에 따라 발전하며 인간의 성공이라는 겉모습을 부여하는 것이, 기술적인 체계이고 국가 관리적인 체계임을 이해하지 못한다!

---

189) [역주] 구약성서 창세기 10장 8-14절에 나오는 니므롯(Nimrod)은 지상에 처음으로 힘을 과시한 인물로 묘사되어 있다. 엘륄은 자신의 저서 『가정도 없이 집도 없이 *Sans feu ni lieu*』(p41-61)에서 니므롯에 대해 자세히 설명하고 있다.

190) [역주] 맘몬(Mammon)은 신약 성서에서는 물질적인 부를 의미하지만, 마태복음 6장 24절에서처럼 그것은 의인화되어 나타난다. "아무도 두 주인을 섬길 수 없습니다. 왜냐하면 한 사람을 미워하면 다른 사람을 사랑하게 되고, 한 사람에게 애착을 가지면 다른 사람을 멸시하게 되기 때문입니다. 당신들은 하나님과 맘몬을 함께 섬길 수 없습니다." 엘륄은 자신의 저서 『기독교의 전복(顚覆) *La subversion du christianisme*』에서, 맘몬에 대해 다음 같이 설명한다. 즉 맘몬은 사탄(Satan)의 일부분이고 그 특징 중 하나이며 사탄을 규정하는 한 방법이라는 것이다.

하나님에 의해 버려진 지상에서의 돌출인 소망은 이 모든 것의 반대쪽에 위치한다. 즉 소망은 하나님을 문제 삼는 것이 아니라, 인간의 힘을 문제 삼는 것이다.

그것이 소망이라면 실제로 소망은 "본래" "실현되지 않은 것-실현될 수 없는 것" 위에서 작용하는 것이다. 소망은 힘의 수단들에 의해 만족하지 않고, 기술에 의해서도 통치에 의해서도 실현되지 않는다. 소망이 목표로 삼는 것이 권력의 도구들에 의해 분명히 달성될 수 없다는 바로 그 때문에, 그것은 소망이다. 바로 그것이 체계의 논리에 의해 달성될 수 있기 때문에, 인간의 힘으로 달성되는 것은 소망의 대상이 전혀 아니다. 소망은 하나님이 우리를 빈손으로 남겨둔 것에 대해 기뻐하지 않는다. 그와 반대로 소망은 준거의 극단을 가지기를 원하는데, 그 준거의 극단은 바로 하나님이다. **전적 타자**他者이자 **전능한 자**이자 **주**主인 하나님의 존재함 없이는 인간은 파괴에서 재난으로만 갈 수 있기 때문에, 하나님이 말하도록 소망은 요구한다.

더는 빛도 없고 더는 길도 없다. 그런 길을 결코 택하지 못하는 인간에게 하나님이 존재한다는 것에 소망은 만족할 수밖에 없어서, 소망은 인간의 힘과 성공에 대해 부정적이다. 하지만, 실제로 소망은 하나님을 그 돌아섬으로부터 몰아내려고 나아간다. 소망은 하나님이 소망에 버려둔 미지의 땅 위에서 나아가고, 소멸하고 끝난 하나님의 말 속에서 전진하며, 거기에서 활력을 다시 얻으려고 하나님의 지나간 일 속에서 나아간다. 소망은 교회라는 황무지 속에서 교회를 개혁하기 위해서가 아니라 교회로부터 성령의 증거를 여전히 끌어내리려고 전진하고, 기진맥진한 인간을 나아가게 하며, '그' 가 자신을 내맡긴 체계가 아닌 '그'로 하여금 한 걸음 더 떼게 하려고 세상의 황폐함 속에서 전진한다. 소망은 하나님이 아직도 완전히 부재하지 않음을 입증할 수도 있는 예기치 않은 것과 상상하지 않았던 것을 거기서 뜻하지 않게 발견하려고, 경직됨과 병적인 것과 정신 착란 속에서 전진한다.

각각의 징표를 포착하려고 기회를 노리는 소망은, 하나님이 떠났고 죽었다는 것으로도, 스스로를 성인成人이라 하는 인간이 버려졌다는 것으로도 귀착될 리 없다. 소망은 하나님의 땅에서 나아가고, 필요하다면 하나님의 말을 자기 자신의 말의 메아리로 대체한다. 소망은 장소들을 차지하는데, 그 장소들 속으로 하나님은 필연적으로 돌아올 것이고 거기에서 소망은 마침내 하나님이 돌아오도록 강요할 것이다. 모든 환상 밖에서 소망을 통해서만이 약속된 **땅**을 향한 약속된 **땅**에서의 행진을 우리는 계속할 수 있다. 하지만, 약속된 **땅**을 향한 약속된 **땅**에서의 행진을 이끌고 그 작업을 하려면 그저 하나님뿐이라는 것이다.

IV. 소 망

삶 전체가 그 위에 달렸을 만큼 너무도 강렬하게 공허를 체험하는 인간들이 해야 할 일일 수밖에 없는 것이 소망이다. 왜냐하면, 그것이 하나님과의 투쟁 및 부재하는 하나님 앞에서의 권리 요구와 관계된 것이기 때문이다. 소망은 '하나님의 죽음'을 쉽게 받아들이거나 혹은 그것을 정당화하는 인간들과 아무런 관계가 없다. 또한, 소망은 하나님이 더는 질문조차 아닌 사람들과도, 삶이 인간적인 관계로 한정된 사람들과도 아무런 관계가 없다. 그리고 소망은 모든 것이 일상적인 사건과 자질구레한 사건 속에서 전개되는 사람들과도 아무런 관계가 없다. 물론 그 모든 사람은 자신들로부터 가깝거나 혹은 멀리 떨어진 희망들espoirs을 애지중지할 수도 있다. 그 희망들로부터는 아무것도 끄집어 낼 것이 없으며, 소망은 그와 다른 종류에 속한다.

인간이 타인에게 전달하는 소망의 말

그래서 또다시 아주 터무니없는 듯이 보일 수도 있으나 유대인과 그리스도인들만이 인간들 가운데로 소망을 전달하기에 적합하다고 말해야 한다. 그것은 부재하는 하나님을 받아들이지 않음으로부터 출발하고, 인간을 자신의 역사 속에서 나아가게 하는 힘으로부터 출발하며, 자기 자신의 실현으로부터 출발한다. 그런데 그것들은 하나님의 은총에 의해서만이 이루어진다. 그래서 소망은 전전긍긍하면서도 일종의 은총의 성례聖禮,[191] 곧 하나의 성례가 되고, 부재의 시대를 위

---

191) [역주] 성례(聖禮 sacrement)라는 표현은 가톨릭에서는 고해와 영성체(領聖體) 등과 같은 성사(聖事)로 표현된다.

한 대체물이 된다. 나는 그것이 플라스보[192]라고 심지어 말할 것이다. 그런데 소망은 환상이며 환상을 만드는 것인가? 분명히 그렇지 않다! 플라스보를 사용하는 의사는 환각적이 아닌 실제적인 자신의 지식에 따라 그렇게 한다. 플라스보는 매개물일 따름이고, 환각은 그 매개물의 실체와 관계될 따름이다. 나는 소망에서도 마찬가지라고 말하고 싶다. 결국, 어떠한 징조이든, 어떠한 기적이든, 그리스도인에 의해 언급된 어떠한 말이든, 그것들에 대해서도 마찬가지라고 말하고 싶다!

그리스도인과 유대인은 하나님이 **살아있는 자**이고 **위로자**이며 성부임을 무엇보다 더 확실한 지식으로 안다. 그 모든 용어는 오늘날 어리석게도 새로운 신학에서 깎아내려 지지만, 그 실재는 형상과 문화적 습관에 의해서가 아니라 지속하는 가장 깊은 소망에 의해서 늘 체험된 채로 남아 있다. 다른 한편으로 그들은 현대인이 무엇보다 성부와 자신의 관계를 다시 찾을 필요성이 있음을 알고, 또한 고뇌가 그런 관계 속에서 실제로 중지됨을 안다. 그래서 하나님의 침묵과 부재 속에서도, 소망은 "하나님이 거기에 있고, 그는 **살아있는 자**이자 성부이며 너를 구원하고 치유한다."라고 계속 말하며 단언할 수 있다.

하나님이 이 시대를 버렸다는 것을 사람들이 알 때 그것은 거짓말인가? 물론 그것은 결코 거짓말은 아니다. 그러나 그것은 출발 지점과 도착 지점에 대한 더욱 강한 확신이다.

하지만, 인간이 그 말을 받아들이게 되는 것은 환상에 의해서일까? 인간의 고뇌가 실제로 완화되면 그것이 하나님에 의해서가 아니라 타인의 단순한 말에 의해서일 것이라고 하는데, 물론 그렇지는 않다! 소망이 말을 할 때 그것은 바로 하나님의 말과 관계된 것이다! 우리가 "기독교적 소망은 환상적인 것 곧 환상이 아닌가? 또한, 소망은 인간들을 환상 속으로 몰고 가지 않는가?"라는 결정적인 질

---

192) [역주] 플라스보(placebo)는 심리적 진정의 효과를 위해 환자에게 주는 가짜 약으로서 일종의 심리적 진정제이다.

문을 넘어서는 것은 바로 여기이다. 그것이 부조리와 불가지의 것 속으로의 도약, 낙원 혹은 천상으로의 도약, 식별할 수 없는 미래로의 도약과 관계된 것이라면, 물론 그것은 환상의 문제일 수도 있다. 그렇지만, 마르크스주의자들에게 있어서 공산주의 사회에 대한 희망, 히틀러 추종자들에게 있어서 천년왕국적인 사회에 대한 희망, 문화 혁명에 대한 희망 혹은 인간적인 지식에 의한 인간 문제의 해결에 대한 희망은 더도 아니고 덜도 아니라 마찬가지이다.

그러나 여기서 우리는 아주 다른 차원 앞에 있다. 소망은 하나님의 **계시**에 대한 인식에서 출발하고, 하나님과의 투쟁에 의해 존재한다. 또한, 소망은 인간과 하나님 간의 상호 '**예-아니오/아니오-예**'의 관계 속에서 **역사**와 삶의 유일한 가능한 의미를 발견한다. 오직 그런 발견을 통해서만이 인간에게 부족했던 것이 인간에게 정확히 부여된다. 그러나 바로 그 발견 속에서 인간이 타인에게 전달하는 소망의 말은 하나님에 대한 불확실성이 아니라, 부재의 하나님이 자신의 부재 자체 속에서 의사를 분명히 표시하는 자임을 확인하는 것이다.

타인을 위해 그것을 이야기하는 인간은 다음 같은 말을 실제로 전달한다. 즉 그것은 '여기서 또한 지금'*hic et nunc* 하나님이 하는 말은 아니지만, 소망의 맹렬함을 통해 하나님이 **나의** 하나님으로 설정될 때 인간 자신이 하나님의 말로서 발견하는 말이다. 자신을 낮추고 겸손하게 행동하며 자신의 몸을 바친 하나님에 대해 우리가 이야기할 자격이 있는 것은, 바로 거기이며 거기일 따름이다. 나머지 모든 것은 이 시대의 정치적 고심에 의해 생겨난 어림잡아서 하는 일이다. 따라서 미지의 하나님에 대한 신학적인 말이 그러하듯이 소망에 대한 증언도 그러하다.

소망에 대한 반대 논증

소망에 대한 반대 논증은 잘 알려졌듯이, 예를 들어 프랑시스 장송[193]에 의해

---

193) Francis Jeanson(1922-). 프랑스의 철학자로서 사르트르에 의해 창간된 잡지 「현대」의 주요 편집자 중 하나였다.

자세히 펼쳐졌다. "그리스도인들은 하나님이 **전적 타자**이고 본래 알려지지 않으며 말로 표현할 수 없다고 말한다. 그리스도인들은 자기들이 알 수 없다고 선언하는 바에 대해 엄청난 양의 문헌을 기록한 것이다. 얼마나 명백한 비합리인가." 단순하고 초보적인 만큼 논리적인 그런 논증을 통해 다음 같은 관계는 불행히도 제외된다. 즉 그것은 그런 논리 밖에서 하나님이 인간과 수립한 관계이며, 형식적인 추론으로 파악될 수 없는 관계이다. 또한, 그것은 인간이 일단 한번 사로잡혔다면 인간 쪽에서는 모든 것이 소망이라는 초超합리적 현상에 근거를 두는 관계이다. 하나님은 예수 그리스도 안에서 드러내었던 바가 되어야 하고, 불가지不可知의 것과 부재하는 것은 발설할 수 없는 이름을 부르는 것에 맞아야 한다. 소망은 같은 말을 되풀이하는 데에 꾸준히 열중해야 한다. 하나님과 인간 사이에 상호 관계의 움직임은 충분히 체험되어야 한다. 그리고 불가지의 것은 인간이 **계시** 속에서 하나님에 대해 파악하는 바에 일치한다고 소망은 언급한다.

그러나 무無신앙자가 그런 차원을 고려하지 않고서 모순들에 대해 떠벌리면, 그의 논리가 아무리 강하더라도 그는 확대경을 가지고 별을 관찰하는 셈이 된다. 그와 같이 유대인과 그리스도인이 하나님과 그러한 관계를 맺고 있었기 때문에, 하나님이 돌아설 때 그들만이 인간들 가운데로 소망을 전달하는 자가 된다. 그 소망은 환각이 아니라 존속하는 실제적이고 유일한 마지막 실재이다. 소망은 아는 것도 실험하는 것도 가능하지 않은 바를 -혹은 다시는 가능하지 않은 바를- 주장하는 굉장한 대담함을 취한다. 그것은 흔히 설교자들에게 있어서의 경우이다. 그것이 왜 모든 설교가 소망에 대한 입증인가 하는 이유이다. 그리고 설교는 소망의 행위로서만 가능하다. 왜냐하면, 소망은 실험과 상황과 조건 속에서, 또한 하나님으로부터 버려진 인간의 의지 속에서, 원천을 취하기 때문이다. 버려진 인간은 끊임없이 하나님을 되찾고, 하나님으로 하여금 인간을 위해 다시 존재하도록 강요한다.

소망의 근거와 조건

하나님이 숨어 있고 포착되지 않으며 침묵하는 것은, 소망의 근거이자 조건이다. 소망이 있으려면 미지의 것이 있어야 한다. 우리가 잘 알듯이 하나님은 미지의 것으로서만 드러나기 때문에, 그것이 왜 하나님이 드러날 때 소망이 그와 마찬가지인가 하는 이유이다. 미지의 것만이 소망을 책임진다. 우리는 확신에 의한 소망의 배제에 대해 우리가 이미 말했던 것으로 되돌아간다. 따라서 **소망**은 계시 및 기독교의 특별한 계시에 연결되어 있는데, 그 계시는 입증도 아니고 증명monstration도 아니다. 거기에는 상징과 매개와 간접적 인식과 말만이 존재한다. 드러나는 하나님 자신도 '불가지의 것'으로 남아 있다. 그것이 왜 하나님의 계시가 불가피하게 소망을 생성하는가 하는 이유이다. 그 소망은 하나님이 결국 미지의 것이 되기를 그만두게 될 때의 소망이고, 또한 단순히 예고된 것이 이루어질 때의 소망이다. 소망은 하나님과의 그런 관계에 엄밀히 연결되어 있다. 그와 같이 소망은 교회의 삶 속에서 영원하며, 그리스도인의 삶의 중심에 있어야 할 것이다.

소망은 '하나님과의 단절' 시대에만 있는 건 아니다. 그러나 '하나님과의 단절'의 그 순간 소망은 격심하고 적극적인 국면 속으로 들어간다. **계시와 존재함**의 시대에, 또한 인간의 삶과 역사의 흐름과 교회 안에서 체험된 하나님 활동의 시대에, **소망**은 교회의 위상 자체에 연결되어 있고, 하나님 자신의 계시 방식으로 하나님이 이루어낸 선택에 연결되어 있다. **소망**은 기독교적인 삶의 의미가 되어야 할 것이다. 하지만, 상황이 하나님과 더불어 안정되고 정상화되는 듯한 인상을 흔히 주기 때문에, 소망은 사라지고 약화한다. 그것은 주된 질문이 신조信條의 표명이라는 질문이 되는 순간이다. 왜냐하면, 유일한 문제가 그러한 신앙 내용의 문제이듯이, 명백하게 드러나고 행동하는 하나님 앞에서 유일한 태도는 신앙의 태도이기 때문이다. 그것은 "신앙을 소유한다."avoir la foi라는 표현방식이 널리 퍼지는 순간이다. 왜냐하면 **변용**變容,194)의 순간 초막을 세우고 모세와 엘리야

---

194) [역주] 변용(變容 Transfiguration)은 신약성서 마태복음 17장 1-8절에 나오는 내용을 가리킨

와 함께 여기 있자는 제자들은 고착화의 전형적 예인데, 고착화의 노력 속에서 그런 생각은 하나님이 우리에게 부여한 것을 소유하는데서 당연히 생겨나기 때문이다.

점유의 과정은 다름 아닌 안정화의 과정일 따름이다. 그와 같이 우리의 선의가 어떠하더라도 또한 우리의 빈곤 정신이 어떠하더라도, 다음과 같을 때 부유한 자로서 우리는 자리 잡는 일을 할 수밖에 없다. 그것은 우리가 그런 하나님을 소유하지 않음을 잘 알 때이고, 신앙 고백과 마찬가지로 교의敎義를 통해 우리에게 끊임없이 그렇게 다시 말해질 때이다. 또한, 그것은 하나님이 실제로 드러날 때이고, 예수 그리스도와 동시대인이 다시 되는 일이 우리에게 일어날 때이며, 하나님이 교회의 살아 있는 현재의 중심일 때이다.

그래서 소망은 늘 향주덕向主德; 195)으로 인정되지만, 주변으로 약간 내쳐져 있다. 소망은 약간은 여분인 어떤 것이자 "놀라운"(그것은 나를 놀라게 한다고 하나님은 말한다.) 어떤 것이 된다. 하나님이 침묵할 때, 그와 반대로 소망은 중심으로 돌아온다. 또한, 하나님이 침묵할 때, 소망은 불타오르는 결정적인 요점이자, 그 태도 없이는 아무것도 가능하지 않은 태도이다. 우리가 지금 교회 안에서 그것을 잘 보고 있듯이 어떠한 가능한 자리 잡음도 어떠한 점유도 절대 없기에, 우리는 다시 가난한 자가 되었다. 성령이 우리에게서 박탈되었기 때문에, 실제로 영적인 거지가 된 것이다! 소망은 서 있거나 혹은 넘어진 상태가 된다. 하지만, 그것은 교회의 서 있거나 혹은 넘어진 상태일 뿐만 아니라, 각자의 기독교적인 삶에서 서 있거나 혹은 넘어진 상태이다. 그런데 소망만이 유일하게 그러하다.

다. 예수는 베드로, 야고보, 요한 세 제자를 데리고 높은 산에 올라간다. 거기서 제자들은 예수의 모습이 변형되고 모세와 엘리야와 더불어 이야기를 나누는 것을 목격한다. 그 때 베드로는 "우리가 여기 있는 것이 좋으니 예수가 원하면 여기에 초막 셋을 짓겠다"라고 예수에게 말한다.

195) [역주] 소망은 신덕(信德)과 망덕(望德)과 애덕(愛德)을 지칭하는 기독교의 '세 가지 향주덕(向主德)'(trois Vertus théologales) 중 하나이다.

반反정보로서 소망

소망은 어떤 면에서 반反정보라고 말할 수도 있다. 우리가 어떤 정보에 대해 잘 알고 있을 때, 또한 일어났던 일의 실재를 소식과 사실에 대한 적절한 전달에 의해 우리가 알고 있을 때, 일어났던 일에 대해 우리는 무엇을 기대할 수 있을까? 사실들에 대해 알게 하는 과정으로서 정보를 통해 소망에는 어떠한 여지도 남겨 지지 않는다. 정보의 인식 과정은 그 과정이 더욱더 정확하고 완전할수록 그것을 통해 올바른 이해와 정확한 결정이 더욱 가능해지지만, 그 인식 과정은 이해와 결정에 참여할 수 없다. 그것이 지적인 관점에서는 명확하지 않은 것 속에서만 일어나고, 실존적인 측면에서는 불확실한 것과 하찮은 것 속에서만 일어나는 소망의 특이한 현상이다. 그것이 왜 소망이 **계시**에 연결되어 있는가 하는 이유이다. 왜냐하면, **계시**는 결코 정보에 속하지 않기 때문이다.

나는 그렇게 자주 토론되었던 그런 질문을 재론하지 않고, 또한 **계시**와 정보 사이의 혼동을 일으켰고 아직도 일으키는 성서 이해의 오류들을 재론하지 않겠다. 창세기는 창조가 이루어졌던 방식이나 혹은 하나님과 인간 사이의 결별이 일어났던 방식에 대한 정보와 가르침을 우리에게 주므로, 그것은 분명히 불합리한 것이다. 우리에게 **계시된** 것은 결코 본질적으로 객관적이지 않지만, 하나님에 의해 우리의 삶과 구원과 자유를 위해 필요하다고 판단된 것이다…. 따라서 우리는 정보가 우리에게 전달하는 사실들에 대해서처럼 계시가 된 것에 기대를 걸 수 없고, 그것으로 적당한 체계를 만들 수도 없다. 왜냐하면, 하나님이 물론 우리에 비해 객관적으로 남아 있을지라도, 우리는 객관적이거나 객관화할 만한 아무 것도 우리에게 말해지지 않았음을 알기 때문이다.

우리는 하나님의 수수께끼를 해결할 수 있거나 삶과 죽음과 창조의 문제에 대한 답을 찾을 수 있는 것이 아니라, 단지 계시와 관련하여 결단을 내릴 따름이다. 그런데 그 계시는 우리의 존재를 끌어넣는 계시이며, 그 결단에 자신의 존재를 끌어넣지 않는 자들에게 있어서는 어떠한 내용도 없는 계시이다. 즉 내 말이 하

잊혀진 소망

나님에게 속한 것임을 알려면 내가 당신들에게 말하는 바를 행하라는 것이다. 그것은 잘 알려진 논쟁이므로 나는 불트만이 그토록 많은 다른 사람 특히 키르케고르가 그에 앞서 말했던 바를 다시 언급했음을 떠올리게 하는 것으로 만족한다. 내가 그 점을 떠올리게 하는 것은, 단지 소망에 따라서 하는 것이다.

그러나 거꾸로 말해, 과학처럼 객관적인 정보도 소망에 대해서는 아무런 소용이 없다. 정보가 더 있을수록 소망은 덜 존재하게 된다. 그것은 계시의 내용에 대한 객관화로서, 그 객관화를 통해 우리가 경험했던 소망이 없는 닫힌 삶이 만들어졌다고 할 수 있다. 그런데 심지어 계시가 불가해한 하나님의 계시에 결국 부딪치고 말 때에라도, 어쨌든 정확하고 성서적인 의미에서의 계시에는 역시 한 부분의 정보가 있다. 그런데 그런 부분이 더 커질수록 소망은 덜 작용한다. 신학자가 모든 것을 아는 것 같을 때 그에게는 더는 소망이 없는데, 소망은 어디서 자리를 찾을 수 있을까? 왜냐하면, 소망은 우발적인 일과 불확실한 것과 모호한 것과 말로 표현할 수 없는 것을 위해 만들어지기 때문이다.

하나님의 말이 더 드물어질수록 소망은 더 커진다. 그 소망은 여전히 감지되는 단편斷片들과 그것에 대해 그 자체로 모든 것이 말해지는 듯이 보이는 중얼거림에 열정적으로 집착한다. 하나님이 돌아설 때, 정보의 사막에는 가능한 소망만이 있을 따름이다. 그것이 오늘날 우리에게 열려 있는 유일한 길이며, 철학적이거나 혹은 신학적인 논의들은 우리에게 있어 의미도 가능한 내용도 절대 없다. 소망은 분명히 향주덕이다. 소망은 신앙도 없고 말도 없고 해결 방도도 없는 시대의 덕목이다.

제4장, 태초에 소망이 있었다.
_ 소망의 윤리를 위한 창구

　　창조는 하나님의 사랑의 행위였던 만큼이나 하나님 소망의 행위였다. **말씀**Verbe 은 활동하는 때마다 소망이 된다. 성육신成肉身의 시작에는 소망이 있다. 그리스도 안에서 각각의 삶의 시작에는 명백히 나타나는 소망이 있다. 각각의 인간 삶의 시작에는 은밀하고 숨겨진 막연하고 구별할 수 없는 소망이 진정한 소망으로서 인간을 부추기고 성장하게 한다.

Ⅰ. 비관주의와 자유

1. 논쟁을 넘어서

'하나님과의 단절' 시대와 소망의 날에 우리는 와 있다. 이것은 한편으로는 신학적인 확인과 영적 요구 사이의 접합점이라는 표현방식으로, 다른 한편으로는 신학적인 확인과 윤리의 탐구 사이의 접합점이라는 표현방식으로 나타날 수밖에 없다. 담화는 고갈된다. 즉 사람들은 소망에 대해 더는 이야기할 수가 없다. 이 책의 내용이 진전됨에 따라, 나는 그 점을 고려하고 있다. 내가 이미 말했듯이 사람들은 소망을 체험할 수 있고, 타인이나 혹은 많은 사람에 대한 증인으로서 다음 같은 움직임을 입증하는 살아 있는 징표를 전달할 수 있다. 즉 그것은 다른 모든 것과도 다르고 그런 힘과도 다르며 실제로 다른 아무것과도 공통된 척도가 없는 깊은 움직임이다.

적극적 비관주의, 비극적 낙관주의, 은총

그러나 어떤 방식으로 살아야 하는지 아는 것이 중요하다. 나는 소망 안에서의 비관주의가 결국 가장 훌륭한 표명이라고 생각한다. 기독교적인 삶의 색깔과 분위기를 규정하는 동시에 신학과 윤리 사이의 매개적 용어를 표명하기 위한, 적극적 비관주의자 루즈몽[196]의 옹호자들과 비극적 낙관주의자 무니에[197]의 옹호자

---

196) [역주] Denis de Rougemont(1906-1985). 스위스 태생 작가로 유럽 연방을 만들려는 생각을 가진 선구적 사상가들 중 하나로 여겨진다. 환경 문제에 관심을 가진 그는 엘륄과 함께 환경 운동을 하기도 한다. 대표작으로는 『공교육의 잘못들』 『미래는 우리의 일이다』 등이 있다.

들 사이에 격렬했던 논쟁은 익히 알려졌다. 그런데 결국 나는 두 표현방식이 정확하지 않다고 생각한다.

첫 표현 방식 곧 적극적 비관주의에서는 비관주의가 지나치게 지배한다. 다시 말해 하나님은 일종의 가정假定으로서 간주되고, 모든 것은 인간의 책임이라는 것이다. 하나님이 행동하고 구원하며 용서하고 부활시키는 것은 당연하기 때문에, 하나님은 그 요인에 대해 이야기될 필요가 없는 보완적인 요인이다. 그러므로 인간은 행동하기만 하면 된다. 결국, 강조되는 것은 인간의 원죄와 전적인 악함에 기초한 영원하고 변함없는 비관주의에 따라 인간이 절망하지 말아야 한다는 사실이다. 인간은 행동만 하면 된다. 인간은 한편으로 모든 것이 악하다는 것을 알고, 다른 한편으로는 하나님이 인간과 함께 있음을 안다. 그런데 그것은 창구도 기쁨도 인간적인 유연성도 영적인 요행도 없는 활동이다.

그러나 다른 표현방식 곧 비극적 낙관주의는 더 나쁜 듯이 보인다. 계시 속에서도 역사적인 확증 속에서도 낙관주의를 허용하는 것은 아무것도 없다. 왜냐하면, 분명히 말해 낙관주의와 비관주의는 간혹 가치 판단으로부터 나오는 인간의 감정이기 때문이다. 그것은 삶을 정하는 방식인데, 부정적인 의미에서 모든 것을 해석하는 사람이 있고, 긍정적인 의미에서 모든 것을 해석하는 사람이 있다. 낙관주의는 "모든 것을 받아들이고 아무것도 미리 판단하지 마라."라는 의미에서, 기독교적인 삶에서는 전적으로 당연하다. 낙관주의는 비관주의자에 의해 배제된 창구와 기쁨을 포함한다. 하지만, 그런 낙관주의는 "모든 것이 잘 끝날 것이다."라는 일종의 마지막 판단을 포함하는 한에서, 비관주의만큼이나 잘못되어 있다.

은총 안에서 은총에 의해 모든 것은 잘 끝날 것이라는 점은 분명히 사실이다.

---

197) [역주] Emmanuel Mounier(1905-1950). 프랑스 철학자로서 인격주의(personnalisme) 운동의 창시자이다. 인격주의는 자유주의적 자본주의와 공산주의 사이에서 인본주의적인 제 3의 길을 모색하는 사상의 흐름을 가리키는데, 1930년대와 1950년대 사이에 프랑스의 지성 사회와 정치계에 중요한 영향을 끼치게 된다.

그러나 그것은 가정假定에 의해서도 아니고, 인간적인 확실성 혹은 확신에 의해서가 아니라, 은총에 의한 것이다. 은총은 어떠한 낙관주의도 허용하지 않고, 지나치게 확립된 확실성에 대한 인본주의적 해석도 허용하지 않는다. 윤리적인 의미에서 "죄가 많이 있는 곳에 은총이 넘친다."라는 바울의 유명한 구절을 사용하는 것은 분명히 옳지 않다. 여기서 우리는 하나님의 활동에 대한 계시된 진리와 신학적인 메시지 앞에 있다.

그러나 그 기초 위에서 어떠한 철학도 어떠한 신학도 세워질 수 없는데, 윤리도 물론 그러하다. 왜냐하면, 그것이 은총 다시 말해 정확히 파악될 수도 없고 명확히 구분될 수도 없으며 확실하지도 않고 합체될 수도 없는 것과 관계되기 때문이다. 그것이 무엇이든지 은총에 입각한 지적인 이론 수립은 없다. 그것이 왜 루터가 자신의 삶과 신학의 원동력인 은총의 신학을 수립한 것이 아니라, 식별하고 구조화할 수 있는 인간의 위대성인 신앙을 역설한 점이 당연했든가 하는 이유이다. 은총은 하나님의 순수한 행위이다. 그것이 은총이라는 바로 그 이유 때문에, 은총은 파악될 수 없고 구조화될 수 없으며 동화될 수 없다. 또한, 은총은 어떤 공허한 생각도 불러일으킬 수 없다.

우리는 바울의 견해로부터 "지금 이 상황에서 죄가 넘친다면, 우리는 아주 태연히 이 상황에서 은총이 넘칠 것임을 안다."라는 생각을 물론 품을 수는 없다. 그것은 무서운 조작操作이고 살아 있는 하나님을 소유하는 것이다. 은총에 의해서 은총은 넘친다. 그러나 그것은 불변의 것과 보장과 자동적인 반복에 의해서가 아니라, 은총에 의해서이다. 그것은 심리학적이거나 혹은 사회학적인 법칙이 아니라 결정이다. 그것은 내 신앙이 그 속에서 원천을 찾을 수 있고 거기서 나의 소망이 확실성을 발견하는 기적이지만, 내가 태연하게 기대를 걸 수 없는 기적이다.

나는 지적으로도 도덕적으로도 공허한 생각을 할 수 없다. 다시 말해 한편으로 나는 그런 은총의 넘침으로 수립의 원리나 혹은 지적인 해석 원리를 만들 수 없다. 그러면 은총은 더는 은총이 되지 않을 수도 있다. 다른 한편으로 나는 모든 것이 잘못 진행되고 나의 삶과 세상이 악에 의해 비극적으로 침범당하지만, 은총이 넘치기 때문에 그런 것이 결국 중요하지 않다고 태연히 간주할 수 없다. 그것은 십자가에 대한 새로운 규격화이고 합리화이다.

그러한 비극 속에서 '여기서 또한 지금'hic et nunc이라는 선언이 관계될 때, "하나님이 그것에 대비할 것이다."라는 것은 가장 완전한 신앙과 진정한 소망의 표현일 수도 있다. 하지만, 그 표현방식이 체계화될 때 또한 그 표현방식이 지적이고 영적인 안락함의 단편斷片이 될 때, 그것은 역시 무관심의 표현이 될 수도 있다. 성령은 자유롭고 성령은 원하는 곳으로(또한, 성령이 원할 때!) 불기 때문에, 우리는 은총의 넘침 위에서 한가롭게 노닐 권리는 없다. 성령이 불어올 때 우리는 성령을 받을 준비가 되어 있을 뿐이다.

하나님은 은총을 베풀 때 자신이 은총을 베푸는 자에게 은총을 베푼다. 마찬가지로 우리가 그 은총을 받는 그때 우리가 은총을 받는다면, 우리는 **심사숙고 후의 결단**을 단지 표명할 수 있다. 그러나 그것이 은총과 관계된 것이라는 바로 그 이유 때문에, 거기에는 불변의 것과 보편성이 없다. 말세에 하나님나라에서 모든 것이 은총임을 알더라도, 또한 하나님의 사랑이 하나님의 의를 포괄하는 것을 알더라도, 그것을 통해 우리에게 어떠한 점유도 허용되지 않는다. 하지만, 퍼져 나가는 것은 오직 소망의 살아 있는 움직임이다. 고착된 인간적인 해석의 어떠한 가능성도, 계시의 삶 속으로 통합의 어떠한 가능성도, 역사 신학의 어떠한 가능성도, 은총의 정치의 어떠한 가능성도 없다.

소망의 비관주의

그래서 나는 받아들일 수 있는 유일한 표현방식이 '소망의 비관주의'라고 생각한다. 물론 아주 멀리 나갈 필요는 없다. 우리 사회와 인간의 실재를 바라보자. 나는 나를 바라본다. 만족과 낙관주의의 원인은 무엇인가? 그것을 역설해 보아야 소용이 없다. 그러나 성서가 인간에 대해 말하는 바를 떠올릴 필요가 있는가?

"하나님은 인간을 어떻게 보는가?"라는 오늘날에 와서는 시대에 뒤진 표현으로 말이다. 어쨌든 예수가 십자가형에 처하려면, 그 십자가 형벌에 대한 해석이 무엇이든 간에, 그것은 인간들이 다른 아무것으로도 만들 줄 몰랐던 **의인**이나 혹은 우리의 죄를 위해 하나님이 주었던 성자聖子와 관계된 것이어야 한다. 즉, 인간 속의 악이나 죄가 깊이를 모를 정도로 강하고 인간의 모든 미덕을 넘어서야 했다.

새로운 신학이 십자가 형벌을 새롭게 몹시 강조한다는 사실은 인간 속의 근본적인 악을 불가피하게 인정하게 할 수도 있다. 그런 것 없이는 그 십자가 형벌은 엄밀히 말해 아무것도 의미하지 않는다. 잘 알려진 동시에 오늘날 우리가 '하나님과의 단절' 속에 살기 때문에 심하게 거부당하는 그 주제들을 역설하는 것은 무의미하다. 그러나 계시 속에서는 아무것도 우리를 그런 비관주의에 남아 있도록 허용하지 않고, 아무것도 우리를 다른 쪽으로 건너가게 하지 않으며, 아무것도 우리가 그런 비관주의를 낙관주의로 바꾸게 하지 않는다. 하지만, 모든 것은 우리로 하여금 단순한 "활동"보다 더 멀리 가도록 강요한다. 그리고 그 "더 멀리"는 소망인데, 우리는 소망이 낙관주의와 아무런 관계가 없다고 그 소망에 대해서 언급했다. 왜냐하면, 소망은 일종의 보상이나 일종의 비관주의의 평형추가 전혀 아니기 때문이다.

그래서 나는 "불행히도 상황이 우리로 하여금 비관주의자가 되도록 강요한다고, 또한 약간의 햇빛이 우리에게 필요하다고" 말하지는 않겠다. 그것은 그렇지 않다. 즉 비관주의와 소망 사이에는 엄밀하고 확고한 연결이 있다. 이것이 앞 장에서 내가 나타내려 했던 바이다. 즉 소망은 하나님의 침묵에 대한 대답이고, 절망적인 상황의 진실이라는 것이다. 여기서 우리는 윤리적인 해석을 발견하는데, 그것은 서로 연결된 비관주의와 소망이다. 그것은 인간적인 두 차원과 관계된 것이기 때문에, 행동과 징표들에 대한 고찰이 가능하다. 소망은 현실에 대한 비관주의와 관련해서 만이 의미가 있다. 우리가 낙관주의자라면 소망에 호소하는 것은 무의미하다. 현실에 대한 확인 및 하나님의 판단에 의해서 서로 연루된 비관주의는 소망에 힘입어서만 허용될 따름이다. 소망이 없다면 우리는 악의 근본 성질 앞에서 자살로 이끌어질 수도 있다. 그래서 소망은 눈을 돌리지 않고서도 실재를 보는 가능성이 된다.

소망의 구현에 대한 온갖 징표들은 그런 상호성 속에 위치한다. 그뿐만 아니라 비관주의가 소망을 유발하고 소망을 떠올리게 한다면, 소망이 비관주의를 유발하는 것도 그와 동시에 사실이다. 왜냐하면, 소망은 하나님으로부터 멀리 우리의 자리를 설정하기 때문이다. 하나님에게서 너무 멀어지므로 소망만이 여전히 가능하다. 그래서 우리는 실제로 인간과 창조를 위한 태초에 곧 첫째 날에 다시 위치되어 있다. 왜냐하면, 창조 행위는 부재와 무無와 허무에 결합하지 않기 때문이고, 또한 그 창조 행위는 무에서부터 창조와 관계된 것이 아니기 때문이다. 그러나 그것은 허무의 공격적인 힘에 대항하고, 잠식하고 갉아먹으며 오염시키고 썩게 할 수밖에 없는 것의 침범에 대항하며, 부정적인 공격에 대항하는 하나님의 소망의 단언이다.

그와 같이 불가피하게 소망은 확실성 없는 시도를 시작한다. 소망은 답과 해결을 주고 "네가 이런 것을 하면 저런 것이 생길 것이다"와 같은 도식을 가져오는 도덕이나 혹은 신학에 반대되는 것이다. 소망은 각자가 어떻게 상황이 전개될 것인지 미리 아는 연극의 배역과 반대되는 것이다. 소망은 가려진 미래를 향해 굳건히 나아가고, 미래로 하여금 드러나도록 강요하며, 미래로 하여금 미래와 역사가 되도록 강요한다. 하지만, 소망은 미래가 무엇인지는 알 수 없다. 아무것도 미리 만들어지지 않는다. 즉 소망은 돌출부와 창조가 있다면 모든 답과 우발적인 일을 받아들인다. 지나간 어떠한 사건도 우리가 체험할 수 있는 바를 불가피한 방식으로 강요하거나 규정하지 않는다. 그러나 소망은 우리가 실제로 그 사건을 체험할 수 있음을 오직 단언한다. [198]

---

198) 나는 콕스(H. Cox)의 선언들에 분명히 조금도 동조할 수 없다. 그의 말에 따르면 "웃음이 소망의 마지막 무기이다"(그가 유머라고 말했다면 나는 동의했을 것이다) - 또한 "재난과 죽음

2. 소망과 시간

비관주의와 소망 사이의 그런 관계를 통해 우리는 우선 시간 속에 있게 되고, 우리 시대의 재구조화가 실제로 생겨나게 된다. 또한, 그 관계를 통해 카스텔리에 의해 "틀이 잡힌 시간" temps vertébré이라 불리는 것에 질서 정연한 시간이 도입되는데, 그것은 현실의 반복에 의해서이다. 하나님이 돌아설 때 그와 반대로 소망은 현실에 대한 환각도 아니고 현실의 돌아섬도 아니라는 사실을 강조할 필요가 있다. 우리는 어떤 면에서 소망espérance이 희망espoir과 전적으로 다르다는 것을 이미 살펴보았다. 희망은 현실에 대한 거부이고 보지 않기 위한 도피인데, 소망은 그 정반대이다. 우리는 소망이 가장 엄밀한 현실주의réalisme에 연결되어 있음을 나중에 살펴보게 될 것이다. 소망은 우리가 말했듯이 쟁취의 태도이고 투쟁의 결단이다. 소망에는 전적으로 긍정적이고 건설적이며 엄격하고 활기찬 가치가 있다. 소망을 통해 윤리가 생겨나고 우리 안에 힘이 나타난다.

시간의 지배자로서 소망

소망은 시간의 지배자이다. 나는 카스텔리가 쓴 다음 같은 놀라운 대목을 인용하지 않을 수 없다「틀 잡히지 않은 시간」 Le temps invertébré. 즉 "현대의 철학 전체는 기술을 준비했다. 그리고 기술은 a) 사용 가능한 시간을 더는 가지지 않는 잠의 기술로 나타났고 b) 무의식에 대한 침범의 기술로 나타났다. 그 기술을 통해 내면의 파괴가 이루어졌는데, 그 파괴는 다음 같은 힘들에 의해 이루어졌다. 즉 그것은 휴식

앞에서 우리는 성호를 긋는 대신에 웃는다."(오! 카툴루스여, 프로페르티우스여, 티불루스여!) 그리고 "그의 그리스도는(소망의) 분장을 한 어릿광대이다.그의 교회는 사람들이 회상하거나 혹은 바라는 기쁨들에 차서 마시려고 축배를 드는 곳에는 어디든지 나타난다."는 것이다. 여느 때와 다름없이 콕스에게 있어서 정확한 약간의 직관은 있는데, 그는 지적인 엄밀함의 부족과 언어로 표현되는 용이함에 의해 그것을 빗나가게 한다. 사람들은 잘못된 뮈세(Alfred de Musset)에 대해 이야기할 수도 있다. 왜냐하면 뮈세의 신학은 콕스의 신학보다 훨씬 더 뛰어나기 때문이다.

[역주 - 카툴루스(Catulle), 프로페르티우스(Properce), 티불루스(Tibulle)는 애가(哀歌)를 지은 라틴어 시인들이다.]

이 점점 없어짐으로써 유발된 최면 상태 이후, 판단의 완전한 자유를 회복하는 가능성을 없애는 데 관계된 힘들이다. 예기치 않은 잠을 통해 권태가 생긴다면, 신학적으로 말해 소망의 중요성은 약화하지 않았을 것이다. 하지만, 권태의 형이상학적인 원리는 무질서한 시간이다."라는 대목이다.

우리가 속한 기술 사회의 시간 속에서는 아무것에도 질서와 정돈이 없고 상호 간의 질적인 변화도 없다. 모든 것이 유동적이고 무미건조한 흐름으로 어제와 내일은 의미가 없다. 그 시간은 틀이 잡혀 있지 않다. 소망은 진정한 시간의 건설자이기 때문에, 틀이 잡히지 않은 시간 속에 소망이 있기란 불가능하다. 소망은 실제로 그 시간 속에서 괄목할 만한 움직임이다. 우리가 이미 말했듯이 소망은 미래에다 다행스러운 결말과 현재 상황을 부여하면서, 미래 속에서 연장되는 것은 아니다. 그러나 소망은 미래 그 자체에 기대를 거는 것은 더욱 아니다. 그 모든 것은 더도 덜도 아닌 바로 희망이다.

소망은 미래와 영원의 결합이기 때문에 -영원은 정해지지 않은 시간이나 혹은 무한한 시간의 의미 속에 분명히 포함되지 않기 때문에-, 소망은 이미 현실을 추월하는 관계를 전제로 한다. 소망은 미래 속에 있는 영원을 미리 사두는 것을 필요로 하고, 영원에 의해 미래가 있음을 가정하는 것을 필요로 한다. 그러나 그런 전제와 요구는 현재 속에서 체험된다. 즉 소망은 순간과 현실 속에 "미래-영원" 관계를 개입시킨다. 그래서 소망은 순간들의 연속과는 다른 미래와 현재 사이의 정확한 관계를 수립하는 것이 된다. 그와 동시에 소망은 힘이 되는데, 그 힘으로 영원에 대한 '종말론적인 능력'이 우리에게로 오고 현재 속으로 개입한다. 따라서 우리는 소망이 시간을 효과적으로 구조화시키고 시간에다 가치와 실질적인 계속성을 동시에 부여한다고 단언해야 한다. 그러나 소망은 시간의 변화를 받아들이는 인간의 유일한 힘이다. 그리스도인들이 소망을 체험할 수 있다면, 그것을 통해 시간의 쇄신이 이루어질 수 있다.

그리스도인이 해야 할 일

극히 어려운 점은 소망의 그러한 삶의 방법을 발견하는 것이다. 우리가 소망의 결정적인 중요성을 발견했을 때, 무엇을 해야 하고 누가 소망을 시간 속에 집어 넣을지 아는 일이 남아 있다. 또다시 우리는 소망과 기술적인 지배 사이의 모순 과 마주친다. 기술적인 지배는 "미래-영원" 관계도 허용하지 않고, 현재 속에 수 립된 미래도 인정하지 않는다. 그것은 인과적이고 계속적인 방식으로 불가피하 게 표현되며, 어떤 다른 관점과도 연관될 수 없다. 그런데 우리는 한 다른 관점으 로 부름을 받았다. 그러나 그것은 기술에 대한 단죄를 전혀 의미하지 않는다! 그 것은 구원이 우리에게 오게 되는 것이 기술적인 지배로부터가 아니라는 사실을 단지 의미한다. 또한, 그것은 기술적인 지배를 통해 시간의 구조가 소멸하고 소 망의 움직임이 차단된다는 사실을 단지 의미한다.

경우에 따라서 그리스도인으로서 우리가 해야 할 일은 기술에 대한 거부는 물 론 아니다. 우리가 해야 할 일은 그 기술 사회 속에서 그것이 어떠한 혼란을 가져 오더라도 소망이 다시 생겨나게 하는 것이다. 그것은 시간에 대해서인데, 즉 "시 간을 아낀다."라는 것이다. 아주 흔히 해석되는 바울의 신비스러운 표현에엡 5:16; 골4:5 대해 우리는 여기서 그 표현이 지혜와 관계됨을 단지 떠올릴 수도 있다. 그러 나 이 표현은 결코 지식도 아니고 도덕도 아니다. 그것은 분별과 선택과 "책략"이 며, 소망의 예견을 전제한다. 우리가 계시의 지평선 끝으로부터 오는 소망 속에 뿌리를 가진 지혜를 가지고 악한 시간 속에서 행동한다는 조건에서만이, 우리는 "시간을 아끼는 것"이 가능하다. 그러할 때 시간은 자신의 참된 진행 속에 위치될 뿐만 아니라, 자신의 진정한 전개 속에 위치된다.

3. 하나님의 영광

그러나 우리는 더 명확한 책무 앞에 있다. 우리가 말했듯이 '하나님과의 단절'

과 하나님의 침묵 속에서 소망은 하나님과의 투쟁으로 우리를 몰고 갈 뿐만 아니라, 모든 증거와 확실함에도 불구하고, 하나님이 모든 것과 모든 사람의 **주**로로 남아 있음을 입증한다. 그것은 일반적으로 받아들여진 방향에 비하여, 우리 쪽에서의 명백한 회심을 전제로 한다. 그것은 첫째 무엇보다 하나님의 영광과 관계된 것이다. 그러나 하나님의 영광을 존재하게 하는 것, 그것은 말에 의해서 이루어질 수 없고, 더구나 그리스도인들과 기독교적인 삶과 교회의 어떤 위세에 의해서도 이룰 수 없다. 그것은 우리 시대에서 기대하기에는 정말 헛된 것이다! 그것은 세상의 사물들을 하나님의 영광으로 돌리는 것과 더욱 관계된 것이다. 소망을 통해 우리는 "종교와 무관하고" 비非신성화된 사물들 및 세속적이고 탈신화화된 사물들을 포착하게 된다. 그것은 물론 그것들을 재再신성화하거나 혹은 종교적인 상태로 한정하기 위해서가 아니라, 그것들의 진정한 용도이거나 그렇지 않으면 유일한 용도가 되는 하나님의 영광을 나타내게 하기 위해서이다. 기독교적인 삶과 생각은 그 점을 잊어버렸기에 쇠진해진다!

창조와 하나님의 영광

바울은 창조 전체가 그런 영광을 입증하고로마서1장, 그것이 분명히 구약성서의 한결같은 표명이라고 우리에게 말한다. 우리는 말 그대로 그런 영광의 의미 속에 놓인 창조를 돌려놓지 말아야 한다. 아마도 우리는 창조의 방향을 돌리지 않을 수도 있었을 것이다! 그런데 그것이 우리가 행했던 바이다. 세상의 부를 사용하고 가치 있게 만들며 활용하는 데 있어서 우리의 유익과 안락함과 생활수준의 향상에 앞서 하나님의 영광에다 창조를 유지해야 한다는 근본적인 시각이 우리에게 있었다면, 아마 기술에 대한 열광을 통해 창조가 비하되고 파괴되지 않았을 것이다. 하나님의 영광에 있는 것이 인간이며 기술이 인간을 발전할 수 있게 하므로 모든 것이 그런 의미로 이용되는 것이 적절하다고 말하면서 기술을 정당화하는 그리스도인들 앞에서 사람들은 어안이 벙벙해진다.

기술 사회의 인간은 아마 발전은 되었겠지만 그렇다고 해서 훨씬 더 "행복하지는" 않다는 점과, 인간이 기술로 말미암아 항상 더 광범위하고 해결되지 않는 문제들에 매여 있다는 점을 떠올릴 필요가 있다. 인간을 위한 과학과 기술의 결과가 오로지 전적으로 긍정적이고 바람직하다면, 엄밀히 말해 우리는 그런 추론을 받아들일 수도 있을 것이다. 그러나 전혀 그렇지 않다. 공정한 저울로 달아 보면 선과 악이 비슷하게 증가한다는 것이 나타난다. 게다가 모든 것이 긍정적이라고 할지라도, 신학적으로 그 입장이 올바르다는 것은 분명하지 않다. 하나님의 영광에 존재하는 것은 오직 인간만이 아니라 창조 전체인데, 그 창조는 인간에게 희생되지 말아야 한다.

그 창조가 하나님의 영광에 있음을 밝히는 방식이 기술적 활용이라고 말할 수 있을까? 실제로 세상의 재화에 대해 두 가지 태도가 가능하다. 그 하나는 재화를 차지하고 우리의 독점적인 이익으로 사용하며, 그것을 우리를 향해 돌려놓고 기술적인 원리에 따라 가능한 한 가장 효율적으로 활용하는 태도이다. 그러나 그럼으로써 우리는 재화를 하나님으로부터 분리시켜 그 자체 위로 물러나게 한다. 세상의 사물들이 오로지 인간에게로 방향이 돌려지고 기술적인 법칙에 순응할 때, 사물들은 그 자체의 깊은 의미와 미래를 동시에 잃는다. 우리는 그것들을 가능한 발전으로부터 단절시키는데, 그것은 영적인 의미에서뿐만 아니라 물질적인 의미에서 이루어진다. 우리가 사물들을 인간에게 도움이 되는 것으로만 한정할 때, 우리는 그것들이 사라지게 하는 것이다.

우리가 석탄과 석유의 재고를 낭비하고 환경적 질서를 뒤엎을 때, 물과 공기를 더럽히고 숲을 파괴할 때, 개간된 땅을 황폐화시키고 동물의 수많은 종류가 우리 앞에서 사라질 때, 하나님의 영광과 세상에 대한 소망이 있다고 말할 수 있을까. 하나님의 영광이 나타날 수 있는 것이 오염되고 악취를 풍기며 앙상하고 죽음으로 덮여 있는 자연 속에서일까? 하나님의 영광이 인간의 파괴적인 오만함 속에서 표현된다면 물론 그러하다. 그러나 어쨌든 누가 감히 그렇게 주장할 수 있을까? 인간의 영광의 신학과 인간의 조물주적인 위대함의 신학을 주장하는 자들은 그런 영광이 황폐화된 자연 한가운데에서 인간의 고독을 의미함을 모르는 것일까? 인간이 모든 것을 자신의 유익에 종속시킬 때, 모든 것은 사라진다. 정확히 말해 모든 것은 소멸한다. 그리하여 우리는 세상의 소망을 없애는 것이다.

소망에의 참여와 하나님의 영광

그러나 가능한 한 또 다른 자세가 있게 마련인데, 그것은 창조의 사물들을 우리의 소망에 참여하게 하는 것이다. 하나님과 인간 사이의 결별 곧 타락으로 규정되고 인간의 재난 속으로 창조 전체를 이끌어 갔던 결별 이후로, 창조의 구성 요소들은 직접적으로 또한 저절로 하나님의 영광에 더는 존재하지 않는다. 사물들은 이제 보이지 않는 하나님의 완성물을 육안으로 보듯이 보는 것을 여전히 가능하게 하지만, 하나님의 영광에 대해 확실하고 명백한 표현이 더는 아니다. 즉 인간은 사물들이 본래의 것이 되도록 개입해야 할 필요가 있다는 것이다. 첫 번째 행위는 인간 자신이 그것에 대한 기독교 변증의 논리를 펼치지 않으면서 그 사물들 속에 하나님의 영광을 계시의 결과로서 분별하는 것이다.

그러나 우리는 지금 또 다른 문제 앞에 있다. 우리가 자연적인 세계에 더는 있지 않다는 것이다. 우리를 둘러싼 것은 창조의 사물들이 더는 아니다. 그것은 우리의 기술적인 산물이다. 창조의 사물들이 하나님의 영광을 나타내게 되어 있다면, 기술적인 대상들은 인간의 영광을 표현한다. 실제로 그 대상들은 그 자체로는 아무것도 나타내지 않는다. 그것들은 하나님의 창조와 같은 본질에 속하지도 않고, 하나님의 창조와 같은 의미도 방향도 없다. 하지만, 모든 것이 하나님의 영광으로 돌려져야 한다는 것이다. 자연적인 세상이나 혹은 인간에 의해 만들어진 체계의 아무것도 그 영광의 바깥에 놓일 수 없다. 그것은 "허무로 예정된" 것을 의미할 수도 있다.

한편으로 우리가 자연의 요소들에 삶의 유일한 가능성인 하나님 영광의 의미를 회복시켜야 한다면, 다른 한편으로 우리가 기술적인 창조물에 하나님 영광의 의미를 부여해야 한다면, 그것은 우리 소망의 길로 그것들을 들어가게 함으로써만이 이루어질 수 있다. 그 소망이 하나님의 영광을 위해 살도록 우리를 부추기는 것과 마찬가지로, 하나님을 향해 사물을 돌려놓아 그것들로 하여금 하나님의 영광을 나타내도록 우리를 부추긴다. 그런데 그것은 사물에 소망을 다시 주는 것이다. 그것은 오직 유용성이라는 의미가 더는 아닌 의미를 그것들에게 부여하는 것이고, 미래를 부여하는 것이다. 그것은 천상의 예루살렘의 길을 열어주기 위해 그것들을 다시는 허무에 내어주지 않는 것이다. 그것은 열방들이 천상의 예루살렘 속으로 자신들의 부와 영광을 가져 올 것이라고 요한계시록에서 언급될 때, 요한계시록에서 언급된 바를 이미 시작하는 것이다.

그것은 우리의 모든 습관과 개념 및 기술의 집단적 흐름을 놀랍게 뒤집어엎는 것을 분명히 전제로 한다. 사물들이 주±의 영광을 표현해야 한다고 간주하는 것은, 사물들 속에 그것들을 소유하는 것과 사용하는 것이라는 인간적인 삶의 의미를 더는 두지 않는 것이고, 인간을 사물들의 용도의 척도로 여기지 않는 것이다. 왜냐하면 그 가치는 하나님에게 일임되어 있기 때문에, 그것은 사물에다 인간에 예속되지 않은 가치를 부여하는 것인 동시에, 새로운 창조의 신화적인 위세를 그것들로부터 없애는 것이다.

'하나님과의 단절' 속에서 기술적인 현상

그래서 소비 욕구에 굴복하지 않고, 기술적인 업적에 대한 열광에 굴복하지 않으며, 인간의 운명이 생활수준의 향상에 연결되어 있다는 믿음에 굴복하지 않는 것이 필요하다. 인간은 빵만으로 살 수 없을 것이다. 소비와 기술에 대한 과대평가는 그것들을 하나님의 영광으로 돌려놓을 수 없게 한다. 그것은 사물들을 위한 미래의 가능성을 소멸시키는 것이고, 인간의 소망을 파괴하는 것이다. 이런 것이 바로 결정적이다. 첫 번째 요점도 마찬가지이다. 즉 인간을 위해서가 아니라 하나님을 위해 고려된 특별한 가치를 사물들과 자연과 기술에 부여하는 것은, 그것들을 존중하고 신중히 대한다는 것이다. 그것은 그것들을 고갈시키거나 악용하거나 없애거나 가치를 떨어뜨리는 것을 금하는 것이고, 아무런 목적에나 그것들이 소용되게 하는 것을 금하는 것이다.

그런 유일한 관점에서와 소망의 측면에서 세상의 부를 이용하는 것은 당연히 가능하다. 그래서 그것은 인간이 자신을 위해 만든 환경 속으로의 정착과 관계되지 않은 것과 마찬가지로, 인본주의적 진보와도 관계된 것이 아니다. 그것은 오게 될 주#를 향한 움직임과 관계된 것인데, 그 움직임 속으로 우리는 사물들을 끌어들인다. 기술의 "선용"善用이라는 문제에 답할 수 있는 것은 오직 그런 방식으로이다. 기술에 대한 어떠한 도덕적인 이용이란 없다. 마찬가지로 기술이 "진보"에 소용이 됨에 따라서 선용도 없고, 궁극 목적의 가능성도 없다. 하지만, 기술이 소망의 움직임의 내부에 다시 놓일 때 정당한 사용이 가능하다. 게다가 많은 어려움과 더불어 기술의 문제 전체를 다시 생각하고 인간의 그런 무한한 발명의 역량을 발견할 수도 있는 것은 단지 거기이다. 그런 입장은 떼이야르 드 샤르뎅[199]의 입장에 반대되는 것이고, '하나님의 **죽음**'의 신학과도 반대되는 것이다. [200] '하나님의 죽음'의 신학을 통해 손발을 묶인 채 우리는 가차없이 증가하는 기술 체계로 넘겨진다. 떼이야르 드 샤르뎅의 입장을 통해 기술은 마지막 지점을 향한 추진력으로 변한다. 둘 다 인간적인 -과학적인 혹은 기술적인- 현상을 가장 중요한 것으로서 또한 나머지 모든 것을 결정하는 것으로서 평가한다.

---

199) [역주] Teilhard de Chardin(1881-1955). 프랑스의 예수회 수사, 신학자, 고생물학자, 철학자로서 가톨릭 신앙과 과학 사이에 대립이 없다고 보면서 기독교와 과학을 혼합한 것으로 잘 알려져 있다. 자신의 저작 『인간 현상』에서 진화론적이고 영적인 관점에서 그 시대의 인식 상태에 따라 역사와 우주가 종합됨을 묘사하는데, 인간은 마지막 정신적 통일체를 향해 정신적·사회적으로 진화하고 있다는 것이다. 그의 이론은 로마 가톨릭 교회와 그가 속한 예수회 안에서 제한과 반대를 받았다.

200) 그 입장은 꼬띠에(G.M. Cottier)의 (『이념들의 죽음과 소망 *La mort des idéologies et l'espérance*』 1970) 입장과도 마찬가지로 반대되는데, 그것은 그가 역사의 철학을 추구하는 한에서 또한 그가 모순들을 축소하려고 애쓰는 한에서 이다. 나는 우리가 이념들의 종말의 시대에 있다고도 역시 생각하지 않는다! 정반대이다.

여기서 우리는 모든 것이 오늘날 "하나님과의 단절-소망"이라는 한 쌍으로 표현되는 관계인 인간과 하나님과의 관계에 의해 미리 결정된다고 주장한다. 또한, 나는 인간이 자신의 기술적인 발달의 노예가 되지 않고 그것에 종속되지 않은 채 기술적인 발달에서 의미를 알아차리는 것이 바로 여기라고 주장한다. 나는 그것이 지금은 실제적인 해결책 없이 아주 막연하고 불확실하게 나타날 수 있음을 잘 안다.[201] 즉 그것은 해야 할 것에 대한 묘사가 사실상 아니라는 것이다. 새로운 법과 상황적인 윤리를 규정하는 것은 아무 소용이 없다. 우리가 하나님과의 관계로서 우선 체험해야 할 바를 가설적(假設的)인 행위로 나타내는 것은 아무 소용 없다.

우리는 단지 여기서 열어야 할 길의 표지를 가지고 출발점을 부여하려고 애쓸 따름이고, 하나님과의 현재의 관계를 표명하려고 애쓸 따름이다. 그 관계에서 출발하여 이 시대에서 우리 삶과 우리 사회의 중심 문제들이 다시 다루어지고 체험될 수도 있다. 그러나 나는 "그 관계에서 출발하여"라고 분명히 말한다. 그런데 그것은 그 반대되는 것이 아니다. 우리가 기술적인 현상에 답할 수 있는 미약한 기회를 얻는 것은, '하나님과의 단절' 속에 놓인 것으로서 또한 소망 속에 놓일 것으로서의 기술적인 현상을 이해함으로써 이다. 그런데 그 기술적인 현상으로부터 출발해서는 하나님에 대한 우리의 개념이나 혹은 하나님과 우리의 관계를 재검토할 기회가 우리에게는 없다. 그 순간 우리는 결정적인 방식으로 기술에 대한 신화의 노예로 남을 수밖에 없으며, 고뇌와 죽음만이 우리를 기다린다.

4. 자 유

나는 여기서 소망과 자유 사이의 관계를 재론하지 않겠다.[202] 그것은 그리스

---

201) 그러나 그것이 쥬브넬(Jouvenel)(『아르카디아 Arcadie』) 혹은 프리드만(Friedmann)(『권력과 지혜 La Puissance et la sagesse』) 과 같은 기술에 대한 가장 위대한 전문가들에 의해 만들어진 가장 훌륭한 명제들보다 더 막연하지도 않고 더 모호하지도 않음을 주목할 필요가 있다.

202) [역주] 엘륄은 소망과 자유에 대한 관계를 자신의 저서 『자유의 투쟁 Les combats de la

도인에게 있어서 우리 시대의 가장 근본적인 진리 중 하나이다. 자유는 소망하는 인간의 윤리적 표현이고, 소망은 하나님에 의해 해방된 인간의 하나님과 관계이다.[203]

하나님의 침묵 속에서 자유

"새로운 윤리는 자유와 소망의 연결을 특징짓는데, 그것은 몰트만이 '보냄의 윤리'라고 부른 것이다." 신학적으로 소망이 그 위에 기반을 두는 하나님의 약속은 '보냄'을 전제한다. "보냄 속에서, 현재를 개입시키는 책임은 약속으로부터 나오고 미래를 연다. 하지만, 보냄은 의무의 윤리와는 다른 것을 의미한다." 그리고 또 "모든 소망은 죽음으로 가는 것과 죽음을 부인하는 것 사이에 불연속이라는 같은 징표를 이후로부터 지니게 된다." 자유의 활동이 위치하는 것이 바로 거기이다. "나를 붙잡았던 루터는 그와 반대로 소망이 가려져 있던 자이다. 그것이 우리가 일상적으로 체험하는 것이고, 미래가 예비 되는 것은 죽는 듯이 보이는 것 아래에서이다. 그것이 십자가의 소망이고 삶의 약동에 참여하는 자유이다." 나에게 있어 자유는 가설도 철학 분야도 아니라 오직 예수 그리스도 안에서 인간을 위해 하나님에 의해 실행된 자유의 윤리적 표현일 수 있다는 점을 참작한다면, 그 표현방식들에 의해 리꾀르는 그 둘 사이의 관계를 놀랍게 요약하고 있다.

우리는 다음 같은 중대한 어려움에 봉착하는데, 하나님이 말을 하지 않는 한 자유는 존재하지 않는다는 것이고, 묶여 있고 결정된 채로 있는 인간은 자유를 통해 해방되지 않는다는 것이다. 이 시대에서 하나님은 말하지 않는다. "하나님은 말했고 따라서 옛날에 우리를 해방시켰다"라는 식의 과거를 기준으로 삼는

---

liberté』의 1장 서두에서 다음 같이 설명한다. "그리스도 안에서 자유는 소망 안에서만 체험될 수 있다. 소망이 없이는 자유는 죽음을 초래하는 위험이다. 그리고 소망은 그 자체로 자유의 행동을 유발한다. 성서에는 소망과 자유 사이에 확고한 관계가 있다."

203) 이것은 1968년의 『종교적 자유의 해석학 Herméneutique de la liberté religieuse』 중 리꾀르의 글에서 또한 1969년의 『해석의 투쟁 Conflit des interprétations』에서 리꾀르에 의해 그리고(곧 출판될) 『자유의 윤리 Ethique de la liberté』 나 자신에 의해 충분히 다루어졌다.

것이나, 혹은 "우리를 영구적으로 해방시키는 하나님의 영속적인 말, 그것은 단지 죽은 말이다"라는 식의 객관화를 기준으로 삼는 것이나, 혹은 "예수 그리스도 안에서 모든 인간은 결정적으로 해방되었는데, 그것이 십자가 위에서 변화를 겪은 인간의 처지이다"라는 식의 총괄적인 '이루어진 일' opus operatum을 기준으로 삼는 것을 반드시 거부해야 한다.

그 모든 것은 영적인 관점에서 아주 편리한 해석이고, 지적인 체계를 만들어 내는 데 아주 필요한 해석이다. 하지만, 그것은 인간과 함께하는 하나님의 역사 속에서 우리에게 드러난 것과 엄밀히 반대되는데, 그 역사 속에서는 원하든 원하지 않든지 간에 모든 것이 '여기서 또한 지금'hic et nunc 일어난다. 체계와 해석은 하나님의 활동 및 말 그 자체의 불모화이다. 그것은 살아 있는 하나님에 대한 부정이다. 하나님은 지금 침묵하는데, 어떻게 우리가 자유로울 수 있다는 것일까? 십자가의 해방과 **부활**의 해방과 관련되는 것으로는 충분하지 않다. 하나님의 영이 더는 나타나지 않는데, 어떻게 우리가 자유로울 수 있다는 것일까? 예수가 주主임을 믿는 것으로는 충분하지 않다. 우리는 혼자서 우리가 자유롭다고 말할 수 없다. 왜냐하면, 우리의 자유는 오게 될 주主에 의한 해방 속에 본질적으로 있기 때문이다. '다가오는 존재'란 다시 말해 우리의 소망이 그 위에 집중되는 존재이다.

자유의 행위로서 소망

우리는 불가능하지만 꼭 필요한 자유가 어떻게 소망의 비관주의라는 표현이 되는지 알고 있다. 하나님이 침묵하므로, 나는 내가 자유롭다고 말할 수도 생각할 수도 없다. 하지만, 소망은 자유라는 행위 그 자체이다. 내가 결정과 한정과 숙명 속에 완전히 꼼짝달싹 못하게 걸려 있다면, 나는 소망할 수 없을 것이다. 그것은 지적으로 심리적으로 영적으로 생각할 수 없을 수도 있다. 소망은 하나님으로부터 버려진 인간이 자신에게 가능한 유일한 자유 행위에 의해 하나님에게 자신의 요구를 강요하는 놀라운 순간인데, 그것은 하나님이 원하는 것이다. 자유의 다른 모든 행위는 사실상 하나님에 의한 인간의 해방으로부터 나온다. 그렇지만 '하나님과의 단절' 속에서 소망이자 비관주의의 소망인 해방은, 타락이 마지막이 아니었음과 하나님과의 결별이 회복될 수 없는 것이 아니었음을 인간을 통해 입증한다.

물론 인간은 더는 하나님의 형상도 아니다. 또한, 인간에게는 행했던 것을 변명하기 위한 어떠한 대책도 자기 자신을 구원할 어떠한 가능성도 없다. 인간은 운명의 순환 속으로 떨어졌지만, 인간에게는 여전히 소망이라는 믿어지지 않는 발명품이 있다. 인간은 하나님이 에덴에서 인간을 위해 원했던 것인 자신의 진정한 권위를 되찾는 것은, 인간이 자신의 기술을 늘릴 때가 아니라 자신의 소망을 하나님에게 요구할 때와 소망하기를espérer 결단할 때이다. 왜냐하면, 그것은 결단과 관계되는 것이기 때문이다.

물론 모든 것처럼 소망은 은총이고, 하나님의 선물이다. 그러나 인간이 자유로운 행위에 의해 하나님과의 투쟁으로 들어가면서 소망하기를espérer 자기 혼자서 결단하지 않으면, 아무것도 존재하지 않는다. 그리고 하나님의 선물은 '하나님과의 단절'의 이 시대에 우리에게 무한히 숨겨진 채 남아 있다. 그러나 인간이 그것을 결정하도록 모든 것이 상실되어야 한다! 우리가 인간에게 가능한 유일한 자유 앞에 분명히 존재한다면, 우리는 이 시대에서 그 자유에 어떠한 사회적인 혹은 정치적인 차원도 없다고 말할 수밖에 없다. 소망의 표현인 '보냄의 윤리'에는 공동체적이고 정치적인 논리적 관련성이 있다는 사실에 대해 사람들은 언제나 논할 수 있다몰트만. 분명히 이론적인 방식으로 그것은 가능하다. 그러나 우리가 지금 존재하는 극단적인 고뇌 속에서 그것은 진정한 질문이 아니다. 그것은 추상적 관념으로 귀결될 따름이다.

나는 철학적인 측면에서 너무 주관적인 견해나 개인적인 내재성을 띤 견해가 논박될 수 있음에 동의한다. 새로운 창조를 향해 열린 자유가 주관성보다 사회적이고 정치적인 정의正義에 더 관련된다고 말하는 것은 언제나 가능하다. 그러나 이것은 말 한마디 이상의 아무것도 아니고, 실재의 어떠한 척도도 포함하지 않는다. 왜냐하면, 소망과 자유 사이의 유일한 연결은, 모든 자유가 의지와 선언과 인내와 '소망의 투쟁'으로 요약된다는 가느다란 실에 매달려 있기 때문이다. 우리는 주관성이란 측면에 존재해 있다. 유감이다! 하지만 어떻게 달리 행할 수 있을까! 또한 소망에 대한 아주 다른 해석을 통해 우리는 결정의 상황 속으로 다시 이끌려가고, 사회·정치적인 메커니즘으로 다시 들어간다. 그래서 그 해석은 자유와 단절된 채 있다.

5. 상대성

소망이나 혹은 우리의 현실 속에서 종말론적인 것의 존재함은 기독교적인 삶의 결정적이고 특별한 또 다른 윤리적인 차원을 포함한다. 그것은 모든 사물에 대한 상대화[204]이고, 또한 상대적인 것에 전적인 중대성을 부여하는 것이다. 그런데 서로 분리되어 있기는 하나 그 두 태도는 진부하다. 모든 사물에 대한 상대화는 **절대자**와 **초월자**에 기초한 설교의 더할 나위 없이 낡은 주제이다. 그것은 상대적인 것에 중대성을 부여하는 것으로서, 스토아철학과 인본주의적 회의주의와 부조리에 대한 영웅적이고 절망적인 증언이다. 그런데 둘 다 어느 것도 정확하지 않다.

상대적인 것의 절대화

하나님의 절대絶對는 모든 것의 상대적 가치밖에 인정하지 않지만, 하나님의 말은 우리에게 상대적인 것을 반드시 중요하게 여기라고 한다. 그 상대적인 것은

---

204) [역주] '사물에 대한 상대화'(relativisation)는 사물의 상대적 가치밖에 인정하지 않는 것 즉 그 사물의 절대성을 부인하는 것을 말한다. 다시 말해 비슷하고 비교되는 요소에 비하여 상대적인 특징과 중요성만을 가지고 있는 것으로 어떤 사물을 간주하는 것이다.

그만큼 끊임없이 상대적이 되는 **시간**과 **공간** 속에서 성육신의 행위를 하자마자, 자신의 성자聖子를 줄 정도로 하나님이 중요하게 여겼던 것이다. 또한, 그 상대적인 것은 자신의 하나님나라를 만들고 우리의 역사 곧 우리의 상대성의 역사를 재검토하면서, 시간과 공간을 여전히 그만큼 중요하게 여긴다고 약속하는 것이다. 우리는 그런 점에서 인간이 상대적인 것을 체험하는 것이 근본적으로 불가능함을 본다. 인간은 두 가지 해결 방도만을 안다. 까뮈의 능선205)은 유지될 수 없다.

한편으로 인간은 모든 것을 부인하고 근본적으로 회의주의에 빠져들며 아무것에도 어떤 가치를 적용하지 않는다. 가끔은 그것이 무엇이든 포기하고, 모든 것이 가치가 같고 마찬가지로 의미가 없어서 가끔은 아무런 일이나 한다. 다른 한편으로 인간은 상대적인 것의 양상 중 하나를 절대 쪽으로 옮긴다. 자신이 행하는 것에 열광하고 거기서 의미와 가치를 발견하고자 하며 활동 속으로 자신을 내 던지는 인간은, 그것을 절대 쪽으로 옮길 수밖에 없다. 인간은 절대적으로 믿는다. 사람들은 상대적으로 믿을 수는 없다. 그것이 원인으로서, 그 원인은 모든 것의 척도가 된다. 사람들이 자기 자신을 거기다 바치듯이 거기에 모든 것을 희생할 만하다는 것이다. 절대화되는 위대함이 평화, 사랑, 자유, 정의 그 무엇이든지 간에, 마지막 결과는 국가 혹은 **혁명**이 관계될 때나, 어떠한 정치적 목적이 관계될 때나, 거기에 곁들여 전체주의가 관계될 때나 마찬가지이다.

당신과 의견이 일치하지 않고 그래서 절대적인 악을 드러내는 타인에 대해 사람들이 선고하는 것은 궁극적인 판결이다. 어떠한 핑계도 존재하지 않는다. 즉 인간은 자신이 행하는 것의 절대絕對를 믿지 않고서는, 또한 근본적으로 옳다고 자부하지 않고서는, 또한 타인들을 추방하지 않고서는, 인간은 열정적으로 행동하는 그런 태도 속에서 지속할 수 없다. '정교분리 원칙'206)은 그 자체와 반대인

---

205)[역주] '까뮈의 능선'(ligne de crête de Camus). 가파른 능선 위를 걸어가는 것은 항상 양쪽으로 떨어질 수 있기 때문에 위험하다. 거의 모든 지식인들이 상대주의자이고 상대주의는 까뮈나 다른 많은 지식인들을 유혹할 수 있기 때문에, "까뮈의 능선은 유지될 수 없다."란 표현은 상대주의가 엘륄에게 있어서는 그 전체적인 면에서 유지될 수 없음을 나타내는 표현이다.

속화주의俗化主義,207)가 됨으로써 만이 지속할 수 있다.

그것은 또한 모택동 문화혁명의 근본적인 실패이다. 즉 문화혁명은 이념적 속박과 관료주의적 경직성에 대항하여 이루어질 수도 있었고, 경제지상주의에 의한 인간의 비하에 대항하여 이루어질 수도 있었으며, 미덕과 무사무욕을 위해 이루어질 수도 있었다. 그러나 모택동은 그 목표들을 자신이 잘 아는 그것들의 상대성 속에서 유지하면서 무리를 움직일 수는 없었다. 그는 자신의 사상의 절대화에 의해서만, 맹목적인 집착을 열광으로 옮김으로써만, 억누를 수 없는 비타협성을 찬양함으로써만, 문화혁명을 실현할 수 있었다. 그와 동시에 그는 인류가 경험했든 적이 없는 가장 절대적인 심리적이고 이념적인 추종을 시행했다. 그는 그 모든 것이 어쨌든 상대적임을 인민에게 알리면서, 그렇게 대단한 시도를 향해 인민을 나아가게 할 수는 없었다. 어떤 전쟁이든 어떤 혁명이든 인민이 절대絶對를 믿는 것을 전제한다. 그러나 사람들이 절대를 믿자마자 살육과 착취와 압제와 고문과 강제수용소가 즉시 뒤따른다.

절대화에 대한 확신과 상대화

정말 두려운 것은 경제적 이해관계가 아니라 절대絶對에 대한 온갖 확신이다. 인간을 좁은 틀 속에 가두는 것이 그것이고, 또한 힘을 완전히 한 곳에 집중시키려고 인간을 한정하는 것이 그것이다. 인간을 해방하기 위한 중요하고도 유일한 작업은, 모든 주된 원인과 신심과 이념에 대한 가차없는 상대화이다. 그런 상대화는 절대적 관점으로부터 만 이루어질 수 있다. 그것은 우리가 절대絶對쪽으로

---

206) [역주] '정교 분리 원칙'(laïcité). 국가는 어떠한 종교적인 힘도 행사하지 않고 교회들은 어떠한 정치적인 힘도 행사하지 않음으로써 민간 사회와 종교 사회를 분리하는 원칙을 말한다. 또한 그런 원칙에 따른 사제들과 교회들로부터 독립된 공적인 혹은 사적인 제도들의 성격을 가리키고, 교회들과 모든 종교적인 신앙의 표명에 대한 국가의 공정함과 중립성을 가리킨다.

207) [역주] 속화주의(laïcisme). 성직자가 아닌 속인(俗人)들(laïques)이 교회를 다스릴 것을 요구했던 주의로서 제도들에 비종교적인 성격을 부여하고자 하는 주의를 말한다. 즉 모든 공적인 제도들로부터 종교를 제외하려는 주의를 가리킨다.

옮길 수도 있는 다른 가치 곧 같은 상황이 다시 생겨나게 할 따름인 다른 가치로 부터가 결코 아니라, 스스로 존재하는 절대絶對로부터 만 이루어질 수 있다. 그렇지 않고서 우리는 그 지옥 같은 순환으로부터 빠져나올 수 없다. 상대화는 초월자로부터 만이 가능하다.

모든 '수평의 신학'을 통해 인간은 인간적인 가치 가운데서 절대絶對를 자신을 위해 선택하게끔 운명 지어진다. 또한, 인간적인 가치가 절대적이 아녀서, '수평의 신학'을 통해 인간은 폭력과 강요와 억압에 의해 그 가치를 확인하고 보장하게끔 운명 지어진다. 스스로 존재하는 초월자는 자신이 존재하려고 어떠한 억압도 폭력도 승리도 필요로 하지 않는다는 것을 이해해야 한다. 그와 반대로 절대絶對로서 숭배되는 어떤 상대적인 것도 인간들에 대한 물질적인 승리의 대가를 치르고서 만이, 인간들 앞에 절대로서 선언될 수 있다. 나의 신은 너의 신보다 더 강하다. 그 증거는 내가 너를 이겼다는 것이다. 그와 같이 인간을 부당한 성부聖父로부터 해방하고 다른 쪽에서 하나님을 만난다는 자체의 선의를 지닌 '수평의 신학'을 통해, 어쩔 수 없이 십자군과 화형제도가 생긴다.

그러나 "기독교 국가가 인간을 억압했고 십자군을 출정시켰으며 성전聖戰을 개시했던 것이 바로 삼위일체의 전능한 하나님의 이름으로"라고 사람들은 말할 것이다. 분명히 그렇다. 그러나 그것은 예수 그리스도의 하나님의 전능과 절대를 사람들이 사실로 믿지 않았던 증거일 뿐이다. 그것은 변함없는 유혹이었다. 하나님은 충분히 효율적이지 않기에 사람들은 하나님에게 인간적인 효율성을 덧붙였다. 즉 사람들은 그런 하나님을 절대화된 가치들 가운데로 지나가게 했다. 그것이 구약성서가 끊임없이 항변하는 바이다.

하지만, 인간은 늘 그것을 다시 시작하게 자신을 내버려둔다. 인간은 예수 그리스도를 정말 바라지만, 그것은 예수 그리스도에게 과학과 정치 등을 첨가함으로써 이다. 엄밀히 확인되고 유지되며 믿어지고 복종된 **초월자**만이 그 모든 것의 상대화를 보장하는데, 그 이름으로 인간이 다른 인간을 죽이고 억압한다. 왜냐하면, 사실과 가치가 관계되는 그 순간부터, 또한 엄밀하게 상대적이고 일시적이며 의심스럽고 부적당한 것으로 알려진 이론이 관계되는 그 순간부터, 타인들을 죽이고 억압하는 것이 훨씬 더 어렵게 되기 때문이다.

상대화된 초월자

그래서 상대화된 **초월자**라는 다른 문제가 나타난다. 하지만, 그 문제는 예를 들어 카타리파[208]의 태도인 완전히 부정적이고 회의적인 태도로 귀결되지 않을까? 여기서 어떠한 **초월자**인지를 이해할 필요가 있다. 즉 예수 그리스도의 하나님인 초월자는 상대적인 것 속으로 와서 그것을 전적으로 중시하는 하나님인 **초월자**라는 것이다. 그래서 우리가 그 **초월자**를 믿는다면 우리 역시 세상과 정치와 경제적 활동이라는 상대적인 것을 중시하기에 이르지만, 그것은 그런 동기에서이다. 그것이 그 자체로 중요성이 극히 작기 때문도 아니고, 인류의 미래가 거기에 달렸기 때문도 아니라, 그런 하나님이 성육신했고 상대적인 것을 구원하러 상대적인 것 속에서 죽었기 때문이다. 그래서 우리는 그 상대적인 것을 중요하게 여기는 것이다.

그러나 그 상대적인 것 속으로 내려왔던 것이 하나님이라는 바로 그 때문에, 상대적인 것은 더욱더 상대적이다. 예수는 인간 속으로 성육신하지만, 인간은 그 자체로서 조금도 신성화되지 않는다. 그와 반대로 그때 밝혀진 것은 전적으로 인간의 죄인으로서 특성이다. 그러나 하나님이 상대적인 것을 중요하게 여겼기 때문에 우리도 마찬가지이다. 그것은 놀라운 혁신이다. 그것은 완전히 상대적이고

---

208) [역주] 카타리파(Cathares)는 중세의 이원론적인 종교 운동의 추종자들을 가리키는데, 가톨릭교회로부터 이단으로 규정되었다. 가톨릭교회에 의해 이단에 대항하는 십자군으로 선포된 '알비 십자군'(croissade des Albigeois)이 출정한 때인 1209년 이후부터 무력으로 극심한 탄압을 당했고, 일세기 동안 종교재판소에 의해 억압을 받았다. '카타리파'의 중심 사상은 하나님이 창조한 보이지 않는 영원한 세상이 있는 한편 물질적인 세상은 타락한 천사인 사탄에 의해 창조되었다는 이원론에 기초한다. 특히 예수 그리스도에 대해서는 그가 실제로 성육신(成肉身)한 것이 아니라 인간의 겉모습을 띠었던 것이므로 수난을 받지 않았고 십자가상에서 죽었던 것도 아니라고 주장한다.

부차적인 어떤 것 속에서 열정과 사랑과 기쁨과 이해관계를 가지고 일하는 것을 받아들이는 것이다.

자기 자신에게 내맡겨진 인간은 그것을 할 수 없음을 잘 이해해야 한다. 인간은 자신이 분명히 상대적이라고 아는 것에 빠져들 수 없다. 사람들은 행동하는 절대적인 이유와 거기에 참여하는 절대적인 이유가 있을 때에 만이, 또한 활동 그 자체 속에 바로 포함되지 않은 이유가 있을 때에 만이, 상대적인 것 속에서 일하는 것을 받아들일 수 있다. 상대적인 것을 전적으로 중시하는 것은, 상대적이지 않은 것 속에 뿌리박는 것을 전제로 하고, 거기에 흡수되지 않은 존재 이유를 전제로 한다.

종말론적인 존재함과 상대화

하지만, 내딛어야 할 마지막 한 걸음이 남아 있다. 그 **초월자** 곧 절대적인 준거점이 인간을 소외시키지 않을 것이라고 누가 우리에게 보장할 것인가? 사실상 그 **초월자**가 그대로 절대적인 하나님이라면, 그 초월자가 소외와 불모의 원천이 다시 되는 것을 여기서 우리는 인정해야 한다. 그러나 그것이 예수 그리스도 안에 계시되는 **초월자**라면, 그 초월자는 **사랑**이기 때문에 자신이 계시되는 그 사람이 소외되지 않는 것을 보장한다. 그와 같이 그는 초월자이기 때문에 절대화된 상대적인 것들에 대해 인간이 소외에서 벗어나는 것을 보장한다. 또한, 그는 **사랑**이기 때문에 **초월자**인 자기 자신에 대하여 인간이 소외에서 벗어나는 것을 보장한다. 결국, 그는 자신의 계시 속에서 세상에 존재했던 절대적인 이유이기 때문에, 상대적인 세상에 인간이 존재하는 것을 보장한다.

문제가 되는 그 **초월자**가 어떤 장소에 분명히 있지 않기 때문에, 그런 긴 우회 후에 소망으로 되돌아가야 한다. 그 초월자는 "그 위에" 있지도 않고, "깊음 속에" 있지도 않다. 그것은 '여기서 또한 지금'hic et nunc 종말론적인 존재함이거나 마찬가지로 **영원**의 **존재함**이다. 상대화시키는 것은 유일하게 그것뿐이다. 그와 동시에 그것만이 결코 절대화되지 않는 상대적인 것 속으로 열정적으로 들어가게 한다. 그런 종말론적인 존재함은 그 자체로 존재하지 않기보다는 차라리 "그 자체로" 체험되지 않는다. 그런데 상대화는 마법적인 작용도 아니고, 결정적으로 유효한 작용도 아니다. 그것은 인간이 이루어낸다. 종말론적인 것의 존재함은 소망 속에서 생기고 소망에 의해 생겨난다. 그래서 소망은 윤리적이고 정치·사회적인 거대한 결과를 유발한다. 소망은 환각적인 것은 아무것도 존속되지 않도록 하면서, 절대絕對에 대항하는 투쟁의 행동과 근본적이고 가차없는 상대화의 행동을 하게 한다.

그와 같이 소망은 기존의 언어에서 소망이라고 불리는 것과 반대된다. 또한, 소망은 평범하고 상대적이며 관심을 끌지 못하는 실재에다 순수한 소망의 열정에 힘입어 작은 후광과 미래와 위대함을 부여하는 것과 반대된다. 그러나 그와 동시에 소망은 거기서 인간의 삶 전체가 다루어지는 상대적인 것 속으로 끼어들라고 요구하고, 회의주의와 부조리를 단호히 거부한다. 소망은 하나의 놀이일 따름인 그런 놀이에 관여하지만, 아무것도 놀이보다 더 중요하지 않다는 것을 소망의 경쾌한 특성에 의해 입증한다! 그와 같이 다음 같은 윤리적인 변화가 소망을 통해 이루어진다. 즉 인간이 자발적으로 수행할 수도 있는 역할과 매번 반대되는 역할을 인간으로 하여금 맡게끔 하는 윤리적 변화이다. 또한, 소망이 다른 속박에 매이지 않는 유일한 것이기 때문에, 사회·정치적 시도의 자유와는 공통된 척도가 없는 자유를 인간으로 하여금 보장하게끔 하는 윤리적 변화이다.

6. 항의

그렇지만, 그것에는 정치적인 결과나 혹은 사회적인 결과가 없지는 않다. 왜냐하면, 자유의 가능한 유일한 행위이면서 비관주의에 연결된 소망은 어떤 조직과 질서에 대해서든 모든 측면에서 항의를 유발하기 때문이다. 그러나 여기서 조심할 필요가 있다. 그것은 혁명과 관계된 것도 아니고, 어떠한 항의와도 관계된 것이 아니다. 오늘날 자유가 소망의 행위 안에서만 표현될 수 있다면, 그것은 정치 개혁이나 혹은 혁명과 더불어 인간들이 자유로워지거나 혹은 사회가 정의로워진다는 식으로 사정이 좋아지리라고 우리가 "기대하는" 것을 조금도 의미하지 않는다. 이것은 바로 소망의 비관주의에도 반대되고, 소망에 의해 표현된 자유에도 반대된다.

소망의 항의

유일한 항의는 소망의 항의이다. 즉 그것은 현재의 조직화한 육중한 실재와 대립하면서 그 실재를 대체하려는, 이론적이고 구상되고 수립된 교의적敎義的이고 체계적인 실재의 항의는 아니다. 소망의 항의는 닫힌 시대, 폐쇄된 안전, 자가 운영 조직, 독자적 경제 체제, 전체주의적 정치 속에 창구와 터진 틈과 타율성과 불확실성과 질문을 삽입하는 것이다. 그것이 오늘날 지배적인 주의主義나 개념과 대립한 인간의 주의나 개념이 전혀 아니라는 점에 유의하자. 한 정통성이 다른 정통성과 싸울 때, 그것은 자유의 배제를 확인하는 것일 수밖에 없고, 모든 소망의 이질적인 특성을 나타낼 수밖에 없다.

부르주아적이고 제국주의적인 사회에 대립하는 마르크스주의나 스탈린주의나 히틀러주의나 모택동 사상이나 프롤레타리아의 독재 등 그 무엇이든 간에, 혹은 독재에 대립하는 자유주의나 민주주의나 계급들의 참여와 협력 등 그 무엇이든 간에, 그 모든 경우 하나도 예외 없이 미래의 출입문 위에 새겨진 글은 "들어오는 당신들은 모든 희망을 버리시오." 일 따름이다.

소망의 혁명적인 행위는 스스로 닫히기를 바라는 상황에 대한 창구일 수밖에 없고, 체계들에 대한 반박일 수밖에 없다. 그러나 그것은 다른 체계로 혹은 다른 조직으로 혹은 다른 지배계급으로 혹은 다른 정부 조직으로 그것들을 대체하기 위한 것은 아니다. 소망은 그 운동들을 촉발시키면서 한 시대에 - 그 운동들이 정착될 때 그 운동들이 버려지는 것과 상관없이 그 운동들이 혁명적인 상태인 바로 그 기간에-그 운동들과 더불어 그 운동들 속에 존속할 수 있더라도, 그것이 왜 소망이 모든 혁명적인 운동과 근본적으로 다른가 하는 이유이다. 결국, 소망은 조직 속에서나 마지막 목적 속에서는 절대 구현되지 않을 것이다. 소망은 절대 충족되지도 않고 구현되지도 않는 활동하는 힘이다.

누룩의 역할과 작용

누룩은 독립된 존재로서 남지 않고 반죽에 섞여야 한다고 말하면서, 누룩과 반죽에 대해 주석을 다는 것은 아주 그럴듯하다. 그러나 중요한 것은 누룩 덩어리가 아니라 발효하게 하는 작용이다. 발효를 하게 한 후에 누룩은 다시는 존재하지 않는다. 그래서 세상 속에 용해되고 거기서 사라지도록 그리스도인들에게 주어진 권고는 정당화될 수 있다. 하지만, 문제 전체는 바로 다음과 같은 것이다. 즉 "내일도 여전히 역시 빵이 필요할 것인가?"와 "결국, 누룩은 역시 필요할 것이다."라는 문제이다. 오늘날의 누룩이 반죽 속에서 사라졌다면 더는 아무것도 없다. 그리고 내일 빵을 가질 어떠한 가능성도 다시는 없을 것이다.

소망은 인간에게 주어진 빵의 누룩이 되도록 부추긴다. 소망은 인간이 그러한 조직과 집단 속에서 누룩이기를 인간으로부터 요구한다. 그러나 누룩이 반죽보다 특별하다고 착각하지 말자. 반죽 안에 없는 힘이 누룩 안에 있다는 이유에서만이 누룩은 가치가 있다. 그리스도인이 특별해 지기를 그만둔다면, 또한 그리스도인이 타인들과 같은 동기를 가지고 같은 방식으로 행동한다면, 물론 그리스도인은 그들과 뒤섞이고 그들과 더불어 사회·정치 문제에 참여할 수도 있다. 즉 그리스도인은 전혀 누룩이 아닐 수도 있다. 누룩에는 아무도 수행하지 못하는 기능이 있고, 누룩은 반죽 속으로 활동적인 힘을 집어넣는다. 그런데 그 힘은 확신도, 선의도, 지성도, 헌신도, 인식도 아니다. 그 모든 것을 사람들은 발견할 수 있고, 비(非)그리스도인들에게 있어서 훨씬 더 큰 규모로 발견할 수 있다.

인간 안에 있는 것은 아무것도 혁명적인 운동에 유용할 리 없다. 즉 혁명가들은 자신들 안에 그 모든 것을 이미 가지고 있다. 그래서 그리스도인들은 자신들의 숫자를 거기에 덧붙일 것이다. 그런데 그것은 추가된 반죽 덩어리를 반죽에다 덧붙이는 것을 의미한다. 하지만, 아무것도 발효하지 않을 것이다. 그렇지 않으면 자신들의 칭호를 악용하는 많은 그리스도인은 혁명적인 운동에다 "우리와 함께하는 그리스도인들."이라는 기독교적인 상표를 갖다 붙일 것이다. 그런데 그것은 아주 미약한 영향을 미치는 선전 활동이다. 어쨌든 여기서 그리스도인들은 혁명적인 운동을 변형시킨다고 주장할 수도 없고, 혁명적인 운동에 새로운 의미를 준다고 주장할 수도 없다. 즉 그리스도인들은 반죽 속에 누룩이 아니라는 것이다.

그리스도인들은 다른 어떤 사람에게도 속하지 않은 영역의 전달자라는 조건에서만, 자기들에게 예정된 구실을 할 수 있다. 반죽과 비교하면 누룩에는 외적인 힘이 있기 때문인데, 그것은 어떤 것을 통해서도 선험적으로 분별 되지 않는 힘이면서 그런 누룩이 반죽에 섞여 있을 때에만 나타나는 힘이다. 그리스도인의 힘은 자신의 것도 아니고 자신에게 속한 것도 아닌데, 그것은 그 힘이 진정으로 효과적이고 질적으로 달라지기 위해서이다. 그것은 그리스도인이 그 전달자가 되는 하나님나라와 관계된 것이다. 그리스도인이 혁명적 운동에 관여하는 일이 중요하다는 것은, 하나님나라에 대한 증인과 전달자와 보증인과 살아있는 징표로서 이다. 그러나 그것을 위해 그리스도인은 하나님나라와 관계가 있어야 한다. 또한, 관건이 되는 것이 여기서 소망임을 우리는 보았다. 그와 동시에 그리스도인은 어쩔 수 없는 방식으로 그런 활동에 관여되도록 부추겨져야 한다. 그런데 여전히 여기서 활동하는 것은 소망이다.

그리스도인과 혁명

자체의 두 외부 극단에 자신을 연결하는 쇠사슬의 고리처럼 소망은 그와 같이 나타난다. 그것은 신적인 극단 곧 하나님나라라는 극단이다. 즉 소망을 통해 우리가 그런 힘에 묶여 있지 않으면, 우리는 아무것도 전달하지 못하고, 우리 자신 외에는 아무것도 나타내지 못하며, 정치적인 혹은 혁명적인 운동 속에서 전혀 쓸모가 없다. 그렇지 않으면 우리를 꾀었던 늑대 떼와 함께 멍청히 울부짖는 목소리가 또다시 되는 것이다.

그리고 그것은 사회·정치적인 활동이라는 극단이다. 소망에 의해 우리가 그 활동에 묶여 있지 않으면, 하나님나라는 우리에게 의미 없는 것이 되고 메마른 명상이 되며 반복되는 자동성이 된다. 우리는 하나님나라를 실패하게 한다. 하지만, 그런 식으로 시작하려면 소망을 체험해야 한다. 어떠한 혁명 활동이든 그것에 의미와 진리를 부여할 수 있는 것은, 하나님나라에 대한 소망이다. 그것 이외에서 혁명은 미개함과 환각과 헛된 파괴와 쌓인 불의와 보복이다. 혁명은 늘 그 자체에 반대되는 것으로 귀결되고, 또한 결코 반박된 적 없는 역사적 필요성에 의해 그 자체와 반대되는 것으로 귀결된다. 전체가 수평적인 관계 속에서 다루어진다고 생각하면서 그리스도인들이 혁명 운동에 가담하는 한, 사회적 정의에 대한 탐구와 제국주의에 대항하는 투쟁은 아무것도 아니고 아무것도 이룰 수 없으며 중요성을 상실한다.

반죽은 반죽으로 남아 있을 것이고 굳어질 것이며 갈라질 것이고 굳어진 나쁜 밀가루 덩어리가 될 것이다. 어떤 빵도 그것으로 만들 수 없다. 소망만이 그러나 예수 그리스도의 하나님에 연결된 배타적인 소망만이 그 반죽을 빵으로 변화시킬 수 있다. 따라서 소망은 혁명 운동 내부에서 다른 혁명의 원천이 된다. 왜냐하면, 소망은 고착된 기존의 상황 내부에서 또한 제도들 내부에서 그 원천이 되어야 하기 때문이다. 소망은 근본적인 혁명적 태도로 불가피하게 귀결된다. 하지만, 사람들이 존재하는 환경이 어떠하든 간에, 그것은 사회적인 추종과 비교되는 혁명이면서 혁명 안에서의 혁명이다. 소망은 다른 혁명적인 운동으로 또한 어떤 혁명적인 운동으로 들어가서 거기에 가담하도록 우리를 부추기는 힘만은 아니다. 그것은 분명히 인간적인 측면에서 언제나 가능한 것이다. 그러나 그렇게 하고 난 후 우리는 아직 아무것도 하지 못했는데, 그리스도인으로 간주될 수도 있는 것을 시작도 하지 못했다. 그런데 소망은 우리가 반죽을 발효시키도록 요구한다. 하지만, 모든 인간적인 반죽에서 우리는 그 반죽이 결코 알아차릴 수 없는 작용에 의해 섞여 있다.

그리스도인 중 그래도 괜찮은 그리스도인들이 분별없이 혁명 대중에 합세하려고 자신들의 칭호를 포기하고, 타인들과 관계에서 장애가 되기 때문에 자신들이 벗어 버리는 하나님의 초월성을 포기하는 것을 볼 때, 그것은 소망이 소멸하였다는 씁쓸한 증거이다. 그들은 절망에 의해 혁명가가 된다. 또한, 그들은 다음과 같은 점을 알지도 못한 채 자신들의 스토아철학과 영혼의 위대함을 내세운다. 즉 그들은 자신들이 모든 것을 잃었다는 점과, 그들이 매달리는 그 운동에서 자신들이 더는 아무런 의미도 없다는 점과, 자신들의 존재 자체에 의해 자신들의 신앙을 포기했기 때문에 자신들이 그 혁명과 관련된 비난거리가 된다는 점을 알지 못한다. 현대의 모든 혁명을 실패하게 하는 것은 역사의 숙명성이 아니라, 혁명에 가담하는 그리스도인들에 의한 소망에 대한 부인과 하나님에 대한 부인이다.

소망과 혁명적인 운동

하나님의 **계시**는 아무런 어떤 대상이 아닌 것을 이번엔 정말 이해할 필요가 있다. 언약의 방주처럼 계시는 생명의 입증이기도 하지만 청천벽력을 담고 있다. 그 계시가 정치적이나 혹은 혁명적인 것 한가운데서 어떤 그리스도인의 소망에 의해 전달된 하나님나라의 존재함의 근원이 아니라면, 그 계시는 그 운동 자체 속에서의 소멸이고 죽음의 힘의 폭발이며 하나님나라에 반대되는 일종의 형상이다. 그런데 그 형상은 그리스도인의 부인과 소망의 결핍에 의해 촉발된다.

소망이 반죽 속에서 누룩이 아닐 때, 신실하지 않고 절망한 그리스도인의 존재는 반죽이 부패하는 요인이 된다. 혁명가들이 혁명의 의미에 대한 최소한의 의식이 있다면, 그들은 다음과 같은 그리스도인들을 모두 배제할 것이다. 즉 그 그리스도인들은 **전적 타자**이자 **전능한 자**이자 **거룩하고 의로운 자**인 하나님, 곧 예수 그리스도 안에서 자신을 낮추고 가난한 자들 가운데 와서 그들에게 자신의 무력 無力이 아니라 힘을 가져다주는 그러한 하나님에 대한 증언을 담대히 전하지 않는 자들이다. 또한, 그 그리스도인들은 지금 침묵하지만 소망에 의해 도발되는 하나님, 곧 하나님이 그런 하나님이라고 소망에 의해 입증되는 하나님에 대한 증언을 담대히 전하지 않는 자들이다.

그와 같이 소망은 혁명적인 운동 속으로 우리를 던져 넣지만, 그와 동시에 소망은 침묵하는 하나님을 거기로 던져 넣는다. 우리는 그것에 대해 다음 같은 점을 잘 알고 있다. 즉 **역사**가 이루어질 만하고 체험될 만하다는 조건에서 **역사** 속에서 또다시 활동하게 될 적극적이고 근본적인 하나님이 다시 존재하게 하려면, 그러한 도발은 결정적일 수도 있다는 점이다. 그것은 삶의 축소 속에서도 침묵하고, 부르주아 계급이 만든 일반화된 '흡수 · 통합에 의한 파괴' phagocytose 속에서도 침묵하는 하나님이다. 부르주아 계급은 사실상 기독교를 뜯어 먹었고 그것을 뒤집어 놓았으며 이용했다. 물론 예수 그리스도의 하나님은 거기에 절대 없었다. 하지만, 그것은 마르크스 · 레닌 · 스탈린 · 모택동의 거룩한 '4위 일체'의 혁명적인 거짓 속에서도 침묵하고, 제3세계의 적극적 행동주의자들의 혁명적인 희극 속에서도 침묵하는 하나님이다. 거기에 참여하는 그리스도인들은 부르주아의 찬란함 속에서와 꼭 마찬가지로 예수 그리스도를 배반한다.

나는 거기에 하나님의 부재의 원인이 있다고 하지 않겠다. 우리가 말했듯이 원인은 없고, 그저 그런 것이다. 그러나 우리는 상황이 달라지도록 다음 같은 소망을 그리스도인들이 체험해야 함을 안다. 그 소망은 소심하거나 살금살금 물러날 태세에 있는 것이 결코 아니라, 불타오르고 길들지 않고 과도하고 넘치며 질문을 제기하는 것이다. 또한, 우리는 혁명적인 운동과 마찬가지로 자본주의 체제도 소망의 존재함에 의해 변형되는 것이 우리에게 달렸음을 안다. 그것 이외에는 낡고 이미 알려진 낡고 헛된 역사적인 각본들의 단조로운 반복만이 있을 따름이다. 우리는 그것들이 우스꽝스러운 결말 속에서 실패할 것임을 알고 있다.

오직 그런 기독교적인 소망 이외에서, 카스트로는 소련의 하찮은 장식물이 될 수밖에 없다. 1968년의 저항 운동과 모택동 사상은 그것들이 어쩔 수 없이 그 시작이 되는 미친 독재로 귀결될 수밖에 없다. 역사가 분명한 상황으로부터 출발하여 매번 전적인 우연함이 함께 한 연속적인 주사위 놀이임을 도대체 언제 그리스도인들은 이해할 것인가? 인간의 잘못된 희망보다 더 어리석은 것은 아무것도 없음을 도대체 언제 그리스도인들은 이해할 것인가? 1933년의 젊은이들 전체는 히틀러의 혁명을 믿었는데, 그것은 후에 우리가 아는 끔찍한 실패였다. 일례로 "우리가 다시 시작한다면 정신 나간 짓일까? 스탈린주의는 분명히 무언가 다르고, 그것은 정말 진짜이다."라고 했으나, 이후에 우리는 그것의 끔찍한 실패를 본다. 또한 "우리가 다시 시작한다면 정신 나간 짓일까? 모택동 사상은 분명히 무언가 다르다."라는 말도 마찬가지였다.

역사 속에 있었던 유일하고 절대적인 새로움이 예수 안에서 하나님의 성육신임을 도대체 언제 그리스도인들은 인정할 것인가? 역사는 힘의 관계, 서로 결정지음, 일련의 결정, 맹목적인 배합, 구조, 요인으로 만들어지는데, 그것들 속에서는 인간의 자유도 독창성도 어원학적인 의미에서 결코 자리를 찾지 못한다. 인간은 결정의 전달자이자 힘의 연기자이지만, 인간은 그것들을 사용할 수 없다. 인간은 연기자가 자신의 구실을 하는 것처럼 그것들을 표현하나, 그것들을 창조하지도 근원적으로 만들어 내지도 않는다. 인간은 요인들의 연계 및 결합 속으로 예기치 않은 것이나 우발적인 것을 가져오지 않는다. 인간은 어제의 잘못들에 대해 아무것도 이해하지 못한 채, 자신의 "잘못들"을 다시 시작한다. 인간은 상황이 새롭다고 "말하면서" 자신의 자율성을 표명한다고 생각한다. 분명히 상황은 늘 새로우나 역사는 절대 반복되지 않는다. 하지만, 인간이 식별할 수 없는 것은 새로운 배합과 유어적인 반복의 표현일 따름이다. 독립적이고 놀라우며 예기치 않은 요인 즉 재시작을 주도하고 가능하게 하는 요인이자 놀이의 주어진 기지사항들을 뒤엎고 변화시키는 요인이, 그 음울한 전개 속으로 개입하는 하나님의 말임을 도대체 언제 그리스도인들은 알 것인가?

소망의 전달자로서 그리스도인

역사가 자체의 흐름을 바꿀 가능성이 있고 새로운 상황이 만들어지는 것은 전적으로 전적 타자가 역사의 측면을 붙잡을 때이고 또한 붙잡는다는 조건에서 이다. 그러나 그런 개입은 인간을 초월하는 벽력같은 기적에 의해 일어나는 것이 아니라, 대개 그 개입은 그리스도인들이 담당할 비非추종non-conformité이라는 몫인데, 하나님은 자신의 권위를 부여하는 그 비非추종을 받아들이고 책임진다. 그리스도인들이 추종적이 되지 않으려고 위험을 무릅쓴다면, 소망에 따라 하나님이 실제로 그리스도인들의 활동을 맡을 것이다.

오늘날 이 세상 즉 자체의 마귀들에게 넘겨진 서구 세상과 우리의 마귀들에게 넘겨진 제3세계를 위한 비非추종은 그 자체로서 소망이다. 그러나 그것은 어떤 모호한 담화discours와 어떤 신중하지 않은 정치적 참여가 아니라 우리가 말했던 엄밀하고 특별한 소망이다. 그것은 인간들 앞에서 당당하게 선포된 소망이며, 기독교적인 특수성을 입증하는 성령의 유일하고 독점적인 힘이다. 그런 것을 제외하고서 그리스도인들은 분주하게 설치고 시위를 하며 성명서에 서명하고 열을 지어 행진하며 조합을 이끌 수 있다. 그런데 혁명에 공헌한다고 자부하는 그들은 혁명을 썩게 할 따름이다.

소망은 폐쇄되고 굳어지고 닫힌 상황들을 열기 때문에 역사의 창조이다. 부활이 무덤을 열었던 것과 마찬가지로 역사적 엄밀성은 소망에 의해 뒤집힌다. 그러나 이것은 소망이 반박으로 이루어진다는 조건에서만이 생겨난다. 그것은 정치적 운동에 대한 반박과 발전의 정상 상태에 대한 반박인 동시에 침묵하는 하나님에 대한 반박이다. 소망이 미래를 열고 인간에게 표현의 가능성을 부여하는 것과 인간이 주도권을 다시 취할 수 있는 것은 바로 그때일 뿐이다. 그런 식으로 다른 모든 것을 명백하고 뚜렷한 방법으로 평가절하하는 그런 소망의 명백하고 뚜렷한 전달자인 그리스도인은 모든 인간을 위해 홀로 일한다. 그런데 그리스도인은 그런 소망을 전달하지 않는 인간들이 소망을 위해 존재하도록, 또한 뒤집힌 역사가 그 인간들에게 변형되는 점토가 다시 되도록 일을 한다. 그 반박은 그리스도인들의 자유의 표현이고 타인들의 가능한 활동의 조건이다.

　그리스도인들이 그런 식으로 소망을 전달하지 않는다면 그들은 상황을 좀 더 폐쇄하는 데 이바지하고, 제도를 고착화하며 역사를 숙명으로 바꾸는 데 이바지한다. 소망의 투쟁으로부터 빠져나온 그리스도인들은 운명에 울타리를 치는 철문의 책임자가 된다. 그와 같이 오늘날 흔히 표명되는 황금률은 "인간들 가운데서 또한 그들과 함께", "길을 잃을 위험을 무릅쓰고", "정치를 우선으로…" 같은 것들이다. 그 황금률은 소망과 정확히 반대되는 것이다. 그 황금률은 그리스도인이 오늘날 그런 반죽 속에서 오늘날의 누룩이 되어야 함을 사실상 의미한다. 또한, 그 황금률은 빵이 만들어지고 사회가 건설되며 최종의 궁극적 목표가 달성되고 인간의 일이 완성될 때, 그리스도인들이 누룩의 역할을 새로이 수행하는 것이 더는 필요 없게 됨을 전제한다. 그 황금률은 교회 내부에서 신앙이란 훌륭한 위탁물을 계속 전달할 필요성 및 하나님의 특별하고 유일한 계시와 고집스럽게 함께 가는 필요성을 인정하지 않으면서, 사회주의 혹은 세속 도시와 하나님나라를 혼동한다. 그런데 그 필요성은 인간들의 역사 속에서 변화의 가능성과 다시 문제삼기의 가능성, 즉 소망에 의해 꾸준히 열려진 미래 다시 말해 역사의 가능성이 있도록 하려는 것이다. 오늘날 무엇보다 정치에 가담하는 것은 소망을 소멸시키는 것이고, 하나님의 선물을 다른 데로 돌리는 것이다. 그것은 바로 하나님의 이름을 헛되이 취하는 것이다.

II. 소망의 인간적인 토대

그러나 소망은 적극적인 듯이 보이지 않는 세 가지 태도로 나타나고 그 세 가지 태도에 근거한다. 그 하나는 심리적인 태도이고 다른 하나는 지적인 태도이며 세 번째는 영적인 태도로서, 기다림과 현실주의réalisme와 기도이다. 그것들은 소망의 비관주의의 세 형태이다. 왜냐하면, 세상의 동요와 상황의 긴급함과 내려야 할 결단 앞에서, 또한 인간들의 그 해결을 내일로 미룰 수 없는 현재 참상에 의해 우리가 부름을 받은 긴박한 임무 앞에서, 당장 현실에 참여하는 것은 무의미하다는 점이 소망을 통해 우리에게 입증되기 때문이다. 그리고 그 무력함을 인정하고 소위 우리의 혁명이 헛됨을 인정하는 것이 첫 걸음이라는 점과, 참여 속에서 부차적으로 나타날 다른 자세만이 근본적으로 효과적이라는 점이 소망을 통해 우리에게 입증되기 때문이다.

1. 기다림

소망의 인간은 기다림의 인간으로서 비관주의적인 기다림의 인간이다. 왜냐하면, 정상적으로는 아무 일도 일어나지 말아야 하기 때문이다. 우리는 실망과 조롱만을 미리 기대할 수 있다. 하나님의 침묵 속에서 어떻게 상황이 달라질 것인가?

욥의 태도

욥은 기다린다. 욥의 친구들은 그것이 터무니없고 욥이 틀렸으며 하나님은 오지 않을 것이라고 끊임없이 입증하는데 그것들은 사실이다. 그들은 왜 하나님이 오지 않을지 죄인인 욥에게 설명하려고 애쓴다. 또한, 그의 자세가 불경스러운 반항이든가 터무니없는 기다림이기 때문에 그를 조롱하는데 열중한다. 그런데 욥은 계속 기다린다.

욥은 사람들이 별다른 이유 없이 하나님을 섬기는 것을 우리에게 입증하는 자인 것과 마찬가지로, 그는 자신 속에서 기다림의 충족함이 완성되는 자이다. 그의 삶 전체는 기다림으로 가득 차 있고, 그의 마음을 딴 데로 돌리지 않는다. 또한, 오른쪽으로나 왼쪽으로 가지 않고, 그의 상황을 변화시키는데 적극적으로 몰두한다. 그는 명철하게 문제의 근본을 꿰뚫었다. 그는 그것이 결정적으로 하나님과 자신 사이의 문제이고, 나머지 모든 것과 사건들은 하나님과의 의견 충돌의 외부적 양상일 뿐임을 안다. 그는 자기 부를 회복하기 위한 작업을 적극적으로 담대하게 시작하지 않는다. 그는 문제의 근본이 거기에 있지 않음을 알기 때문에, 소와 낙타를 되찾으려고 강도와 이방 병사를 추적하지 않으며 인간적인 모든 반격을 거부한다. 하나님의 해명을 얻기 전에는 아무것도 진지하게 이루어질 수 없다는 것이다. 유일하게 중요한 것이 하나님을 기다리는 것이기 때문에, 그는 활동과 일을 옆으로 내버려둔다.

나는 현대적인 주석에서 욥의 태도가 특히 "문화적"이며 그 태도가 동양적인 동시에 다음 같은 확신에 의해 지배된다고 언급됨을 잘 안다. 그 확신은 모든 것이 하나님에게서 오며 그 앞에서 사람들이 몸을 숙이고 기다릴 수밖에 없는 숙명에 모든 것이 종속된다는 것이다. 그것은 삶에 대한 그런 개념을 가진 인간의 단순한 수동성이라는 것이다. 또한, 그것은 환경으로부터 나온 개념으로서, 욥의 태도는 사건들 앞에서의 숙명을 표현하고 그 태도는 전혀 본보기가 되지 않는다는 것이다.

그런데 나는 그 설명이 전적으로 적절하지 않다고 주장한다. 동양적인 수동성은 일종의 전설이다. 즉 티르인, 페니키아인, 갈대아인, 수메르인, 힉소스인, 페르시아인과 같은 기원전 10세기부터 1세기까지 근동 제국 사람들보다 더 적극적인 사람들은 없었다. 숙명론도 마찬가지이다. 그와 반대로 그들은 모두 반숙명적인 종교를 발달시켰다. 특히 이스라엘이 그러하다. 구약성서 전체에는 반발과 결단과 놀랍도록 적극적인 태도로 넘쳐 난다. 강도와 이방의 약탈자와 파괴자가 나타날 때마다 예외 없이 즉시 일어나는 족장들이나 혹은 판관들 그리고 목자들과 왕들의 반격 같은 이스라엘 내에서 반격은, 복수를 하거나 도둑맞은 재물을 회수하려고 그들을 추적하는데 뛰어드는 것이다. 자연적인 재앙이 일어날 때마다 사람들은 즉시 만회를 한다.

욥의 태도는 조금도 "문화적이지" 않다. 오히려 그의 태도는 그 시대 보통의 반격에 비해 완전히 이단적이다. 그가 그 재앙들 앞에서 몸을 숙인다면, 그것은 자연적인 수동성에 의해서도 아니고 숙명성에 의해서도 아니라 배후에 있는 진리의 식별에 의한 것이다. 또한, 가족과 돈과 정치와 같은 피상적인 문제로 넘어가기 전에, 문제의 근본이 밝혀지고 궁극적인 질문에 대한 해결이 이루어져야 한다는 요구에 의한 것이다. 그와 같이 욥이 문화적 도식을 반박한다는 바로 그 이유 때문에 욥은 본보기가 된다.

기다림의 인간

우리가 알듯이 오늘날 기다림은 예수 그리스도의 재림과 하나님나라의 도래에 대한 기다림이고, '여기서 또한 지금'hic et nunc 하나님의 **말**과 성령에 대한 기다림이다. 그러나 그것은 바로 공허하고 수동적이며 알맹이가 없는 무기력한 기다림이 아니다. 그것은 사람들이 그 속에 자리 잡는 기다림이다. 기다림은 활동보다 수십만 배나 더 어렵다. 기다림은 특히 우리 시대 곧 길을 잃은 이 시대에 위험이 임박할 때 구조신호를 보내듯이 중단 없이 악착같이 매일 하루에도 수백 번씩 "마라나타"[209]를 외치는 인간에게 더욱더 요구된다. 하지만, 구조신호는 모든 것

---

209) [역주] 마라나타(Maranatha)는 신약성서 고린도전서 16장 22절에 나오는 표현으로서 주(主)를 부르는 기도 혹은 소망의 말로 쓰이고 있다.

이 파멸되는 때에 매 순간 집요하게 보내는 것이다. 반면에 '마라나타'는 자신의 삶이 즉각 위험에 처했다면 또한 자신의 매일의 삶이 위험에 처한다면, 구조신호만큼의 힘과 확신을 하고서 반복해야 한다. 중단 없이 절망하지 않은 채, 내용 없이 반복되는 표현방식으로 빠져들지 않은 채, 아무것도 누구도 오는 것이 보이지 않더라도 반복해야 한다.

소망의 인간은 기다림의 인간인데, 그 기다림은 까다롭고 깨어 있으며 긴장된 것이다. 그 중 까다롭다는 것과 깨어 있다는 것 두 가지는 전적으로 연결되어 있다. 즉 "깨어 있으라."는 말을 우리는 끊임없이 듣는다. 기다림의 인간은 아무것에 의해서도 자신의 마음이 딴 데로 돌려지게 내버려두지 않는다. 또한, 그는 진지하고 정치적이며 경제적이고 기술적이며 학문적인 것들의 유희 대상으로 자신이 취급되게 내버려주지 않는다. 그리고 그는 유희, 관능, 철학, 예술, 여가의 진지한 대상으로 자신이 취급되게 내버려두지 않는다. 기다림의 인간은 고집스럽고 닫혀 있으며 모호하다. 그는 하나님의 침묵과 어두움 속으로, '하나님과의 단절'이라는 어둠 속으로 돌진한다. 자동차로 분주히 돌아다니고 노동조합에서 분주히 움직이는 사람들보다 그에게는 더 많은 영향력이 있다. 그는 다른 곳에다 자신의 투쟁을 위치시켰고, 나머지 모든 것이 의미와 가능성을 띠는 것이 자신에게 속한 그 투쟁으로부터 임을 안다. 그는 모든 것이 다시 가능해지는 그 순간에 대한 기다림을 위해, 끊임없이 자신에게 제안되는 활동을 단호히 거부한다. 그는 자신의 힘 전체를 그 기다림으로 집중시킨다. 침묵에 의해 또한 활동을 분산시키지 않는 것에 의해, 그 기다림 자체는 힘을 집중하는 것이 된다. 그 기다림 없이는 아무것도 이루어지지 않음을 우리가 알아야 하기 때문에, 그 기다림은 결정적이다. 그 기다림 없이는 아무것도 이루어지지 않을 것이다.

두려움에 떨고 새벽을 기다리며 도움을 기다리는 파수꾼이 산 위에 고정한 눈 속에 담긴 열정 속에서 우리가 살지 않는다면, 재림도 없고 하나님나라도 없다. 하나님의 약속이 태고 적부터 결정된 계획에 따라 혹은 하나님의 변덕스런 생각에 따라 기계적으로도 제멋대로도 성취되지 않음을 어쨌든 깨달아야 한다. 약속은 그 약속에 자신의 삶 전체를 내 걸었던 한 인간 즉 약속의 성취에 대한 기다림 속에 있던 한 인간에 의하여 매번 성취되었다. 나는 예수가 다시 오는 것이 궁극적인 것들이라는 토대로부터 임을 자주 글로 썼다. 또한, 진정한 움직임은 그 궁극적인 것들을 향해 우리가 나아가는 것이 아니라, 궁극적인 것들로부터 우리의 역사 속으로 나아가는 것임을 자주 글로 썼다.

오직 종말만이 일정한 궤도 위에서 우리를 향해 달려들지 않는다. 자동적이고 기계적이며 시간의 엄습과 비교될 수 있는 움직임이란 없다. 임의적이고 여행에서 돌아오는 것에 비교될 수 있는 그리스도의 도래는 없다. 재림의 비유를 문자 그대로 취할 필요는 절대로 없다! 다음과 같이 기다리는 자에 의해 하나님나라가 도래하고 그리스도가 다시 온다. 즉 가차없는 굳건함으로, 틀림없는 요구로, 고양된 열정으로, 어떤 것에 의해서도 다른 데로 돌려지게 자신을 내버려 두지 않는 집요함으로 기다리는 자이다. 그런 자에 의해서만 하나님나라가 도래하고 그리스도가 다시 오지만 그런 자만을 위해서는 아니다. 그것은 모두를 위해서이다. 파수꾼이 모두를 위해 깨어 있기 때문이고, 선지자가 모두를 위해 깨어 있기 때문이다.

기다림의 자세

그런데 그리스도인들과 교회의 배반은 바로 다음과 같은 것이었다. 즉 그것은 자리를 잡는 것이었고, 사람들이 점점 덜 기대했던 어떤 것을 무기력하게 기다리는 것이었다. 또한, 그것은 가능한 한 편안하게 기다리고 결국 전체로부터 아무 것도 더는 기다리지 않으려고 체계화되는 것이었다. 하지만, 그것은 사회와 세상과 경제를 구조화하고 지식을 발견하려는 열정적인 활동 속에서 완전히 잠드는 것이었다. 끔찍한 이 시대에 하나님이 계속 말을 했고, 자신의 부름을 계속 했으며, 독백일 뿐인 것을 계속했다. 그것은 적응되지 못한 두 가지 독백인데, 지금은 그것이 '하나님과의 단절'이다. 세상을 위해 유용하고 꼭 필요한 유일한 것이, 투쟁적이고 열정적인 기다림을 다시 찾는 것임을 그리스도인들은 이해해야 한다.

그것은 정의의 추구도, 가난한 자들에 대한 보호도, 정치적인 활동도, 제3세계도, 기아도, 교회의 갱신도, 성서해석학도 아니다. 그 모든 것은 배타적이고 중심적이고 집요하고 열정적인 기다림으로부터 우리를 돌이키려는 관심의 전환이고 함정이다. 한편으로 그런 유용한 활동들의 기독교적인 유효성이라는 온갖 겉모습에도 불구하고, 다른 한편으로 수많은 세대에 있어서 여전히 아무 것도 오거나 실현되는 것이 절대 보이지 않는 기다림에 대한 온갖 실망에도 불구하고, 기다림의 인간은 돌처럼 단단하고 확고부동하며 터무니없을 정도로 견고하고 완전히 사리에 어긋난다. 그는 "너의 하나님이 어디에 있는가? 너는 하나님이 살아 있고 활동적이라고 말했는가!"라는 조롱과 해명을 들으려 하지 않는 것과 마찬가지로, 온갖 허울 좋은 약속과 사상을 들으려 하지 않는다. 기다림의 인간은 "그리스도가 여기에 혹은 저기에 있다고 사람들이 당신에게 말할 때 듣지 마시오." 라는 말만을 알 따름이다.

절대적이고 궁극적이며 힘이 넘치는 그 기다림의 의무와 다른 기독교적인 의무가 있다는 말을 들을 때, 또한 인간들의 선이 그 기다림과 다른 것을 당신으로부터 요구한다는 말을 들을 때, 그 말을 듣지 말아야 한다. 내가 알기에 그것은 전적으로 우스꽝스러운 태도로서, 바로 『고도를 기다리며』*En attendant Godot*에서 묘사된 태도이다. 사람들은 끊임없이 말할 수도 있고 수많은 인간 유형을 볼 수도 있으며, 온갖 착취의 비극을 목격할 수도 있고 아무런 상관이 없는 기호들을 해독하려고 애쓸 수도 있다. 고도*Godot*가 자취를 감추었을 때 고도가 왔었다고 사람들은 생각할 수 있는데, 엄밀하고 새로워지며 늘 근본적인 그 기다림은 그 모든 것을 통해 아무런 변화도 일어나지 않는다.

당신이 하나님으로부터의 단절에 의해 산 채로 가죽이 벗겨지지 않는다면, 또한 당신이 하나님 재림의 지연에 의해 당신 자신의 가장 내밀한 곳까지 갈가리 찢기지 않는다면, 기다림이란 유희를 벌이는 것과 소망에 대해 말하는 것은 무의미하다. 고속도로를 계속 건설하고 판잣집에 대항하여 계속 투쟁하며 혁명과 신학을 계속하는 것도 매우 훌륭한 일이기는 하다. 하지만, 예수 그리스도에 대해서와 뒤이은 결과 전체에 대해서 더는 이야기하지 않는 편이 나을 것이고, 그것이 더 정직할 수도 있다. 기다리는 자에 의해서가 아니면 아무것도 올 수 없음을 명심하자. 다른 온갖 방향을 택해 보아도 아무것도 오지 않을 것이다. 불길에 휩싸인 어느 날 아침 갑자기 하나님이 되찾아 맡기는 진정 하나님의 말이 되는 것은, 긴 세월동안 텅 빈 하늘을 두드리며 지칠 줄 모르는 소망에 의해 언급되고 또다시 언급된 말이다.

기다림의 인간의 모습

그러나 그 기다림은 숨겨진 내면의 문제도 물론 아니고, 마음속 깊은 곳에서의 단순한 기도도 물론 아니다. 욥에게는 자신의 친구이면서도 자신에 대한 고소인이었던 증인이 있었다. 기다림의 인간은 그 기다림을 "명백한" 것으로 만들어야 하고 증인으로 삼아야 하며 자신의 평판을 위태롭게 해야 한다. 또한, 말 그대로의 멍청이로, 요한 계시록의 영향을 받은 심약한 자로, 신경병 환자로, 정신병자로 간주되는 위험을 무릅써야 한다. 그는 자신에 대한 판단이 자신의 기다림 만큼이나 근본적임을 알아야 한다. 왜냐하면, 우리 사회는 유용하고 생산적이며 행동주의적이고 정치적이며 승승장구하는 것이어서 우리 사회가 받아들일 수 없는 것이 있다면, 그것은 바로 그런 태도이기 때문이다.

즉 우리 사회는 바로 다음과 같은 자를 제외하고는, 반체제주의자와 혁명가와 초현실주의자와 그리스도인 같은 모든 것을 받아들일 수 있고 모든 것을 흡수할 수 있다. 그는 근본적으로 다른 자신의 태도 속에 유폐되었고, 외부의 물속에 자신의 닻을 내렸던 자이다. 그는 역사의 어떠한 진보도 자기에게 결코 가져올 수 없는 것을 바라는 동시에, 역사적 유물주의와 정치적 이상주의와 숙명적 구조주의를 인정하지 않는 자이다. 그런 사실로부터 그는 이 시대와 공통된 어떠한 척도도 더는 가지고 있지 않지만, 기다림에 의해 세상에 공헌하는 자이다. 그는 바깥에 있는 유일한 태도이자 전적으로 동화될 수 없는 유일한 결단에 의해, 세상에 공헌하는 자이다. 그는 자기가 영향을 끼칠 수 있는 모든 자를 증인으로 삼아야 하지만, 우선 자신을 비난하는 자가 자신의 친구 곧 자기 교회의 구성원임을 알아야 한다.

오, 합리적이고 활동적이며 일과 책략으로 가득하고 건설적이며 긍정적인 그리스도인들이여, 도대체 언제 당신들은 다음과 같은 사실에 민감할 것인가? 즉 당신들의 역사와 신앙과 삶 전체가 미친 짓에만 근거하고 있다는 사실이다. 또한, 온갖 신학에도 십자가가 어리석은 짓이고 미친 짓이라는 사실이다. 또한, 우리에게 미친 행동이 없으면 우리가 십자가에 충실하지 않다는 사실이다. 그리고 행동주의적이고 효율적인 사회에서 또한 하나님으로부터의 그런 단절에 견주어 행해야 할 유일한 미친 짓은, 기다림이 아닌 모든 것을 인정하지 않는 것이다. 그런데 그것이 인간들에게 있어서 가시적이고 명백한 미친 짓이지만, 하나님에 의해 유일하게 받아들여지는 미친 짓이라는 사실이다.

나는 게으름을 격찬했고 그것에 애착을 둘 수도 있다. 노동의 문명에서 게으름은 본보기가 된다. 그러나 게으름은 기다림이란 격렬한 투쟁의 가시적인 면이고, 온갖 정치적인 참여보다 훨씬 더 전적인 참여의 가시적인 면이다. 기다림의 인간은 신앙 속에서 형제들에 의해 또한 욥의 친구들의 역할을 되풀이하는 친구들에 의해 당연히 이해되지 않을 것이다. 그는 형세 관망주의로 비난받을 것이고, 타인을 향한 자비에 대한 침해로 비난받을 것이며, 무의미한 원인에 대한 무의미한 증인으로 규정될 것이다. 하지만, 그 기다림은 표현되고 나타나야 하는데, 그 의미는 다음과 같다. 즉 각각의 행위와 지적이거나 혹은 자비로운 인간적인 각 방식은 다가올 하나님나라에 따라서 성취되고, 그 하나님나라 때문에 성취된다는 것인데 그것은 바로 끝이 원인이라는 종말론적인 논리다. 그것은 오직 그리스도의 재림을 위해서만이 이해될 수 있도록 선택된 일들이다. 왜냐하면, 그 일들은 그 재림의 원인이기 때문이다.

신랑이 돌아오는 것의 실제적 가능성을 무시하고 있었던 자들에게 있어서는, 밝혀진 등불을 지니고 있었고 기름을 준비했던 처녀들이 어리석고 우스꽝스러운 방식으로 행동했던 것은 분명하다. 집안에는 해야 할 수많은 더 유용한 일들이 있었다. 처녀들의 태도는 그녀들이 그 주인에게 부여한 중요성에 의해서 만이 설명되었다. 또한, 그 태도는 그녀들이 기다린 주인의 기쁨 앞에서는 또한 가능성 있는 만남의 기쁨 앞에서는 아무것도 중요하지 않다는 확신에 의해서 만이 설명되었다.

우리 모두에 대한 하나님 심판의 실제적 가능성을 모르고 있었던 자들에게 있어서는, 육지 한가운데서 배를 만드는 노아가 터무니없고 우스꽝스러운 방식으로 행동했던 것은 분명하다. 마을과 밭에는 마을 관리와 경작과 같은 해야 할 수많은 일이 있었다. 노아의 태도는 자신이 하나님의 말에 부여했던 중요성에 의해서 만이 설명되었다. 또한, 그 태도는 그런 예고의 실현 가능성 외에는 아무것도 중요하지 않다는 확신에 의해서 만이 설명되었다. 따라서 우리는 개인적이거나 혹은 사회적이거나 혹은 도덕적인 맥락에 따라서 뿐만 아니라, 종말론적인 실재에 따라서 우리의 행위와 결단을 선택해야 한다. 우리가 소망하는 하나님나라가 우리의 일을 통해 결국 어느 정도 우리 가운데 현실화되고 존재하게 됨을 우리는 오직 그것으로써만 말할 수 있을 것이다.

기다림의 특성으로서 인내

그런데 주변적이고 불안한, 중심이 어긋나고 중심을 이탈한, 시대에 뒤떨어지고 '재구성된 역사상의'uchronique, 210) 그런 활동은 인내 속에서 끊임없이 다시 시작될 수 있을 따름이다. 물론 그 활동에 그 모든 특성이 없다면 그것은 기다림의 표

---

210) [역주] 'uchronique'의 명사형인 'uchronie'의 사전적인 의미는 "역사가 그렇게 될 수도 있었던 바대로 또한 역사가 그렇게 되지 않았던 바대로 생각 속에서 다시 만들어진 역사"이므로

현이 아니다. 그것은 확정되지 않은 기다림 즉 고갈되지 않는 인내이다. 서신서들은 우리에게 자주 그 점에 대해 말한다!(로마서 5:3, 8:25, 15:4 ; 에베소서 6:18 ; 데살로니가후서 1:4 ; 히브리서 6:12 ; 야고보서 1:3). 신학과 설교에 의해서는 그것이 전혀 다루어지지 않는다! 기다림의 특성인 인내는 소망의 구체적인 모습 중 하나이다. 인내는 실패와 고통에 대한 소망의 대답이다. 인내는 상반된 겉모습에도, 사실과 사건과 국가와 과학과 기술과 역사를 통해 우리에게 가해지는 반박에도, 내적인 삶 속에서 불변성이며 활동이다. 그것들은 온갖 신神들이다. 인내는 성공을 절대 기대하지도 않고, 일어날 수도 있는 '가능한 것'을 절대 기대하지 않는다. 상황이 좋아질 수도 있기 때문에 사람들이 계속 진행한다. 그와 반대로 인내는 활동 속에서 어떤 성공 기준이든 그것을 완전히 거부한다.

이것이 결정적인데, 왜냐하면 우리는 어떠한 성공을 소망하는 것이 아니라 예수 그리스도의 재림과 그의 통치의 확립을 소망하기 때문이다. 하지만, 그것들은 우리의 구체적이지만 성공이 필요하지 않은 활동에 굳게 연결되어 있다. 다시 말해 그 성공은 예수 그리스도가 다시 올 때 그 활동이 의미를 얻고 달성되도록, 그 활동의 합리적인 목표를 성취하는 것이다. 성서적 가르침에 따르는 거의 모든 활동에 있어서처럼, 여기서 여전히 활동과 '합리적이고-구체적인' 실효성 사이에 분리가 있다. 왜냐하면, 그 활동의 준거는 결과의 획득이 아니라, 계명에 대한 순종이거나 **재림**에 대한 기다림이기 때문이다.

결국, 우리는 최소한의 만족도 인간적인 격려도 받지 못한 채, 경제적이고 정치적이며 문화적인 행위를 무한히 계속하고 쇄신할 수 있어야 할 것이다. 우리의 활동이 그 결말을 이루게 되는 것은 말세에서 또한 하나님나라에서 일 따름이다. 그러나 이것을 통해 게으름과 방임에 이를 수도 있고, 활동이 없는 기다림에 이를 수도 있다. 즉 인내는 바로 태도인데, 우리는 그 태도에 따라 현세적인 실효성

'uchronique'를 우리말로는 '재구성된 역사상의'로 옮길 수 있다.

이 없음에도, 최대한의 진지함과 구체성과 헌신을 가지고 계속 행동한다. 우리의 행위들과 하나님나라의 도래 사이에 인과 관계가 없어서, 그것들 사이에는 가시적인 합리적인 관계도 심지어 없다. 하지만, 그 행위들의 성공과 재림의 가능성 사이에 관계도 역시 없다. 서로 간에 어떠한 연속성도 없다는 것이다.

기다림의 열정과 인내

그와 반대로, 소망과 불가피하게 그 행위들 속에 구현된 기다림과 그 재림 사이에는 밀접한 상호 관련이 있다. 우리는 예수 그리스도에 결부되어 있기 때문에, 우리가 그 실패들에 결부되지 않는다는 것을 우리는 그와 같이 인내를 통해 배운다. 실패가 필연적으로 기독교적 삶의 일부를 이룬다고 설득하는 것이 인내이기 때문에 활동의 목표와 그 진정한 궁극 목적 사이의 분리에 의해, 인내에 의해 실패는 신경증과 절망의 원천이 절대 되지 않는다. 다른 한편으로 인내는 인내가 우리의 삶에 부여하는 통일성에 의해 다음과 같은 점을 실제로 나타낸다. 즉 생각과 기도와 활동과 같은 우리 일 전체가 인간적인 활동의 기준에 종속되는 것이 아니라, 하나님나라와 마지막 때를 위해 온통 위치되어 있다는 점이다. 진정으로 인내는 인간의 눈에는 어리석은 태도이지만, 인내가 우리 삶에 부여하는 연속성이 현세적인 동시에 초현세적이기 때문에 인내는 "약속들을 물려받은"히 6:12 사람들의 담보물이다.

그와 같이 온갖 선행에 대해 인내는 기다림의 활동적 측면이지만, 인내는 활력과 고집 및 기다림의 결정에 근거를 둔다. 그것은 당연히 심판을 포함하는 종말과 재림 쪽으로 완전히 방향이 돌려져 있다. 나는 그것에 포함된 위험 전체를 잘 안다. 나는 기다림의 열정이 우리의 신학자들과 기독교 지식인들에게 잘못 알려진 것을 안다. 왜냐하면, 그것이 역사를 따라서 줄곧 터무니없는 말과 이상한 행동의 근원이었고 지금도 여전히 그렇기 때문이다. 약간은 신경 쇠약증이 있고 약간은 편집병적이며 약간은 정신분열증에 걸린 열광한 그리스도인들의 집단이

주기적으로 다시 생겨난다. 그들은 믿기 어려운 긴장 상태 속에서 자기들끼리 살고, 시멘트 벽돌같이 단단한 '흔들리지 않음'을 드러내며, 세상의 종말에 기대를 걸고 그것이 임박해 있음을 아는 자들이다.

그러한 계시주의자들은 합리적인 그리스도인들에게 있어서 평이 좋지 않다. 게다가 그들은 자신들의 강론이 성취되었던 적이 없었기 때문에 조롱거리가 된다. 여호와의 증인들, 파수대[211], '깨어 있는 자들'Veilleurs, 다비주의자들[212] 등 그 모든 "이단자들"이 우리에게는 가엾은 사람들처럼 보인다. 개신교 안에 그것이 어떤 기준이든 간에 정통과 이단의 경계를 정하는 기준을 채택하기를 거부하는 시대에, 그 어리석은 자들을 이단자로 간주하는데 어떠한 주저함도 없다는 것을 강조할 필요가 있다.

그런데 같은 순간에 허울 좋은 신학의 주장자들은 "우리 시대 그리스도인 중 큰 이단은 제3세계 민중의 혁명적 투쟁에 관여하기를 거부하는 것이다."라는 어리석은 말을 주저 없이 표현한다. 그것이 나에게는 계시주의자들의 어리석음과 꼭 마찬가지로 이단적인 듯이 보이는 구절이다. 그러나 서로 간의 비방을 그만두자. 희망으로 불타고 완강한 기다림 속에 고착된 그 사람들이 기독교적인 삶의 진정한 모범이 되지 않음은 분명하다. 그런데 그들은 "심적인 존재들"psychiques이다. 그러나 그들의 태도에서 몇몇 요소를 구분해야 한다. 한편으로 바로 그런 소망이 있고, 기다림 속에서의 엄밀함이 있으며, 재림에 대한 집착이라는 절대적인

---

211) [역주] 파수대(Tour de Garde)는 여호와의 증인들에 의해 배포되는 잡지들 중 하나로서, 그들 조직의 성서 교육의 주요한 기관지이다.

212) [역주] 다비주의자들(Darbystes)은 역사를 신의 섭리라고 해석하는 '천계적(天啓的) 사관(史觀)'의 교리를 처음 주창한 개신교 설교자 다비(John Nelson Darby)의 교리를 따르는 자들을 가리킨다. 그 교리의 내용은 다음과 같다. 즉 예수 그리스도는 말세에 다시 올 것이고, 전쟁과 새로운 정치적이고 세계 경제적인 질서의 출현과 아브라함에게 약속된 땅으로 유대인들의 귀환과 적(敵)그리스도의 도래와 같은 일련의 예고적인 사건들이 우리 세상의 마지막 날을 알릴 것이다. 그래서 아마겟돈 전쟁이 일어나고, 선과 악 사이의 궁극적인 대치 이후에 참된 신자들은 구원을 받을 것이고 불신자들은 지옥에 떨어질 것이라는 내용이다. 그 교리는 북미의 근본주의적인 교단들에 큰 영향을 주고 특히 시온주의 그리스도인들 사이에 큰 영향을 끼친다.

집착이 있다. 여기에서 사람들이 말할 수 있는 모든 것에도 그들은 옳다. 모든 교회에 교훈을 주는 것은 그들이다. 우리는 교회가 내버려뒀던 하나님의 진리의 어떤 것을 모든 이단자가 늘 알아맞혔음을 잘 알고 있다.

우리는 그들의 열정과 "종말주의"에 대한 가르침을 시작해야 할 것이다. 그런데 그것은 성서해석학을 하는 것보다 우리의 교회들을 위해서는 훨씬 더 유용할 수도 있다. 그러나 다른 한편으로 그들은 성서를 해석할 때, 빈번하게 문자 그대로 해석하거나 늘 원시적인 해석을 하거나 가끔은 무모한 해석을 한다. 성서해석학이 다시 필요해지는 것이 여기이다. 그들은 재림의 때를 계산하고, 하나님의 활동을 위해 하나님에게 유예 기간을 정한다. 또한, 그들은 단계들을 산정하고 역사의 "철학"을 만든다. 또한, 그들은 그들이 믿는 바와 반대로 성서에 대한 환상적이고 비영적인 해석방식을 취한다. 그들의 잘못 전체는 거기서부터 나온다. 그것은 바로 그들이 인내하고 있지 않기 때문이다.

그들은 기다림 속에서의 그러한 열정과 엄밀함을 얼마 동안은 체험한다. 그들은 자신들에게 유예 기간을 부여한다. 떨리고 온 마음이 집중된 일 년이나 삼 년간의 기다림 이후에 그것은 끝날 것이다. 왜냐하면, 그런 높은 긴장 단계에서 사람들은 평생은 아니지만 일 년은 살 수 있기 때문이다. 그렇지 않으면 그것이 어떤 날짜에 끝날 것임을 안다는 조건에서는 사람들이 막연한 방식으로가 아니라 열광한 상태로 있을 수 있기 때문이다. 마지막 십미터임을 알기 때문에 마지막 십미터에서 자신의 최고 속력을 내는 단거리 경주자처럼 말이다. 하지만, 결승선이 갑자기 지워진다면, 또한 경주 규칙이 그가 달리는 동안 바뀌었다면, 그는 언제 어디서 끝날지 모르는 경주 속에 던져진 자신을 보게 되고 분명히 그는 최고 속력을 내지 않을 것이다.

그것이 바로 왜 모든 계시주의자가 자신들에게 유예 기간을 주는 것을 필요로 하고, 따라서 성서를 그것에 따라 해석하는가 하는 이유이다. 그러나 그들의 잘못은 첫 번째 시한에서 기인하는 것이 아니라, 두 번째 시한에서 기인한다. 그들이 열렬하고 흔들리지 않으며 열광하고 굽히지 않는 사람들이라는 점에서는 전적으로 옳다. 또한, 그들이 유일한 말과 유일한 소망에 마음이 이끌린 사람들이라는 점에서도 전적으로 옳다. 그런데 그들이 하나님의 일에 대한 결정적인 비非이해와 자신들이 심지어 기다리는 것에 대한 결정적인 비이해 속에 갇히는 방식으로 성서를 읽는다는 점에서는 옳지 않다. 즉 그들에게 부족한 것은 기다림에 덧붙여진 인내이다. 그것은 날짜가 결정되고 식별된 임박한 목표가 아니라, 계시된 진리 속에서 하나님과의 연결에 의해 촉발된 인내에 의해 유지되는 언제나 조밀하고 강렬하며 흔들리지 않는 기다림의 열정이다.

성서해석학이 반드시 필요해 지는 것은 그때다. 그러나 성서해석학은 소망의 내부에서 기다림에 따라서만이 반드시 필요하다. 그것은 교회 전체가 종말 위에 고정되어 살아갈 때이고, 마지막 하나님나라의 접근이 중요한 유일한 것일 때이며, 유일한 진리란 그런 관점과 인식과 신앙 속에서 오게 될 천상의 예루살렘이 있다는 것일 때이다. 그래서 유일하게 신앙을 얼어붙게 할 위험이 존재하는 것은 물론 성서해석학에서 이다. 그들의 개념과 해석이 아무리 빗나가 있을지라도, 경건주의자들처럼 계시주의자들은 교회를 흔드는 자들이었고 각 시대에 새로운 소망을 만드는 자들이었다. 교회를 나아가게 했던 것은 신학자들이 아니라 바로 그들이다. 조아킴 데 플로레[213]와 뮌처[214]와 삐에르 발도[215]와 장 드 레이드[216]는

---

213) [역주] 조아킴 데 플로레(Joachim de Flore)는 1132년 이탈리아에서 태어난 시토 교단의 수도 승이자 가톨릭 신학자로서 구약성서와 신약성서 사이의 일치점들을 찾으면서 성서를 연구한 주석자이다.

214) 그러나 뮌처를 사회 개혁자와 정치적 혁명가와 또 다른 스파르타쿠스(Spartacus)로 한없이 다시 만드는 것은 우리 시대의 얼마나 특이한 실수인가!

215) [역주] 1140년 프랑스의 리옹에서 태어난 부유한 상인이었던 삐에르 발도(Pierre Valdo)는 신약성서를 통속어로 번역하게 하고 자신의 모든 재산을 거저 주다 싶이 팔아 버린 후 유랑 설교자가 된다. 그는 '리옹의 빈민들의 형제애'라는 단체를 설립하여 빈민 운동을 벌이지만, 그와 그의 제자들은 로마 가톨릭 교회로부터 단죄를 당하고 리옹에서 쫓겨나 깊은 계곡에 정착한다. 그는 교회에 반대했던 것은 아니지만 교회가 더 순수하고 단순하게 되기를 원했다.

216) [역주] 장 드 레이드(Jean de Leyde)는 독일의 뮌스터가 재세례파에 의해 지배되었을 때 재세례파들의 수장(首長)이었다.

하나님나라의 미래를 향한 결정적인 긴장을 교회에 다시 부여했다. 그런 열광자들에 의해 소생된 기다림 없이는, 교회가 존재하지 않는 것 이상으로 기독교적인 삶은 존재하지 않는다. 왜냐하면, 어떠한 소망도 없기 때문인데, 오직 단어들뿐이라는 것이다. 내가 지금 글로 표현하는 단어들과 같은 단어들, 즉 입증은 하지만 삶을 주지 못하는 단어들이다.

2. 기도

우리는 소망이 심리적인 사실인 기다림과 영적인 사실인 기도와 지적인 사실인 현실주의라는 세 가지 사실에 근거한다고 말했다. 우리는 기도에 대해서는 조금만 말할 것이다.[217] 오늘날 교회에서 심하게 방치된 기도는 어떠한 토대도 어떠한 효용도 어떠한 필요도 더는 드러내지 않는다. 한편으로 현대인은 하나님에게 간절히 구하지 않고서도, 또한 하나님과의 대화하지 않고서도, 모든 것이 잘 이루어진다는 초등학교의 간단한 실물 교육 같은 것을 아주 잘 터득했다. 세상의 문제에서 모든 것은 하나님 없이도 진행된다는 것이다. 어쨌든 우리의 관심을 끄는 것은 달에서 비행의 성공, 미국의 대통령 선거, 베트남 전쟁의 승리(그 의미는 중요하지 않다.), 경제적 성장, 모든 것에서 컴퓨터의 사용, 기아의 종식 등이기 때문에, 도대체 하나님에게 기도하는 것은 무슨 소용이 있는가….

소망의 유일한 이유인 기도

'시대들의 밑바닥'[218]에서 나온 것으로서 현대인에게 어울리지 않는 마법적인 시시한 보조약일 뿐일 수도 있는 기도는 그 모든 것에 있어서 필요하지 않다.

---

217) 기도와 소망 사이에 관계에 대해서는 자끄 엘륄의 『불가능한 기도 L'Impossible Prière, 1971』.
218) [역주] 원시 시대부터 현대까지 역사의 각 시대들을 밑에서부터 쌓아 올린다고 가정하면 가장 밑에 위치하는 것은 원시 시대일 것이다. 따라서 '시대들의 밑바닥'(fond des âges)이란 가장 밑바닥에 있는 원시 시대를 가리키는 표현이라고 볼 수 있다.

다른 한편으로 그리스도인은 위에서 언급된 상황에 의해 강박관념에 사로잡힌 동시에 웃음거리가 될까 두려워한다. 또한, 그리스도인은 기도가 해가 없음을 명백히 인정하면서도, 다음 같은 점을 매일 조금씩 더 알아나가기 때문에 누구에게 기도해야 할지 더는 모른다. 즉 그것은 하나님이 하나님도 아니고 인격도 아니라는 점이다. 또한, 하나님은 듣지도 말하지도 않는다는 점이다. 또한, 유대에서 결정적으로 죽은 예수에게 곧 모든 진리의 본보기이지만 죽음 안에서 종결된 그 유일한 예수에게 말을 거는 것은 헛되다는 점이다. 그런데 부재를 활동적인 존재함으로 바꾸지 않았던 그 죽음의 부활은 말로 표현할 수도 없고 보이지도 않으며 파악되지도 않는 것이다. 따라서 가능한 기도가 더는 없다는 것이다. 어쨌든 우리는 활동에 마음이 이끌리고, 기도는 거의 매력이 없으며, 기도는 우리를 귀찮게 한다는 것이다.

하지만, 기도가 없이는 소망이 없음을 우리는 분명히 파악하고 이해해야 한다. 기도가 없이는 최소한의 소망도 없다. 마찬가지로 기도에 대한 포기와 무관심은 바로 우리에게 어떠한 소망도 없다는 영적인 시험임을 파악하고 이해해야 한다. 소망으로 가득 차 있다고 주장하지만, 기도 생활을 하지 않는 자는 거짓말쟁이다. 기도는 수단과 표현인 동시에 소망의 유일한 "이유"이다. 기도는 우리가 기대를 거는 하나님의 결정에 따르는 것이다. 그런 준거 없이는 우리가 아무것도 소망하지 않을 수도 있기 때문에, 소망이 있을 리가 없다. 기도는 하나님의 개입 가능성에 대한 확신으로서, 그 확신 없이는 소망이 없다.

기도는 하나님에 의해 주어진 하나님과의 대화 수단이다. 기도는 바로 미래와 영원의 연결점인데, 우리는 소망이 거기에 자리 잡는 것을 보았다. 기도는 자체의 대화 운동 안에 다음 같은 것을 포함한다. 즉 용서를 위해 제시된 과거를 포함하고, 기도하는 사람과 하나님과의 협력에 의해 규정된 미래를 포함하며, 성령의 표현할 수 없는 탄식을 통해 기도가 포착하는 영원을 포함한다. 그런 기도가 없이 우리는 거짓된 희망들과 소망들의 겉모습과 같은 자질구레한 일을 할 수 있지만, 그 모든 것은 심지어 신학적으로 정돈되더라도 환각적일 수밖에 없다.

기도의 능력

그와 같이 끊임없이 성취되고 새롭게 되는 하나님의 약속 위에 소망이 기초하고 있음을 떠올리는 것은 아주 당연하다. 하지만, 그 약속이 성서 전체를 통해 기도의 중단 없는 부르짖음에 연결되어 있음을 어떻게 잊을 수 있을까? 약속의 성취를 요구하는 것도 인간의 기도이고, 약속의 쇄신과 약속의 진전을 요구하는 것도 인간의 기도이다. 기도가 없이는 약속 및 약속의 성취는 모이라[219]와 아난케[220]와 같은 무관심하고 맹목적인 힘이 된다. 따라서 기도가 없이는 약속을 받을 사람도 없고 약속을 사실로 믿을 사람도 없어서, 진정한 약속은 없다. 오로지 약속을 진정으로 들으려면 즉, 약속이 약속되려면 기도가 필요하다. 따라서 인간을 부추겨 기도하게 할 수 있는 것은 약속이 아니다.

하나님을 향해 돌아선 인간의 기쁜 자유가 이제는 없기 때문에, 또한 우리의 전반적인 불모상태로 말미암아 진심을 토로하는 것이 가치를 인정받지 않기 때문에, 또한 우리의 합리성으로 말미암아 우리 눈이 현미경을 향해 돌려지고 우리의 몸이 지면을 향해 숙여지기 때문에(우리가 달에서 걸었던 이후로 달은 새로운 지면이 되었기에...), 또한 우리의 효율성으로 말미암아 그 웅얼거리는 기도를 우리가 믿지 않기 때문에, 또한 우리의 진지함으로 말미암아 하나님을 향한 자유로운 말의 유희를 우리가 하지 못하기 때문에, 오늘날 우리는 어디서 기도의 의미와 긴박함과 요구를 받아들이게 될까?

자, 나는 우리에게 기도하지 않는 온갖 동기가 있다면, 우리에게 기도할 유일

---

219) [역주] 고대 그리스어로 운명, 몫, 배당을 동시에 의미하는 표현인 모이라(Moïra)는 선과 악의 몫이나 행운과 불운의 몫이나 행복과 불행의 몫이나 삶과 죽음의 몫을 각자에게 부과하는 분배의 법칙으로서 개인이 존중해야 할 의무에 속하는 것으로 알려져 있다.

220) [역주] 아난케(Ananké)는 그리스 신화에 나오는 신 제우스의 정부(情婦)로서 운명과 필연의 여신이다.

한 이유만이 있음을 결론짓기에 이르렀는데 그것은 하나님의 계명이다. 우리는 다른 설명과 근거를 찾으려고 애쓸 필요가 없다. 오늘날 기도는 자신의 창조자를 향한 인간의 자발적인 도약도 아니고, 자신의 구속자에 대한 대속代贖된 자의 자발적인 도약도 아니며, '인간을 부활시키는 자'에 대한 '죽음과 삶에 예정된 자'의 자발적인 도약도 아니다. 엄밀히 말해 기도는 그 자체로 부과되는 요구에 대한 순종일 따름인데, 여기서 심오한 주석과 분석에 골몰할 필요는 없다.

하나의 계명이 존재하고 그 계명의 중심에 기도의 지표가 있음을 신앙을 통해 내가 인정하기에 이르든지, 그렇지 않다면 신앙은 존재하지 않든지 한다. 그러나 내가 기도를 시작하면, 그때 소망이 생겨난다. 내가 소망을 체험한다면, 나는 그것을 기도 속에서 표현할 수만 있다. 그 둘은 서로에게 자양분이 되는데, 그 순간 신앙 및 신앙의 내용에 대한 질문은 지나간 것으로 존재한다. 순수하고 궁극 목적이 없는 기도 행위는 신앙의 온갖 쟁점을 해결하는 동시에, 인간적인 소망의 온갖 불가능성을 해결한다.

3. 현실주의

나는 현실주의가 세상에 대한 그리스도인의 근본적 태도이고, 현실주의의 지적인 규칙이 윤리의 토대 중 하나임을 다른 곳에서 밝혔다.[221] 우리는 현실주의가 확고한 방식으로 소망에 연결되어 있음을 여기서 다시 발견한다. 우리가 살펴보았듯이 소망은 "사정이 좋아질 것이다."라고 믿는 것이 결코 아니라는 한에서, 현실주의는 소망의 비관주의라는 특색을 드러낸다. 소망은 엄밀한 현실주의 안에서만이 존속할 수 있다. 그러나 우리가 소망으로 살지 않는다면, 그 현실주의

---

221) [역주] 그런 문제에 대해서 자끄 엘륄의 다음과 같은 글과 저서를 볼 것. 1955년의 잡지 『신앙과 삶 *Foi et Vie*』의 「기독교 현실주의 *Le Réalisme chrétien*」, 1956년 암스테르담 대학교에서의 강연 「현실주의와 기독교 신앙 *Réalisme et foi chrétienne*」, 1969년의 저서 『기도와 현대인 *Prayer and Modern Man*』.

를 통해 치료책이 없는 비관주의에 이를 수도 있다. 다시 말해 소망은 비관주의와 현실주의의 평형추도 아니며, 분명히 보이고 이해되며 파악된 실재의 평형추도 아니다. 소망은 자체의 실체를 현실주의 안에서 발견하고, 현실주의는 자체의 가능성을 소망 안에서 발견한다.

소망과 현실주의

살아 있는 소망이 없이는 실제적인 상황을 살필 인간적인 능력도 역시 없다. 즉 인간은 결코 실재를 지탱할 수 없다. 인간은 자신을 속이고 현실을 숨기며 자신에게 환상과 정당화를 부여하느라 시간을 보낸다. 마르크스는 허위의식 및 이념에 대한 자신의 이론과 함께 정황을 완벽하게 파악했다. 그는 소망하고서 만이 현실을 볼 수 있었고, 소망의 내부에서만이 현실을 볼 수 있었다. 그리고 현실을 구분하여 타인들에게 보여주려고 시도할 수 있었다. 하지만, 소망이 순수하게 인간적인 한에서, 또한 소망의 유일한 가능한 원천 위에서가 아니라 역사적인 분석 위에 기초해 있는 한에서, 그런 소망은 기만적이고 불충분하다.

그러나 마르크스의 운동이 받아들일 만한 유일한 것이었음을 염두에 두어야 한다. 그것이 왜 마르크스가 현실과 자신의 시대에 가능한 한 다가갔던 사람인가 하는 이유이다. 소망이 없다면 현실은 무자비한 기계, 지속적인 단죄, 두려움의 원천, 위로가 없는 근심의 원천이 된다. 인간은 결코 상황을 마주 볼 수 없지만, 그렇게 할 수 없을 때 그는 멈추어지고 차단당한다. 인간은 현실을 바라보지 않고, 현실의 가장 위협적인 온갖 차원에서 현실을 받아들이지 않으며, 자신이 처해 있는 막다른 골목이나 혹은 숙명을 보기를 거부한다. 그 인간은 거기에서 빠져나올 수도 없고, 실재를 뛰어넘을 수도 없으며, 전진할 수도 역사를 만들 수도 전혀 없다. 인간으로 하여금 인간이 되게끔 하는 것은 결코 긍정적이고 위로를 주는 주의ᴴ義도 아니고, 진보의 철학도 아니며, 역사적인 낙관주의나 혹은 형이상학적인 낙관주의도 아니다.

창조와 기술과 인간에게 주어진 "**절대 긍정**"은 침체와 수구守舊와 방임의 신조이다. 만일 "원시적인" 인간이 자신을 둘러싼 자연에 대한 "절대 긍정"에 순응했다면,[222] 그는 자신의 어리석음에 의해 단지 사라지고 제거되었을 것이다. 인간이 상황과 추위와 배고픔과 맹수와 일반적인 적대감을 가장 현실주의적인 방식으로 확인함으로써 "**절대 부정**"을 표명했다. 그런데 그것은 상황이 그렇다고 인정하지 않는 것이고, 그 세계가 추위와 배고픔과 온갖 위험의 세계임을 인정하지 않는 것이다. 아직 이름이 붙여지지 않은 소망에 이끌리어 인간은 행동했고 이겼다. 이제 우리는 같은 선택 앞에 있다. 그것이 왜 소망이 여전히 결정적인가 하는 이유인데, 우리가 결정을 내릴 수 있는 것은 사실상 그런 소망으로부터 일 뿐이다.

그러나 정치적이고 과학적이며 기술적이고 경제적인 그 결정은 현실에 대해 명확하고 엄밀한 시각에 따른다는 조건에서만 의미가 있다. 그런 현실주의가 없이는 소망은 이상주의에 빠질 수밖에 없다. 나는 이상주의가 어떤 수준에 있든지, 이상주의는 인간에게 있어서 온갖 함정 중 가장 나쁜 것이고 가장 큰 위험이라고 생각한다. 그것은 행복한 삶이 그려진 잡지 속으로 또한 텔레비전의 최면 속으로 도피처를 찾으면서, 행복에 대한 단순한 몇몇 판단에 만족하는 평범한 인간의 이상주의일 수밖에 없다. 그리고 그것은 표현방식을 신봉하고 단어에 사로잡혀 있는 정치적 이상주의일 수밖에 없다. 이상주의의 가장 좋은 예가 히틀러주의인데 그것은 실제로 인류에게 제시된 대단한 이상이었다. 젊은이들에게 이상을 반드시 제시해야 한다는 것을 선언하기 위해 1930년과 1936년 사이에 쓰인 백여 편의 글을 나는 기억한다.

이상은 거짓일 수밖에 없는 것이 된다. 오늘날 그런 이상은 사회주의이다. 사회주의는 현실에 따르지 않은 담화 속으로, 또한 완전히 쓸모없지만 해를 끼치는 활동 속으로, 인간을 또다시 개입시킨다.[223] 실재는 최소한의 해석과 함께 파악

---

222) [역주] 원시 인간이 자신을 둘러싼 험난한 자연 환경과 상황을 체념한 채 받아들이고 거기에 굴복했다면 생존하지 못했을 것이라는 뜻.

되어야 하고 그 수준에서 살펴져야 한다. 그러나 교조적 유물주의는 이상주의임을 여기서 강조할 필요가 있다. 물론 철학적인 측면에서 그 둘 사이에는 대립과 모순이 있지만, 실천과 행동에서 유물주의는 체계로서 작용한다. 그 체계는 해설적이고, 실재로부터 떼어져 있으며, 그 내부에서 사람들이 그 실재에 의미를 부여하려고 애쓰는 것이다. 즉 실재로 하여금 체계 속으로 들어가게 하려고 실재를 불가피하게 변형시키고, 실재를 해석할 수 있게 만들려고 실재를 절단한다는 것이다. 그것은 현실에 적용된 마르크스주의의 교훈이다. 결국, 이상주의는 철학적이 될 때 마찬가지로 가증스러워진다.

소망의 실재로서 현실주의

현실을 자양분으로 삼는 소망은 우리로 하여금 다음 같은 것들에 대한 고찰을 거부할 수밖에 없게 한다. 즉 그것은 **관념**에 대한 고찰, 혹은 내가 과학적인 수단들이라고 말할 수도 있는 우리의 수단들에 의해 확인할 수 있는 실재와는 다른 실재에 대한 고찰, 곧 일상생활의 수준에서 체험된 실재보다 더 진실할 수도 있는 실재에 대한 고찰이다. 이상주의는 인간의 영구적인 실망을 만들어 내는 것이고, 그 자체와 다른 것을 체험하고 싶은 유혹이다. 칸트와 헤겔은 기독교에 대한 거짓의 화신이다. 그와 동시에 그들은 역사의 광란하는 힘에 자유롭게 솜씨를 발휘할 기회를 주고, 그 힘이 자유롭게 유포되도록 내버려 둔다. 그 광란하는 힘은

---

223) 저자가 현실주의를 주장하기 때문에 더더구나 의미심장한데, 내용이 없는 그런 이상주의의 가장 좋은 예는 장 꼬르다(Jean Cordat)의 책이다(『가난한 자들의 혁명과 복음 *Révolution des pauvres et Evangile*』, 1970년). 우리는 거기에서 가난과 제 3세계와 식민지화와 제국주의와 사회주의 등 온갖 흔해 빠진 이야기의 종합 앞에 있게 된다. 내가 같은 종류의 많은 다른 것들 중에 그런 책을 인용하는 것은 한편으로 그 책의 저자가 자료 수집에 엄청난 수고를 했고 그가 그리스도인이며 대단한 선의의 사람이기 때문이다. 다른 한편으로는 그가 상당한 수의 정확한 사실들에 대한 확인 사이에 불일치를 달성하기 드물 정도로 나타내기 때문이지만, 그 사실들은 참고 틀 속에 위치해 있고 기존의 해석 엄밀히 말해 부정확한 해석의 창살을 통해 보여 지므로 완전히 쓸데없이 된 것이다. 즉 그것은 실재가 사회주의와 신식민주의 위에서 이상주의에 의해 가려지기 때문에 가짜 현실주의이다. 선입관을 품지 않은 시선으로 보면 불일치는 아주 긴박하다. 즉 순전히 허구적이고 이상적인 설명들과 해결들의 일종의 언어표현적인 정신착란으로 들어가려고 사람들은 단순하지만 적절한 묘사로부터 빠져 나온다.

예를 들어 다음 같을 때 생기는데, 즉 **관념**의 운동에 몹시 열광한 인간이 프러시아라는 국가가 모든 것을 휩쓸어 버림을 알지 못할 때이고, 또한 **관념**의 그런 구현이 이 시대에서 인류의 궁극적인 예속일 따름임을 알지 못할 때이다.

이상주의는 생겨나는 것과 생겨날 것에 대해 항상 착각하게 한다. 역사와 변천의 그럴듯한 도식을 제시하는 것은 신기한 일이었다. 하지만, 국가를 집요하게 강화시키는 것이 결정적인 유일한 실재였을 때, 또한 인간이 국가가 그렇게 되는 것을 막으려고 자신의 모든 힘을 모아야 했을 시점에서, 그 빗나감과 사기詐欺는 대단했다. 이상주의는 국가가 그렇게 되는 것으로부터 돌려놓았다. 그런데 그것은 괴물에게 쾌활한 모습을 띠게 하는 화환과 장식이다. 그러나 괴물을 그럴듯하게 꾸며놓고 나서 그 괴물에 대해 깜짝 놀라는 자들을 괴물은 계속 먹어 치운다.

그런데 현실주의 없이는 소망에 실재가 없다. 소망은 푸른 하늘에서 방황한다. 그것은 기분 좋게 하는 떠도는 작은 혼이다. 그것은 하찮은 소망이자 매혹적인 놀이이지 중대한 것은 아니다. 펼쳐지는 집요한 힘의 지속 속에서만이, 제기되는 문제에 대한 해결의 불가능성 속에서만이, 사회적인 압제와 기술화 속에서만이, 분쟁들 속에서만이 소망은 존재하기 시작한다. 다른 곳 어디에서나 사람들에게 소망은 소용없다. 소망이 없이도 사람들은 곤경에서 잘 빠져나온다. 사태가 흘러가도록 내버려 두고, 인간을 자기 자신에게나 혹은 자연에 내버려 두는 것으로 충분하다. 소망은 적나라한 실재의 끔찍한 존재함 속에서만이 힘과 활동이 된다. 다음같이 나에게 말하는 것은 아무 소용이 없다. 즉 내가 적나라한 실재를 결코 포착하지 못한다는 것이고, 내가 품을 수 있는 것은 상황에 대한 문화적 견해라는 것이며, 비관주의는 낙관주의만큼이나 마찬가지로 기만적이라는 것이다. 나는 그런 이야기를 잘 안다.

내가 말할 수 있는 바는 죽은 인간은 죽은 인간이라는 것이다. 거기에 실재가 있는데, 그 실재에 대해 길게 논란하는 것은 쓸데없는 일이다. 내가 맞부딪치는 그 실재는 나에게 원상회복이 불가능한 것이다. 그래서 어떠한 문화적 형상도 없는데, 문화적 형상은 즉시 파악되고 체험되는 실재에 대한 이후의 해석이다. 내가 살펴보고 숙고하며 해석하기 시작할 때, 나는 문화적인 형상, 해석의 망網, 나의 심리적 낙관주의나 혹은 비관주의, 나의 체계 등을 조심해야 한다.

그러나 한편으로 그런 것은 사실fait에 대해 내가 가질 수 있는 경험 및 내가 체험했던 원래 그대로의 기지사항에 아무것도 변화시키지 않는다. 다른 한편으로 그런 것은 어떤 지적인 엄밀함과 비판적인 방법에 의해 바로 논박될 수 있다. 그것이 왜 실재가 포착될 수 없는 듯이 보이지 않는가 하는 이유이다. 하지만, 그 실재는 실험될 수밖에 없다. 사람들이 우선은 파악하고 그다음에 설명하려고 하기 때문에, 개인적인 실험이 없이는 사회학도 심리학도 존재하지 않는다. 소망은 해석이 거짓과 환상과 정당화가 되지 않도록 작용한다. 그뿐만 아니라 소망은 그 실재에 의해 패배당하지 않게 하는 힘을 만든다. 또한, 소망은 어떤 주변 인물의 죽음에 대한 경험을 통해 내가 자살이나 포기에 이르는 것이 아니라, 그와 반대로 그 경험이 삶과 소망의 출발점이 되게 하는 힘을 만든다.

사회학적인 세 측면과 현실주의

그러나 그 현실주의는 순전히 개인적이고 즉각적인 경험으로 국한될 리 없다. 나는 우리의 인위적 표상 밖에서 실재가 있음을 구체적으로 떠올리게 하려고 만이 그 예를 들었다. 유용하고 필요한 진정한 현실주의 곧 소망의 조건으로서 변함없이 남아 있는 현실주의는 사회학적인 차원에서 규정되어야 한다. 사회 집단과 그 집단의 역사에 대한 이해를 위해서는 세 가지 가능한 측면이 있다.

하나는 피상의 측면으로서 사람들이 사건과 현실과 인물에 집착하는 것이다. 그 예로 갑자기 떠오르는 것이 두브체크Dubcek, 224)이다. 그것은 인간의 모습을 한

---

224) [역주] Alexander Dubcek(1921-1992). 체코슬로바키아 공산당의 서기장으로서 소련의 개입으로 무산된 '프라하의 봄'이라고 불리는 체제의 자유화 운동을 이끈 체코슬로바키아의 정치가이다.

사회주의이고, 프라하에서의 러시아인들이다. 그것은 흥미진진하다. 사람들은 사진과 세부 사항과 연설을 뒤지며, 이런 것이 아주 중요하다고 이해한다. 여행과 탱크와 기자 회견…. 30년 전부터 나는 "결코, 상황이 이제는 이전과 같지 않을 것이다."라는 말을 1934년 2월 6일로 부터 적어도 수천 번이나 들었다. '68년 5-6월'[225]의 모든 사상가에 의해 되풀이된 그 표현방식이 새롭다고 여기지 말아야 한다. 히틀러주의와 함께 1933년, 1934-1935년과 이디오피아 전쟁, 1936년과 인민전선[226], 1937년과 스페인 전쟁…. 나는 계속 열거할 수도 있다.

매번 수많은 기자와 지식인은 방금 결정적인 전기를 이루었다고, 또한 **모든 것**이 근본적으로 변했다고 설명하곤 했다. 사실상 아무것도 실질적으로는 변하지 않았다. 정부 담당자가 교체되었고, 연설의 주제와 제복의 색깔과 구호의 내용이 바뀌었던 것이다. 그러나 엄밀히 지속한 것은 사람들이 규칙적으로 대량으로 죽음을 당했다는 점이다. 인민전선은 스페인에서 승리했을 수도 있고, 공산주의자들은 1933년 독일에서 승리했을 수도 있다. 그런데 그것은 거의 마찬가지로 많은 희생자를 생겨나게 했을 수도 있다. 같은 것은 없고, 여전히 그렇다는 것이다. 사건과 볼거리에 집착하는 것과 선거를 분석하고 연설의 내용을 분석하는 것은 아무 소용이 없다. 시사성 있는 현실에 대한 언론매체적인 인식은 세세하고 부차적인 관심을 드러낸다. 역사의 난간에 서 있는 것은 분명히 흥미진진하지만, 그런 인식을 통해 더 결정적이고 깊은 실재에 대한 관심은 다른 데로 돌려진다.

그 다른 극단에 있는 세 번째 측면은 아주 심한 추상의 측면이다. 여기서는 사람들이 모든 것이 비슷해진다고 할 정도로 깊이 실재를 파악하려고 한다. 또한, 국가와 그 형태에 대해 권력의 현상으로만 기억한다. 그러나 사람들은 어떠한 권

---

225) [역주] '68년 5-6월'(Mai-Juin 68)은 프랑스 학생 혁명이 일어났던 1968년 5월과 6월을 가리킨다.

226) [역주] 인민전선(Front Populaire)은 프랑스의 경제적 위기 상황에서 좌파 정당들이 파시스트들의 위협에 대항하여 연합함으로써 선거에 승리하여 정부를 사회주의자인 레옹 블룸(Léon Blum)에게 맡긴 1936년부터 1938년까지 시기를 가리킨다.

력 현상이든 그것에는 같은 구조가 있음을 알아차린다. 그래서 사람들은 어떠한 집단에서든 또한 어떠한 측면에서든 권력을 그 자체로 연구하게 된다.

그러나 그 둘 사이에, 즉 사건들 아래에 있고 근본적인 불변 요소들 위에 있는 중간 영역이 존재한다. 진정으로 역사를 이루고, 시대나 혹은 체제를 특별한 방식으로 만들어내는 일시적인 구조와 운동과 규칙성이 있다. 그와 같이 공공의 사건들과 선거 아래에, 또한 권력 현상의 불변 요소 위에 국가가 존재한다. 그 국가는 **군주제**와 **공화제** 아래에서 비슷하고, 공산주의 체제와 자본주의 체제에서 비슷하다. 그 차이점은 우리 시대에서 결정적인 현상에 비해 부차적이다.

비유를 하려고 바다를 살펴보자. 표면에는 파도가 있고 바람에 의해 일으켜진 찰랑거림이 있다. 분명히 그것들만이 중대한 것일 수도 있고 배를 파선시킬 수도 있다. 그러나 그것들은 피상적인 현상이고, 심연 속에는 무덤 같은 부동不動상태가 있다. 그 둘 사이에는 흐름, 조류, 토대의 변화, 사구의 형성과 변형이 있다. 기독교적 현실주의가 위치되어야 하는 것이 그 중간entre-deux에서 라고 나는 주장한다. 게다가 나는 사회적이고 정치적이며 경제적인 관점에서 결정적인 동시에 가장 흥미로웠던 것이 그 '중간'임을 드러내려고 애썼다. 그러나 소망이란 질문을 사람들이 자신들에게 제기하는 것은 바로 거기에서 이다.

우리는 상황이 결말도 희망도 없을 때 소망이 생겼다고 말했다. 그런데 지역적으로 또한 개인적으로 비극적 상황이 있을지라도, 현실성의 측면에서 결말이 없는 상황은 없다. 인간적인 희망이 작용할 수 있는 것은 그 측면에서 이다. 예를 들어 죽음이 다가오는 것을 보고 헛된 희망을 품지 않는 사람에게 있어서는 물론 소망의 중대한 결단이 역시 존재하지만, 교회와 세상에는 결정적일 수 있는 것이 소망의 결단은 아니다. 반대로 인간은 먹어야 한다는 사실이나 혹은 어떤 사회이든 어떤 집단이든 늘 권력이 필요했다는 사실같은 사회적인 삶이나 혹은 인간적인 삶의 불변 요소 앞에서 소망은 어떠한 자리도 차지하지 못한다. 소망이 마주하는 진정한 실재, 즉 인간과 사회를 절망과 무력증으로 이끌 수도 있고 자체의 가혹함을 인간의 민감성에 가중시키는 실재는 바로 그 '중간'에 위치하는 실재이다. 현실주의가 작용해야 하는 것은 결국 거기이다.

4. 결단

우리는 소망의 세 가지 토대와 원인과 표현인 것으로서 기다림과 기도와 현실주의에 대해 방금 이야기했다. 그런데 우리가 여기서 세 가지 결단 앞에 있음을 자각해야 한다. 기다림의 인간은 다른 아무것도 할 줄 모르기 때문에 하나의 짐처럼 놓여 기다리는 인간이 아니라, 기다리기로 결단했고 끊임없이 그 결단을 새롭게 하는 인간이다. 그는 여러 가능한 행동 가운데서 그 선택을 했고 그 선택을 골랐다. 기도는 우리가 살펴보았듯이 기도하라는 계명에 순종하는 것만을 우리 시대에서 그 토대로 삼는다. 즉 그것은 여전히 결단이다. 그리스도인은 그 계명에 순종하기로 결단했고, 그토록 많은 다른 사람들과 대조적으로 그리스도인은 그 계명을 선택했다.

현실주의 역시 선택의 결과이다. 더 위안거리가 되고 위세를 떨치는 이상주의를 대부분 그리스도인은 선호한다. 그 이상주의는 고귀하고 심오한 담화들을 가능하게 하고, "기독교"의 담화들과 고귀함에 그토록 더 잘 어울리는 듯하다. 그런데 기독교가 현실주의를 향해 방향을 설정할 때, 그리스도인은 대단한 심오함에 더 기대를 걸거나 아니면 현실성 있는 사건에 더 집착한다. 소망과 상호 연관된 현실주의는 확고한 결단의 대상이고 인식의 대상이며 확정의 대상이다.

다른 말로 하면 그 세 가지 경우에서 우리는 의지와 선택에 따른다. 그 결단은 인간적인 수준에서 이루어질 수도 있고, 인간이 이루어낼 수도 있다. 물론 그 선택을 하기 위한 이유와 동기가 필요하다는 점에서, 인간은 **성서**를 알고 그것을 진실한 것으로 받아들이며 그 방향으로 떠밀려진 자이다. 하지만, 인간의 결단은 기적에 의해 조금도 채워지지 않는다. 그와 같이 오늘날 인간 안에서 성령의 가장 높고 결정적인 표현이자 신비스러운 현상인 소망은, 우리가 말했던 삼중적인 결단으로부터 나온다.227) 그러나 하나님과의 관계 속에서 모든 것처럼 상호성이 존재한다. 우리가 그 삼중적인 결단을 내릴 수 있다면, 그것은 우리가 이미 소망 속에 있기 때문이다. 아마 그 점을 모르고 있을 수도 있으나, 그것은 뒤따르는 결과에 따라 밝혀질 것이다.

　우리가 그 선택을 거부한다면, 주어진 소망은 소멸한다. 반대로 그 삼중적인 결단을 통해 결코 자동으로 소망이 생겨나지는 않는다. 그러나 우리가 그 선택을 할 때에만이, 소망은 우리에게 분명히 주어진다. 혹은 밝혀지고 혹은 명백해진다. 그 선택을 하는 것은 활동 중인 소망을 이미 체험하는 것이다. 소망은 늘 성령의 산물이자 성령의 엄청난 성과이다. 하지만, 우리의 결단은 주어진 소망의 체험된 표현으로서 뿐만 아니라, 소망할 수 있도록 성령에게 던져진 도발로서 나타난다. 즉 그때 소망 되는 것이 바로 소망 그 자체이다.

---

227) [역주] '삼중적인 결단' 이란 앞에 나온 기다림, 기도, 현실주의 등 세 가지 결단을 지칭한다.

III. 징표들과 잠행潛行

1. 징표들?

소망은 우리가 여러 번 말했듯이 보여야 한다. 그래서 우리는 즉시 징표들을 생각하기에 이르렀다. 우리는 우리 소망의 징표들을 인간들에게 주어야 한다. 그것은 오랫동안 바르트주의로부터 나온 가장 일반적인 입장이었다. 사람들은 하나님나라의 징표들과 예수 그리스도의 '주主가 됨'의 징표들만을 세상에 줄 수 있었다. 그리고 교회는 그런 징표들이나 혹은 여러 징표 중 하나이었어야 했다! 다른 길과 마찬가지로 진실한 길이 무엇이든 간에 또한 다른 길보다 분명히 더 실천하는 길이 무엇이든 간에, 실제로 그것은 만족할 만한 것이 결국 될 리가 없다.

현대사회에서 징표들의 무의미

그러나 징표의 그러한 윤리가 실제로 '징표의 신학'에 일치함을 우선 이해해야 한다. 우리가 하나님의 진리에 대한 윤리적 표현으로서 징표들을 결국 제시하게 되는 것은, 우리가 계시와 예수 그리스도의 일 혹은 예수의 인격 혹은 예수의 가르침을 징표로서 간주할 때이다. 그러나 그런 신학적 해석은 지탱될 수 있는가? 징표들만 존재하는 것인가? 자신을 드러내는 하나님이 자신 그대로인 바의 징표들만을 우리에게 주는 것일까? 그렇지 않으면 하나님은 드러낼 만한 자신의 실재 228)속에서 또한 말해질 수 없는 **이름**의 선포 속에서 자기 자신을 드러내는

---

228) 물론 나는 그것이 우리가 포착할 수도 있는 하나님의 그 자체로서 실재임을 말하고 싶지 않

것일까? 그 이름은 단지 다른 것을 참조케 하는 징표일까, 아니면 주어진 실재 자체일까? 십자가는 징표일까, 아니면 실제로 모든 인간에 대한 속죄일까? 부활은 징표일까, 아니면 실제로 죽음에 대한 구체적인 승리일까? 예수의 인격은 다른 인간들과의 관계이어야 할 혹은 관계일 수 있는 것의 징표일까, 아니면 실제로 우리와 함께 하는 하나님 즉 임마누엘의 존재일까? 선택을 해야 한다.

　'징표의 신학'을 통해 분명히 '징표의 윤리'가 생겨난다. 그런데 '징표의 윤리'는 우리 사회에서 아무것에도 일치하지 않음을 인정해야 한다. 전통적이고 인구가 별로 없으며 기술적으로 그리 진보되지 않고 정치적으로 별로 복잡하지 않은 사회에서, 한 인간이나 혹은 작은 집단이 가시적이고 의미가 풍부하며 생각을 유발하는 징표가 될 수 있음은 분명한 사실이다. 에로스트라테229)가 우리에게 보여주듯이 어려움이 이미 있더라도, 그 인간과 집단은 인식될 징표들을 역시 줄 수 있다. 그러나 에로스트라테의 징표는 역사가 그를 기억했기 때문에 상실되지 않았다.

　그러나 우리 사회와 같이 복잡하고 숫자에 눌려 있으며 과학적으로 진보된 사회, 특히 사방에서 오고 어디에나 퍼져 있는 무수한 표지(標識)들230)과 아무런 것을 위해 아무런 사람에 의해 주어진 수많은 징표들에 의해 궤도를 벗어난 사회에서, 징표는 엄밀히 말해 더 이상 아무 것도 의미하지 않는다. 우리 사회에서 징표에 의해 의미가 유발된다는 것은 사실이 아니다. 징표는 한꺼번에 하역되는 수많은

다. 계시 전체는 상징들을 가로질러서 실현되고 문화적인 맥락과 관계를 맺는 것은 아주 분명하다.

229) [역주] 전설에 의하면 어떤 대가를 치르더라도 유명해지려고 애쓰던 에로스트라테(Erostrate)는 세계 7대 불가사의 중 하나로 꼽히던 에베소에 있는 아르테미스 신전에 불을 놓았다. 사형을 선고받은 에로스트라테의 사형이 집행된 후 그가 추구했던 사후의 영예를 그에게서 박탈하기 위해 그의 이름을 언급하는 것이 금지되었지만, 몇몇 역사가들에 의해 그 저주받은 이름이 전해졌기 때문에 그 비밀은 지속되기가 힘들었다. 에로스트라테의 신화는 어떠한 재능으로도 두각을 나타낼 수 없음을 느끼는 자에게 간혹 엄습하는 파괴적 광분, 해를 끼치는 비밀을 발설하지 않게 할 수 없음, 행복하고 불행한 사건들의 병존을 나타낸다.

230) [역주] 표지(標識 signal)란 신호나 표지판 등과 같이 어떤 것을 드러내고 표시하는 기능을 가진 것을 말한다. 또한 관례적이고 판에 박힌 징표를 가리키기도 한다.

급송急送 물건 중 고물 전부와 함께 헐값으로 넘겨진다. 신앙과 사랑과 자비라는 징표를 부여하는 것은 더는 아무것도 아니다. 역사에 따라 에로스트라테의 이름은 기억되었으나, 아마도 20세기에 그리스도의 진정한 사랑의 가장 훌륭한 징표인 이로히토 카가와231)의 이름을 누가 기억했겠는가?

현대 사회에서 징표들의 한계

징표를 보는 것은 필연적인 현실주의에 속하고, 징표를 아는 것은 '하나님과의 단절'에 대한 진단에 속한다. 그런데 예수 그리스도의 징표는 다른 징표들 가운데 단지 파묻혀 있을 뿐만 아니라, 우리가 속한 사회와 이 사회의 서구인은 그런 종류의 징표에 관심이 없다. 즉 사람들이 요구하는 것은 '가능한 것'에 대한 지표가 아니라, 전체적인 실현과 정치적 · 경제적 · 교육적 · 심리적 문제의 총괄적인 해결이다. 징표들은 조롱처럼 보인다. 치료받지 못하는 수많은 환자가 밖에서 줄을 서 있을 때, 환자가 인간으로서 진정으로 존중되고 자신의 뜻과 존엄과 깊은 인격에서 존중받는 모범적인 병원을 만드는 것은 그들과 무슨 이해관계가 있을까? 기독교적인 사랑의 징표는 그것이 눈에 띌 때 반反징표로 간주된다. 다른 말로 하면 우리 사회는 전적이고 집단적이며 결정적인 해결과 즉각적인 답을 요구한다. 즉 우리 사회는 소망과 하나님나라를 향한 방향 설정을 당연히 거부한다.

게다가 그런 전체적인 실현은 '실재의 신학'에 일치한다. 현실적으로 예수가 온 **세상**의 완전한 **주**主가 **된다**면, 기독교적인 활동이 나타나야 하는 것은 그 현실성의 측면과 전체성의 측면이다. 그와 같이 두 가지 면에서 우리는 전체적이고 의미가 드러나지 않는 구체적인 것에 관여할 수밖에 없게 된다. 또한, 우리는 말

---

231) [역주] 이로히토 카가와(Irohito Kagawa)는 실재하지 않는 인물이다. 엘륄은 일본에서 많은 학교와 병원과 교회를 설립했던 선교사이자 사회개혁자로서 가끔 성(聖) 프란체스코나 마더 테레사에 비유되기도 하는 토요히코 카가와(Toyohiko Kagawa, 1888-1960)를 언급한 것 같다.

하는 것이나 혹은 드러내는 것 대신에 행동할 수밖에 없게 된다. 그래서 우리는 두 가능성 앞에 존재한다. 하나는 기독교가 총괄적인 제도 속에 구현되고, 정치와 경제를 실제로 포함하는 체계 속에서 표현되는 것인데, 그것은 기독교 국가의 전형일 것이다. 다른 하나는 기독교가 총괄적인 해결을 가져온다고 자부하는 비기독교적 운동 속에 용해되는 것이다.

그런데 우리 시대에는 기독교 국가의 길로 접어들 수 없다는 것이 분명하다. 게다가 그런 이념이 진정으로 포기되지 않으면, 곧 그 이념이 사회 참여를 한 그리스도인의 마음 깊은 곳에서 계속 깨어 있는 한, 그럴 수밖에 없다는 것이다! 우리 사회의 경향에 일치하는 동시에 '실재의 신학'에 일치하려면 다른 길 외에 더 이상 남아 있지 않다. 그러나 여기서 우리는 헛된 희망을 품지 말아야 한다. 그것은 한편으로 현실성과 피상성과 이념 속에서의 분산과 분열과 약화이고, 다른 한편으로 기독교 자체에 대한 포기이다.

"그러한 개혁 혹은 혁명에 의해서 사람들은 단지 인간적이고 정의로우며 형제애가 있는 사회에 이를 것이다."라고 믿는 환상이 어느 정도 포함되어 있는지 알려면, 또한 그들이 표현할 수 있는 계시의 요체에 대한 포기가 어떤지 알려면, 정치적인 혹은 사회적인 삶으로의 참여 속으로 그와 같이 뛰어들었던 사람들을 살펴보는 것으로 충분하다. 즉 기독교의 총체는 모든 인간과의 관계 및 의사소통으로 귀결되고, 정의나 혹은 자유를 위한 인간들의 투쟁에 대한 참여로 귀결된다는 것이다. 그런 태도를 정당화하는 두세 개의 본문만 기억되는 **성서**와 **계시**에 대한 근본적이고 본질적인 축소 앞에서, 우리는 이 시대의 "정치 · 사회적 운동" 속에서 기독교와 그리스도인들의 '용해 · 확산'이라는 방향 설정을 근본적으로 거부할 수밖에 없다.

오늘날 가장 일반적인 방향 설정 즉, 비기독교적인 사회 운동과 관계를 맺는 것과 기독교의 특수성을 포기하는 것은 모든 관점에서 가장 불길한 듯이 보인다. 그 방향 설정은 현장 부재 증명의 구실을 하는 '세상의 신학'에 그토록 의거하는 것이 아니라, 사회적인 압력에 따르고 물질적인 문제 및 정치적인 해결에 대한 집단적인 과대평가에 따른다. 모든 것 위에 있고 모든 것의 판단 기준이 되는 것이 물질적인 문제이며, 현실주의의 뚜렷한 부재와 더불어 중요해진 것이 정치적인 해결이다.

2. 잠행潛行

따라서 우리는 완전히 막다른 골목에 와 있다. 기독교의 온갖 전통적인 표현 형식은 신학적 이유에 의해서든지 필요에 의해서든지 제외되어 있다. 우리가 실제로 '하나님과의 단절' 시대에 있다면, 그 점에 대해 지나치게 놀랄 필요는 없다. 바로 그런 상황에서는 '여기서 또한 지금'hit et nunc 살아 있는 하나님의 말에 의해 성취될 수밖에 없는 듯이 드러난 해결도 있을 리 없고, 인간이 받았던 계시에 대해 인간에 의해 만들어진 표현도 있을 리 없다. 우리가 의미를 부여하지 못하는 것이나 혹은 답을 전해 주지 못하는 것은 전혀 놀라운 일이 아니다. 그러나 우리는 그것으로 만족할 수 없다. 우리는 "하지만, 소망이 있다."라고 말하지 않을 수 없다. 그런데 우리가 그 속에서 그런 소망을 체험하도록 부름 받은 세상의 실재 앞에서, 소망을 통해 우리는 잠행으로 이를 수밖에 없다. 결국, 이 세상에 대한 그리스도인들의 잠행과 세상 가운데서 그리스도인들의 잠행이 하나님의 잠행에 일치하는 것은 당연하지 않을까? 또한, 세상에 대한 교회의 침묵이 하나님의 침묵에 일치하는 것은 당연하지 않을까? 잠행은 아마도 오늘날 소망의 깊고 진지하며 진정한 형태이다. 그러나 여전히 의견의 일치가 필요하다.

이스라엘 민족과 잠행

물론 나는 앞에서 비판했던 바로 그 태도에 따를 수는 없다. 즉 세상의 온갖 시도를 본질적이고 근본적이며 결정적인 것으로 간주하고 기독교를 위장하면서,

그 시도에 가담할 필요가 없다는 것이다. 또한, 기독교를 하찮은 부수적인 것으로서, 보조약으로서, 타인들과 우리를 조금도 구별하지 못하는 어떤 것으로서, 아주 상당한 가치가 있는 이념으로서 제시하면서, 그 시도에 가담할 필요는 없다는 것이다. 마찬가지로 잠행은 자신의 증언을 하지 않은 채, "행위와 봉사와 존재함에 의해 증언을 전달하는 것"이 아니다. 행위에 대한 어떠한 증언도 없어서, 행위와 말 사이에 연합과 일치와 상호성이 있을 때에 만이 증언이 존재한다.

잠행은 그 하찮은 조정 방식과 우리 사회에 대한 적응 방식과 이 세상 속에 살기 위한 편의 방식보다 훨씬 더 심오하다. 잠행은 다음 같은 교회를 기꺼운 마음으로 제거하는 것도 역시 아니다. 즉 그것은 온갖 잘못에 책임이 있고, 사람들과 만남에서 장애물을 만들며, 자체의 신학에서 거짓인 교회이다. 또한, 그것은 자체의 예배 안에 예배가 아닌 것을 어쩔 수 없이 만들고, 우리의 보기에는 물론 하나님이 보기에도 중요한 유일한 것 속으로 사라질 수밖에 없는 교회이다. 왜냐하면, 현대 사회가 '세속 도시'안에서 와해할 수밖에 없기 때문이다. 잠행은 예수 그리스도의 사랑을 함께 체험하기 위해 우리에게 주어졌던 유일한 형태를 소멸시키는 것이 아니다. 잠행은 그 모든 것의 이상인 동시에 이하이다. 그러나 나는 그것을 이해하게 하려고, 역사적인 경험 즉 이스라엘의 경험에 따르고 싶다.

이천 년 전부터 이스라엘은 잠행의 민족이고, 삼천 년 전부터 이스라엘은 소망의 민족이다. 몰트만이 자신의 '소망의 신학'을 부활 속에 뿌리박게 한 것은 당연하다. 그리고 그가 유대 신학의 틀 속으로 또한 선민選民의 도도한 체험 속으로 부활을 완전히 다시 위치시키면서, 소망의 표현으로 부활을 해석한 것은 당연하다. 이스라엘은 그것을 원했고 약속의 민족이 되려고 애썼다. 그것은 네헤르가 기독교에 대한 자신의 거부와 관련하여 강조하는 바로서, 그 거부는 "유대민족적인 집요함에 의해 침묵과 약속에 부여된 신뢰로부터" 나오는 것이다. "기독교의 메시아사상 앞에서 '아직 아니다.'라고 유대인은 외친다. 아무것도 세상의 역사에서 성취되지 않고 아브라함은 늘 모리아232) 위에 있다. 그 문들은 **가능한 것**의 무한한 에너지를 향해 열린 채로 있다. **말씀**Verbe은 아직도 마지막 말 한마디를 하지 않았는데 아마 자신의 첫 말 한마디도 아직 하지 않았다."

네헤르는 승승장구하는 교회와 굴욕을 당한 유대인 회당이라는 '스트라스부르의 두 동상'233)이란 주제를 다루면서, 다음같이 입증한다. 즉 "승리하거나 혹은 실패하려는 철학자로서의 프로메테우스처럼도 아니고, 죽고 나서 부활하려는 예수처럼도 아니라, 소망하려는 유대 **족장**으로서 아브라함이 침묵에 둘러싸여 들었듯이", 두 눈이 가려진 유대인 회당이 보고 듣는 것을 입증한다. 이스라엘은 항상 성취되나 결코 실현된 적 없는 소망에 의해서만 살아가고, 소망에 전적으로 집중된 민족이다. 또한, 하나님의 침묵에 익숙해 있고 하나님으로부터의 단절을 알지만, 소망으로 살아가며 이 세상에서 유일하게 소망하는espérer 민족이다. 그러한 민족인 이스라엘은 이 시대의 본보기를 우리에게 보여주는데, 민족으로서 단절 이후로부터 이스라엘은 잠행 속으로 빠져들었다.

이스라엘은 정착된 곳에서 민족들의 도덕과 관습을 표면적으로 받아들이지만, 늘 제시되는 사회적인 혹은 영적인 일치와는 언제나 다르게 나타나고, 그 일치에서 벗어나 있으며, 그 일치를 감당할 수 없다. 이스라엘은 구현된 소망을 가지고 있기 때문에 다른 민족과 다르다. 이스라엘은 은밀하고 신비하며 숨겨진 방식이긴 하지만 엄밀하고 전적인 방식으로, 절대성이라는 늘 졸라매진 영적인 끈에 의해 하나로 된 민족으로서 그 소망을 체험한다. 이스라엘은 의식과 절기와 전통과 찬양과 기도를 비밀 속으로 던져 넣으면서도, 그야말로 언제나 원만한 관계를 유지하고 가능한 모든 관계를 맺어 나가지만, 그와 동시에 이스라엘은 가장

---

232) [역주] 모리아(Moria)는 구약성서 창세기 22장에 나오는 산의 이름으로서 여호와가 아브라함을 시험하여 아들을 제물로 바치라고 한 장소이다.

233) [역주] '스트라스부르의 두 동상'(deux statues de Strasbourg)은 프랑스의 스트라스부르에 있는 노트르담 성당의 남쪽 정면 현관에 있는 세 동상 중 '교회'와 '유대인 회당'을 나타내는 두 동상을 가리킨다. 십자가와 성배를 들고 왕관을 쓴 왼쪽에 있는 동상은 교회를 나타내고, 진정한 신앙을 보기를 거부한다는 의미에서 두 눈이 가려지고 부러진 창을 들고 율법 판을 떨어뜨린 채로 있는 오른쪽 동상은 유대인 회당을 나타낸다. 그리고 두 동상 가운데 있는 동상은 솔로몬 왕을 나타낸다.

진지하고 심오한 것으로 완전히 둘러싸여 있다.

　유대인들에게는 그러한 에너지와 심오함의 징표인 그러한 지혜가 있기 때문에, 그들은 더럽혀지지 않은 계시의 내용을 엄밀히 보존하며, 흩어짐에도 불구하고 심지어는 완전히 합쳐진 채로 남아 있다. 그래서 그들에게는 대단한 일을 할 능력이 있고, 그들이 존재하는 각 사회에서 으뜸가는 자리를 차지할 수 있다. 왜냐하면, 잠행을 체험하려면 예외적인 에너지와 지혜가 필요하기 때문이다. 여전히 그런 사실로부터, 알려진 신비와 사회적 성공은 이상하고 이해할 수 없는 것으로서 나타나고, 진정한 질문을 던지는 것으로서 나타난다. 그것이 바로 잠행의 예이다. 세상과 교회의 '하나님과의 단절'의 이 시대에 나는 그리스도인들이 그와 같은 길로 정확히 방향을 잡아야 하며 그런 본보기를 취해야 한다고 생각한다.

소망 속에서의 잠행

　그런데 우리 그리스도인들과 교회들은 로마 제국 초기 시대의 이스라엘의 상황과 아주 근접한 상황에 있다. 지금이 콘스탄티누스 대제 시대의 끝이며 기원후 2세기의 시점에 다시 와 있다고 간혹 말해진다. 그것은 교회와 국가 사이의 관계 단절에 대해서도 정확하고, 기독교와 비기독교적인 사회 사이의 관계에 대해서도 정확하지만, 다른 점에서는 정확하지 않다. 왜냐하면, 새롭고 미래로 가득한 움직임과 오래되고 과거로 가득한 조직 사이에는 차이가 있기 때문이다.

　그와 반대로 그 접근은 이스라엘과 함께 이루어져야 한다. 그것은 옛 종교로서 다른 종교들 사이에 받아들여지고, 모든 오해의 대상이 되는 종교이다. 또한, 제대로 알려지지 않은 채 겉으로 알려지고, 정치적인 동기로 말미암아 의심받는 이상한 종교이다. 또한, 더는 이해되지 않는 의식과 상징을 포함하고, 개종자들을 만들어내지 못한 채 개종자들을 만들려고 애쓰는 종교이다. 또한, 새로운 신심과 새로운 종교의 분출에 부딪히며 강한 조직을 물려받은 종교이다. 그것은 설사 하나의 힘이더라도, 사회·정치적인 단죄로 즉시 타격을 입는다. 1-2세기에 이스라엘처럼 우리와 교회가 도달해 있는 곳이 진정 거기이다. 이스라엘은 그런 상황을 대처하는 방안을 정확히 발견했는데, 그것을 통해 이스라엘은 이천 년 동안의 박해를 지나갈 수 있었다. 그것이 소망 속에서 잠행이고 단호함이다.

우리는 오늘날 더 나은 답을 발견하기를 기대할 수 없다. 그러나 기독교적인 범주 속에는 보완적인 신학적 동기가 있다. 왜냐하면, 우리가 소망 안으로 들어가야 한다면, 우리는 부활의 범주 속에서 살아야 하기 때문이다. 또한, 죽음을 향해 가는 것과 죽음을 거부하는 것 사이에 전적인 불연속 즉 우리가 조정할 수 없는 불연속 안에 우리는 결국 살아야 하기 때문이다. "부활의 소망으로서 소망은 그것 자체에 대한 생생한 모순이다. 그 모순으로부터 소망이 비롯되며, 그 모순은 십자가의 징표와 죽음의 징표 아래에 놓인다."

그러나 과거에 대한 가시적이고 실제적인 모순은 있을 리가 없다. 왜냐하면, 현재의 명백한 실재에 대한 거부가 있다면, 그것은 미완성된 것과 성취되지 않은 것에 의해서이며, 새로운 활동에 대한 기다림에 의해서 이기 때문이다. 그런데 기껏해야 우리는 그것들의 흔적과 빛과 징표를 그리스도인들과 신앙 안에 있는 형제들 사이에서 얼핏 볼 수도 있다. 하지만, 그것들은 외부인들에게 있어서는 전혀 쓸모없고 의미 없는 하찮은 것이다. 또한, 그것들을 통해 외부인들은 그것들이 관계되는 것에 대해서도 우리의 소망의 효용성에 대해서도 결코 이해할 수 없다.

소망에 대한 기독교적인 모든 주제는 완벽하게 전달되지는 않는다. 그 주제들은 눈에 띄려면 징표가 필요하고, 그 주제들은 이해되려면 영적 고행과 성서 지식과 조밀함과 정신적 고양을 필요로 한다. 그런데 그런 것들은 결코 주어진 적이 없으며, 오랜 기간의 비전秘傳의 전수로부터 나올 수밖에 없다. 소망이 존재하기 때문에 소망의 대상을 직접 전달할 수도 없고, 잠행 외에는 다른 가능한 태도도 존재할 수 없다. 부활의 소망이 존재하기 때문에, 세례에 의해 분명히 우리는 죽었으나 함부로 나타나지 않는 자들처럼 되는 것이 바로 유일한 자세이다.

잠행의 올바른 태도

그 잠행은 편리한 수단이 조금도 아니라는 점에 단지 유의하자. 그것은 단순히 침묵하는 것도, 몸을 숨기는 것도, 영향력을 미치지 않는 것도, 동화되는 것도 아니다.[234) 그것은 절대 지겹게 되풀이되지 않는 진리에 대해 확고하고 변하지 않는 전달자로 남아 있는 것이다. 가면이나 혹은 가명뒤에 하나의 인격이 있을 때 잠행은 존재한다. 그 인격은 잠행 속으로 빠져들기로 했기 때문에, 또한 중요한 것과 결정적인 것을 숨기기로 했기 때문에, 하나의 인격이 되는 것이다. 그러나 숨길 것이 아무것도 없다면, 숨겨진 하나님의 놀라운 비밀과 닫힌 **말**의 놀라운 비밀이 잊혀 진다면, 다시는 소망하지 않도록 자신을 내버려 둔다면, 잠행은 더는 없을 것이다. 즉 인간은-그리스도인은-단순히 자신의 가면 곧 '존재하지 않는 기사'[235)가 되었을 것이다.

타인들이 그 진리를 더는 믿지 않는다고 해서 혹은 타인들과 함께 그 진리를 공유하는 것이 불가능하다고 해서, 그 진리를 일순간에 변경하는 일은 없어야 한다. 가면 뒤에 흠 없는 인내 속에서만이 잠행이 존재한다. 따라서 잠행은 세상에서 이루어지는 것에 적응하고 그것을 수용하는 겉모습을 이루는 것이다. 그러나 정치나 혹은 돈, 노조 운동이나 혹은 사회적 활동, 기술이나 혹은 예술 등 그 모든 것이 결정적이지도 않고 별로 중대하지도 않아서 사람들이 그 모든 것을 행할 수 있다고 판단했기 때문에, 그것은 단지 겉으로 적응하고 수용하는 것이다. 그것은

---

234) 내가 그에 대한 주석자들의 해석의 다양함을 알아차릴 때 내가 확신하지 않는 바와 그가 거기서 들었던 바를 내가 아무리 이해했더라도, 아마도 그런 것은 본회퍼의 그 유명한 "비법의 규율"에 부합한다...

235) [역주] '존재하지 않는 기사'(chevalier inexistant)는 20세기 이탈리아의 가장 위대한 작가들 중 하나인 칼비노(Calvino)의 작품 이름이다.

본질도 아니고 살아 있는 것도 아니다. 하지만, 보장되고 유지된 본질과 살아 있는 것에 따라서만이 그 판단은 내려질 수 있다. 말하자면 그것은 '자신의 방침을 정하는 것'이고, 일종의 '위선'이며, 내재화된 개인적인 신앙으로 돌아가는 것이고, 신앙을 선포하는 것에 대한 포기이다.

그런데 분명히 그렇지는 않다. 소망은 결코 자신의 방침을 정하지 않는다. 잠행은 홀로 작용하는 것이 아니라 더불어 작용한다. 선민과 더불어서 또한 여기서는 그리스도인들과 더불어서인데, 나는 교회도 감히 언급하고 싶다. 그런데 반드시 구현되어야 하는 것은 바로 그런 잠행이다. 마찬가지로 잠행은 좌절의 태도나 포기의 태도가 아니다. 사람들은 결국 자신들의 말이 들려지게 하지도 자기들을 이해시키지도 못하기 때문에 침묵 속으로 도피한다. 실제로 잠행은 복음을 이해하지 못하는 것 앞에서 포기가 아니라 말하기를 거부하는 것이다.[236] 그것은 돼지 앞에 진주를 던지지 않기 때문에,[237] 또한 하나님이 침묵하고 있을 때 거짓 태도를 꾸미며 말하는 것처럼 가장하는 거짓 선지자가 되지 말아야 하기 때문에, 말하기를 거부하는 것이다. 위선이 위치하는 것은 잠행의 격심하고 힘든 활동 속이 아니라 바로 여기이다.

그러나 또다시 오류를 범하지 말자. 즉 그것은 같은 소망에 대해 형제들끼리 말하기를 거부하는 것이 아니다. 그와 반대로 그 어느 때보다 하나님과의 소망의 투쟁 속으로 다 같이 들어가야 한다. 또한, 그 어느 때보다 기도하고 **성서**를 다 같이 묵상해야 하며, 그 어느 때보다 빈틈없이 "훌륭한 위탁물"을 전달해야 한다.

---

236) 내가 앞에서 여러 번 말했던 것 즉 소망이 말해야 한다는 것 또한 우리에게는 소망을 감출 권리도 없고 침묵하기 위해 '하나님과의 단절상태'를 핑계 삼을 권리도 없다는 것에 대한 어떤 모순을 느낄 수도 있다. 실제로 소망을 체험하는 것은 성경에서 우리에게 입증되는 동일한 모순을 포함한다. 한편으로 "돼지들에게 진주를 던지지 마시오."이고, 다른 한편으로 "나쁜 때에든지 좋은 때에든지 언제든 말하시오."인 것이다. 잠행은 침묵을 전제로 하고, 그와 동시에 그런 말이 한 숨결의 목소리(flatus vocis)라는 조건에서 '간청하는 말'을 전제로 한다... 우리에게는 우리의 소망을 말하지 않을 어떠한 핑계도 없지만, 우리에게는 소망을 체험하기 위한 잠행의 진정함이 있다. [역주 - 'flatus vocis'는 라틴어 표현으로서 직역하면 '한 숨결의 목소리'(un souffle de voix)이다. 이 표현은 중요하지 않은 이야기를 비웃을 때 사용된다.]

237) [역주] "돼지들 앞에 진주를 던지지 말라."는 표현은 신약성서 마태복음 7장 6절에 나온다.

사회학적인 것 전체를 제외하면서 단지 그것을 통해 가장 견고하고 결속되어 있으나 불행하게도 가장 닫혀 있는 기독교적인 핵심을 만들어야 한다.

그러나 그것은 들은 체만 체하고 듣기를 원하지 않으며 그들이 모르는 것이 판명되었다고 여기면서 돌아서는 사람들에게 말하기를 거부하는 것이다. 그것은 예수가 기적을 거부했거나 혹은 자신에게 놓였던 함정 "밖에서" 대답했던 것과 마찬가지로, 거짓되고 사악한 질문에 대답하기를 거부하는 것이다. 그와 같이 잠행은 자신의 몸을 바치는 것이다. 그러나 한편으로 사람들은 인간과의 어떤 일치를 거부할 수 없어서, 자신들의 몸을 바치는 대상과 달라진다. 다른 한편으로 사람들은 자신들의 존재인 바와 자신들이 체험하는 바에 대해 조금도 이해하지 못하는 환경 속에 있기 때문에, 자신들의 몸을 바치는 것은 완전히 헛수고가 된다.

3. 존재함

여기에서 나는 그러한 터무니없는 제안에 의해 기분이 언짢아진 사람들의 다음 같은 외침을 듣는다. "그러나 그것은 기독교적인 게토ghetto이고 자신을 성찰하는 거리낌 없는 양심이다. 그것은 세상에서 존재함에 대한 거부이다." 그것이 게토라고? 아마도 그렇다. 그런데 우리가 직업과 교통수단에 의해 세상에서 육체적으로 지적으로 그토록 흩뜨려진 한에서, 우리를 기다리는 것이 게토일 가능성은 아주 희박하다. 그것을 차라리 "제3회會"[238]라고 말해야 할 것이다. 그것이 개신교도라고? 분명히 아니다. 가톨릭처럼 사회적 실재로서 개신교는 끝나가고 있다. 우리는 그것이 되살아나게 하려고 16세기로 되돌아갈 수는 없는데, 그것은 아무런 관심의 대상도 아니다. 어떤 대가를 치르더라도 교회를 소멸시키거나 혹

---

238) [역주] '제3회(會)'(Tiers Ordre)는 일반적으로 가톨릭교회나 성공회 교회에서 특정 교단이나 수도원으로부터 떨어져 생활하는 재속(在俗) 수도사의 단체를 가리키는 것으로 보인다. 그 단체의 구성원들은 세상 속에 살면서도 어떤 교단의 지도아래 또한 교단의 정신에 부합하여 계율을 실천한다.

은 와해시키고자 하는 사람들은 시간을 몹시 낭비하고 있다. 그들은 변화가 생기고 상황이 이루어지게 내버려두기만 하면 된다. "그리스도인들도" 물론 그렇지만, 그러한 충실함에 자신들의 삶 전체를 걸었던 준엄한 사람들로 구성된 기독교적인 '제3회ᄒ'도 그와 마찬가지인데, '제3회ᄒ'가 어떤 보잘것없는 선의들에 의해 외부로부터 만들어지지 않은 것에 주의해야 한다!

잠행과 존재함

그런데 그것은 세상에서 존재함에 대한 거부인가? 내가 아주 변했을 수도 있다! 나는 내가 "현대 세상에 존재함"[239]이라는 구호를 던진 첫 사람이거나 아니면 첫 사람 중 하나였다고 생각한다. 그런데 잠행이라고 선언함으로써 내가 한 말을 취소하는 것인가? 나는 그렇게 생각하지 않는다. 그런 존재함이 세상의 온갖 경로 속에서 정치적 활동이나 혹은 참여로 해석되었을 때, 그 존재함 주위에 지속적인 오해가 있었을 따름이었다. 내가 25년 전 나의 연구를 의사소통과 혁명에 방향을 맞추었다면, 우리 사회의 주요한 분야에서 색다른 것, 아주 새로운 것, 불가해한 것, 근본적인 것을 도입하는 일이 여기에서처럼 필요했다는 것이다. 그 근본적인 것은 완전히 차단되어 있고 닫혀 있으며 결말이 없는 의사소통과 혁명에다 새로운 가능성과 새로운 젊음과 시작을 다시 부여할 수도 있다.

이제 나는 그런 불완전한 기지사항으로부터 결론을 끌어내는 식의 개입 형태가 바로 잠행이라고 생각한다. 그리스도인들이 세상의 진보를 중시한다면, 그들이 어떤 중요한 것을 거기서 변화시킬 수 있는 것은 활동적인 참여에서가 아니라, 완전히 새롭고 예기치 않은 차원의 개입 곧 잠행 속에서 임을 이해해야 한다. 거부의 충격과 부재라는 구멍과 촉발된 결함에 의해, 또한 기대되기는 하지만 더

---

239) [역주] 1948년 출간된 『현대 세상에 존재함 *Présence au monde moderne*』은 엘륄의 초기 저작으로서 그의 연구 작업의 내용 선택과 방향 전개를 예고하고 보여주는 것이라 할 수 있다. 「세상속의 그리스도인」(대장간, 1992, 2010)으로 번역됨.

는 생겨나지 않는 담화의 균열에 의해 세상에서 존재함이 되는 것은 바로 잠행이다. 나에게 있어서 변했던 것은 현대 세상의 중요성이나 요구가 아니라, 현대 세상에서 존재함의 방식이다.

하지만, 역사를 만드는 소망에 대해 내가 글로 썼던 것과 역사의 축소와 부재로 늘 해석되는 잠행 사이에는 모순이 없다. 여기서 여전히 유대 민족의 잠행이라는 유일한 잠행의 예를 재론할 필요가 있다.

유대 민족이 역사에 부재했는지 자문해 보아야 한다. 잠행 속에서 형성되고 잠행으로부터 나온 개인들을 통해서이기는 하지만, 유대 민족은 결국 어느 민족보다 훨씬 더 역사를 이루지 않았는가? 예를 들어 마르크스와 프로이트가 아니라면, 누가 현대사의 흐름에 가장 영향을 끼쳤겠는가? 어떤 사람들에 대해서는 자본주의의 창시자들이라고, 또한 다른 어떤 사람들에 대해서는 공산주의에 대한 책임이 있는 자들이라고 유대인들은 비난받지 않는가? 습관상의 기독교적인 편견 없이 가까이서 들여다보면, 기독교적인 적극적 행동주의에 따라서만큼이나 유태적인 잠행 속에서 적어도 역사가 형성되었다는 것이다. 그 관계는 중세에서 '은행가와 귀족의 한 쌍'[240]에 해당한다. 오늘날 우리 그리스도인들에게 있어서 거기에 견줄 만한 개입의 형태를 발견하는 것에 오직 필요하다. 그것은 바로 우리에게 전달되는 가장 큰 도전이다.

신앙과 잠행

그 잠행의 역할을 맡는 것은 하찮고 무기력한 예배당, 거짓된 비밀, 근거 없는 활동, 자기 자신을 향한 거짓, 속내를 드러내지 못함, 의식儀式의 단조로움, 구현된 적 없는 표현방식의 되풀이 속으로 빠지지 않기 위한 예외적 힘을 의미한다. 그 모든 것을 이스라엘 민족은 경험했고 체험했으며 거기에 빠졌다. 그러나 그와 동

---

240) [역주] '은행가와 귀족의 한 쌍'(couple du banquier et du baron)은 공통 이해관계로 묶인 두 사람을 가리키는 표현으로 볼 수 있다.

시에 이스라엘 민족은 늘 다른 것이 되었고, 진정한 잠행을 체험하려고 언제나 다시 붙들린 바 되었다.

그 잠행은 단호하고 절대적이며 흠 없는 신앙을 전제로 한다. 우리가 신앙의 문제를 다시 발견하는 것은 오직 여기에서이다. 모호하면서도 긴장된 상황 속에서 지속하려면, 공공 광장이나 혹은 교회에서 신앙을 증언하고 강론하기 위한 것보다 훨씬 더 큰 신앙의 엄밀함이 필요하다. 왜냐하면, 그런 신앙은 타인들의 담화라는 영양분을 더는 받아들이지 않기 때문이다. '하나님과의 단절' 속에서 그 신앙은 하나님의 말이라는 영양분을 더는 받지 않는다는 것이다. 그럴수록 더욱 그 신앙은 확고하고 분명해져야 한다.[241]

신앙이 소망에 근거를 두는 한, 신앙은 일관성 있는 자체의 내용이나 혹은 '문화적 계시체'révélé culturel가 있는 내용을 예측하는 데 더는 몰입할 필요가 없다. 요점이 바로 기다림과 인내라면 결국 우리 시대의 꼬치꼬치 캐어묻는 괴상한 습성을 전적으로 거부해야 한다. "그리고 …라면"과 "…인 것은 진정 사실이다."와 같은 변함없는 표현은, 정신과 동떨어진 확립의 길을 찾는 불안한 정신 현상일 수밖에 없다. 왜냐하면, 정신이 말해야 하는 바가 단언일 리가 없다는 것은 정신이 관계되는 환경에 의해 표명되기 때문이다.

신앙에는 항의의 원천이 되는 소명이 있다는 바로 그 때문에, 잠행 속에서 체험된 신앙은 사회, 정치, 과학, 역사에게서 나오는 항의의 바깥에 있는 신앙이다. 타인을 위해 질문을 유발하고, 확정된 것으로 여겨졌던 바를 다시 의심하게 하며, 거짓된 확신의 세계에 작은 공간을 들여오는 것은 잠행 속에서 체험된 신앙

241) 신앙의 확실성과 확고함에 대해 내가 이야기할 때 나는 그것을 통해 스트라스부르에 있는 교회를 상징하는 동상의 오만한 '절대적 정적(靜寂)'을 전혀 뜻하는 것은 아니다. 또한 비판들과 반대들을(그러나 하나님의 침묵의 준엄한 '절대적 정적'에 대해 인간들에 의해 되풀이된 온갖 공격들인) 듣는 것에 대한 거부도, 기존의 결과들의 평온함도 전혀 뜻하는 것이 아니다. 그리고 신학인 학문들 중의 학문이라는 주장들도, 우리가 대답들 혹은 신앙 혹은 계시를 붙잡고 있다는 게으른 확신도 전혀 뜻하는 것이 아니다. 그 모든 것이 나에게는 너무 지나치게 단순하고 자명하며 명확해서 나는 사람들이 그런 비판들을 다시 시작하는 것과 신앙의 확실성과 그런 불완전한 자세들을 혼동할 수 있다는 것에 놀란다.

이다. 그러나 그 잠행을 다 같이 체험하는 사람들을 위해, 또한 기꺼이 질문을 당하는 사람들을 위해, 그리고 혼란과 고뇌와 불확실성 속에 있는 사람들을 위해, 기준점과 확실성을 동시에 부여하는 것은 그 신앙이다.

그래서 그런 사람들을 위해 그것이 무엇이든 강요하지 않은 채, 잠행이 부분적으로 제시될 수 있고 기준점도 부분적으로 부여될 수 있다. 문제가 제기된 확실성들은 결코 단순히 이해될 리가 없음은 분명하다. 그것은 교리 문답을 암송하는 것도 아니고, 신비적인 표출도 아니며, 지적인 진리들의 집적체도 아니다. 내가 여기서 묘사하는 것은 전적이며 다른 삶의 방식이다. 그것은 확신이 없는 군중 가운데서 흔들리지 않는 확신을 가지고 나아가는 사람들의 삶의 방식이다. 또한, 너무도 확실한 교리와 학문 가운데서 꾸준히 질문을 제기하는 사람들의 삶의 방식이다. 그래서 확실성은 개인적인 관계에 의해서 얻어질 수밖에 없다. 그 확실성이 충분히 견고하다면, 당신들 안에 있는 견고한 소망을 설명해 주기를 요구하는 사람들 누구에게나 답변할 준비를 하라[242]는 베드로가 암시하는 질문이 확실성을 통해 만들어져야 한다.

그와 같이 우리는 세상의 불확실성을 거부해야 한다. 또한, 우리는 단지 우리 신앙의 약함의 표현이자 그리스도인이라는 우리의 부끄러운 양심의 표현을 얽히고설킨 질문 가운데서 우리가 취하게 내버려두지 말아야 한다. "오늘날" 기독교적인 확신이 더는 있을 리 없고 단지 자기 자신과 교회에 제기되고 **계시**의 내용에 대해 제기된 질문만 있을 수 있다고 선언하는 것은, 학문의 측면에서나 지적인 첨단의 측면에서 앞서 있는 것이 아니다. 그것은 4천 년 정도 뒤늦은 것이며 아브라함의 시대 바로 앞에 위치한다.

잠행 속에서의 소망

물론, 그 잠행에는 거기서 지금 만이 그 의미와 가치를 띠는 신앙의 견고함과

---

242) [역주] 베드로전서 3장 15절 참조.

엄밀함이 요구되는 만큼, 그와 동시에 엄청난 소망을 전제로 한다. 왜냐하면, 잠행으로 들어가려면, 엄청난 분량의 소망이 결국 필요하기 때문이다. 그것은 연극이 끝나지 않았다는 확신을 가지고서, 또한 비극과 희극이 공연되는 와중에 그렇게 막을 내리는 것에 대해 놀라움에 사로잡힌 관객들이 실제로는 가버리지 않을 것이라는 확신을 하고서, 막을 내리려는 것이다.

그것은 기도는 물론 우리의 침묵이 우리의 연설, 혁명적인 선포, 참가, 봉사, 애니메이션 기술, 참여, 광고보다 결국 더 설득력이 있을 것이라는 확신을 지니기 위한 소망이다. 그것은 하나님의 그런 침묵이 그칠 것이기 때문에, 어느 날 우리의 잠행이 중지될 것이라는 확신을 지니기 위한 소망이다. 그런 소망은 여기서 결정적인 역할을 한다. 즉 소망은 다음 같은 확신 속에서 우리를 살게 한다. 그것은 그런 잠행을 체험하고 나서, 또한 하나님의 진리가 세상에 명백히 나타날 것이라는 소망을 간직하고 나서, 한 세대나 혹은 열 세대 후에 하나님이 다시 말할 것이라는 확신이다.

그래서 소망에 의해 우리는 다음 같은 세상의 경향과 근본적인 거리를 두는 상황 속에 자리 잡는다. 즉 한편으로는 모든 것을 바라면서도 더는 기다릴 줄 모르는 세상의 경향과, 다른 한편으로는 '언제'를 예견하고자 하는 세상의 경향이다. 유일하게 중요한 것이 그런 소망 자체를 다음 세대에 전달하는 것임을 잠행 속에서의 소망은 우리로 하여금 알게 한다. 소망을 모아서 전달하려면, 매번 한둘의 잠행만 있으면 된다. 그러나 그 소망 역시 소망이다.

그것은 온갖 외부적인 개입에 의해서이기보다는 우리의 잠행을 토대로 우리가 역사에 더 근본적으로 영향을 미친다는 확신을 지니기 위한 소망이다. 또한, 그것은 그런 역사가 국가의 결정 속에서도 혁명 속에서도 과학적인 발견 속에서도 실제로 만들어지는 것이 아니라, 잠행 속에서 자체의 확립을 위해 투쟁하는 맹렬한 소망 가운데서 만들어진다는 확신을 지니기 위한 소망이다. 이 시대를 위해 오늘날 역사의 원천이 존재하는 것은 바로 거기일 따름이다. 나머지는 겉모습이고, 분주한 움직임에도 미적거리는 담화dis-cours이다.

그런데 한 종류의 삶 전체이기도 한 그 잠행은 역시 한 종류의 삶을 배제하고 연구 방향들을 차단한다. 그와 같이 꼬치꼬치 캐어묻는 열정 이후에 잠행은 전달 문제에 대한 근심을 없애고, 케리그마에 따라 모든 것을 이해하려는 강박관념을 없앤다. 물론 케리그마의 관점은 성서의 해석방식에서 흥미롭다. 전달의 가장 좋은 가능성을 찾는 것은, 물론 인간관계의 차원에서는 흥미가 없지는 않다. 즉 나는 잠행이 신학적 고찰을 금지한다고도, 인간의 일에 참여하는 것을 금지한다고도 결코 말한 적이 없다. 오히려 신학적 고찰이 위치해야 하는 것은 바로 거기다. 그와 반대로 잠행이 존재할 수 있는 것은 그런 참여가 있기 때문이다. 그렇지 않으면 그것은 단순한 부재일 수도 있다.

그러나 복음의 전달 결과가 거의 없음에 대해 불안해할 필요가 없다. 또한, 새로운 심리학에 대해서도 불안해할 필요가 없고, 그런 복음에 현대인을 차단하는 현대인의 사회적 상황에 대해서도 불안해할 필요가 없다. 그 복음은 터뜨려지거나 뿌려지거나 소모되거나 분산될 필요는 없다. 그 복음은 "청천벽력이 시저César를 중심으로 떨어지듯이", 집중되고 다시 모이며 강화되고 조밀해져야 한다. 선택은 그러하다. 소망이 오늘날 기독교적인 삶의 핵심이라면 방향도 그러하다.

4. 엄밀함

잠행으로 영적인 삶이 조밀해 질 수 있고, **계시**에 집중된 지적인 삶이 엄밀해 질 수 있다. 또한, 잠행을 통해 **전체** 혹은 **무**無가 희석되지 않을 수 있는데, 그것은 실제로 우리의 충실함에 대해 우리가 가진 유일한 표현이다. 그런데 메시지를 전달하고 옮기는 것에 대한 극도의 염려에 의해, 정반대로 영적인 분산과 지적인 비일관성과 결정적인 질문의 희석이 이루어진다. 영적인 분산과 지적인 비일관성을 통해 심오함이라는 겉모습 아래에서 무한한 쓸데없는 말들이 만들어진다.

마치 가장 그럴듯한 경건주의의 순간을 닮은 쓸데없는 말들을 사람들이 알지 못했듯이…. 또한, 결정적인 질문은 사회적이고 정치적인 온갖 문제에서 연속되는 자극에 의해 희석된다.

전달에 대한 염려와 강박관념

전달에 대한 강박관념은 전해야 하는 메시지의 실재를 없앤다. 우리는 형태와 매체와 구조와 "말하는 것"과 "말해진 것"과 내용에 대한 염려가 더 지배하는 이 시대와 이 세상에 분명히 속해 있다. "토대가 되는 것이 형태이고, 언어의 구조나 혹은 본문의 구조 외에는 다른 내용이 없다."라고 설명되는 것은 사실이다. 그러나 바로 그것이 우리가 결정적으로 거부해야 하는 것이다.

예수에 의해 그 순간 취해진 십자가의 형태가 십자가의 메시지가 되는 것은, 그리스도가 십자가에 놓였기 때문이 아니다. 내가 그 예를 드는 것은 공연히 그런 것이 아니다. 왜냐하면, 이것이 수많은 해석의 대상이었고, 다소 신비철학적인 유형의 대상이었기 때문이다. 즉 이것은 더하기 표시인 십자가이든지, 혹은 하나님과의 관계인 수직성과 인간들 사이의 관계인 수평성의 교차 곧 수직적이고 수평적인 나뭇가지인 십자가이든지, 혹은 동굴시대로부터 유래하는 가장 오래된 상징에 관계되는 십자가이든지, 혹은 우리를 즉시 반尽불교와 관련짓게 하는 세상의 중심으로 잘 알려진 상징인 십자가이다. 십자가에 대한 그러한 논증들 자체는 소위 인자人子이자 하나님의 성자인 예수가 십자가에 놓였다는 것이 중요하다는 점을 완전히 잊고 있다. 그 논증들은 구조와 전달에 대한 현재의 논증들과 정확히 일치한다.

그와 반대로 그런 종류의 흥미진진한 연구들을 차단하는 잠행은 유일한 중심으로 귀결된다. 내가 복음 선포적인 연구, 전달에 대한 염려, 구조들의 분석과 같은 대립한 듯한 경향들을 여기서 한데 모으는 것이 놀랍게 보일 수도 있다. 그러나 사실상 겉모습에도 불구하고, 그것은 바로 같은 방향과 관계된 것이다. 왜냐하면, 모든 경우에서 하나님으로부터 **말해진 것**이 메시지의 인간적인 선포에 의해서도 내부적이거나 혹은 외부적인 구조에 의해서도 대체되지 않기 때문이다. 다시 말해 그것이 엄밀히 인간적이고 수평적인 위대함이나 혹은 활동으로 대체되지 않기 때문이다. 말하는 것이 하나님이 실제로 아니라면, 그 모든 것에 아무런 흥미 거리가 없다는 사실을 사람들은 주목하지 않는다. 그와 반대로 전달에 대한 염려가 없는 잠행을 통해 우리는 바로 장벽 앞에 놓인다. '…에 대해' 담화를 늘어놓는 것이 더는 필요하지 않기 때문에, '…에 대한' 하나의 담화로서만 내가 해석하는 바를 받아들이는 것이 여전히 의미가 있을까? 그 말이 단지 인간의 말이라면, 그 말에 나의 생명을 걸 수 있을까?

내가 희극을 상연하는 한, 관객들을 위해 연극 무대를 차지하는 한, 내가 타인들 앞에서 그리스도인으로서 목사로서 신학자로서 정치가로서 사회주의자로서 혁명가로서 늘 하던 일을 하는 한, 나는 다음과 같은 토대 위에서 제 구실을 할 수 있다. 즉 "하나님은 죽었고 수평적 관계들인 케리그마만 있다. 나는 케리그마가 어떤 것에 일치하는지 알 필요가 없고, 나는 그것을 담화로서 받아들이며 또한 담화로서 전달한다."라는 토대이다. 내가 희극을 상연할 수 있고, 나에게도 희극이 상연될 수 있으며, 궁극적인 문제를 회피할 수 있는 것은, 타인들의 존재함을 통해서이다. 잠행을 통해 그런 종류의 도피가 차단되고 우리는 결정적으로 솔직해 질 수밖에 없다. 잠행에는 그런 장점만이 있을 수도 있고, 잠행은 이미 우리 시대의 첫 번째 일이 될 수도 있을 것이다. 그런데 "해야 할" 다른 것이 없다면 얼마나 실망할 것이고, 우리 시대의 불안에 사로잡힌 인간 쪽에서는 얼마나 경멸적이며, 얼마나 진지함이 부족할 것인가.

이스라엘과 그리스도인들의 일치

하지만, 많은 일을 전제로 하는 잠행은 우선 잠행의 구성 자체를 전제로 한다. 그것은 아주 단순하다고 선언하면서 또한 우리는 아무것에도 더는 관여할 필요가 없다고 선언하면서, 각자 자기 집으로 돌아가는 것이 아니다. 그것은 물러섬의 문제도 아니고, 개인적인 의견의 문제도 아니다. 잠행은 일치와 공동체를 전제로 하는 완전해지는 방식이다. 소망이 우리의 삶과 우리 증언의 중심에 있다면, 또한 소망이 잠행에 의해 표현된다면, 결국 우리의 교회의 삶 전체를 재검토해야 한다. 우리의 모든 활동과 관리와 의식儀式과 교육을 재검토해야 한다. 그리고 아마도 어떤 비교秘敎가 그런 잠행의 자각에 도움이 될 때에라도 오직 그러할 때에만, 그 비교를 재발견해야 한다.

그다음에 역사의 흐름을 위해 아마도 결정적인 다른 일이 존재한다. 아마 그것 역시 잠행에 의해 표시될지라도, 그것은 이스라엘과의 만남과 연결과 결합이라는 외부적이고 가시적인 행위이다. 우리가 '하나님과의 단절' 시대에 있고 우리의 교회적인 소명이 바로 소망에 눈뜨는 것이 사실이라면, 그것은 이스라엘의 힘든 경험에 힘입어 우리가 자리를 잡아야 함을 의미한다. 이스라엘은 모든 나라를 위한 하나님의 약속의 전달자이자, '하나님과의 단절' 속에서 살면서 버려졌지만 늘 선택된 선민이다. 우리는 순수한 올리브 나무와 접붙여진 올리브 나무에 대한 바울의 비유를 역시 이해해야 한다.243) 그것은 단지 신앙의 뿌리만 관계되었던 것이 아니라 소망의 뿌리와도 관계되었던 것이다.

교회가 진정으로 교회가 되는 법을 알았다면, 교회는 그리스도 안에서 이스라엘의 구원에 대한 진정한 증언을 이스라엘에 제시했을 것이다. 그러나 그것은 교회의 잘못에 의해 망쳐졌다. 그와 마찬가지로 지금 우리는 살아 있는 새로운 소망을 이스라엘에 제시해야 한다. 그 새로운 소망은 분명히 이스라엘의 특별한 소망을 대체하지도 않고 없애지도 않는다. 그러나 우리와 같은 어둠을 가로질러 우리와 같은 하나님나라를 향하는 이스라엘의 긴 여정 속에서 이스라엘을 도울 수

---

243) [역주] 접붙여진 올리브 나무에 대한 비유는 신약성서 로마서 11장에 나오는 내용이다. 이 내용과 관련하여 기독교와 이스라엘과의 관계에 대해 설명하는 엘륄의 저서로는 『하나님은 불의한가? *Ce Dieu injuste...?*』(대장간, 2010)이 있다.

도 있을 것이다.

기독교 교파 통합의 온갖 시도들은 아주 흥미롭고, 그것들에는 분명히 어떤 가치가 있다(오, 얼마나 상대적인가!). 하지만, 그 시도들은 무수히 죽음을 당하고 공포에 질린 양떼의 모임이다. 그 양떼는 악한 늑대에 대항하여 정말 강해지려고 결집하며, 하나님나라에서 만용이나 돌출행위로 간주하는 과도한 짓을 되풀이하며 허세를 부린다. 따라서 오늘날 깊은 의미가 있는 기독교 교파 통합의 유일한 시도는 다음 같은 것이다. 즉 '하나님과의 단절'의 오늘날에서 유일한 시도란 바로 예수 그리스도라는 완전한 방향을 전제로 하는데, 그것은 이스라엘과 그리스도인들의 일치이다. 거기에 만이 소망이 그 완전함 속에서 입증될 수 있다.

교회와 이스라엘의 연합

그리스도인들이 참여하는 온갖 정치적 시도는 흥미진진하고 유용하며 의미로 가득할 수도 있다. 세상의 역사가 근거를 두는 정치적 시도는 단 하나 있는데, 지금 그것은 교회와 이스라엘의 연합이다. 그것은 '바티칸화'와도 관계된 것이 아니고, 해석하기 어려운 예언의 성취와도 관계된 것이 아니다. 그것은 바아니앙이 **성서**에 대해 취하는 의미에서[244] 실제로 하나님의 말이 결국 기록되도록, **말**의 성육신의 두 공동체가 합쳐진다는 의미에서 정치적 실재와 관계된 것이다. "성스러운 역사"가 넓은 곳으로 **빠져나가는** 동시에 솟아오를 수 있는 것은 그 순간이다. 그 역사는 유대 민족의 역사도 아니고 교회의 역사도 아니며, 이 시대의 '기술적인 역사'의 대위법對位法, [245]속으로 들어가는 것이다.

---

244) 나는 이슬람에도 역시 말의 성육신(成肉身)에 대한 배려가 있고 이슬람 역시 아브라함과 예수 안에서 계시에 힘입어 존재함을 잊지 않지만, 나는 마시뇽(Massignon)의 해석을 택하겠다. 그에 따르면 마호메트는 "부정적인 예언자" 즉 유대교와 기독교 이후에 위치하기를 주장했던 자라는 것이다. 그리고 그것들을 뛰어넘는 것은 실제로 어떠한 분야에서도 새로운 아무 것도 정말 가져오지 않았다는 것이다. 그것은 유대교와 기독교의 쓸데없는 되풀이이다. 그리하여 마호메트는 그가 그런 길에서 아무 것도 덧붙여질 리 없고 새로워질 리 없음을 입증한다는 의미에서 예언자이다. 그래서 이슬람에는 인간 역사의 깊은 의미에 있어서 유대교와 기독교와 같은 근본적인 중요성이 없는 듯이 나에게 보인다.

구약성서를 통해 다음 같은 역사가 사실상 우리에게 제시되는 것과 마찬가지로, 또한 요한 계시록을 통해 **흰 것**이 하나님의 **말**Parole인 네 마리 말들chevaux의 경주처럼 역사의 흐름이 우리에게 묘사되는 것과 마찬가지로, 오늘날 우리 역사의 깊은 진리는 이스라엘과 교회의 그런 연합에 의해서만 주어질 수 있다. 구약 성서를 통해 제시되는 그 역사는 사건들 가운데 숨겨져 있는 그렇기때문에 분리된 역사이고, 좁은 의미에서의 정치적인 소요보다 더 진실한 역사이며, 그 역사에 견주어 일반 역사가 의미를 띠는 역사이다.

이스라엘과 교회는 인간을 위한 소망의 두 전달자로서, 모든 정치적인 활동이 의미를 얻도록 하나가 될 수밖에 없다. 이제 버림받은 자들의 공동체는 자체의 소망이 파괴될 리 없어서 자체의 통일 속에서 아브라함과 함께 "히네니" Hineni, "예, 저입니다."라고 말할 줄 알아야 하고, 예수와 함께 "성부여, 나는 당신을 찬양합니다."라고 말할 줄 알아야 한다. 또한, 초대 그리스도인들과 함께 "마라나타"라고 말할 줄 알아야 한다. 거기에 현대 세상 속에서 모든 정치적 행위의 시작과 끝이 위치한다.

---

245) [역주] 대위법(contrepoint)은 음악 용어인데, 여기서는 자체의 실재를 가지면서 어떤 것에 겹쳐지는 부차적인 동기를 가리키는 것으로 보인다. 문학에서는 처음 것과 평행하게 전개되는 두 번째 주제를 가리킨다.

저자 소개 및 내용 요약

1. 자끄 엘륄과 『잊혀진 소망』 *L'espérance oubliée*

자끄 엘륄은 1912년 프랑스의 보르도에서 태어나 법률학자, 사회학자, 철학자, 신학자, 환경운동가, 프랑스 개신교 전국위원으로 다양한 활동을 하면서 53권의 저서와 수많은 기고물을 남기고 1994년 82세로 생을 마감한다. 그는 자신의 저서를 통해 기술, 선전, 정치, 혁명, 대도시, 돈 등 현대 사회의 현상들을 분석한다. 그뿐 아니라 본래의 모습을 벗어난 기독교에 대한 고찰 및 비판과 더불어 기독교 윤리로서 소망 *espérance*과 자유 *liberté*를 제시하면서, 그리스도인의 소명과 책무를 강조한다.

사회학자로서 파리의 사상계에서와 신학자로서 개신교계에서는 잘 알려지지 않았음에도, 그는 기술에 관한 자신의 연구 작업과 성경 본문에 대한 연구들 및 3권으로 된 『자유의 윤리』 *Etique de la Liberté*로 인해 미국에서는 프랑스 지식인 중 첫 번째 반열에 올라 있다. 보르도 대학에서 가르칠 때 그의 학생들은 제도사와 마르크스주의와 선전에 대한 그의 강의뿐만 아니라 그의 인간성을 높이 평가했다. 그와 가까이 지냈던 사람들은 사회적이고 정치적인 삶에 대한 복합적인 반향의 성격을 띤 그의 참여와 신앙인으로서 그의 투쟁을 기억한다.

그의 사상은 두 개의 큰 축 주위에 유기적으로 배치된다. 그것은 한편으로 기술적인 현상의 자동 증식에 의해 발생한 문제에 대한 비판적인 분석이고, 다른 한편으로 이 사회에 적용된 자유와 소망이라는 기독교 윤리이다. 따라서 그의 연구 작업은 밀접하게 유기적으로 배치된 두 측면으로 나눌 수 있다. 그 중 한 측면은 사회학적 연구와 정치학적 연구 그리고 기술에 관한 저작들이고, 다른 한 측면은 신학적 연구와 성서에 대한 주석이다. 이 독창적인 연구 작업의 두 측면은 서로 결합하고 설명되고 완전해진다. 그것은 바로 예언적인 증언에 온통 기초한 그의 사상의 특이성과 관계된 것이기 때문에, 두 측면을 분리하려는 것은 적절하지 않다.

그는 사회학자들처럼 세상을 단순히 묘사하기 위해서가 아니라, 세상의 '영적 실재'를 지적하기 위해 현대 사회의 다양한 현상들을 분석하면서 우리가 사는 세상의 현실을 파악하는데 전념한다. 또한, 그 현상들에 의해 우리 사회가 끌려가는 방향을 설명하려고 애쓰면서, 그 현상들이 종속된 숨겨진 논리에 관심을 집중한다. 그와 동시에 이 세상의 도전에 응할 수 있는 기독교 윤리의 조건과 목적에 대해 고찰하는데 몰두한다. 그 기독교 윤리의 첫 목적이 바로 우리의 세상을 특징짓는 영적 실재를 폭로하는 것이다.

엘륄의 저서 하나하나가 그의 연구 작업 전체를 구성하는 한 부분이라면, 그가 가장 자랑스러워하는 저서인 『잊혀진 소망』은 그 연구 작업 전체의 본론에 해당한다. 이 책에서 그는 현시대 또는 현 세상이 하나님이 돌아서서 침묵하는 '하나님과의 단절' déréliction 시대에 있다고 하면서, '하나님과의 단절'로부터 나올 수 있는 다양한 현상과 징조들을 제시한다. 또한, 소망이 상실된 '하나님과의 단절' 시대에서 소망의 필요성과 소망의 특성에 대해서 설명한다. 그와 아울러 소망이 근거하는 세 가지 태도로서 기다림과 현실주의réalisme와 기도를 강조하면서, 소망의 진정한 형태로서 잠행潛行에 대해 묘사한다.

2. '하나님과의 단절' 시대의 현상과 징조들

엘륄에 의하면 현시대와 현 세상은 '하나님과의 단절' 상태에 있다. 하나님이 우리로부터 돌아섰으며 하나님이 우리를 우리 자신의 운명에 내맡겨 두는 '하나님과의 단절' 시대에 우리가 들어왔다는 것이다. 하지만, 하나님은 모두로부터 돌아선 것이 아니라, 개인의 삶 속에는 존재해 있다. 다시 말해 '하나님과의 단절' 시대에서 하나님은 여전히 어떤 개인들에 의해 가깝게 체험되고 있는데, 하나님은 자신의 말parole이 어떤 이들의 마음속에 살아 있게 한다. 왜냐하면, 육체적인 병이나 정신적인 병의 치유와 같은 하나님의 은총으로 이루어지는 기적과 복음서에 나오는 것과 비슷한 기적이 오늘날에도 여전히 일어나기 때문이다. 그러나 하나님의 침묵과 부재는 집단적으로 체험되는 것으로서 하나님은 우리의 역사와 사회와 문화와 과학과 정치로부터는 존재하지 않는다. 즉, '하나님과의 단절' 상황에 있는 것은 기독교가 지배하는 국가이고 교회로서, 그것은 하나님은 말을 하지 않고 침묵과 어둠 속에 칩거했음을 뜻한다.

그런 전제 앞에 온갖 당연한 반발과 반대되는 입증이 나오겠지만, 온갖 이유에도 하나님이 실제로 돌아섰고 하나님의 말이 그 자체로서 더는 선포되지 않는다고 엘륄은 주장한다. 그것은 영원히 그렇지 않고 오늘날에 그렇기는 하지만 어쨌든 그것이 우리의 상황이라는 것이다. 상황이 그렇다면 여기서 문제 되는 것은 한편으로는 구조의 문제이고, 다른 한편으로 하나님이 기대하는 바가 될 줄을 모르는 그리스도인들과 교회의 책임에 관한 문제이다.

엘륄은 소망이 상실된 현시대와 현 세상에서 '하나님과의 단절'로 부터 나올 수 있는 다양한 현상과 징조들을 제시한다. 그 예가 닫힌 세상, 비합리의 폭발, 뒤바뀜, 가치들의 변질, 말의 죽음, 마법으로 회귀, 경멸, 의심, 조롱 등과 같은 세상에서의 현상들이다. 또한 교회 안에서의 '하나님과의 단절'의 징조로서 교회의 평범함과 메마름, 세상에 대한 추종, 교회 제도 등이 있다. 엘륄은 '하나님과의 단절'의 상황을 입증할 수도 있는 그런 다양한 현상과 징조들을 제시하는 것은, 사회 속에서 인간이 체험하고 느끼는 바를 말하기 위해서일 따름이라고 밝힌다.

인간은 '하나님과의 단절'의 현상으로서 닫힌 세상을 경험하고 있다. 인간이 느끼는 유폐와 무기력의 원인이 사회 및 세상의 구조가 점점 더 엄밀해지고 고정되는 데 있다는 것이다. 닫힌 세상 속에서 비합리의 폭발 역시 '하나님과의 단절'의 현상이다. 그런 비합리는 객관적으로 존재하는 것과 그것에 대해 인간이 체험하고 느끼는 것 사이에 있는 모순으로 규정될 수도 있다. '하나님과의 단절' 시대의 현상으로서 뒤바뀜은 원래의 의도가 그 반대되는 것으로 변질하는 것이다. 뒤바뀜이란 현상은 어떤 것이든 조금이라도 성취되면, 원래 의도했던 바가 하나도 남아 있지 않음을 말한다. 뒤바뀜의 현상과 관련하여 '하나님과의 단절' 시대에서 일반적 현상으로 가치들의 변질이 나타난다. 그것은 모든 분야에서 어떤 상황이 뒤바뀐 가치에 의해 규정되는 것이다. 사람들은 지금 행하는 바를 정당화하려고, 가치의 의미를 뒤바꾸며 예전 가치를 사용한다. 가치들의 변질은 말의 죽음으로서 언어의 위기라는 현상에 들어 맞는다.

언어의 위기는 언어의 내용에 의미가 없다는 것으로 특징지어지고, 언어의 붕괴로 연결된다. 하나님이 침묵하는 것은 언어의 위기로 간주하는데, 인간 언어의 위기는 '하나님과의 단절'의 증거가 된다. 그 자체로 충족되어 있고 일관성 있게 구조화된 인간 사이의 의사소통 체계를 믿는 것은, 실제로 비非의사소통의 동인動因이고 인간들 사이에 분열의 증거이며 서로 이해하는 것이 불가능하다는 증거이다. 하나님의 말과의 관계가 단절될 때 사람들 사이에 의사소통은 반대의 뜻과 오해가 된다. 인간이 하나님의 말을 인정치 않을 때, 하나님 역시 침묵한다는 것이다.

'하나님과의 단절'의 징조로서 인간을 불모상태로 이끌어가는 다양한 경로인 마법적인 것으로 회귀, 경멸, 의심, 조롱 등이 있다. 인간은 불안정하고 복잡한 미래를 확고하게 하려고, 미래를 붙잡으려고 애를 쓴다. 그 때문에 인간은 미래를 밝히거나 미래를 변경할 수 있는 능력을 기대하면서, 마법적인 것을 향해 달려든다. 이 시대의 인간이 의식적이든 무의식적이든 그토록 다른 사람을 경멸했던 적이 없었다. 인간은 정복하거나 지배하는데 만족하지 않고, 타인을 내면적으로 파괴하며 사물로 취급할 뿐 아니라, 더 나아가 타인을 영적으로 파괴하여 부정하는 일이 필요해졌다는 것이다. 경멸과 다르기는 하지만 마찬가지로 사람을 짓누르는 의심이 이 시대의 현상 중 하나인데, 의심으로 가득 차 있는 현대인은 모든 것이 거짓이라 판단한다. 경멸과 의심의 당연한 결과였던 조롱은 어떤 것에 대한 날조를 전제로 한다. 그것은 다수에 의해 공격을 받는 사람은 여론으로 만들어진 조소嘲笑와 치욕 전체를 짊어진다는 것이다.

교회 안에서 '하나님과의 단절'의 징조로서 하나님의 침묵이 폭넓게 드러나는데, 그 중 하나가 미지근함과 무력함으로 나타나는 교회의 평범함이다. 그것은 교회가 세상과 타협하고 세상에 협력할 뿐 아니라, 양심과 타협하는 온갖 행동들을 받아들이는 데서 기인한다. 평범함이 교회에 만연해 있다면, 그것이 '하나님과의 단절'로부터 나온 것이다. 교회 안에서 '하나님과의 단절'의 징조로서 메마름은 기독교적인 증언이 효력이 없고 기독교적인 메시지가 전달되지 않는 것으로 나타나는데, 그것은 성서해석학과 관련된다. 성서해석학의 문제가 생기는 것은 하나님이 침묵하고 있기 때문인데, 마치 하나님이 말하는 것처럼 의미를 발견한다고 주장하는 것이 바로 성서해석학의 문제이다. 그것은 하나님의 결정을 대체하는 것이며, 하나님이 성서를 살아 있고 의미 있는 것으로 만들지 않는데도 성서를 살아 있고 의미 있는 것으로 만들려 하는 것이다.

세상에 들어맞는 교회의 경향으로서 세상에 대한 추종의 주된 양상은 세상과의 타협과 세상에 대한 정당화로 나타난다. 세상의 모방에서 교회의 주된 관심사는 인간이 하는 것에 대한 정당화와 세상 그 자체이다. 교회가 인간이 올바른 길에 있고 지금 일어나는 일이 신의 뜻이라고 입증하러 다가갈 때가, 교회가 계시에서 벗어나고 협잡을 하는 때이다. 그러나 그것은 하나님이 교회로부터 돌아선 한에서만 가능하다. 그래서 극도의 빈곤과 결핍을 느끼는 교회는 세상에 매달리고 사회의 인정을 통해 자신이 확고함을 느끼며 다수 힘을 믿는 것을 필요로 한다. 교회의 제도 역시 필요로 만들어진 조직이고, 권력 제도에 의해 오염되어 만들어진 조직이다. 교회 제도의 성장과 성공은 우리가 길을 잃고 방황하는 '하나님과의 단절'의 징조이다.

3. '하나님과의 단절' 시대에서 소망의 필요성

엘륄은 오늘날 같은 '하나님과의 단절' 시대에서는 기독교적인 메시지의 중심이 소망임을 강조한다. '하나님과의 단절' 시대에서 인간과 이 세상은 절망적이다. 소망이 중요하고 긴급하며 필요할 뿐 아니라 소망이 진정 가능하고 존재 이유를 가지는 것은, 상황이 절망적이기 때문이고 상황이 절망적일 때이다. 여기서 우리는 오늘날에 기독교적인 삶 전체의 중심 문제일 수 있는 설교와 복음 전파라는 문제를 붙들고 있다. 우리는 신앙에 모든 것을 집중시키려고 고집하는데, 지금에 주안점은 소망으로 옮겨져 있다. 다시 말해 인간이나 그리스도인에게 있어 오늘날 중심 문제가 "신앙을 갖거나 혹은 신앙을 갖지 않는 것"이 더는 아니라, "소망을 갖고 살거나 혹은 소망이 없이 사는 것"이라는 점이다. 오랜 기간 사람들은 신앙에 따라 소망을 결정했으므로, 주 예수를 믿는 것은 그의 재림과 부활을 소망하는 것을 내포하고 있었다. 지금 뒤집어 놓아야 하는 것은 그런 관계이다.

신앙을 부인하거나 신앙을 중요하지 않다고 말하는 것은 있을 수 없는 일이지만, 신앙은 결정적인 요인이 더는 아니다. 신앙을 생겨나게 하고 신앙을 결정짓는 즉 오늘날 신앙에다 내용을 부여하게끔 되어 있는 것은 소망이다. 우리는 사람들이 소망에 눈뜨게 해야 하는데, 사람들이 신앙의 뿌리 내림을 발견할 수 있는 것은 오직 거기에서이다. 인간이 아무것도 기다리지 않는 그곳에서 인간은 복음을 들을 수 없고, 인간이 매우 만족한 상태로 있는 그곳에서 인간은 복음이 필요하지 않다. 우리가 속한 세상이 '하나님과의 단절'의 세상으로서 하나님이 침묵하고 있고 우리가 홀로 있음이 사실이라면, 소망에 대한 설교와 선포와 선언과 체험이 불가피해지는 것이 바로 그러한 상황과 순간에서 이다.

이 시대의 인간에게 소망이 없다면 그것은 하나님이 침묵하고 있기 때문이다. 그러나 하나님이 침묵하는 시대에 자유와 소망의 선포 외에 가능한 것은 더는 없다. 하나님의 침묵과 부재 속에서 우리는 진정 고아이며, 우리는 하나님이 우리를 향해 다시 돌아올 어떤 이유도 없이 하나님이 정말로 돌아설 수 있음을 받아들일 수밖에 없다. 그러나 그런 침묵과 부재가 하나님의 결정적인 행위가 되는 것은, 인간을 위해 인간과 함께 역사 속으로 들어 왔던 하나님이 인간의 일과 열정에 따라 자신의 활동과 존재 자체를 끊임없이 다시 형성하는 자라는 조건에서이다.

우리는 소망이 소멸하여 자신을 위해 가능한 소망이 아직 존재할 수 있는지조차도 모르는 사람의 이웃이 되어야 한다. 심지어 그 사람은 소망이라는 단어의 의미도 그 단어 자체도 더는 모른다. 소망은 그리스도인들을 위해 그들에게만 특별히 주어지는 것이 아니라, 타인들 가운데 또한 타인들과 함께 하는 그리스도인들을 위한 것이다. 그러나 그리스도인들이 소망을 체험하지 않는다면, 타인들을 전혀 도울 수 없고, 예수 그리스도를 증언할 수도 없다. 체험되고 살아 있는 소망이야말로 증언의 조건인데, 우리는 예수 그리스도에 대한 신앙 안에 있기 때문에 예수 그리스도가 살아 있는 소망이라는 것이다.

4. '하나님과의 단절' 시대에서 소망의 특성

엘륄은 소망이 필연적으로 역동적일 수밖에 없고 소망이 존재한다면 그것은 활동 중인 힘일 수밖에 없다고 설명한다. 소망은 단지 움직임이고 생명이기 때문이므로, 소망은 포착될 수 없고, 대상으로 간주될 수 없으며, 규정될 수도 설명될수도 없다. 소망은 하나님의 침묵에 대한 인간의 대답이라고 할 수 있다. 더 나아가 소망은 기다림이나 혹은 확신만이 아니라 요구이다. 하나님이 침묵할 때 하나님이 말하도록 강요해야 하고, 하나님이 돌아설 때 하나님이 돌아오도록 강요해야 하며, 하나님이 죽은 듯이 보일 때 하나님이 존재하도록 강요해야 한다. 소망은 하나님의 거부와 침묵과 돌아섬 앞에서, 확고한 인간의 전적이고 완전하며 힘찬 대답이자 하나님에게 전해지는 도발이다.

화로에 던져지는 다니엘의 세 친구는 "우리의 하나님이 우리를 구할 수 있고 실제로 우리를 구할 것입니다"라고 단언하는데, 그것은 인간적으로 감지할 수 있는 소망에 대한 첫 번째 단언이다. 그러나 가장 본질적인 것은 "그렇지 않을지라도 즉 하나님이 우리를 구하지 않을지라도, 모든 것에도 우리는 당신의 우상을 경배하지 않을 것입니다."라는 것이 소망에 대한 진정한 단언이다. 그것은 "하나님으로부터 아무것도 정말 아무것도 더는 오지 않을지라도, 나는 그런 하나님에게 충실하겠다"는 이사야의 단언과 같은 것이다. 욥의 태도는 더할 나위 없는 소망의 태도로서, 욥은 하나님이 스스로 말했던 모습대로 나타나지 않기 때문에, 하나님을 부당하다고 감히 주장한다. 그와 같이 소망은 하나님의 말의 이름으로 하나님을 고소하는 것이다. 하나님이 돌아서서 침묵 속에 갇혀 있는 것을 잘못으로 받아들여야 하고, 인간의 항변을 들어야 한다는 것이다.

"하나님나라는 하나님나라를 차지하는 맹렬한 자들의 것이다."라는 예수의 표현에서 그 맹렬함은 바로 소망의 맹렬함이다. 하나님나라에 들어가려면 완강히 하나님나라를 원해야 하고, 힘이 다할 때까지 문에서 두드려야 한다. 물론 하나님나라의 문은 열려 있고 우리는 하나님나라에 초대받았지만, 현재의 구체적인 상황에서 그 문은 굳게 닫혀 있고 자물쇠로 채워져 있다. 소망은 예수 그리스도 안에 드러난 영원한 계획과 현재의 구체적 상황 사이에 그런 불일치를 받아들이지 않는 것이다. 소망은 그러한 상황에 대해 분노하는 것이고, 하나님이 말한 바에 따라 문을 열기를 요구하는 것이며, 하나님나라 속으로 침투하기 위한 가장 격렬한 수단을 사용하는 것이다. 소망은 하나님나라가 우리 가운데 있게 하기 위한 맹렬함이므로, 하나님의 침묵 앞에서 인간적이고 영적인 맹렬함이 없는 곳에는 소망이 없다.

소망은 하나님에 기반을 두고 정해지므로, 소망은 인간의 능력에 대한 신뢰를 전적으로 거부한다. 소망이 모든 것을 변화시킬 수 있는 외재적인 결단에 호소할 때에만이, 소망은 의미와 근거와 존재 이유를 가진다. 전적 타자(他者)이자 전능한 자이자 주(主)인 하나님의 존재함 없이는 인간은 파괴에서 재난으로만 갈 수 있기 때문에, 하나님을 준거로 삼는 소망은 하나님이 말하도록 요구한다.

5. 비관주의, 시간, 하나님의 영광, 자유, 상대성, 혁명적 운동

엘륄은 소망과 관련하여 비관주의, 시간, 하나님의 영광, 자유, 상대성, 혁명적 운동 등에 대해 언급한다. 소망은 하나님의 침묵에 대한 대답이고 절망적인 상황의 진실이므로, 우리가 낙관주의자라면 소망에 호소하는 것은 무의미하다. 따라서 소망과 비관주의 사이에는 엄밀하고 확고한 연결이 있으며, 소망은 현실에 대한 비관주의와 관련해서 만이 의미가 있다. 그와 같이 불가피하게 확실성 없는 시도를 시작하는 소망은 답과 해결을 주고 도식을 가져오는 도덕이나 혹은 신학과 반대된다.

소망은 미래와 영원의 결합이기 때문에, 소망은 초 현세적인 관계를 이미 전제로 한다. 그러나 소망은 순간들의 연속과는 다른 미래와 현재 사이의 정확한 관계를 수립한다. 그와 동시에 소망은 힘이 되는데, 그 힘으로 영원에 대한 '종말론적인 능력'이 우리에게로 오고 현재 속으로 개입한다. 따라서 소망은 시간을 효과적으로 구조화시키고 시간에 가치와 실질적인 계속성을 부여하는 것이 된다. 그리스도인들이 소망을 체험할 수 있다면, 그것을 통해 시간의 쇄신이 이루어질 수 있다.

인간이 세상이나 자연환경의 모든 것을 자신의 유익에 종속시킬 때, 모든 것은 사라지고 소멸하는데, 그것은 세상의 소망을 없애는 것이다. 우리가 자연의 요소들에 삶의 유일한 가능성인 하나님 영광의 의미를 회복시켜야 하고, 기술적인 창조물에 하나님 영광의 의미를 부여해야 한다면, 그것은 소망의 길로 그것들을 들어가게 함으로써 만이 이루어질 수 있다. 소망이 하나님을 향해 사물들을 돌려놓아 그것들로 하여금 하나님의 영광을 나타내도록 우리를 부추기는데, 그것은 사물들에게 소망을 다시 주는 것이다.

하나님이 지금 침묵하고 하나님의 영이 더는 나타나지 않는다면, 우리는 자유로울 수 없다. 우리의 자유는 오게 될 주±에 의한 해방 속에 본질적으로 있으며 하나님이 침묵하므로, 우리는 자유롭다고 말할 수도 생각할 수도 없다. 하지만, 소망은 자유라는 행위 그 자체이다. 우리가 결정과 한정과 숙명 속에 완전히 꼼짝달싹 못하게 걸려 있다면, 우리는 소망할 수 없을 것이다. 하지만, 소망은 하나님으로부터 버려진 인간이 자신에게 가능한 유일한 자유 행위에 의해 하나님에게 자신의 요구를 강요하는 놀라운 순간으로서, 그것은 하나님이 원하는 것이다.

소망은 기독교적인 삶의 결정적이고 특별한 또 다른 윤리적인 차원을 포함한다. 그것은 모든 사물에 대한 상대화이고, 상대적인 것에 전적인 중요성을 부여하는 것이다. '절대'에 대한 확신은 인간을 좁은 틀 속에 가두고, 힘을 완전히 한 곳에 집중시키려고 인간을 한정한다. 다시 말해 '절대'로서 숭배되는 상대적인 것은 그 어떠한 것도 인간들에 대한 물질적인 승리의 대가를 치르고서 만이, 인간들 앞에 '절대'로서 선언될 수 있다는 것이다. 따라서 인간을 해방하기 위한 중요하고도 유일한 작업은, 모든 주요 원인과 신심과 이념에 대한 가차없는 상대화이다. 그런 상대화는 스스로 존재하는 '절대'로부터 만이 이루어질 수 있으므로, 상대화는 초월자로부터 만이 가능하다.

소망은 어떤 조직과 질서에 대해서든 모든 측면에서 항의를 유발하지만, 소망의 혁명적 행위는 다른 체계 혹은 다른 조직 혹은 다른 지배계급 혹은 다른 정부 조직으로 그것들을 대체하려는 것이 아니다. 소망이 운동을 촉발하면서 어떤 시대에 그 운동 속에 존속하더라도, 왜 소망이 모든 혁명적 운동과 근본적으로 다른가 하는 이유가 그것이다. 따라서 소망은 절대 충족되지도 않고 구현되지도 않는 활동하는 힘이다. 그리스도인이 혁명적 운동에 관여하는 일이 중요한 것은, 하나님나라에 대한 증인이자 전달자이자 보증인이자 살아있는 징표로서 이다.

따라서 소망은 자체의 두 외부 극단에 자신을 연결하는 쇠사슬의 고리처럼 나타난다. 그 중 하나는 신적인 극단 곧 하나님나라라는 극단이다. 소망을 통해 우리가 그런 힘에 묶여 있지 않으면, 우리는 아무 것도 전달하지 못하고, 우리 자신 외에는 아무것도 나타내지 못하며, 정치적인 혹은 혁명적인 운동 속에서 전혀 쓸모가 없다. 다른 하나는 사회·정치적인 활동이라는 극단이다. 소망에 의해 우리가 그 활동에 묶여 있지 않으면, 하나님나라는 우리에게 아무런 의미가 없는 메마른 명상이 됨으로써 우리는 하나님나라를 실패하게 한다. 어떠한 혁명 활동이든 그것에 의미와 진리를 부여할 수 있는 것은, 하나님나라에 대한 소망이다. 그것 이외에서 혁명은 미개함과 환각과 헛된 파괴와 쌓인 불의와 보복이 되고, 그 자체와 반대되는 것으로 귀결된다.

소망은 혁명적 운동 속으로 우리를 던져 넣지만, 그와 동시에 침묵하는 하나님을 거기로 던져 넣는다. 역사가 자체의 흐름을 바꿀 가능성이 있고 새로운 상황이 만들어지는 것은 전적으로 '전적 타자'가 역사의 측면을 붙잡을 때이고 또한 붙잡는다는 조건에서 이다. 그러나 그런 개입은 인간을 초월하는 벽력같은 기적에 의해 일어나는 것이 아니라, 대개 그 개입은 그리스도인들이 담당할 비非추종이라는 몫인데, 하나님은 자신의 권위를 부여하는 그 비非추종을 받아들이고 책임진다. 그리스도인들이 추종적이 되지 않으려고 위험을 무릅쓴다면, 소망에 따라 하나님이 실제로 그리스도인들의 활동을 맡을 것이다.

6. 소망이 근거하는 세 가지 태도

엘륄은 소망은 적극적인 듯이 보이지 않는 세 가지 태도로 나타나고 그 세 가지 태도에 근거한다고 지적한다. 그 중 하나는 심리적인 태도인 기다림이고, 다른 하나는 지적인 태도인 현실주의réalisme이며, 세 번째는 영적인 태도인 기도이다.

오늘날 기다림은 예수 그리스도의 재림과 하나님나라의 도래에 대한 기다림이고, '여기서 또한 지금' hic et nunc 하나님의 말과 성령에 대한 기다림이다. 그 기다림은 길을 잃은 이 시대에 위험이 임박할 때 구조신호를 보내듯 중단 없이 악착 같이 매일 하루에도 수백 번씩 '마라나타'를 외치는 인간에게 더욱 더 요구된다. 소망의 인간은 기다림의 인간으로서, 기다림의 인간은 아무 것에 의해서도 자신의 마음이 딴 데로 돌려지지 않는다. 그는 모든 것이 다시 가능해지는 그 순간에 대한 기다림을 위해 자신에게 끊임없이 제안되는 활동을 단호히 거부하고, 자신의 힘 전체를 그 기다림으로 집중시킨다. 따라서 세상을 위해 유용하고 꼭 필요한 것이, 투쟁적이고 열정적인 기다림을 되찾는 것이다. 확고부동하며 터무니없을 정도로 견고한 기다림의 인간은 이 시대와 공통된 어떠한 척도도 더는 가지고 있지 않으나 기다림에 의해 세상에 공헌하는 자이다.

기도가 없이는 최소한의 소망도 없다. 마찬가지로 기도에 대한 포기와 무관심은 바로 우리에게 어떠한 소망도 없다는 영적인 시험이다. 기도는 수단과 표현인 동시에 소망의 유일한 이유이다. 기도는 우리가 기대를 거는 하나님의 결정에 따르는 것이다. 그런 준거 없이는 우리가 아무것도 소망하지 않을 수도 있기 때문에, 소망이 있을 리가 없다. 기도는 하나님의 개입 가능성에 대한 확신으로서, 그 확신 없이는 소망이 없다. 기도는 하나님에 의해 주어진 하나님과의 대화 수단으로서, 엄밀히 말해 기도는 그 자체로 부과되는 요구에 대한 순종일 따름이다. 우리가 기도를 시작하는 그때 소망이 생겨난다. 우리가 소망을 체험한다면, 우리는 그것을 기도 속에서 표현할 수만 있다. 순수하고 궁극 목적이 없는 기도 행위는 신앙의 온갖 쟁점을 해결하는 동시에, 인간적인 소망의 온갖 불가능성을 해결한다.

현실주의는 확고한 방식으로 소망에 연결되어 있고, 소망은 엄밀한 현실주의 안에서만이 존속할 수 있다. 다시 말해 현실을 자양분으로 삼는 소망은 그 실체를 현실주의 안에서 발견하고, 현실주의는 그 가능성을 소망 안에서 발견한다. 사회 집단과 그 집단의 역사에 대한 이해를 위해서는 세 가지 가능한 측면이 있다. 하나는 피상의 측면으로서 사람들이 사건과 현실과 인물에 집착하는 것이다.

그 다른 극단에 있는 세 번째 측면은 아주 심한 추상의 측면이다. 여기서는 모든 것이 비슷해질 정도로 깊이 실재가 파악되고, 국가와 그 형태에 대해 권력의 현상으로만 기억된다. 그러나 그 둘 사이, 즉 사건들 아래에 있고 근본적인 불변 요소들 위에 있는 중간 영역이 존재한다. 진정으로 역사를 이루고 시대나 혹은 체제를 특별한 방식으로 만들어내는 일시적인 구조와 운동과 규칙성이 있다는 것이다. 기독교적 현실주의가 위치되어야 하는 것이 그 중간 영역이다.

7. 소망의 진정한 형태로서 잠행潛行

엘륄은 우리가 그런 소망을 체험하도록 부름 받은 세상의 실재 앞에서, 소망을 통해 우리는 잠행으로 이를 수밖에 없다고 생각한다. 오늘날 소망의 깊고 진정한 형태인 잠행은 단순히 침묵하는 것도, 몸을 숨기는 것도, 영향력을 미치지 않는 것도, 동화되는 것도 아니다. 그것은 진리에 대해 확고하고 변하지 않는 전달자로 남아 있는 것이다. 잠행은 복음에 대한 몰이해 앞에서 좌절이나 포기가 아니라 말하기를 거부하는 것이다. 그것은 하나님이 침묵하고 있을 때 거짓 태도를 꾸며 말하는 거짓 선지자가 되지 말아야 하기 때문에, 말하기를 거부하는 것이다. 그것은 같은 소망에 대해 형제들끼리 말하기를 거부하는 것이 아니라, 그 어느 때보다 하나님과의 소망의 투쟁으로 들어가야 하고, 기도하면서 성서를 묵상하는 것이다.

그리스도인들이 세상에서 중요한 것을 변화시킬 수 있는 것은 활동적인 참여에서가 아니라, 완전히 새롭고 예기치 않은 차원의 개입 곧 잠행 속에서 이다. 타인을 위해 질문을 유발하고, 확정된 것으로 여겨졌던 바를 다시 의심하게 하며, 거짓된 확신의 세계에 작은 공간을 들여오는 것은 잠행 속에서 체험된 신앙이다. 그러나 그 잠행을 다 같이 체험하는 사람들을 위해, 또한 혼란과 고뇌와 불확실성 속에 있는 사람들을 위해, 기준점과 확실성을 동시에 부여하는 것은 그런 신앙이다. 그것은 확신이 없는 군중 가운데서 흔들리지 않는 확신을 하고 나아가면서, 너무도 확실한 교리와 학문 가운데서 꾸준히 질문을 제기하는 사람들의 삶의 방식이다.

그것은 하나님의 침묵이 그칠 것이기 때문에, 어느 날 우리의 잠행이 중지될 것이라는 확신을 지니기 위한 소망이다. 그것은 온갖 외부적인 개입에 의해서이기보다 우리의 잠행을 토대로 우리가 역사에 더 근본적으로 영향을 미친다는 확신을 지니기 위한 소망이다. 그것은 역사가 국가의 결정이나 혁명이나 과학적인 발견 속에서 만들어지는 것이 아니라, 잠행 속에서 자체의 확립을 위해 투쟁하는 맹렬한 소망 가운데서 만들어진다는 확신을 지니기 위한 소망이다. 결국, 유일하게 중요한 것이 그런 소망 자체를 다음 세대에 전달하는 것임을 잠행 속에서의 소망은 우리로 하여금 알게 한다. 소망이 우리의 삶과 증언의 중심에 있고 잠행에 의해 표현된다면, 결국 우리의 교회의 삶 전체를 재검토해야 한다.

엘륄은 이스라엘과의 만남과 결합이 역사의 흐름을 위해 결정적인 일이라고 생각한다. 이스라엘은 모든 나라를 위한 하나님의 약속의 전달자이자, '하나님과의 단절' 속에서 살면서 버려졌지만 늘 선택된 선민이다. 교회가 진정으로 교회가 되는 법을 알았다면, 교회는 그리스도 안에서 이스라엘의 구원에 대한 진정한 증언을 이스라엘에 제시했을 것이다. 그러나 그것은 교회의 잘못에 의해 망쳐졌다. 지금 우리는 살아 있는 새로운 소망을 이스라엘에 제시해야 한다. 그 새로운 소망은 분명히 이스라엘의 특별한 소망을 대체하지도 않고 없애지도 않는다. '하나님과의 단절'의 오늘날에 깊은 의미가 있는 기독교 교파 통합의 유일한 시도는 이스라엘과 그리스도인들의 일치이다. 이스라엘과 그리스도인들의 일치하는 데서 소망이 그 완전함 속에서 입증될 수 있다.

잊혀진 소망

엘륄의 저서_{연대기순}

- *Étude sur l'évolution et la nature juridique du Mancipium*. Bordeaux: Delmas, 1936.
- *Le fondement théologique du droit*. Neuchâtel: Delachaux & Niestlé, 1946.
- *Présence au monde moderne: Problèmes de la civilisation post-chrétienne*. Genéva: Roulet, 1948.
  ···▸『세상 속의 그리스도인』, 박동열 옮김(대장간, 1992, 2010(불어완역))
- *Le Livre de Jonas*. Paris: Cahiers Bibliques de Foi et Vie, 1952.
  ···▸『요나의 심판과 구원』, 신기호 옮김(대장간, 2010)
- *L'homme et l'argent* (Nova et vetera). Neuchâtel: Delachaux & Niestlé, 1954.
  ···▸『하나님이냐 돈이냐』, 양명수 옮김(대장간. 1991, 2011)
- *La technique ou l'enjeu du siècle*. Paris: Armand Colin, 1954. Paris: Économica, 1990.
  ···▸ (E)*The Technological Society*. Trans. John Wilkinson. New York: Knopf, 1964.
  ···▸ (『기술 또는 세기의 쟁점』, 대장간, 출간 예정)
- *Histoire des institutions*. Paris: Presses Universitaires de France, plusieurs éditions (dates données pour les premières éditions), Tomes 1-2, L'Antiquité (1955); Tome 3, Le Moyen Age (1956); Tome 4, Les XVIe-XVIIIe siècles (1956); Tome 5, Le XIXe siècle (1789-1914) (1956).
  ···▸ (『제도의 역사』, 대장간, 출간 예정)
- *Propagandes*. Paris: A. Colin, 1962. Paris: Économica, 1990
  ···▸『선전』하태환 옮김(대장간, 2012년)
- *Fausse présence au monde moderne*. Paris: Les Bergers et Les Mages, 1963.
  ···▸ (대장간, 2011년 출간 예정)
- *Le vouloir et le faire: Recherches éthiques pour les chrétiens*: Introduction (première partie). Genéva: Labor et Fides, 1964.
  ···▸『원함과 행함』(솔로몬, 2008)
- *L'illusion politique*. Paris: Robert Laffont, 1965. Rev. ed.: Paris: Librairie Générale Française, 1977.
  ···▸『정치적 착각』, 하태환 옮김(대장간, 2011)
- *Exégèse des nouveaux lieux communs*. Paris: Calmann-Lévy, 1966. Paris: La Table Ronde, 1994.
  ···▸ (대장간, 출간 예정)

- *Politique de Dieu, politiques de l'homme*. Paris: Éditions Universitaires, 1966.
  ⋯▶『하나님의 정치 인간의 정치』, 김은경 옮김(대장간, 2012)
- *Les chrétiens et l'Eatat*. 1967, Mame
- *Histoire de la propagande*. Paris: Presses Universitaires de France, 1967, 1976.
- *Métamorphose du bourgeois*. Paris: Calmann-Lévy, 1967. Paris: La Table Ronde, 1998.
  ⋯▶(대장간, 출간 예정)
- *Autopsie de la révolution*. Paris: Calmann-Lévy, 1969.
  ⋯▶『혁명의 해부』, 황종대 옮김(대장간, 2013)
- *Contre les violents*. Paris: Centurion, 1972.
  ⋯▶『폭력에 맞서』, 이창헌 옮김(대장간, 2012)
- *Sans feu ni lieu: Signification biblique de la Grande Ville*. Paris: Gallimard, 1975.
  ⋯▶『머리 둘 곳 없던 예수-대도시의 성서적 의미』, 황종대역(대장간, 2013년).
- *L'impossible prière*. Paris: Centurion, 1971, 1977.
  ⋯▶『불가능한 기도』,(대장간, 김치수 옮김, 2014 출간 예정)
- *Jeunesse délinquante: Une expérience en province*. Avec Yves Charrier. Paris: Mercure de France, 1971.
- *De la révolution aux révoltes*. Paris: Calmann-Lévy, 1972.
- *L'espérance oubliée*, Paris: Gallimard, 1972.
  ⋯▶『잊혀진 소망』, 이상민 옮김(대장간, 2009)
- *Éthique de la liberté*,. 2 vols. Genéva: Labor et Fides, I:1973, II:1974.
  ⋯▶(대장간, 출간 예정)
- *Les nouveaux possédés*, Paris: Arthème Fayard, 1973.
  ⋯▶(E)*The New Demons*. Trans. C. Edward Hopkin. New York: Seabury, 1975. London: Mowbrays, 1975. .
  ⋯▶(대장간, 출간 예정)
- *L'Apocalypse: Architecture en mouvement*. [Paris:] Desclée 1975.
  ⋯▶(E)*Apocalypse: The Book of Revelation*. Trans. George W. Schreiner. New York: Seabury, 1977.
  ⋯▶(대장간, 출간 예정)
- *Trahison de l'Occident*. Paris: Calmann-Lévy, 1975.
  ⋯▶(E)*The Betrayal of the West*. Trans. Matthew J. O'Connell. New York: Seabury,1978.
- *Le système technicien*. Paris: Calmann-Lévy, 1977.
  ⋯▶『기술 체계』, 이상민 옮김(대장간, 2013년)

- *L'idéologie marxiste chrétienne*. Paris: Centurion, 1979.
  ⋯→『기독교와 마르크스주의』, 곽노경 옮김(대장간, 2011)
- *L'empire du non-sens*: L'art et la société technicienne. Paris: Press Universitaires de France, 1980.
  ⋯→『무의미의 제국』, 한택수 옮김(대장간, 2013년)
- *La foi au prix du doute: "Encore quarante jours.."* . Paris: Hachette, 1980.
  ⋯→『의심을 거친 믿음』, 임형권 옮김 (대장간, 2013년)
- *La Parole humiliée*. Paris: Seuil, 1981.
  ⋯→『굴욕당한 말』 박동열, 이상민 공역(대장간, 2014년)
- *Changer de révolution: L'inéluctable prolétariat*. Paris: Seuil, 1982.
  ⋯→『인간을 위한 혁명』) 하태환 옮김(대장간, 2012)
- *Les combats de la liberté*. (Tome 3, L'Ethique de la Liberté) Genéva: Labor et Fides, 1984. Paris: Centurion, 1984.
  ⋯→『자유의 투쟁』 (솔로몬, 2009)
- *La subversion du christianisme*. Paris: Seuil, 1984, 1994. [réédition en 2001, La Table Ronde]
  ⋯→『뒤틀려진 기독교』박동열 이상민 옮김(대장간, 1990 초판, , 2012년 불어 완역판 출간)
- *Conférence sur l'Apocalypse de Jean*. Nantes: AREFPPI, 1985.
- *Un chrétien pour Israël*. Monaco: Éditions du Rocher, 1986.
  ⋯→『이스라엘을 위한 그리스도인』(대장간, 출간 예정)
- *Ce que je crois*. Paris: Grasset and Fasquelle, 1987.
  ⋯→『내가 믿는 것』 (대장간 출간 예정)
- *La raison d'être: Médutation sur l'Ecclésiaste*. Paris: Seuil, 1987
  ⋯→『존재의 이유』(규장, 2005)
- *Anarchie et christianisme*. Lyon: Atelier de Création Libertaire, 1988. Paris: La Table Ronde, 1998
  ⋯→『무정부주의와 기독교』, 이창헌 옮김(대장간, 2011)
- *Le bluff technologique*. Paris: Hachette, 1988.
  ⋯→ (E)*The Technological Bluff*. Trans. Geoffrey W. Bromiley. Grand Rapids: Eerdmans, 1990.
  ⋯→『기술의 허세』(대장간, 출간 예정)
- *Ce Dieu injuste..? : Théologie chrétienne pour le peuple d'Israël*. Paris: Arléa, 1991, 1999.
  ⋯→『하나님은 불의한가?』, 이상민 옮김(대장간, 2010)

- *Si tu es le Fils de Dieu: Souffrances et tentations de Jésus*. Paris: Centurion, 1991.
  ···▸ 『네가 하나님의 아들이라면』, 김은경 옮김(대장간, 2010)
- *Déviances et déviants dans notre société intolérante*. Toulouse: Érès, 1992.
- *Silences: Poèmes*. Bordeaux: Opales, 1995.
  ···▸ (대장간, 출간 예정)
- *Oratorio: Les quatre cavaliers de l'Apocalypse*. Bordeaux: Opales, 1997.
  ···▸ (E)*Sources and Trajectories: Eight Early Articles by Jacques Ellul that Set the Stage*. Trans. and ed. Marva J. Dawn. Grand Rapids: Eerdmans, 1997.
- *Islam et judéo-christianisme*. Paris: Presses universitaires de France, 2004.
  ···▸ 『이슬람과 기독교』, 이상민 옮김(대장간, 2009)
- *La pensée marxiste*: Cours professé à l'Institut d'études Politiques de Bordeaux de 1947 à 1979 Edited by Michel Hourcade, Jean-Pierre Jézéuel and Gérard Paul. Paris: La Table Ronde, 2003.
  ···▸ 『마르크스 사상』, 안성헌 옮김(대장간, 2014)
- *Les successeurs de Marx*: Cours professé à l' Institut d' études politiques de Bordeaux Edited by Michel Hourcade, Jean-Pierre Jézéquel and Gérard Paul. Paris: La Table Ronde, 2007. ···▸ 『마르크스년의 후계자』,(대장간, 2014 출간 예정)

기타 연구서

- 『세계적으로 사고하고 지역적으로 행동하라』(*Perspectives on Our Age*: Jacques Ellul Speaks on His Life and Work.), 빌렘 반더버그, 김재현, 신광은 옮김(대장간, 1995, 2010)
- 『자끄 엘륄 -대화의 사상』(*Jacques Ellul, une pensée en dialogue Genève*), 프레데릭 호농(Fréderic Rognon)저, 임형권 옮김(대장간, 2011)
- 『자끄 엘륄입문』신광은 저(대장간, 2010)
- *A temps et à contretemps: Entretiens avec Madeleine Garrigou-Lagrange.* Paris: Centurion, 1981.
- *In Season, Out of Season: An Introduction to the Thought of Jacques Ellul*: Interviews by Madeleine Garrigou-Lagrange. Trans. Lani K. Niles. San Francisco: Harper and Row, 1982.
- *L'homme à lui-même: Correspondance.* Avec Didier Nordon. Paris: Félin, 1992.
- *Entretiens avec Jacques Ellul.* Patrick Chastenet. Paris: Table Ronde, 1994

대장간 『자끄 엘륄 총서』는 중역(영어번역)으로 인한 오류를 가능한 줄이려고, 프랑스어에서 직접 번역을 하거나, 영역을 하더라도 원서 대조 감수를 원칙으로 하고 있습니다.
이 일은 한국자끄엘륄협회의 협력으로 이루어지고 있으며, 총서를 통해서 엘륄의 사상이 굴절되거나 왜곡되지 않고 그의 삶처럼 철저하고 급진적으로 전해지길 바라는 마음 가득합니다.